U0751051

高职高专财会专业工学结合实训教训

出纳岗位操作实务训练

（第四版）

主　编　周丽华　李立鹏
副主编　陈泽罕　黄　璐

厦门大学出版社
XIAMEN UNIVERSITY PRESS
国家一级出版社
全国百佳图书出版单位

内容简介

本实训教材编写以出纳岗位能力为中心，在注重岗位技能提升的同时，重视学习者的职业道德教育，全新引入移动收付核算内容，突出互联网＋特色。在实训教学过程中充分体现真实性、实践性、开放性和职业性。

全书分三篇，共八个模块。第一篇(模块一)介绍出纳基础知识与能力培养以及职业道德要求，保证涵盖足够的专业知识；第二篇(模块二至八)包括厦门网中网软件出纳岗位能力训练与指导、出纳岗位仿真工作任务训练、课外自我提高再训练、职业岗位情景和职业岗位工作分析等，充分涵括了真实出纳岗位工作能力的训练与综合职业素质养成指导。教材模块八全新加入"移动收付相关业务办理"，使得本教材更符合时代特色。第三篇是出纳岗位仿真工作任务训练，以最新、最真实的出纳岗位在用的相关单据为主，提供了大量适用的训练资料，指导学生进行仿真实训练习。最后附有岗位常用制度设计参考、实用表单参考格式等，具有鲜明的工学结合特色。

本实训教材的教学资源丰富，拥有高仿真的岗位工作案例教学、多媒体教学与实训教学的多维设计，所有资源既可以满足实训教师教学电子化、规范实训指导标准化的需要，又可以满足学生在课余时间对所学知识进行自助式自学的需要，充分体现了岗位技能人才培养过程中的实践性、职业性和开放性，突出了与真实出纳岗位实际工作的一致性。

本教材可作为本科院校、高职高专、职业中专财会、税务、审计及经济管理等相关专业学生岗位实训教材，也适用于想掌握出纳岗位职业能力的社会各界人士自学提高用。

第四版前言

编写背景

　　高等职业教育作为高等教育发展中的一个类型,肩负着培养面向生产、建设、服务和管理第一线需要的高技能人才的使命,在我国加快推进社会主义现代化建设进程中具有不可替代的作用。教育部《关于全面提高高等职业教育教学质量的若干意见》中规定,要"大力推进工学结合,突出实践能力培养,改革人才培养模式"。高等职业院校培养的财会管理人才不仅要有丰富的岗位专业知识,更重要的是要有良好的职业道德、较强的综合素质、过硬的专业技能。为加强高等职业教育会计专业学生岗位能力的培养,满足会计专业职业教育教学的需要,根据出纳岗位工作实际,结合当前高职高专会计专业构建"以会计工作过程的工作任务为导向,教、学、做一体化的实践课程体系"的教学改革和教材建设的迫切需要,本教材编写组吸取国内外先进的教学经验,进行了岗位实训教学创新尝试,在移动支付兴起时代,适时引入"移动收付相关业务办理"模块,突显互联网+特色。本教材同时与厦门网中网软件有限公司"出纳岗位实训软件"对接,使本实训教材更具实用性。

教材特色

　　本实训教材坚持育人为本,德育为先,把立德树人作为根本任务;重视学生的职业道德教育,突出实训教学过程的实践性、开放性和职业性;突出职业基础知识、基本技能培养、出纳岗位职业指导。本教材特色鲜明,富有创新。

☞突显互联网+特色

　　相关数据显示,中国目前已经成为全球最大的移动支付市场,2016年智能手机支付总额比上一年增加一倍,增加了约37万亿元;2017年全球移动支付的金额已经突破1万亿美元。庞大的数据意味着,所有有线上线下经营业务的企业,其收支活动都与移动支付相关。为提升学习者对移动收付核算的能力,本教材专门在模块八对这方面内容进行图文并茂的介绍,促进人才培养的时效性。

☞以学习者为中心

　　本教材编写、设计以学习者为中心,坚持育人为本,注重德育为先。第一篇介绍出纳基础知识与能力培养,以通俗易懂的语言及丰富的岗位专业知识强调了出纳岗位职业道德要求,保证足够的专业知识、岗位能力训练。全书由浅至深、由易到难,通俗易懂,实训指导明晰,实训材料齐全,方便自学与自我训练。

☞ **以职业活动为导向**

第二篇(模块二至八)包括厦门网中网软件出纳岗位能力训练与指导、出纳岗位仿真工作任务训练、课外自我提高再训练、职业岗位情景和职业岗位工作分析等,充分涵括了真实出纳岗位工作能力的训练与综合职业素质养成指导。教材模块八全新加入"移动收付相关业务办理",使得本教材更符合时代特色。整体训练呈现出多层次、多视野、全方位的特色。

☞ **以提高岗位能力为项目教学目的**

本教材第三篇是出纳岗位仿真工作任务训练,以最新、最真实的出纳岗位使用的相关申报表、票据为主,提供了大量适用的训练资料,指导学生进行仿真实训练习,学生可以在无法参与实际出纳岗位工作实践的情况下接触到与真实岗位工作业务极其相似的经济业务与单证,并据以进行相关业务的核算与操作训练。最后附有岗位常用制度设计参考、实用表单参考格式等,具有鲜明的工学结合特色。

☞ **以综合素质考核为评价指标**

本教材根据技能型专业人才培养目标、岗位需求和后续课程的衔接,统筹考虑和选取教学与训练内容,突出职业能力培养。课程考核建议包括:出纳实务实训教学平台占 25%、课后自我提高再训练成果占 25%、模块实训总结占 10%、实训心得征文 10%、实训过程考核占 10%、期末技能竞赛占 20%。

本教材的教学资源丰富,包括高仿真的岗位工作案例教学、多媒体教学与实训教学的多维设计,以出纳岗位实训指导教材＋案例引导＋实训软件训练＋课外自我提高再训练＋电子教案为支撑。所有资源能够满足学生岗位知识与岗位能力培养、实践创新能力培养的需要;统一的参考教案可以满足实训教师教学电子化、规范实训指导标准化的需要,又可以满足学生在课余时间对所学知识进行自助式自学的需要,减轻教师的工作负担,促进学生知识、能力、素质的全方位提高,充分体现岗位技能人才培养过程中的实践性、职业性和开放性,突出与真实出纳岗位实际工作的一致性。

编写团队

本教材由具有多年会计专业实训教学经验和会计实务操作经验的双师型教师与具有丰富实践经验的企业财会专家共同合作编写。

1.编写团队成员简介

第一主编:周丽华,福建省漳州职业技术学院双师型教师、高级会计师,从事财务管理工作30年,从事教学工作26年。

第二主编:李立鹏,福建省漳州城市职业学院双师型教师、副教授,从事财会教学工作18年。

第一副主编:陈泽罕,福建省漳州职业技术学院教师,从事教学工作4年。

第二副主编：黄璐，厦门东海职业技术学院教师，从事财务教学工作3年。

2.编写组分工

本教材由周丽华、李立鹏担任主编，负责拟定编写大纲，组织编写和研讨修改；陈泽罕担任第一副主编，负责撰写模块八"移动收付相关业务办理"和部分项目工作任务，以及制作训练答案PPT等；黄璐负责相关稿件的审核及第三篇撰写。

适用范围

本教材可作为本科院校、高职高专、职业中专财会、税务、审计及经济管理等相关专业学生岗位实训教材，也适用于欲掌握出纳岗位职业能力的社会各界人士自学提高。

由于时间仓促，加之作者水平所限，书中难免存在缺点和不妥之处，诚挚地希望广大读者和专家对本实训教材的不足之处批评指正，以便再版时修改。编写组邮箱：270523345@qq.com。

如需课件请致电：0592-2184458、2182605，或发送电子邮件至xmupress@126.com。

厦门网中网公司"出纳岗位"实训软件介绍

一、产品定位

本实训软件结合会计教学实践经验和出纳实务操作流程制作。力求做到实训题目新颖、清楚、多样,在内容安排上既考虑教师教学的要求,又考虑学生学习的需要,尽量方便学生的学习及实际应用。

针对会计专业学生的培养目标、知识结构和能力要求,本实训在内容安排中,主要分为各实务知识点实训及综合性实训,其中单据应用知识点的实训面广,综合实训既有对单一业务的实训,又有对企业整体出纳业务的全面覆盖,注重培养学生的实际动手能力。本实训主要以出纳所接触到的单据为例,按各知识点进行先分后总、由浅入深的内容安排,使用者可根据实训情况进行取舍,同时可以根据教学需要控制实训进度。其中第一章主要是对出纳日常需接触的一些基本知识的介绍及简单应用的实训;第二章主要是对银行单据填写及应用的实训,本章为重点章节,涉及多个行业的不同企业;第三章是对原始单据填写及开具增值税票的多种情况应用的实训;第四章是对出纳涉及的账簿的设置及登记方法的实训;第五章是对货币资金的清查及银行余额调节表的编制实训;第六章是对各种单据综合应用的实训;第七章是两套测试用题目。

出纳实务业务不仅要应用所学的《基础会计》、《财经法规与会计职业道德》、《票据法》、《银行支付结算办法》及相关的法律法规等知识,还要具备根据具体情况分析问题和解决问题的能力。因此本实训题目覆盖完整的表单操作流程,要求学生按实务操作流程制单、审核、盖章、办理、记账、清查、结账业务,强化学生对所学知识的理解和掌握,将各类业务问题通过亲自动手的方式解决,以培养学生的实务操作能力,为毕业后顺利就业奠定基础。

通过理论教学与本实训课程的有机结合,让学生了解出纳实践工作中可能碰到的实际问题及解决方法,注重用仿真的模拟实务操作及应用手段去解决实际问题,实现理论到实践的零距离对接。

二、学生预期实训目标

1.能按规定熟练、正确填写企业主要原始单据,并掌握其应用。

2.进行出纳基本功训练,培养学生的操作能力,锻炼、提高学生的实务操作的基本技能。

3.掌握现金收付、银行支付结算,账簿建账、登账、结账等出纳业务,使学生通过此课程学习,可直接上岗。

三、产品特色

1.原始单据的高度仿真性,体现经济业务的多样性;引入了支付密码器的使用,提高出纳业务的仿真度。

2.支持从教师端口对本平台数据的修改和再开发,自动对学生实训进行过程校正和最终实训成绩考评。学生实训成绩自动评分,成绩可导出自主排序,提高实训指导教师工作效率。

3.教师可控制学生的相关权限,引导学生自主学习,控制教学进度。

4.系统判断智能,支持答案多样性,并能指出学生错处,并提供答案解析。

目　　录

第一篇

第二篇

第三篇

第一篇

岗位能力学习模块一

认识出纳

一个重视贡献、为成果负责的人，不管他职位多卑微，他仍属于"高层管理者"。

——"现代管理学之父"波得·德鲁克

📋 能力目标

① 能够正确描述出纳人员岗位职责。

② 能够正确描述出纳工作三大职能。

③ 能够正确描述基本职业素质与能力要求。

💡 知识目标

① 熟悉出纳人员岗位职责及主要工作。

② 了解出纳工作主要职能。

③ 了解基本职业素质与能力要求。

📢 先导案例

大力和他妹妹小芳办了一个小型"酷酷服装厂"，服装厂每天需要购买一些材料，支付一些零星费用。这些管理钱的事情由谁来办呢？经过商量，大力决定让刚刚大学毕业的妹妹小芳来办。这么定下后，小芳就成了酷酷服装厂的出纳人员。大力为这个厂子聘请了一名会计洪宏。

小芳在大学学的是秘书专业，对什么是出纳人员、出纳是做什么的、有什么职业要求等等一点都不了解，她请会计洪宏答疑解惑。洪宏告诉小芳：认真学习"岗位能力学习模块一"的任务一至任务七，即能找到答案。

任务 1　认识出纳

一、出纳

"出"即支出的意思,"纳"则是收入的意思,这两个字合二为一则非常准确地表明了出纳业务的核心要义,那就是货币资金的收入与支出。一般而言,出纳一词有两层含义:一是出纳业务,二是出纳人员。

出纳业务,是指按照有关规定和制度,办理本单位的现金收付、银行结算及有关业务的登记,保管库存现金、有价证券、财务印章及有关票据等工作的总称。

出纳工作,有广义和狭义之分。广义的出纳工作既包括各单位会计部门专设出纳机构的各项票据、货币资金、有价证券收付业务的处理、整理、保管及核算等各项工作,也包括各单位业务部门的货币资金收付和保管等工作;狭义的出纳工作则仅指各单位会计部门专设出纳岗位或人员的各项工作。

出纳人员也就是出纳人员。从广义上讲,出纳人员既包括会计部门的出纳工作人员,也包括业务部门的各类收款员(收银员)和工资发放员(专职或兼职)等;从狭义上来说,出纳人员仅指单位会计部门从事资金收付和核算工作的出纳人员。

一般情况下所称的出纳人员指的是狭义的出纳人员。

二、出纳工作岗位的设置

企业实际情况不同,出纳工作的组织内容也不尽相同。但无论企业是哪一种性质,一般都要设置、配备必要的出纳人员,并建立各种内部工作职责与制度等。

1.出纳机构

出纳岗位设置在会计机构内部,如各企事业单位财会科、财会处、财务部等。

《会计法》第二十一条第一款规定:"各单位根据会计业务的需要设置会计机构,或者在有关机构中设置会计人员并指定会计主管人员。不具备条件的,可以委托经批准设立的会计咨询、服务机构进行代理记账。"《会计法》对各单位会计、出纳机构与人员的设置没有作出硬性规定,只是要求各单位根据业务需要来设定。各单位可根据单位规模大小和货币资金管理要求,结合出纳工作的繁简程度来设置出纳岗位及机构。以工业企业为例,大型企业可在财务处下设出纳科,中型企业可在财务科下设出纳室,小型企业可在财务股下配备专职出纳人员。有些主管公司,为了资金的有效管理和总体利用效益,把若干分公司的出纳业务(或部分出纳业务)集中办理,成立专门的内部"结算中心",这种"结算中心",实际上也是出纳机构。

2.出纳人员配备

一般来讲,实行独立核算的企业单位,在银行开户的行政、事业单位,有经常性现金收入和支出业务的企业、行政事业单位都应配备专职或兼职出纳,担任本单位的出纳工作。出纳人员配备多少,主要取决于本单位出纳业务量的大小和繁简程度,要以业务需要为原则,既要满足出纳工作量的需要,又要避免徒具形式、人浮于事的现象。一般可采用一人一岗、一人多岗、一岗多人等几种形式:

(1)一人一岗:规模不大的单位,出纳工作量不大,可设专职出纳人员一名。

(2)一人多岗:规模较小的单位,出纳工作量较小,可设兼职出纳人员一名。如无条件单独设置会计机构的单位,至少要在有关机构中(如单位的办公室、后勤部门等)配备兼职出纳人员一名。但兼职出纳不得兼管收入、费用、债权、债务账目的登记工作及稽核工作和会计档案保管工作。

(3)一岗多人:规模较大的单位,出纳工作量较大,可设多名出纳人员,如分设管理收付的出纳人员和管账的出纳人员,或分设现金出纳人员和银行结算出纳人员等。

3.出纳人员的内部分工

单位规模较大、业务复杂、有两名以上出纳人员的单位,要在出纳部门内部实行岗位责任制,对出纳人员的工作进行明确的分工,确保每一项出纳工作都有出纳人员负责,每一个出纳人员都有明确的职责。出纳人员的具体分工,要从管理的要求和工作便利性等方面综合考虑。通常可按现金与银行存款、银行存款的不同户头、票据与有价证券的办理等工作性质上的差异进行分工;也可以按收入支出进行分工,比如,在设置两名出纳的情况下,一名负责银行业务,一名负责现金业务,或者一名负责现金银行存款收入的办理,另一名负责银行存款支出的办理;也可以将整个出纳工作划分为不同的阶段和步骤,按工作阶段和步骤进行分工。公司内部"结算中心"式的出纳机构中的人员分工,还可以按不同分公司定岗定人。

4.出纳工作的回避要求

由于出纳工作的特殊性,特定人员需要回避。《会计基础工作规范》第十六条规定:国家机关、国有企业、事业单位任用会计人员应当实行回避制度。单位领导人的直系亲属不得担任本单位的会计机构负责人、会计主管人员。会计机构负责人、会计主管人员的直系亲属不得在本单位会计机构中担任出纳工作。需要回避的直系亲属为:夫妻关系、直系血亲关系、三代以内旁系血亲以及配偶近姻亲关系。

5.出纳与会计的关系

会计,从其所分管的账簿来看,可分为总账会计、明细账会计和出纳。三者既有区别又有联系,是分工与协作的关系。

第一,总账会计、明细账会计和出纳,各有各的分工。总账会计负责企业经济业务的总括核算,为企业经济管理和经营决策提供总括的全面的核算资料;明细分类账会计分管企业的明细账,为企业经济管理和经营决策提供明细分类核算资料;出纳则分管企业票据、货币资金,以及有价证券等的收付、保管、核算工作,为企业经济管理和经营决策提供各种金融信息。从总体上讲,必须实行钱账分管,出纳人员不得兼管稽核和会计档案保管,不得负责收入、费用、债权债务等账目的登记工作；总账会计和明细账会计则不得管钱管物。

第二，出纳、明细分类账会计、总账会计之间，既互相依赖又互相牵制。三者核算的依据是相同的，都是会计原始凭证和会计记账凭证。这些作为记账凭据的会计凭证必须在出纳、明细账会计、总账会计之间按照一定的顺序传递，相互利用对方的核算资料，共同完成会计任务，缺一不可。同时，三者之间又互相牵制。出纳的现金、银行存款日记账与总账会计的现金、银行存款总分类账，总分类账与其所属的明细分类账，明细账中的有价证券账与出纳账中相应的有价证券账，有金额上的等量关系。这样，出纳、明细账会计、总账会计三者之间就构成了相互牵制的关系，三者之间必须相互核对，保持一致。

第三，出纳与明细账会计的区别只是相对的，出纳核算也是一种特殊的明细核算。它要求分别按照现金和银行存款设置日记账，银行存款还要按照存款人的不同户头分别设置日记账，逐笔序时地进行明细核算。"现金日记账"要每天结出余额，并与库存数进行核对；"银行存款日记账"也要在月内多次结出余额，与开户银行进行核对。月末都必须按规定进行结账。月内还要多次出具报告单报告核算结果，并与现金、银行存款总分类账进行核对。

第四，出纳工作是一种账实兼管的工作。出纳工作，主要是现金、银行存款和各种有价证券的收支与结存核算，以及现金、有价证券的保管和银行存款账户的管理工作。现金和有价证券放在出纳的保险柜中保管，银行存款由出纳办理收支结算手续。出纳工作既要进行出纳账务处理，又要对现金、有价证券等实物进行管理，还要负责银行存款收付业务。在这一点上，出纳工作和其他财会工作有着显著的区别。除了出纳，其他财会人员是管账不管钱、管账不管物的。

出纳工作的这种分工，并不违背财务"钱账分管"的原则。由于出纳账是一种特殊的明细账，总账会计还要设置"现金"、"银行存款"、"长期投资"、"短期投资"等相应的总分类账对出纳保管和核算的现金、银行存款、有价证券等进行总金额的控制。其中，有价证券还应有出纳核算以外的其他形式的明细分类核算。

第五，出纳工作直接参与经济活动过程。货物的购销，必须经过两个过程——货物移交和货款结算。其中，货款结算，即货物价款的收入与支付就必须通过出纳工作来完成。往来款项的收付、各种有价证券的经营及其他金融业务的办理，更是离不开出纳人员的参与。这也是出纳工作的一个显著特点，其他财务工作，一般不直接参与经济活动过程，而只对其进行反映和监督。

任务 2　出纳工作四大职能

出纳工作是财会工作的一个重要组成部分，出纳岗位是为单位把好资金收支的前沿，其工作十分重要。从总体上讲，其职能包括现金及银行存款的收付、反映、监督和管理四个方面，如表 1-1 所示。

表 1-1　出纳岗位工作职能

出纳职能	出纳工作职能描述
收付职能	这是出纳的最基本职能。企业经营活动少不了货物价款的收付、往来款项的收付，也少不了各种有价证券以及金融业务往来的办理。这些业务往来的现金、票据和金融证券的收集和办理，以及银行存款收付业务的办理，都必须经过出纳人员之手。这些收付业务可以细分为现金、银行存款、有价证券收付等。
反映职能	这是出纳的第二个主要职能。出纳要利用统一的货币计量单位，通过其持有的现金与银行存款日记账、有价证券的各种明细分类账，对本单位的货币资金和有价证券进行详细记录与核算，以便为经济管理和投资决策提供所需的完整、系统的经济信息。出纳反映工作要求细化到以日为会计核算期，出纳人员应对其所管理的现金、银行存款、有价证券等认真登记好日记账，保证每天及时、准确上报相关重要会计信息。
监督职能	出纳不仅要对单位的货币资金和有价证券进行详细记录与核算，为经济管理和投资决策提供所需的完整、系统的经济信息，还要对企业的各种经济业务，特别是货币资金收付业务的合法性、合理性和有效性进行全程监督。出纳岗位的这种监督体现在日常收支前的审核与职业判断，这项工作一定要在现金、银行存款、有价证券的收付前进行。如果是收支后才发现不合法、不合理的经济活动，就会给企业造成损失，给相关工作人员增加工作量。
管理职能	该职能包括对现金、银行存款、有价证券等进行保管，对银行存款和各种票据进行管理，对企业资金使用效益进行分析研究，为企业投资决策提供金融信息，甚至直接参与企业的方案评估、投资效益预测分析等工作。这些管理职能在优秀出纳人员的工作中得到充分体现，并为企业提供良好的资金管理。

任务 3　出纳人员具体要做的工作

一、出纳岗位职责

出纳岗位的职责一般包括：

1.遵守会计职业道德，不断提高业务素质，按要求参加各种培训和继续教育。

2.贯彻执行国家有关现金管理制度，按照指定用途和规定范围使用现金。

3.认真执行公司各项规章制度和工作程序，服从上级指挥和有关人员的监督检查，保质保量按时完成工作任务。

4.严格审核各内部独立核算单位交来的缴款凭单，鉴别现金真伪无误，当面点清，准确收回各类营业款项。

5.严格执行库存现金限额规定，超出部分必须及时送存银行，不坐支现金，不得以白条抵库或挪用。

6.按规定管理公司本部备用金，办理下属单位备用金领用与报销事项。

7.严格审核付款凭证和审批手续,及时、准确、无误地办理各种应付款项。

8.建立健全出纳各种账目,及时序时登记现金日记账。每日业务终了,必须结出现金日记账余额并与库存现金核对无误,做到日清月结。定期核对现金日记账与总账,保证账账、账款相符,如有短缺,责任自负。

9.严格执行从银行提取现金的审批程序,金额较巨大或认为必要时有权请求加派人员办理,以确保人身和财产安全。

10.认真复核员工薪酬表,保证及时、正确发放公司总部员工薪酬。

11.认真编制记账凭证,正确运用会计科目,要做到原始凭证齐全有效,记账凭证与原始凭证事项一致准确无误。

12.掌管保险柜,保证库存现金及有价证券等的安全与完整无缺。

13.妥善保管有关印章和空白收据。

14.积极参加培训活动,努力钻研本职工作,主动提出合理化建议。

15.定期向会计主管述职。

16.保守公司秘密。

17.做好业务内会计资料的保管,配合会计主管做好整理与定期归档工作。

18.积极配合其他会计工作,完成会计主管交办的其他工作任务。

二、出纳的工作内容

出纳的日常工作主要包括货币资金核算、往来结算及工资核算三方面内容。

1.货币资金核算

货币资金核算的日常工作内容分以下六部分。

(1)办理现金收付,审核审批有据

严格按照国家有关现金管理制度的规定,根据稽核人员审核签章的收付款凭证进行复核,办理款项收付。对于重大开支,必须经过会计主管人员、总会计师或单位领导审核签章,方可办理。收付款后,要在收付款凭证上签章,并加盖"收讫"、"付讫"戳记。

(2)办理银行结算,规范使用支票

严格控制签空白支票。如因特殊情况确需签发不填写金额的转账支票时,必须在支票上写明收款单位名称、款项用途及签发日期,规定限额和报销期限,并由领用支票人在专设登记簿上签章。逾期未用的空白支票应交给签发人。对于填写错误的支票,必须加盖"作废"戳记,与存根一并保存。支票遗失时要立即向银行办理挂失手续。不准将银行账户出租、出借给任何单位或个人办理结算。

(3)认真登记日记账,保证日清月结

根据已经办理完毕的收付款凭证,逐笔顺序登记现金和银行存款日记账,并结出余额。现金的账面余额要及时与银行对账单核对。月末要编制银行存款余额调节表,使账面余额与对账单上余额调节相符。对于未达账款,要及时查询。要随时掌握银行存款余额,不准签发空头支票。

(4)保管库存现金,保管有价证券

对于现金和各种有价证券,要确保其安全和完整无缺。库存现金不得超过银行核定的限额,超过部分要及时存入银行。不得以"白条"抵充现金,更不得任意挪用现金。如果发现库存现金有短缺或盈余,应查明原因,根据情况分别处理,不得私下取走或补足。如有短缺,要负赔偿责任。要保守保险柜密码的秘密,保管好钥匙,不得任意转交他人。

(5)保管有关印章,登记注销支票

出纳人员所管的印章必须妥善保管,严格按照规定用途使用。但签发支票的各种印章,不得全部交由出纳一人保管。对于空白收据和空白支票,必须严格管理,专设登记簿登记,认真办理领用注销手续。

(6)复核收入凭证,办理销售结算

认真审查销售业务的有关凭证,严格按照销售合同和银行结算制度,及时办理销售款项的结算,催收销售货款。发生销售纠纷、货款被拒付时,要及时通知有关部门处理。

2.往来结算

往来结算的日常工作内容包括以下两大类。

(1)办理往来结算,建立清算制度

现金结算业务的内容,主要包括:企业与内部核算单位、职工之间的款项结算,企业与不能办理转账手续的外部单位、个人之间的款项结算,低于结算起点的小额款项结算,根据规定可以用于其他方面的结算。对购销业务以外的各种应收、暂付款项,要及时催收结算;应付、暂收款项,要抓紧清偿。对于确实无法收回的应收账款和无法支付的应付账款,应查明原因,按照规定报经批准后处理。实行备用金制度的企业,要核定备用金定额,及时办理领用和报销手续,加强管理。对预借的差旅费,要督促及时办理报销手续,收回余额,不得拖欠,不准挪用。要建立其他往来款项清算手续制度。对购销业务以外的暂收、暂付、应收、应付、备用金等债权债务及往来款项,要建立清算手续制度,加强管理,及时清算。

(2)核算其他往来款项,防止坏账损失

对购销业务以外的各项往来款项,要按照单位和个人分户设置明细账,根据审核后的记账凭证逐笔登记,并经常核对余额。年终要抄列清单,并向领导或有关部门报告。

3.审核工资单据,发放工资奖金

根据实有职工人数、工资等级和工资标准,审核工资奖金计算表,办理代扣款项(包括计算个人所得税、住房基金、劳保基金、失业保险金等),计算实发工资。按照车间和部门归类,编制工资、奖金汇总表,填制记账凭证,经审核后,会同有关人员提取现金,组织发放。发放的工资和奖金,必须由领款人签名或盖章。发放完毕后,要及时将工资和奖金计算表附在记账凭证后或单独装订成册,并注明记账凭证编号,妥善保管。

任务 4　出纳人员基本职业素质与能力要求

出纳人员应该拥有会计从业资格证书方可任职。由于出纳工作的特殊性及重要性,出纳人员应保证具有以下职业素养与职业道德。

一、公民道德准则

《公民道德建设实施纲要》提出了公民道德规范,即:爱国、守法、明礼、诚信、团结、友善、勤俭、自强、敬业、奉献。

道德规范作为人类道德行为的基本准则,是对一定社会道德关系的反映,是特定的社会对人们提出的道德要求。道德规范在社会主义思想道德建设中居于重要位置,也是我国发展先进文化的重要组成部分。《公民道德建设实施纲要》把爱国守法作为公民道德建设的一个基本道德规范,它是每位公民都必须遵守的道德准则。

爱国守法,反映的是公民个人与国家、与祖国、与社会的关系,是社会主义道德体系中最基本的规范。一个人,是社会的人,是国家的公民、祖国大家庭的成员,不管公民个人是否自觉意识到,主观上是否愿意去遵守这一道德规范,他都必须处理与国家、与祖国、与社会的关系,履行自己对祖国、对社会的义务和责任。这正是道德规范对公民个人有约束力的重要条件。因此,爱国守法这一基本道德规范,体现的是一种客观的社会道德关系。同时,遵守这一道德规范需要公民个人这一行为主体真正认识规范的客观性、科学性及不可违抗性,自觉地、主动地去实践规范。

需要特别强调的是,一个合格的出纳人员首先应该是一个具有良好道德的社会人。

二、出纳人员的职业道德

出纳人员在具有良好公民道德的前提下,在本职岗位上所应遵循的行为规范还应包括爱岗敬业、诚实守信、廉洁自律、客观公正、坚持准则、提高能力、参与管理、强化服务等会计职业道德。

1.爱岗敬业

爱岗就是热爱本职工作,忠于职守,尽职尽责。出纳人员工作相当重要,要对所任职的单位负责,特别是对单位财产和资金安全负责。敬业的直接表现在于"勤"、在于"强","业精于勤,荒于嬉"。出纳人员应将学到的专业技术理论转化为能力技巧,谦虚好学、刻苦钻研,通过实践,反复操练,勤学多练,不仅可以了解新情况、增加新知识,而且可以培养一个人的综合素质和业务能力。出纳人员要在工作中不断探索、总结经验,提高业务素质水平。

2.诚实守信

诚实守信是会计职业道德的一项重要内容,是一切道德的基础和根本,是人之为人的最重要的品德。诚实守信要求每一名出纳人员实事求是,不弄虚作假,不欺上瞒下,诚恳老实,有信无欺。

3.廉洁自律

廉洁是指廉洁奉公、坚持原则,不利用职权损公肥私。自律是指行为主体能够自我约束、自我规范。常言道:"常在河边走,哪有不湿鞋。"出纳人员应该做到以下四点:一是自尊自爱;二是不贪不占;三是自我约束;四是加强学习,不断充实自我。廉洁自律的基本要求:对于违反国家财经纪律和财务会计制度的开支,有权做出拒绝付款、拒绝报销的决定,并同时向单位领导或上级部门报告。一方面敢于善于运用职业权力,敢于同违法违纪现象作斗争,抵制不正之风;另一方面不能以权谋私、违法乱纪。反对不讲原则、屈服领导权势、睁一只眼闭一只眼的做法。

4.客观公正

客观公正是出纳人员道德的灵魂,也是会计工作最主要的原则。出纳人员在办理会计事务时,应当实事求是、客观公正。出纳人员在执行工作任务时,要做到实事求是、客观公正;须在实质上、形式上保持独立,不能因关系亲疏而异;应坚持法不容情的原则,在各个环节上把好"人情"关。

5.坚持准则依法办事

坚持准则的基本要求:熟悉财经法律、法规和国家统一的会计制度,培养良好的遵纪守法的习惯,在处理各项经济业务时知法依法,把守关口;同时还要进行法规的宣传,严格按照准则的规定处理经济业务,敢于同各种违法违纪行为作斗争,不徇私情、秉公执法。

6.提高能力

会计职业能力,是指一切从事会计工作的人员必须具备的专业知识和经验,以及应用这些知识和经验处理会计具体问题的能力。要在掌握过硬的科学文化知识和会计知识的前提下苦练业务基本功,在实践中不断磨炼自己,精益求精,不断提高相关职业能力和业务素质。

7.参与管理

出纳人员在做好本职工作的同时,应努力钻研相关业务,全面熟悉本单位的经营活动和业务流程,根据企业经济业务实际,主动提出合理化建议,协助领导决策,积极参与管理,为管理者当参谋,为管理活动服务。

8.强化服务

出纳人员工作中应树立强烈的服务意识,要做到服务态度温和,语言文明,尊重同事,尊重事实;谦虚谨慎,彬彬有礼,落落大方,有礼有节;团结协作,互相支持。对领导要胸怀坦荡,敢说实话;对客户要行为有度,礼节得体;对同事要平等相待,态度热情。在外出办理公务时,举止要端庄、稳重,服饰要整洁得体,仪表要文明。

三、出纳人员的基本职业素养

出纳是一项与金钱关系密切的特殊职业,出纳人员如果没有良好的职业素养和职业道德,很难顺利通过"金钱关",其不良行为也将成为任职单位的隐患。因此,出纳人员更应该严格要求自己,养成良好的职业习惯,细心严谨,注重安全,严守秘密,为保质保量完成出纳岗位任务而尽心尽责。出纳人员的基本职业素养包括:

1. 细心

出纳人员接触金钱的机会多,细心是十分重要的,如果粗心大意,就可能给单位和个人造成损失。出纳人员与银行、税务等有关部门接触也多,如果马虎应付,工作效率也将十分低下。所以出纳人员不论做什么事,都要细心,反复核对准确后方可办理相关业务。

2. 严谨

出纳人员的工作有相当一部分是与会计、银行、税务等有关部门相联系的,应该严格按照有关规定办理相关业务,不能偷工减料,应注意做到:

(1)办公环境整洁。每天上班前后整理打扫,保持办公环境整洁温馨。

(2)收支计算准确。出纳人员在办理款项收付业务时应细心,多次复核,计算准确,以免造成损失。

(3)钱款当面核清。出纳人员在收付现金时应要求相关人员当面点清金额,并确定无假钞后方可离开。

(4)票据存放有序。规模大的单位票据量也大,合理存放票据可以提高工作效率。

(5)账簿登记无误。出纳人员应每日登记现金和银行存款日记账,严格按规定以业务发生的时间顺序进行登记,做到准确无误。

(6)交接手续齐全。出纳人员在调离工作岗位或因故暂离时应按规定办理交接手续,保证接任者可以正常开展工作。

3. 安全

由于出纳工作的特殊性和重要性,出纳人员要具有高度的安全意识,不仅要注意内部核算安全,更要注意外部收付款途中的安全,具体来说应做好以下几点:

(1)注意办公环境安全

①防火用电安全。下班时应拉下办公室电总开关,保证办公室安全。

②门窗安全。下班时应注意关好门窗并做重点检查,确定关紧后方可离开。

③保险箱安全。注意保管好保险箱密码或钥匙,不要泄露相关信息,出差或外出时要遵照有关规定,未经有关领导同意不得随便将保险箱钥匙或密码移交或告诉他人。

④现金安全。注意现金存放安全,严格按人民银行库存限额规定存放现金,放在单位过夜的现金不得超过限额。若有特殊原因,可上报有关领导决定如何保管,不得擅自带回家中,不得擅自挪用,不得将个人资金与单位现金放在一起。

⑤有价证券安全。各种有价证券是单位的重要资产,可变现性强,应存放得当,注意防潮防湿防盗防朽,定期清查核对。

⑥票据安全。出纳人员管理的票据包括银行专用票据,如现金支票、转账支票、汇票、信用证等,以及税务发票、内部收款收据等。这些票据十分重要,一旦丢失,将给单位造成损失,所以应注意将其保存在安全的地方,同时注意防潮、防湿、防盗防朽,定期清查核对,并接受会计人员的监督。

⑦各种印章安全。存放在出纳人员处的印章应保管好,不得随意外带,应按规定的审批权限使用。

⑧会计档案安全。出纳人员手中的单据及相关资料是单位的资产,十分重要,应注意保管,保证其安全、不丢失。

(2)注意外出安全

出纳人员外出办理现金事务,数额较大的(一般在2万元以上)应有两人同往,有条件的单位应有保安人员陪同前往。外出领取款应保密,以确保安全。

出纳人员前往银行办理业务时,不得途中到其他地方停留或逛商店。

4.保密

保密是指出纳人员在执行业务过程中对直接或间接所获悉的有关企业和国家的商业秘密和国家秘密进行保密,不得传播或使他人知晓。保守秘密的基本要求:

(1)不该问的不问;

(2)不该说的不说;

(3)不为利益所诱惑,坚决保守秘密;

(4)时刻保持高度警惕,防止无意泄密;

(5)未经批准不得私自将有关票据提供给他人查阅。

任务5 出纳人员应熟悉的会计法规与相关专业知识

为保质保量地完成出纳岗位工作任务,提高专业管理水平和业务素质,出纳人员应熟悉以下会计法规:《中华人民共和国会计法》、《现金管理暂行条例》、《银行账户管理办法》、《会计基本工作规范》、《票据管理实施办法》、《会计人员管理办法》、《内部会计控制规范——基本规范》、《会计电算化工作规范》、《外汇结算管理条例》、《合同法》,以及《公司法》等(请参照实训材料后的附录)。

建议经常上网浏览几个网站:

http://www.mof.gov.cn/

http://cz.fjkj.gov.cn/

http://www.dongao.com/

http://media.pbc.gov.cn/

http://zhidao.baidu.com/

......

任务 6 厦门网中网软件"出纳岗位实务"训练

了解出纳岗位相关知识：

以学生学号登陆厦门网中网软件 出纳实务【网中网公司】 软件，学习 1 出纳实务简介 1.1 财务数字书写，

出纳实务简介

模拟学生实训
下载 打印

学习相关的法规知识：

与出纳相关的制度法规PDF

模拟学生实训
下载 打印

序号	标题
1	基础工作规范
2	财务印章管理
3	中国人民银行残缺污损人民币兑换办法
4	中文大写金额数字和日期填写规范

任务 7 自我再提高训练

在课余，为了提高对出纳岗位工作的认识，巩固本模块专业知识，学生可按 3 人一组的工作学习小组形式，针对以下问题展开互动，互相帮助、互相指正、互相提高。

互动问题参考：

1.出纳人员在实际工作中如何做到细心严谨？有什么细节性的操作？

2.出纳在工作中，如何做到对自己所了解的本公司商业秘密进行保密？例如：你公司××原材料是不是××公司提供的？它最近的价格是多少？××员工工资是多少？他的奖金又是多少？

3.如果今日现金盘点，发现长款（即溢出来或叫多出来）100 元，你准备怎么样处置它？

4.如果今日现金盘点，发现短款（少掉了）100 元，你应该怎么办？

5.出纳人员应遵守哪些职业道德规范？

6.出纳人员的主要工作有哪些？

◎ 岗位素质提高阅读建议

《致加西亚的信》

为了提高自己的岗位综合素养,请一定上网找这篇文章,认真学习。相信你一定会有很大收获!

◎ 励志小故事

生命的价值

在一次研讨会上,一位著名的演说家没讲一句开场白,手里却高举着一张 20 美元的钞票。面对会议室里的 200 个人,他问:"谁要这 20 美元?"一只只手举了起来。他接着说:"我打算把这 20 美元送给你们中的一位,但在这之前,请准许我做一件事。"他说着将钞票揉成一团,然后问:"谁还要这 20 美元?"仍有人举起手来。

他又说:"那么,假如我这样做又会怎么样呢?"他把钞票扔到地上,又踏上一只脚,并且用脚碾它。随后他拾起钞票,钞票已变得又脏又皱。

他将这张 20 美元钞票举起,说:"现在谁还要它?"还是有人举起手来。

"OK,朋友们,我们已经上了一堂很有意义的课。无论我如何对待这张钞票,还是有人想要它,因为它并没贬值,它依然值 20 美元。人生路上,我们会无数次被自己的决定或碰到的逆境击倒、欺凌甚至碾得几乎粉身碎骨。有时,我们觉得自己似乎一文不值。但无论发生什么,或将要发生什么,你们永远不会丧失价值。不论你的衣着肮脏或洁净,齐整或不齐整,你们依然是无价之宝!"

这位著名的演说家话音刚落,会议室里响起阵阵掌声……

温馨提示:生命的价值取决于我们本身! 请相信,你是独特的、有价值的优秀员工——请永远不要忘记这一点!

第二篇

岗位能力学习模块二

认识出纳岗位专业知识

　　人生像攀登一座山,而找寻出路,却是一种学习的过程,我们应当在这过程中,学习稳定、冷静,学习如何从慌乱中找到生机。

——著名诗人席慕蓉

📋 能力目标

❶能够正确理解与出纳岗位相关的知识与理论。

❷能够正确理解与出纳岗位相关的会计法规。

❸能够正确解读并执行出纳岗位相关内部制度。

❹能够正确解读出纳岗位职业指导。

💡 知识目标

❶熟悉出纳岗位相关会计基础理论。

❷熟悉出纳岗位相关会计法规。

❸熟悉出纳岗位相关内部制度。

❹熟悉出纳岗位职业要求。

📌 先导案例

　　吴芸本科毕业,来到一家会计师事务所担任出纳人员。虽然她是读财务管理专业毕业的,可是,她在本科学的理论研究比较多,没受过实际操作训练,对出纳岗位工作一点都不了解,对此她有点担心。周末上网 QQ 聊天时,她想起表姐在一家外企担任财务经理,于是通过 QQ 向表姐了解出纳人员的相关知识。

　　表姐告诉吴芸,一个好的出纳人员应是一名优秀的管家,除了要有好的专业知识外,还要与企业文化充分融合,忠诚敬业,谨慎工作,善于沟通。吴芸感觉到了出纳工作的不一般。她暗下决心,一定要认真做好职业生涯的第一份财务管理工作!

任务 1　出纳工作在财务管理工作中的地位

在市场经济条件下,货币资金渗透于社会经济生活的各个领域,任何单位的经济活动都是以货币为交换手段来实现的,都必须通过出纳进行现金及银行存款的收支来完成。出纳工作岗位是一个单位经济工作和会计核算的前沿阵地,是十分重要的财务管理岗位。出纳是单位货币资金的管家。

很多人都以为出纳只是做一些收支现金、填写支票、跑跑银行之类的简单工作,其实不然,出纳工作是单位的基本会计环节,是控制单位每笔交易业务的第一道关口,是走向成功的踏板,是财务管理的基石,其重要性不言而喻。出纳人员与会计人员都是独立核算单位重要岗位上的工作人员,二者的工作地位是平等的。由于现金是具有特殊功能的货币符号并且日常流动性很大,需要专人管账,所以需要会计人员与出纳人员分工协作、相互配合、相互制约,共同组成财务管理的有机整体。任何工作都有其自身的特性和工作规律,出纳工作也不例外,它是会计工作的重要组成部分,具有一般会计工作的本质属性,但同时,出纳又是一个专门的财务管理岗位,是一项专门的技术,因此还具有自己的工作特点,主要表现在:

1.社会性

出纳人员担负着一个单位货币资金的收付、存取和管理任务,和整个企业的经济活动紧密相连。只要这个单位发生经济活动,就必然要求出纳人员与之发生经济关系,而这些活动又直接关系到企业单位、往来客户、职工个人乃至国家的经济利益,这就是出纳工作的社会性。

2.专业性

由于出纳岗位的特性,要做好出纳工作,出纳人员一方面要经过一定的职业教育,具备处理一般会计事务的财会专业基本知识,另一方面也要具备较高的处理出纳事务的出纳专业知识水平和职业素质。出纳工作需要很强的操作技巧,操作电脑、使用软件、填写票据、点钞票等等,都需要深厚的专业技能功底。

3.政策性

出纳工作是一项政策性很强的工作,每一个环节都必须依照国家规定进行。《会计法》、《会计基础工作规范》等法律法规都把出纳工作并入会计工作中,并对出纳工作提出了具体规定和要求。出纳人员还应严格按人民银行等有关部门发布的各项法规办理相关经济业务。

4.制度性

出纳工作是一项制度性很强的工作,其工作的每一次执行都必须依照单位内部会计制度规定进行,保证单位经济活动的合理性与合规性。出纳工作应规范、严谨,杜绝以权谋私。

5.时间性

出纳工作具有很强的时间性,何时发放工资、何时核对银行对账单等,都有严格的时间要求。现金和银行存款必须做到日清月结,库存现金应每天盘点、核对,一旦出现差错,能及时发现,回忆并找出原因,把握弥补的最佳时机。现金、银行存款的账簿登记应建立日报告制度,可供随时查询。

由于出纳工作的以上特性,该岗位对出纳人员要求颇高,所以拟承担这一岗位工作的人员应主动学习,不断提高专业技术水平和职业素养。

任务 2　会计学基础理论

出纳工作是一项重要的财务管理工作,出纳人员不仅需要专业技能,还应该具有相应的专业知识和较高的综合素养。为了更好地完成本职工作,出纳人员应了解会计核算基本原则、会计核算基本前提以及其他相关会计法规和会计制度。

一、认识会计

出纳工作与会计核算、财务管理工作一样,是一个单位十分重要的管理工作。在日常工作中,出纳人员要经常与财会人员打交道,所以,认识会计对出纳人员来说是必需的。

1.会计的定义

会计是以货币为主要计量单位,以提高经济效益为主要目标,运用专门方法对企业、机关、事业单位和其他组织的经济活动进行全面、综合、连续、系统的核算与监督,提供会计信息,并随社会经济的日益发展逐步开展预测、决策、控制和分析的经济管理活动。现代社会对会计人员的需求量大,同时对从业者的业务能力及职业道德的要求也较高。

2.会计的分类

会计根据其用途和特性的不同,可以分为财务会计、管理会计和统计会计三种,它们用不同的方法,共同为企业管理者、决策层提供所需的会计信息。

(1)财务会计

财务会计是指通过对企业已经完成的资金运动进行全面系统的核算与监督,为外部与企业有经济利害关系的投资人、债权人和政府有关部门提供企业的财务状况、盈利能力等经济信息的经济管理活动。

财务会计主要是对企业已经发生的交易或信息事项,通过确认、计量、记录和报告等程序进行加工处理,并借助以财务报表为主要内容的财务报告形式,向企业外部的利益集团提供以财务信息为主的经济信息。这种信息是以货币作为主要计量尺度并结合文字说明来表述的,反映了企业过去的资金运动或经济活动历史。其特点是较为真实并可以验证。财务会计对外提供的信息反映了企业与投资者、债权人等有关方面的利益关系,从而受到这些信息使用者的普遍关注;他们往往要以财务会计提供的会计信息为主要依据,作出有关经济决策。财务报告是经营者领导下的会计部门提供的,因此信息的提供者与使用者是分离的。为了得到使用者的信赖,财务报告的提供者需要对信息加工、形成和传递的全过程进行严格的规范。会计原则、会计准则、会计制度等财务会计的规范形式便应运而生。

财务会计是现代企业的一项重要基础性工作,它通过一系列会计程序,提供对决策有用的信息,积极参与经营管理决策,提高企业经济效益,促进市场经济健康有序发展。财务会计人员通过编制财务报表,为企业内、外部的广大用户提供信息,其重点在于报告财务状况和营运状况。

(2)管理会计

管理会计又称"内部报告会计"。它是以企业现在和未来的资金运动为对象,以提高经济效益为目的,为企业内部管理者提供经营管理决策的科学依据的经济管理活动。

管理会计包括成本会计和管理控制系统两大组成部分。管理会计方法包括:资本预算的现金流折现分析法,利润和投资中心的剩余利润考核法,内部转移价格制定的机会成本法,规划和控制问题的定量分析法,以及引入的信息经济学理论、代理理论、交易成本理论等。

管理会计的作用主要是为企业的管理层提供信息,作为企业内部各部门的决策依据。在实际操作中,管理会计可以根据各企业的具体实际和管理者的具体需要进行计算分析,没有标准模式,不受会计准则限制。

(3)统计会计

会计与统计之间有着千丝万缕的联系。在会计中我们经常会用到统计的方法,在统计中我们也经常会用到会计的方法。在市场经济不断发展的今天,会计与统计的联系越来越紧密,二者结合,能更好地为管理者提供有效的信息。由于会计与统计的核算角度、任务不同,因此在核算范围、核算方法和核算内容等方面都存在差异。

统计会计的作用主要是反映和控制经济活动过程,保证会计信息的合法、真实、准确和完整,为经济管理提供必要的财务资料,并参与决策,谋求最佳经济效益。

3.会计任务

会计工作是财务管理工作的重要部分,它具有监督和管理的特性。所有企业都应该设置会计岗位,可根据规模大小和经济业务数量的多少来确定是以一人多岗还是以多人一岗的方式来开展工作。会计工作主要有以下任务:

(1)按照会计法规和财务制度的规定,认真编制并严格执行财务计划和预算,遵守各项收入制度、费用开支范围和开支标准,分清资金渠道,合理使用资金。

(2)按照会计法规和会计制度的规定记账、算账、报账,做到手续完备、内容真实、数字准确、账目清楚、日清月结、按期报账。

(3)按照人民银行制度和相关开户银行的有关规定,合理使用贷款,加强现金管理,做好结算工作。

(4)按照经济核算原则,定期检查,分析财务计划、预算的执行情况,挖掘增收节支的潜力,考核资金使用效果,揭露经济管理中的问题,及时向领导提出建议。

（5）按照国家会计制度的规定，妥善保管会计凭证、账簿、报表等档案资料。

（6）遵守、宣传、维护国家财政制度和财政纪律，与一切违法乱纪行为作斗争。

4.会计的基本职能

为了更好地完成会计相关任务，会计人员必须完成好相关职能。会计的基本职能包括进行会计核算和实施会计监督两个方面。

（1）会计核算

会计核算职能就是对企业发生的会计事项，也就是对影响企业资产、负债、所有者权益、收入、费用和利润这六大要素的变动事项进行确认、计量、记录和报告。主要运用货币为计量单位，通过确认、计量、记录和报告，从数量上连续、系统和完整地反映各个单位的经济活动情况，为加强经济管理和提高经济效益提供会计信息。

会计核算职能包括："五个环节"——确认、计量、记录、计算、报告；"三项工作"——记账、算账、报账；"七种方法"——设置会计科目和账户、复式记账、填制和审核会计凭证、登记账簿、成本计算、财产清查、编制会计报表。

（2）会计监督

会计监督职能就是依照国家有关法律、法规、规章对会计工作进行控制，并利用正确的会计信息对经济活动进行全面、综合的协调、控制、监督和督促，以达到提高会计信息质量和经济效益的目的。

会计监督有狭义和广义之分。狭义的会计监督是会计的基本职能之一，是单位内部会计监督的一部分，是会计人员根据国家的财经政策、会计法规，利用会计所提供的信息，对会计主体经济活动进行的全面的监督和控制，使其达到预期目标。广义的会计监督既包括内部监督又包括外部监督。比如，会计人员、出纳人员在实施款项支付前，严格按规定对相关原始凭证进行审核，这就是在实施内部会计监督的职能；再比如，聘请会计师事务所工作人员来对企业年度报表进行审计，这就是会计的外部监督。企业为了更好地监督其经济活动，在设置财务部之外同时设置一个内部审计部门，对会计再次进行监督，这也是会计谨慎原则的体现。

二、会计核算基本原则

会计的基本原则包括：真实性原则、实质重于形式原则、相关性原则、一致性原则、可比性原则、及时性原则、清晰性原则、权责发生制原则、收入与费用配比原则、实际成本原则、划分收益性支出与资本性支出原则、谨慎性原则、重要性原则。

1.真实性原则

真实性原则是指会计核算应当以实际发生的经济业务为依据，如实地反映经济业务、财务状况和经营成果，做到内容真实、数字准确、资料可靠。

真实性原则包括真实性、可靠性和可验证性三个方面，是对会计核算工作和会计信息的基本质量要求。真实的会计信息对国家宏观经济管理、投资人决策和企业内部管理都有着重要意义,会计核算的各个阶段都应遵循这个原则。

出纳人员在支付款项时,应能分析判断反映该项经济业务的原始单据是否真实,以保证单位资金的安全与完整。这项要求对出纳人员来说是比较高的要求,为了很好地完成岗位工作,出纳人员要认真学习专业知识,提高专业能力,培养敏锐的会计职业眼光,具备审核原始凭证的能力。

2.实质重于形式原则

会计核算中采用的实质重于形式原则是指企业应当按照交易或事项的经济实质进行会计核算,而不应当仅仅按照它们的法律形式作为会计核算的依据。在实际工作中,交易或事项的外在形式或人为形式并不能完全真实地反映其实质内容。所以会计信息拟反映的交易或事项,必须根据交易或事项的实质和经济现实,而非根据它们的法律形式进行核算。

比如,企业以融资租赁形式租入的固定资产,虽然从法律形式来讲企业并不拥有其所有权,但是由于租赁合同中规定的租赁期相当长,接近于该资产的使用寿命,租赁期结束时承租企业有优先购买的选择权,在租赁期内承租企业有权支配资产并从中受益。从实质上看,企业控制了该项资产的使用权及受益权。所以在会计核算上,将融资租赁的固定资产视为企业的资产。如果企业的会计核算仅仅按照交易或事项的法律形式或人为形式进行,而这些形式又没有反映其经济实质和经济现实,那么,其最终结果将不仅不会有利于会计信息使用者的决策,反而会误导会计信息使用者决策。实质重于形式原则是《国际会计准则》的一项会计核算基本原则。我国刚出台的企业会计制度明确规定,企业进行会计核算时应当遵循这一原则,这有利于提高企业会计信息质量。

3.相关性原则

相关性原则是指会计信息应当符合单位经济活动管理的要求,满足有关各方了解企业财务状况和经营成果的需要,满足企业加强内部经营管理的需要。

会计的主要目标就是向有关各方提供对决策有用的信息,如提供的信息与进行决策无关,不仅对决策者毫无价值,有时还会影响他们作出正确决策。所以会计核算所提供的信息资料必须反映企业的真实经济业务,能为决策者提供相关有效准确有用的信息。

4.一致性原则

一致性原则是指会计处理方法前后各期应当一致,不得随意变更,这样才便于同一企业不同会计期间的会计信息进行比较,从而对企业不同期间的经营管理成果有一个直观的了解。一致性原则并不否定企业在必要时对会计处理方法作适当变更。当企业的经营活动或国家的有关政策规定发生重大变化时,可以根据实际情况变更会计处理方法,但要将变更的情况、变更的原因及其对企业财务状况和经营成果的影响,在财务报表批注中加以说明。

比如,在企业内部进行原材料发出成本的核算工作中,如果确定按先进先出法来计算发出原材料成本,那么,在一个会计年度内,应该要统一使用这一核算方法,不能在中途换另一种发出成本核算方法,以保证原材料成本核算的可比性。

5.可比性原则

可比性原则是指会计核算应当按照规定的会计处理方法进行,会计指标应当口径一致,相互可比。只有遵循可比性原则,一个企业才可以同本行业的其他企业进行比较,了解自己在本行业中的地位,以及自身存在哪些优势和不足,从而制定出正确的发展战略。

一致性和可比性原则实际上是同一问题的两个方面。一致性原则解决的是同一企业纵向可比问题,而可比性原则解决的是企业之间横向可比的问题。从广义上说,两者均可称为可比性。

6.及时性原则

及时性原则是指会计核算应当及时进行,以保证会计信息与所反映的所有经济活动在时间上保持吻合,以免使会计信息失去时效。当今信息社会,若会计资料不及时记录,会计信息不及时加工、生成和报送,就会失去时效,变成一堆没用的、过时的信息,对企业管理层进行决策产生不良影响。所以,凡是会计期内发生的经济事项,应当在该期内及时进行核算,按规定编制记账并编制会计报表,不得拖至后期。同时,要做到按时结账,按期编报会计报表,以利决策者使用。可见,会计信息的及时性,是其有用性的前提。

比如,有一项产品生产成本太高,销售价格又无法调高,如果不及时对成本核算结果进行分析并上报管理决策层,就可能仍然再安排大量生产该产品,从而影响损益。相反,如果及时上报,管理决策层就可以及时组织相关部门进行研讨,提出措施来解决这个问题,使企业减少风险和损失。

7.清晰性原则

清晰性原则是指会计记录和会计报表都应当清晰明了,便于理解和利用,能清楚地反映企业经济活动的来龙去脉及其财务状况和经营成果。根据清晰性原则,会计记录应准确清晰,账户对应关系明确,文字摘要清楚,数字金额准确,手续齐备,程序合理,以便信息使用者准确完整地把握信息的内容,更好地加以利用。

由于行业性质不同,会计信息使用者对信息的要求也不同,因而各个单位进行会计核算时的架构及细节均会有所不同。

比如,一个餐饮娱乐企业,老板要求利润表上期间费用按主要开支项目列明,那么,这个公司的明细科目设置及损益表可能就与制造业的利润表不一样。当然,对内报送的报表可以这样,以方便管理者需要,但对外报送的报表则应该以统一格式来申报。

8.权责发生制原则

权责发生制是一种记账基础,建立在该基础之上的会计核算模式可以正确地将收入与费用相配比,正确地计算损益。根据权责发生制原则,凡是当期已经实现的收入和已经发生或应当负担的费用,不论款项是否收付,都应当作为当期的收入和费用;凡是不属于当期的收入和费用,即使款项已在当期收付,也不应当作为当期的收入和费用。在会计核算中,应当以权责发生制作为会计确认的时间基础,即收入或费用是否计入某个会计期间,而不是以是否在该期间内收到或付出现金为标志,应当依据收入是否归属该期间的成果、费用是否由该期间负担来确定。

比如,由于银行贷款利息是在每季度末收取的,每年的 3、6、9、12 月的 20 日是支付银行贷款利息的时间,而其他月份是不支付利息的。但是,不支付利息的这几个月里,贷款的资金仍然被企业占用,应当每月承担利息支出的成本费用,所以,根据权责发生制要求,应当在每年 1、2、4、5、7、8、10、11 这几个月预先计提应付而尚未支付的银行贷款利息,以保证当期成本的准确性。

9.收入与费用配比原则

收入与费用配比原则是指收入与相关的成本费用应当配比。这一原则是以会计分期为前提的。当确定某一会计期间已经实现收入之后,就必须确定与该收入有关的已经发生了的费用,这样才能完整地反映特定时期的经营成果,从而有助于正确评价企业的经营业绩。

配比原则包括两层含义。一是因果配比,即将收入与对应的成本相配比;二是时间配比,即将一定时期的收入与同时期的费用相配比。

10.实际成本原则

实际成本原则,亦称历史成本原则,是指企业的各项财产物资应当按取得时的实际成本计价,物价如有变动,除有特殊规定外,不得调整账面价值。按照此原则,企业的资产应以取得时所花费的实际成本作为入账和计价的基础。历史成本不仅是一切资产据以入账的基础,而且是其以后分摊转为费用的基础。

11.划分收益性支出与资本性支出原则

划分收益性支出与资本性支出原则是指在会计核算中应合理划分收益性支出与资本性支出。如果支出所带来的经济收益只与本会计年度有关,那么该项支出就是收益性支出;如果支出所带来的经济收益不仅与本年度有关,而且同时与几个会计年度有关,那么该项支出就是资本性支出。区分收益性支出与资本性支出,有助于正确确认当期的损益和资产的价值,保证会计信息的客观性。

12.谨慎性原则

谨慎性原则是指在有不确定因素的情况下作出判断时,要保持必要的谨慎,不抬高资产或收益,也不压低负债或费用。对企业经营存在的风险加以合理估计,在风险实际发生之前将之化解,并对防范风险起到预警作用,有利于企业作出正确的经营决策,有利于保护所有者和债权人的利益,有利于提高企业在市场上的竞争力。

13.重要性原则

重要性原则是指在选择会计方法和程序时,要考虑经济业务本身的性质和规模,根据特定的经济业务对经济决策影响的大小,来选择合适的会计方法和程序。重要性原则与会计信息的成本收益直接相关。坚持重要性原则,就能够保证会计信息的收益大于成本,如果对于不重要的项目,也采用严格的会计程序,分别核算、分项反映,就可能会导致会计信息成本高于收益。在评价某些项目的重要性时,一般来说,应从质和量两个方面来分析。从质上来说,当某一事项有可能对决策产生一定的影响时,就属于重要项目;从量上来说,当某一项目的数量达到一定规模时,就可能对决策产生影响。

三、会计核算的基本前提

会计核算的基本前提包括:会计主体、持续经营、会计分期和货币计量。会计核算对象的确定、会计方法的选择、会计数据的搜集等,都以会计核算的基本前提为依据。

1.会计主体

会计主体,是指会计工作为其服务的特定单位或组织。在会计主体前提下,会计核算应当以企业发生的各项交易或事项为对象,记录和反映单位自身的生产经营活动。明确会计主体前提,一是可以划定会计所要处理的各项交易或事项的范围;二是可以将会计主体的经济活动与会计主体所有者的经济活动区分开来。需要注意的是,会计主体不同于法律主体。一般来说,法律主体必然是一个会计主体,会计主体不一定是法律主体。

2.持续经营

持续经营,是指会计主体的生产经营活动在可预见的将来将延续下去。企业是否持续经营,在会计原则、会计方法的选择上有很大的差别。一般情况下,应当假定企业将会按当前的规模和状态继续经营下去,不会停业,也不会大规模削减业务。明确这个基本前提,会计人员就可以在此基础上选择会计原则和会计方法。需要注意的是,任何企业都存在破产、清算的风险,如果判断企业不会持续经营下去,就应当改变会计核算的原则和方法,并在企业财务会计报告中作相应披露。

3.会计分期

会计分期,是指将会计主体持续不断的经济活动分割为一定的期间。在会计分期前提下,会计核算应当划分会计期间,分期结算账目和编制财务会计报告。会计期间分为年度、半年度、季度和月度。年度、半年度、季度和月度均按公历起讫日期确定。半年度、季度和月度均称为会计中期。

4.货币计量

货币计量,是指会计主体在会计核算过程中采用货币作为计量单位,记录、反映会计主体的经营情况。在货币计量前提下,企业的会计核算以人民币为记账本位币。业务收支以人民币以外的货币为主的企业,可以选定其中一种货币作为记账本位币,但是在编报的财务会计报告中应当将其折算为人民币。在境外设立的中国企业向国内报送的财务会计报告,应当将外币折算为人民币。

任务 3　会计内部制度

各单位内部会计管理应设立哪些制度,各项制度应包括哪些内容,并无统一的规定和要求。不同地区、不同部门和行业的会计单位可根据自身会计核算和业务管理的需要、自身内部控制系统的状况以及查错防弊的设计,作出不同的选择。

一、内部会计管理制度

根据《会计基础工作规范》的规定以及我国会计核算和管理的实践经验,内部会计管理制度主要包括以下内容:

1.内部会计管理体系

内部会计管理体系是指一个单位的会计工作组织体系。其主要内容包括:

(1)明确单位领导人对会计工作的领导职责;

(2)明确总会计师对会计工作的领导职责;

(3)决定会计机构的设置,明确会计机构以及会计机构负责人(或主要会计人员)的职责;

(4)明确会计机构与其他职能机构的分工与关系;

(5)确定单位内部的会计核算组织形式。

2.会计人员岗位责任制度

会计人员岗位职责是单位内部管理会计人员的一项重要制度。主要内容包括:会计人员工作岗位的设置,各个会计工作岗位的职责和工作标准,各会计工作岗位的人员和具体分工,以及对会计工作岗位的考核办法等。

3.账务处理程序制度

账务处理程序是指对会计凭证、会计账簿和报表等会计核算流程和基本方法的规定,主要内容包括:

(1)根据国家统一会计制度的规定,确定单位会计科目和明细科目的设置和使用范围;

(2)根据规定和单位会计核算要求,确定本单位的会计凭证格式、填制要求、审核内容、传递程序和保管要求等;

(3)根据规定和单位核算的要求,确定本单位总账、明细账、现金日记账、银行存款日记账及各种辅助账等的设置、格式、登记、对账、结算和改错要求;

(4)根据国家统一会计制度的要求,确定对外财务报表的种类和编制要求,同时根据单位内部管理需要确定单位内部会计指标和考核指标。

4.内部牵制制度

该制度是内部控制制度的重要内容之一。其主要内容是:

(1)内部牵制制度的原则、职务分离、钱账分离、物账分离等;

(2)对出纳等岗位的职责和限制性规定;

(3)有关部门或领导对限制性岗位的定期检查办法。

5.稽核制度

会计稽核制度是指在会计机构内部指定专人对有关会计凭证、会计账簿进行审核、复查的一种制度,该制度的建立应当结合会计人员岗位责任制度一并进行考虑。其主要内容包括:

(1)稽核工作的组织形式和具体分工;

(2)稽核工作职责、权限;

(3)稽核工作的程序和基本方法;

(4)稽核结果的处理和使用等。

6.原始记录管理制度

原始记录管理制度是指对原始凭证的开具、接收、传递、使用和保管等进行规范管理的制度,旨在保证会计核算基础环节的有序、正常和高效。主要内容包括:

(1)原始凭证的格式、内容和填写方法;

(2)原始凭证的填制、签署、传递、汇集和反馈要求;

(3)原始凭证的审核要求;

(4)有关人员对原始凭证记录管理的责任等。

7.定额管理制度

定额管理制度是指确定定额制订依据、制订程序、考核方法及奖惩措施等。主要内容包括:

(1)定额管理范围,如工时定额、物资消耗定额、成本费用定额、人员定额、用工定额等;

(2)制定和修订定额的依据、方法、程序;定额的执行、考核、奖惩的具体办法等。

8.计量验收制度

计量验收制度是指财务会计管理工作基础,主要内容包括:计量检测手段和方法,计量验收管理的要求,计量验收人员的责任和奖惩办法等。

9.财产清查制度

财产清查制度是指定期对财产物资进行清点、盘查,以保证账实相符,这是保证会计核算正常进行和会计核算质量的重要措施。主要内容包括:财产清查的范围;财产清查的组织领导;财产清查的限期和程序、方法和要求;财产清查中发现问题的处理程序、报批手续;对财产管理人员的奖惩制度等。

10.财务收支审批制度

财务收支审批制度是指确认财务收支审批范围、审批人员、审批权限、审批程序及其责任的制度。主要内容包括:

(1)确定财务收支审批人员和审批权限;

(2)确定财务收支审批程序；

(3)明确对财务收支中违反规定的责任人和领导人的处理要求。

11.成本核算制度

成本核算制度主要是指适用于企业单位的成本计算、归集和分配的规则。主要内容包括：成本核算方法和程序的确定，有关成本基础制度的确定，成本考核和成本分析等。

12.财务会计分析制度

财务会计分析制度是指定期检查财务会计指标的完成情况，分析存在的问题和原因，提出相应改进措施，促使领导加强管理、提高效益的制度。主要内容包括：

(1)财务会计分析的时间、召集形式、参加的部门和人员；

(2)财务会计分析的内容和方法；

(3)财务会计分析报告的编写要求等。

二、会计内部制度制定的原则

1.合法性原则

依法办事是会计工作的首要准则，也是制定单位内部会计管理制度的首要原则。尽管会计法规赋予各单位一定的理财自主权和会计核算方法自主权，但上述自主权如果超出会计法规允许的范围，并对经济管理活动产生消极影响，则是会计法规所不允许的。

2.适应性原则

适应性是制度的生命。制度必须充分体现单位实际情况，不能生搬硬套书本上或其他单位的管理方法和管理模式，要与单位其他管理制度相衔接。内部会计管理制度只能是对单位制度中财务部门的进一步归纳和具体化，不能脱离单位实际另搞一套，必须使内部会计管理制度适应内部管理要求并发挥作用。

3.规范性原则

必须全面规范本单位各项会计工作，建立健全会计基础，保证会计工作的有序进行。规范性原则的基本要求主要体现在：一方面，内部会计管理制度要符合并体现会计学科的基本原理和方法，不能与会计学科的基本要求相违背；另一方面，内部会计管理制度的内容要全面，应严格规范会计事务各个方面、各个环节的工作，不能顾此失彼。

4.科学性原则

制定内部会计管理制度的科学性原则，主要体现在以下几个方面：一是科学合理，即所制定的内部会计管理制度要便于操作和执行。缺乏科学性或不易操作的管理制度，不会有生命力。二是利于控制，即内部会计管理制度必须体现内部控制的要求。有效的内部控制是现代管理的基本要求，而会计控制是内部控制的重要组成部分，因此，内部会计管理制度必须体现这方面的要求。三是定期完善，即各单位所制定的内部会计管理制度，应当根据执行情况和管理需要不断完善，以保证内部会计管理制度更加适应管理需要。

任务4　出纳岗位职业指导

担任出纳工作的出纳人员是财务管理的一员,应该具备企业管理相关专业知识。出纳人员作为参与企业管理的人员,应该忠诚于企业,价值观、职业观应该与企业同步。所以,出纳人员应学习和了解以下相关专业知识。

一、出纳人员所应具备的职业文化素养

出纳人员是财务管理的一员,更是企业的一员,所以出纳人员更应具备以下企业文化知识。

1.企业文化

企业文化,或称组织文化,是一个由价值观、信念、仪式、符号和处事方式等组成的特有的文化形象。企业文化是一种观念形态的价值观,是企业长期形成的稳定的文化观念和历史传统以及特有的经营精神和风格,包括一个企业独特的指导思想、发展战略、经营哲学、价值观念、道德规范和风俗习惯等。企业文化的提出源于日本经济发展奇迹引起的美日比较管理学研究热潮,是一种新的现代企业管理理论。企业要真正步入市场,走出一条发展较快、效益较好、整体素质不断提高的路子,就必须普及和深化企业文化建设。

企业文化有广义和狭义之分。广义的企业文化是指企业所创造的具有自身特点的物质文化和精神文化;狭义的企业文化是企业所形成的具有自身个性的经营宗旨、价值观念和道德行为准则的综合。企业文化是社会文化体系中一个有机的重要组成部分,它是民族文化和现代意识在企业内部的综合反映和表现,是在民族文化和现代意识影响下形成的具有企业特点的群体意识以及这种意识产生的行为规范。

企业文化将各种内部力量统一于共同的指导思想和经营哲学之下,汇聚到一个共同的方向。它是一种渗透在企业一切活动之中的东西,是企业的美德所在。

2.组织结构设计

组织结构设计是指以企业组织结构为核心的组织系统的整体设计工作。它是企业总体设计的重要组成部分,也是企业管理的基本前提。组织设计虽然是一项操作性较强的工作,但它是在企业组织理论的指导下进行的。

组织结构设计,是通过对组织资源(如人力资源)的整合和优化,确立企业某一阶段最合理的管控模式,实现组织资源价值最大化和组织绩效最大化。狭义地、通俗地说,就是在人员有限的情况下,通过组织结构设计提高组织的执行力和战斗力。企业的组织结构设计就是这样一项工作:对构成企业组织的各要素进行排列、组合,明确管理层次,明确各部门、各岗位的职责和相互协作关系,使其在企业实现战略目标的过程中,获得最佳的工作业绩。从最新的观念来看,企业的组织结构设计实质上是一个组织变革的过程,它是把企业的任务、流程、权力和责

任重新进行有效组合和协调的活动。根据时代和市场的变化进行组织结构设计或组织结构变革（再设计），能大幅度提高企业的运行效率和经济效益。

3.组织行为学

组织行为，是指组织的个体、群体或组织本身从组织的角度出发，对内源性或外源性的刺激所作出的反应。组织行为是一种重要的组织现象。

在任何组织中，所有的工作都可以分成两类：一类是具体实现组织目标的工作，例如工人制造产品、教师讲授课程、医生治疗疾病、秘书处理信件、会计核算成本等等。我们把这类工作看成具体的业务或操作，是非管理性的工作。另一类工作则以指挥他人完成具体任务为特征，如工厂中的厂长的工作、学校中校长的工作、医院里院长的工作、公司中经理的工作等等。他们虽然有时也完成某些具体工作，但更多的时间是在制定工作计划，设计组织结构，安排人力、物力、财力，领导、协调并督察他人完成各项具体工作，这类工作是管理性的。

组织行为的特征是整体行为，不是组织成员的个人行为；组织行为的动机是根据这个组织建立的宗旨产生的，带有明确的目的性；组织行为的效果具有两重性；组织行为是全体组织成员共同活动的行为；组织行为是通过组织成员的个体行为来实现的，反过来又影响组织成员的个体行为。

组织行为学系统研究组织环境中所有成员的行为，以成员个人、群体、整个组织及外部环境相互作用所形成的行为为研究对象。在许多管理学著作中，组织行为被分为个体行为和群体行为。

4.价值观

价值观是指一个人对周围的客观事物（包括人、事、物）的意义、重要性的总评价和总看法。一方面表现为价值取向、价值追求，凝结为一定的价值目标；另一方面表现为价值尺度和准则，成为人们判断事物有无价值及价值大小的评价标准。个人的价值观一旦确立，便具有相对的稳定性。但就社会和群体而言，由于人员更替和环境的变化，社会或群体的价值观念又是不断变化着的，传统价值观会不断受到新价值观的挑战。对诸事物的看法和评价在一个人心目中的主次、轻重次序，构成了价值观体系。价值观和价值观体系是决定人的行为的心理基础。

5.忠诚

广义上的忠诚是指对所发誓效忠的对象（国家、人民、事业、上级）、朋友（盟友）、情人（爱人）或亲人（亲戚）等真心诚意、尽心尽力，没有二心。忠诚代表着诚信、守信和服从。

职业忠诚是一种比对公司忠诚更为重要的品质。职业忠诚是对事业的献身精神和忠诚意识，是对职业追求的责任心和使命感。它是每位工作者都应具备的品质。相对于我们经常提及的公司忠诚，职业工作者忠诚于自己的职业、忠诚于职业的发展和提升更为重要！一个人不断提升自己的职业素养和技巧，能胜任目前和将要承担的岗位工作，对于公司而言，已远远超出简单的忠诚度了。

6.沟通

沟通是思想与感情在人与人之间、人与群体之间传递和反馈的过程,目的在于使思想达成一致和感情通畅。沟通本来就是一门学问,与别人沟通不仅仅是自我的一种表现,同时也是了解别人心理的过程。在出纳岗位工作中,沟通十分重要:出纳人员除了要和本单位领导、员工沟通外,还要和银行、税务、工商等部门的工作人员沟通。所以,掌握沟通技巧、实现良好沟通,能提高出纳人员的工作效率,提升企业形象。在沟通时掌握别人的心理是沟通的一个关键技巧。以下是与人沟通时,如何掌握别人心理的 6 个建议:

(1)了解人和人性

出纳人员在与人沟通时,首先要学会提高人际交往技巧的第一步——正确地了解人和人的本性。了解人和人性可简单概括为:"按照人们的本质去认同他们","设身处地认同人们",而不要用自己的眼光去看待别人,更不要把自己的意志强加于别人。人首先是对自己感兴趣,而不是对他人感兴趣!也就是说,一个人关注自己胜过关注他人一万倍。认识到这一点,是生活的关键所在。

(2)如何巧妙地与别人交谈

当你与银行工作人员或本单位员工交谈时,请注意选择礼貌用语。不论对方年纪多大,请用一个词——"您"。你是否对谈话感兴趣并不重要,重要的是你的听众是否对谈话感兴趣。当你与人谈话时,请谈论对方,并且引导对方谈论他们自己,这样你就可以成为一名最受欢迎的谈话伙伴;然后引入正题,告诉他你想要和他们沟通协调的事,这样,成功的几率会更大一些。

(3)如何巧妙地令别人觉得自己重要

人类一个最普遍的特性是渴望被承认,渴望被了解。出纳人员的职业通道是宽广的,出纳人员通常会从出纳工作中脱颖而出,转而担任会计员,或者最后晋升为财务经理。所以,当你是出纳人员时,如果想在人际关系中如鱼得水,那么在工作中请尽量使别人意识到自身的重要性。请记住,你越使别人觉得自己重要,别人对你的回报就越多。请学会聆听和赞许,在回答别人提出的问题之前,请稍加停顿,以便给自己更多的思考时间,说出恰当动听的话。

(4)如何巧妙地赞同别人的观点

"赞同艺术"可以概括为:学会赞同和认可,当你赞同别人时,请在第一时间快速地说出来,比如"你说得对"、"我十分同意你的观点"、"我也是这样想的"等等,让对方感觉与你交流十分轻松快乐;当你不赞同时,不一定要告诉他们,除非你有足够的说服力,你可以保持微笑,但不点头;当你犯错时,要勇于承认,不必碍于面子而掩饰错误,你可以直接说"对不起,刚才是我说错了,应该是这样的……",你也可以直接和上司一起分析错误发生的原因,提出改进思路,这样你的上司会很赞赏你的阳光和勇气,你就会进步了。当然,赞同也包含如何正确处理冲突,避免与人争论等等,因为我们的工作是如何在有限时间内顺利完成工作任务并和所接触的所有人愉快相处。

(5)如何巧妙地聆听别人

出纳人员需要聆听的时候很多,比如财务部经理向你发布任务时、老板安排工作时、税务征管员交代工作时等等。如何有艺术地聆听显得十分重要。聆听越多越准确,你就会变得越聪明,会被越多的人喜爱,会成为更好的谈话伙伴,会拥有更强的执行力。当然,成为一名好听众,并非一件容易的事。当你聆听时,请靠近说话者、注视说话人、专心致志地听,请不要打断说话者的话题,请使用"您"和"您的"(比如,"好的,我明白您的意思"、"好的,我会按您的布置按时送资料来"等等)。

(6)如何巧妙地影响别人

当出纳人员需要与本单位前来报销的员工沟通时,有时会发生这种情况:这个员工从来没请过探亲假,他回老家探亲回来报销探亲路费时,不清楚报销单的填写,那么,当你需要指导他完成这项任务时,你就会想要在尽量少的时间内教会他。让人们按照你的意愿去做事情的第一步,是找出促使他们这样做的原因(即他们想要什么),说他们想听的,他们就会感动。你只需简单地向他们说明,只要做了你要求他们做的事情之后,他们便可以获得他们想要的东西。

二、出纳人员应了解的岗位相关制度

出纳人员应具备一定的制度解读能力,熟悉企业内部相关制度,才能完美地将其执行,为企业减少财务风险作出贡献。以下列出一些部门的相关制度供读者参考,也供企业在设计相关制度时参考。

(一)办公费用报销制度

办公费用报销制度

为规范公司费用报销,提高工作效率,特制定本操作流程。

1.费用报销流程

对于公司工作人员因业务需要外出采购办公用品等发生的费用,经办人应根据所取得的原始凭证填写报销申请(填制费用报销单),之后由报销人所在部门的负责人审核签字,再交由财务主管审核,然后公司总经理(或委托授权人)进行审批,最后由出纳复核并履行付款。上述流程为公司各项费用报销的既定程序,各项事务的报销均需要遵照上述流程操作,审核审批流程不完整者财务部有关人员有权拒绝付款。

费用报销流程图如图 2-1 所示。

```
┌─────────────────┐      ┌─────────────────┐      ┌─────────────────┐
│ 经办人报销申请   │      │ 报销人部门负责人 │      │ 单位财务主管审核 │
│（填制费用报销单）│ ───▶ │ 审核并签字       │ ───▶ │（单据、数据等是否正确）│
└─────────────────┘      └─────────────────┘      └─────────────────┘
                                                            │
                                                            ▼
┌─────────────────┐      ┌─────────────────┐      ┌─────────────────┐
│ 出纳履行付款     │ ◀─── │ 出纳复核         │ ◀─── │ 公司总经理       │
│                 │      │                 │      │（或委托授权人）审批签字│
└─────────────────┘      └─────────────────┘      └─────────────────┘
```

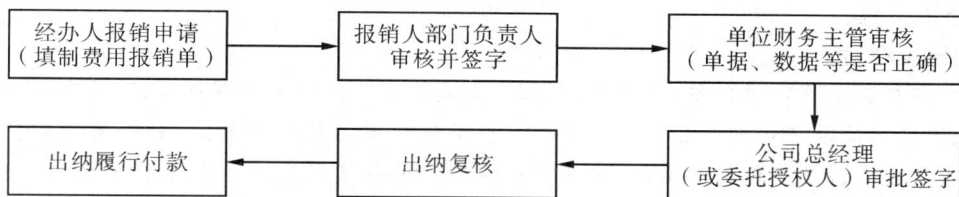

图 2-1　费用报销流程

2.费用单据要求

为了强化公司的财务纪律,规避财务风险,原则上公司一切事项的报销单据均必须取得合法的凭证。合法性的认定以国家财务、税务等方面的规定为准,具体操作由财务部负责把控落实,以可操作性为前提。对于公司员工不符合报销规定的单据,财务部门有权拒绝,各级确认、审核、审批人员也不应签字。

3.单据整理要求

报销人在报销前必须事先整理好各类单据,首先要对单据的类别、时间、批次、项目等进行分类,然后按照一定的标准清晰准确地粘贴在报销单据的后面,并在附件中写明所附单据的张数。单据比较繁杂的要写出报销明细清单附在后面。单据分类不清晰、粘贴不规范的,财务部门可要求其改正,不改正的拒绝受理。

4.报销金额审批规定

公司为提高工作效率,规定如下:单笔报销金额或单笔票据报销金额在 2 000 元以下的,按照正常的流程由公司常务副总审批即可;金额超过 2 000 元以上的,必须要由公司总经理审批。财务人员付款时须认真审核掌握好审批金额权限,审批不规范的不得付款。

5.报销或单据传递时效要求

财务人员应根据财务做账的及时性和配比性要求掌握好各项报销的时间,原则上各项单据或费用必须在业务结束后按照正常规定的流程操作。原则上当月发生的业务当月取得相关单据并当月报销,业务人员有及时催收票据的义务。

6.费用报销的其他规定

公司费用报销必须真实合法,严禁使用白条或其他不合法的凭证。一些特殊情况需要使用替代凭证的,必须由副总和财务主管共同认可,同时做到财务操作安全合法。此外,替代凭证必须时间合理、摘要明确、金额确定,不能真假混杂,注意防范财务风险。

(二)差旅费报销制度

×××公司差旅费报销制度

为了完善和健全公司财务管理制度,加强财务管理与监督,控制费用支出,防范财务风险,结合公司出差费用开支的实际情况,明确出差审批与报销程序、差旅费报销标准,对差旅费报销实行规范管理,特制定本制度。

1.出差审批

(1)出差申请

公司职员因工作需要出差,无论是否借款,出差前均应填写出差审批单,明确出差任务、出行路线、逗留时间及随行人员等相关事宜。出差审批单应由部门负责人、分管领导审核签字。若同次出差任务涉及多部门员工的,应按其所在部门分别填制出差审批单。未经过审批的出差任务,财务部门不予借支和报销差旅费。出差审批单由财务部留存,并作为部门费用考核依据。如要借款,应填写借款单,根据出差审批单确定借款金额。借款单凭出差审批单经部门分管领导审核批准后方可执行。同时财务部实行"前账不清、后账不借"的原则。

出差审批单审批流程如图 2-2 所示。

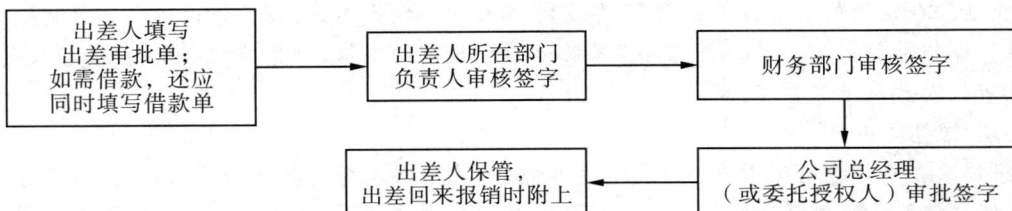

图 2-2　出差审批单审批流程

出差审批单格式如图 2-3 所示。

出差审批单

姓　名		所在部门		出差地点		交通工具	
出差事由 (注明会议通知、邀请函)					出差人数	(大写)	
					预计费用		
出差时间	从　　年　　月　　日至　　年　　月　　日,共计　　天						
出差人所在部门意见	签(章)字　　　　　　年　　月　　日						
分管领导审批意见	签(章)字　　　　　　年　　月　　日						
总经理审批意见	签(章)字　　　　　　年　　月　　日						

填表时间:　　年　　月　　日

图 2-3　出差审批单格式

借款单审批流程图如图 2-4 所示。

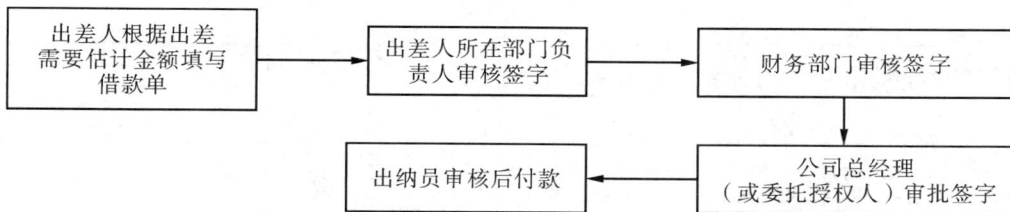

图 2-4　借款单审批流程

借款单格式如图 2-5 所示。

借　款　单

所属部门		借款人			年　　　月　　　日								
借款金额	（大写）　拾　　万　　仟　　佰　　拾　　元　　角　　分					十	万	千	百	十	元	角	分
用途：													
单位主管：		财务审核：		部门主管：				借款人：					

图 2-5　借款单格式

（2）差旅费报销程序

公司经批准出差的办事人员，应根据出差费用开支情况如实填写《差旅费报销单》，列明出差地点、事由、时间、线路后交部门分管领导审核签字，再交财务部门负责人审核签字，按差旅费费用报销程序予以报销。若出差前出差人有借款行为，则应将报销的差旅费先还清原借款，不够归还借款的补上现金。这个环节出纳人员应认真把关，对有借款的出纳人员不能将报销的差旅费全部以现金支付，而不扣除原借款。

差旅费用报销流程图如图 2-6 所示。

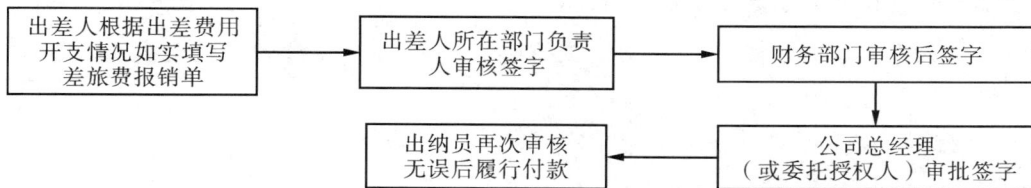

图 2-6　差旅费用报销流程

差旅费用报销单格式如图 2-7 所示。

组织名称：＿＿＿＿＿＿＿＿＿＿

差旅费报销单 　字第　　号第　　页共　　页

会字第　　　　号

借　方	贷　方

单位＿＿＿＿＿ 出差人＿＿＿ 职别＿＿＿＿　　　　　　　　年　月　日

事由	起讫时间 月日—月日	起讫地点	舟车机费		伙食补助费						旅馆费	行李费	合计
			舟车机	金额	途中补助			住勤补助					
					天数	定量	金额	天数	定量	金额			
	--	--											
	--	--											
	--	--											
	--	--											
小　　计													
合　　计			仟　　佰　　拾　　元　　角　　分整										
备　　注	附单据　　　张												

主管　　　　　会计　　　　　　　证明人　　　　　　制单

图 2-7　差旅费报销单格式

2.差旅费报销原则

(1)市区内出差不论时间长短,均不发给出差补助费。由于工作原因不能回家或在公司食堂就餐的,可发给午餐补助费 10 元;超出市区范围的,每天发出差补助费 50 元。

(2)住宿费报销条件:按出差实际天数凭正式发票计算报销,没有正式发票的均不给报销。

(3)车费报销条件:超出市区范围的凭正式发票给予报销,没有正式发票均不给报销。

(4)出差人员应在回公司后的 20 天内报销,需延期报销的应有书面申请并有部门领导和分管领导审批。

(5)出差人员随车(包括因工作需要随货车)抵达目的地,未发生车船票费用的,只按规定报销出差各项补贴。

(6)出差人员一般不得乘坐飞机,经批准才能乘坐飞机;其乘坐往返机场的专线客车费用可凭票报销,不在市内交通费包干的范围。

差旅费用报销单填写要求如图 2-8 所示。

差旅费报销单

服务部门	采购部		姓名	刘海		出差天数	自 12 月 03 日至 12 月 07 日共 4 天				
出事 差由	采购材料					借旅 支费	日期 11月28日		金额¥ 2000.00		
							结算金额：¥660.00				
出发		到达		起地点	交通费	行李费	旅馆费	住勤费	途中伙 食费	出差补贴	电话
月 日	时分	月 日	时分								
12 03		12 03		北京---上海	384.00			300.00	272.00		
12 07		12 07		上海---北京	384.00						
										现金付讫
合 计				零 万 壹 仟 叁 佰 肆 拾 零 元 零 角 零 分 ¥ 1340.00							
主管 林玲			会计 张翔		出纳 李明		报销人 刘海				

图 2-8　差旅费用报销单格式

3.差旅费报销的有关注意事项

(1)报销人须在报销单上清楚填写出差人数、姓名、职称、出差事由、起讫时间及地点。

(2)出差人员不准超标准住宿和坐飞机,因公确需乘坐飞机、软席卧铺或高标准住宿的,须经部门分管领导在机票、软席卧铺及住宿发票背面签审后方可报销,否则一律按火车票价或住宿基本标准执行。

(3)出差参加会议的须将会议通知附于报销单后,电话通知的须在出差事由中注明。

(4)一事一单,不得将数次出差合并一单报销。

(5)出差期间购买的物品、资料等,需加填费用报销单报销,不得合并在差旅费中报销。

(6)订票手续费不得超过车船等票价的15%,因个人原因退票而发生的各项费用均不予报销,因公司原因退票而发生的各项费用均准予报销。

(7)车票遗失的须书面说明情况(注明乘坐的交通工具、起讫地点、时间、票价等),并上网下载相关票价做为佐证,由审批部门分管领导签字证实,由财务人员按照乘坐最低标准交通工具的票价予以核定金额。

(三)个人借款制度

借款管理制度

1.目的

为规范个人借款行为,加强资金管理,减少资金的不合理占用,规避借款坏账损失风险,特制订本规定。

2.适用范围

本公司全体员工。

3.管理内容

借款按性质和用途不同,分为员工因私借款、员工因公借款及员工备用周转金借款。具体管理规定如下：

第一条 员工因私借款

(1)借款条件：在职正常上班员工因受工伤或其他突发事件，需从公司暂借款项，经公司确认可以借支的。

(2)借款管理：员工因工伤或其他突发事件借款，借款时应由借款人亲自开具借款单，如因特殊原因（如工伤等）无法亲自书写，可由公司指定的业务处理责任人暂借，待该款项受用员工有能力书写时，按其实际受用公司款额，自行开具借款单交由公司指定业务处理责任人撤换借条。具体分如下情况处理：

①工伤借款：对于受工方员工因客观原因不能亲自开具借款单或拒不开具借款单的，公司指定的业务处理责任人为其代借的、用于支付其本人医疗费的借款单，经公司人事部门凭医院交款押金单确认后，财务部可将其计入借款受用人名下；待工伤事故处理完毕，按公司工伤事故管理规定确定其责任归属后由相关责任人偿还（公司工伤管理部门须按正常的工伤事故申报流程及公司规定办理相关手续，并出具工伤事故处理结果报告单。属公司责任的，该工伤借款应直接转入公司，由公司尝还；属当事人责任的，其借款应由当事人偿还）。

②其他突发事件借款：在职员工因其他突发情况或非工伤住院发生借款的，如果是员工本人借款，则按前述正常上班员工私用借款规定操作。

员工个人因私借款原则上在预计还款期到时，应及时归还或在发放工资时予以扣除，但对于特殊借款无法一次扣除时，应按借款时约定的还款规定分批从个人工资中扣除。对于数额较大的特殊借款，如借款人无法按期偿还，则直接由其担保人负责偿还。因相关责任人工作疏忽，造成借款人的借款无法收回的，由直接责任人承担该损失。

第二条 员工因公借款

(1)借款规定：对于因公借款的，当事人应使用借款单并附相关公派书面证明，借款单由借款部门负责人签批，借款金额在2 000元以下的由财务部门负责批准后办理借支手续，金额超过2 000元的，由总经理签字批准。如果是借支差旅费的，还需要出具借款部门负责人或分管领导核准的"出差申请"，财务部门方可为其办理借款手续。

(2)借款管理：公派业务借款应专款专用，严禁公款私用，不论业务是否完成，业务经办人均须在返回公司3日内，凭合法有效的原始凭证，经签批后办理报销手续，冲抵借款单或返还现金。报销单不足以冲抵借款单的，经办人要补交现金；超出借款单的部分由出纳支付现金；实际业务未使用或暂不用的借款，借款应如数清偿原借款单。

第三条 员工备用周转金借款

(1)借款规定：周转金借款是为了方便有采购业务或其他经常需办业务的部门员工。需用备用周转金的部门员工，应出具书面备用金审批表，经部门负责人审核、报总经理审批后交财务部备案。

(2)借款管理：备用周转金应专款专用，财务部门有权检查备用金的使用情况。备用金借款实行"前账不清，后款不借"的原则，报销还款后仍有超周转金额度借款的，财务部门将拒绝借支(总经理特批的除外)。所有借备用周转金的部门员工在年度终了或离岗前应将所借备用周转金结清。

第四条　借款额度控制及管理

(1)员工借支现金前必须预计合理的借支额度，部门负责人应进行额度审核，超出合理范围的员工借款，财务部不予借支。

(2)一次性借支现金1万元以上的部门，要提前一个工作日以"现金备用款申请"书面通知财务部。

(3)员工借款的报销应取得真实合法的报销票据，部门负责人应审核其业务的真实性、合理性，财务部门复核业务的合理性及审核票据的合法性，经董事长(或总经理)批准后方可进行报销处理。

(4)员工报销款项应首先用于偿还借款，如报销时遇有新工作任务需借支现金时，需再次履行借款审批手续，财务部出纳人员不得保留借款人原借款单以报销单直接支付现金。

(5)借款单内均应注明借款、还款时间及借款用途，由出纳人员负责按规定催还，并及时向财务经理反馈情况。个人因私借款还款时间由财务部核定，公派业务借款还款时间的合理性由部门负责人审核把关。

(6)财务部将严格控制员工借款额度，准确掌握员工现金借支、报销和还款的情况，及时清理借支，对超过借款单中约定的还款时间一个月的，财务部将下发"员工借款清欠通知单"[见附件(一)]催收。财务部须每季度对员工借款进行一次清理，对于员工逾期借款且收到"员工借款清欠通知单"10日内仍未还清的员工，财务部将从借款人工资中扣除借款。备用金借款在额度内的或总经理特批可以延期还款的除外。

第五条　借款审批流程及单据使用规定

(1)单据使用规定：员工私用借款，开具"员工借款单[见附件(二)]"；公司公派业务借款，开具"公派业务借款单"。

(2)审批流程：借款开具借款单(含必需附件：如采购计划单、出差申请单等)，报分管领导签字后送财务负责人审核并签字，最后报董事长、总经理或授权委托人批准。手续齐全、借款人亲自签名后，出纳人员方可付款。

第六条　借款责任

(1)如审批人审批的借款造成损失，审批人需要承担一定的经济责任。

(2)对于员工因私特殊借款经担保人担保后造成损失的，由担保人承担全部责任。

(3)对于按制度规定应收回的借款，如因出纳人员没有及时催收或未反馈信息而造成借款损失，出纳人员需承担一定的经济责任。

第七条　本借款管理制度解释修正权归万达发展公司所有。

第八条　本借款管理制度自20＿＿＿年＿＿＿月＿＿＿日起执行，原规定同时废止。

附件(一) 员工借款清欠通知单

员工借款清欠通知单

_____部门_____员工:

　　截至____年____月____日您逾期借支的现金金额为_____元,按照公司借款管理规定,请您在 10 日内到财务部核对、报销并归还所借款,如逾期未办,将按有关规定执行。请予以配合,谢谢。

××××公司
年　　月　　日

附件(二) 员工借款单

借 款 单
20　　年　　月　　日

借款人姓名		所属部门	
借款原因		部门负责人签名	
		财务部签名	
		总经理批准	
借款金额	大写: 万 千 百 十 元 角 分	小写:¥_____元	
还款日期		借款人签名	

任务5　出纳工作岗位工作细节指导

　　当你学成以后,你是不是十分希望立即有个出纳工作机会给你,展示你的才能? 当获得出纳工作机会时,你是不是胸有成竹、条理清晰地开展工作? 当你在一个新单位从事出纳工作时,你要去买哪些与出纳工作有关的办公用品呢? 当你所在的企业出纳资金困难,老板让你去银行了解情况看能否办理银行贷款,这时你需要了解哪些? 这些与出纳岗位有关的困惑,在以下都可以找到答案。

一、如何找到出纳工作岗位

　　作为一名国家级职业指导师,自从我从事会计专业教学以来,我一直参与相关专业学生的就业指导。我认识的许多学生告诉我,毕业 3 个月了还没找到工作。我询问其如何求职时,他(她)说,我把简历投在了网上,没有企业找我联系,我就在家里一直等待。

其实寻找工作应该是个多维的立体的主动出击过程，而不是守株待兔。

1.借助亲朋社会关系圈

从出纳工作的重要性和安全性考虑，老板当然希望要寻找的出纳人员是"自己人"或具有当地户籍的会计人员，万一出纳人员携款失踪时可以找到其家庭。所以当你希望找到一份出纳工作时，你可以了解周围的亲戚朋友是否有创办企业，不管企业大小，都需要一个出纳，特别需要一位"自己人"当出纳，所以这个方法可以帮助好多新手找到一份出纳工作。

注意：你一定要至少提前3～6月开展这项工作，这样就不必坐在家里等候。

2.上网投简历

主动上网，将自己的简历放上去，如果有时间，每天刷新一下，也许很快就有企业可以发现你。你的电话号码一定要准确，手机要充好电、开机，方便联系。

3.上网查找

当你在准就业阶段，你可以每天上当地的人才招聘网站，寻找最新的招聘信息，在第一时间与你感兴趣的企业联系，把握最早机会。

4.上人才招聘会寻找

这是最传统的方法，尽早了解周边人才招聘会的举办时间，并在第一时间就进场，与你心仪的企业招聘官进行亲切的面谈。当你面对企业招聘官时，一定要准备充分，充满自信。

5.简历要突出重点亮点

在寻找出纳工作岗位时，你的简历除了那些常规的内容以外，还要突出哪些重点呢？记住：你的为人，也就是可能产生的职业道德——诚实守信是很重要的，如果有过拾金不昧这样的亲身经历，可以写进去；还有的是社会实践经历，比如打工或实习，这样可以让招聘官知道你有一定的社会经验。

二、出纳岗位面试指导

担任出纳工作，老板最关心的是出纳人员的忠诚、廉洁、无私、保守秘密、安全、细心严谨等特质。所以，你在应聘时可以着重对以上方面作出承诺。

1.去面试时请着成熟稳重的职业装，化淡妆。

2.进面试室前请先深呼吸，调整自己的心情，让自己平静、沉着、面带微笑，自信很重要。

3.介绍自己的专业及专业能力，并强调：我家住在本地的哪个小区，父母是做什么工作，让面试官感觉聘用你会很安全。

4.当应聘者较多时，你要尽可能告诉老板或面试官自己的亮点，如拾金不昧、细心、安全等，最好能举个真实成功的小案例作为佐证，让听者信服。这些小案例可以是原来做出纳工作时的例子，也可以是在其他岗位工作的例子，以小的细节让面试官或老板对你有比较深的印象。

5.当然，如果面试官或老板对你比较满意，你可以了解一下这个公司的薪酬以及其他福利、五险一金的缴交情况、工资发放日、周休或月休、上班时间及可能晋升的情况等。

6.如果你是从一个单位换到另外一个单位,在应聘面试时一定要注意,千万不要说原工作单位的坏话。如果面试官问:"为什么来应聘我单位,不在原单位工作?"请尽量列举客观原因,比如说:原来公司地点太远了不方便、本人想换个行业工作更能学到东西、贵公司经营前景更好等等。

总之,求职和招聘是企业和个人双方的相互选择过程,如果你真的有实力,不用紧张,以诚相待,沉着应对就可以了。

三、出纳岗位职责

出纳岗位职责是指导岗位工作的重要依据,但是,根据企业规模不同,岗位职责会略有变动,读者可以根据所在单位的实际情况对以下内容做增减修改。出纳岗位职责包括:

1.按照财务制度规定和单位有关规定对各种现金收入业务进行预审核;

2.按照财务制度规定和单位有关规定办理各种现金收入业务;

3.按照财务制度规定在办理支出前对各种现金支出凭证进行审核,对不合法不合规的凭证不予受理;

4.按照财务制度规定和单位有关规定办理各种现金支出业务;

5.按照银行有关制度规定办理各种银行结算业务;

6.妥善保管库存现金和各种有价证券;

7.妥善保管有关印章、空白收据和空白支票、银行空白凭证;

8.定期整理装订银行对账单并按规定妥善保管;

9.按照财务制度规定认真登记现金日记账和银行存款日记账,并做到日清月结,每日核对库存现金,做到账实相符,出现差异及时汇报;

10.按规定及时准确地做好每月的报税工作;

11.按规定及时准确地完成每月工资、奖金及津贴的发放工作;

12.按规定及时准确地向相关会计人员传递有关凭证;

13.按照财务制度规定,进行现金清查,做到账款相符,账账相符;

14.按照财务制度规定,定期与银行进行账目核对,编制银行存款余额调节表,做到账、单相符,账款相符,账账相符;

15.及时编制公司资金日报表、月报表,并上报相关主管;

16.按规定主动接受会计的指导及监督,配合会计对现金及银行存款的清查及不定期抽查;

17.完成公司领导交办的其他工作任务。

四、出纳岗位工作流程

这里列举了部分主要业务工作流程,希望对出纳工作有具体指导意义。

1.现金日常业务工作流程

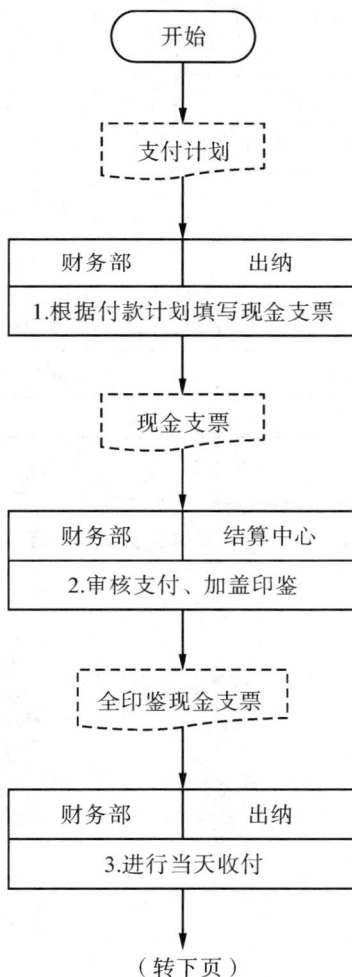

```
                    ┌─────────────┐
                    (    开始     )
                    └─────────────┘
                           │
                    ┌ ─ ─ ─┴─ ─ ─ ┐
                      支付计划
                    └ ─ ─ ─┬─ ─ ─ ┘
                           │
        ┌──────────────────┼──────────────────┐
        │     财务部        │       出纳        │
        ├──────────────────┴──────────────────┤
        │   1.根据付款计划填写现金支票          │
        └──────────────────┬──────────────────┘
                           │
                    ┌ ─ ─ ─┴─ ─ ─ ┐
                      现金支票
                    └ ─ ─ ─┬─ ─ ─ ┘
                           │
        ┌──────────────────┼──────────────────┐
        │     财务部        │      结算中心      │
        ├──────────────────┴──────────────────┤
        │   2.审核支付、加盖印鉴                │
        └──────────────────┬──────────────────┘
                           │
                    ┌ ─ ─ ─┴─ ─ ─ ┐
                     全印鉴现金支票
                    └ ─ ─ ─┬─ ─ ─ ┘
                           │
        ┌──────────────────┼──────────────────┐
        │     财务部        │       出纳        │
        ├──────────────────┴──────────────────┤
        │   3.进行当天收付                     │
        └──────────────────┬──────────────────┘
                           │
```

（转下页）

（承上页）

整理并对收付单据进行分类汇总

4.根据收付款原始凭证编制记账凭证

财务部	出纳
5.根据收付款原始凭证登记现金日记账	

现金日记账

财务部	费用会计	财务部	出纳
6.结当日现金账		7.盘点现金，填制现金日报表	

登记当日现金账、编制现金日报表

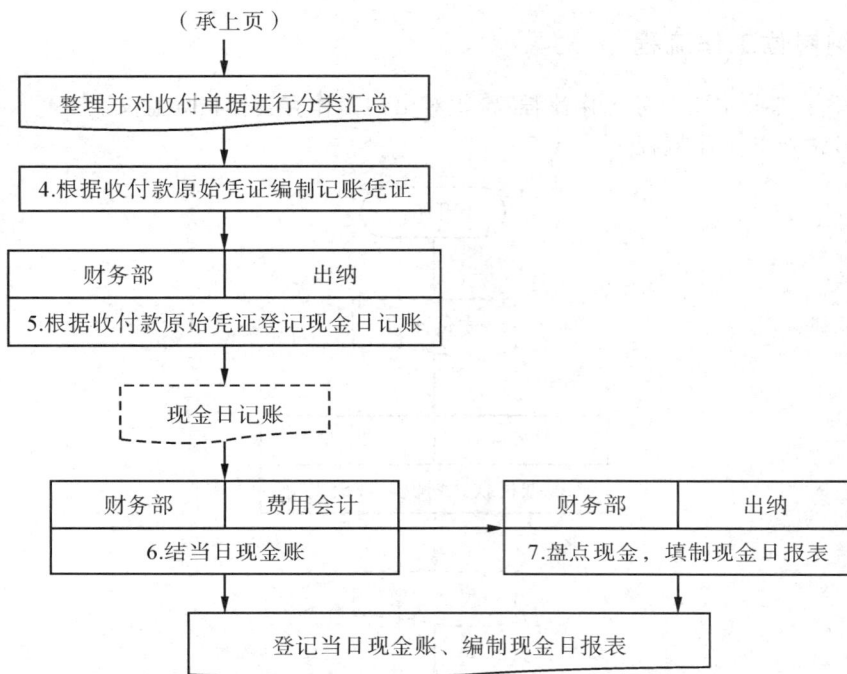

图 2-9 现金日常业务工作流程

2.领取备用金工作流程

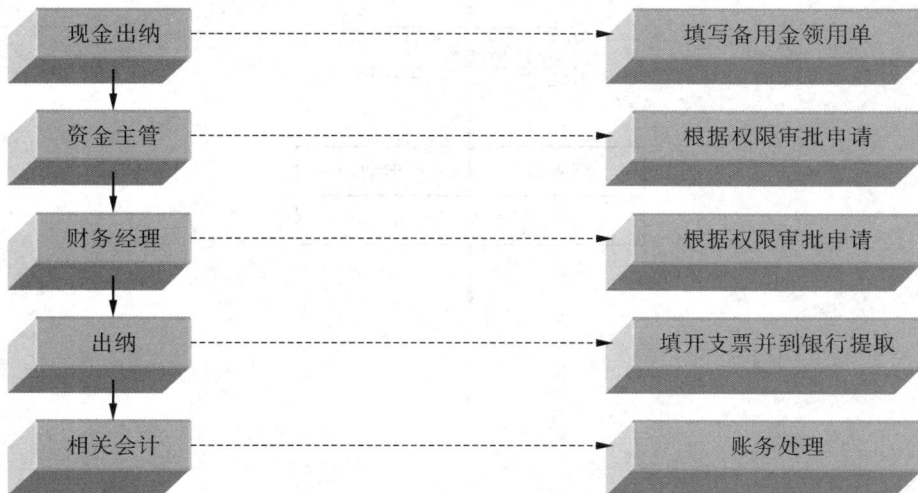

现金出纳	填写备用金领用单
资金主管	根据权限审批申请
财务经理	根据权限审批申请
出纳	填开支票并到银行提取
相关会计	账务处理

图 2-10 领取备用金工作流程

3.现金付款工作流程

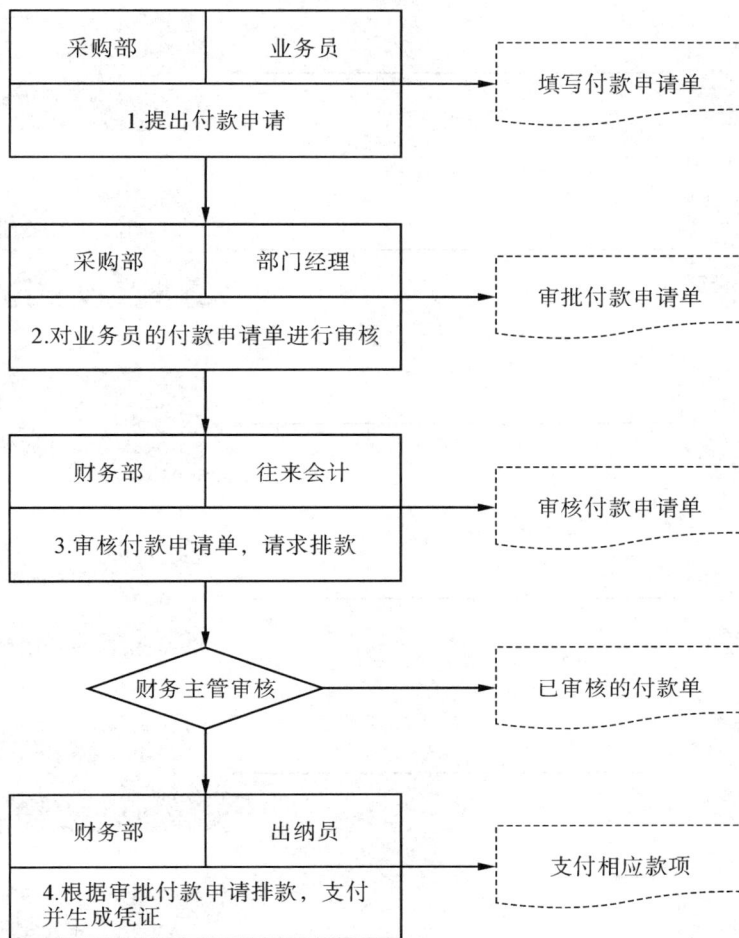

采购部	业务员
1.提出付款申请	

→ 填写付款申请单

采购部	部门经理
2.对业务员的付款申请单进行审核	

→ 审批付款申请单

财务部	往来会计
3.审核付款申请单，请求排款	

→ 审核付款申请单

财务主管审核

→ 已审核的付款单

财务部	出纳员
4.根据审批付款申请排款，支付并生成凭证	

→ 支付相应款项

图 2-11　现金付款工作流程

4.单位内部员工借款工作流程

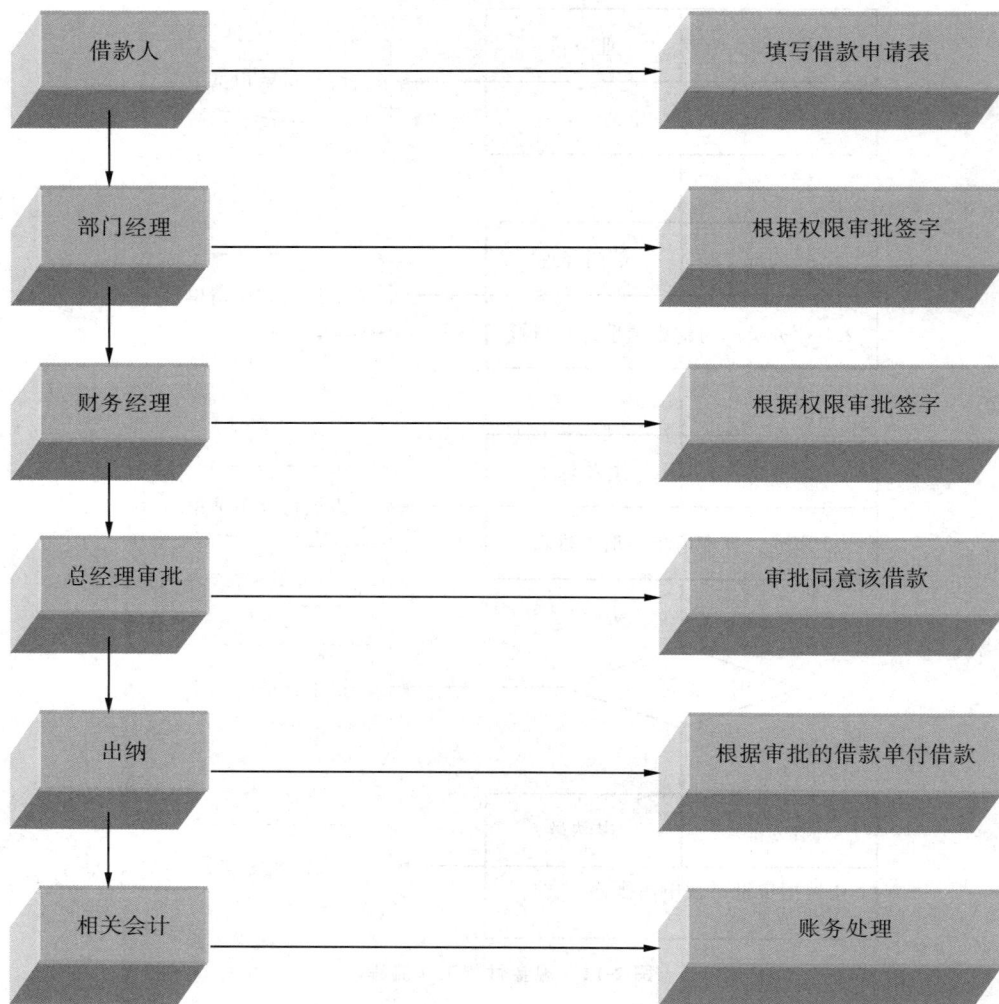

借款人	→	填写借款申请表
部门经理	→	根据权限审批签字
财务经理	→	根据权限审批签字
总经理审批	→	审批同意该借款
出纳	→	根据审批的借款单付借款
相关会计	→	账务处理

图 2-12　单位内部员工借款工作流程

5.银行存款日常业务工作流程

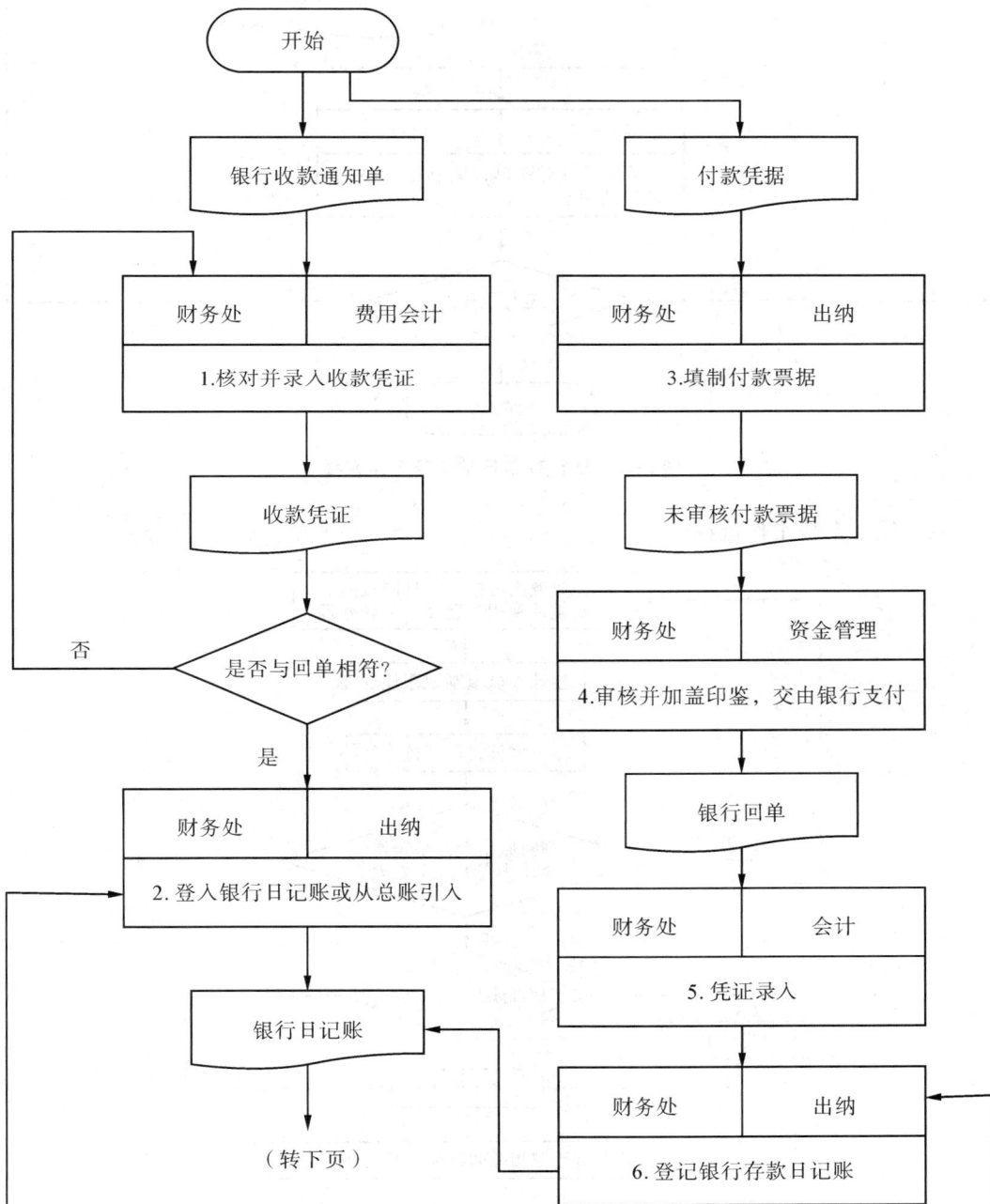

```
                              ┌─────────────┐
                              │    开始      │
                              └─────────────┘
                                    │
                 ┌──────────────────┼──────────────────┐
                 ↓                                      ↓
        ┌─────────────────┐                  ┌─────────────────┐
        │  银行收款通知单   │                  │    付款凭据       │
        └─────────────────┘                  └─────────────────┘
                 │                                      │
                 ↓                                      ↓
        ┌────────┬────────┐                  ┌────────┬────────┐
        │ 财务处  │ 费用会计 │                  │ 财务处  │ 出纳   │
        ├────────┴────────┤                  ├────────┴────────┤
        │ 1.核对并录入收款凭证│                  │ 3.填制付款票据    │
        └─────────────────┘                  └─────────────────┘
                 │                                      │
                 ↓                                      ↓
        ┌─────────────────┐                  ┌─────────────────┐
        │    收款凭证       │                  │  未审核付款票据    │
        └─────────────────┘                  └─────────────────┘
                 │                                      │
                 ↓                                      ↓
           ◇是否与回单相符?◇               ┌────────┬────────┐
   否 ←────                                │ 财务处  │ 资金管理 │
                 │ 是                       ├────────┴────────┤
                 ↓                          │4.审核并加盖印鉴，交由银行支付│
        ┌────────┬────────┐                 └─────────────────┘
        │ 财务处  │ 出纳   │                          │
        ├────────┴────────┤                          ↓
        │2.登入银行日记账或从总账引入│          ┌─────────────────┐
        └─────────────────┘                  │    银行回单       │
                 │                           └─────────────────┘
                 ↓                                    │
        ┌─────────────────┐                           ↓
        │   银行日记账      │                  ┌────────┬────────┐
        └─────────────────┘                  │ 财务处  │ 会计   │
                 │                           ├────────┴────────┤
                 ↓                           │  5.凭证录入       │
            （转下页）                         └─────────────────┘
                                                      │
                                                      ↓
                                             ┌────────┬────────┐
                                             │ 财务处  │ 出纳   │
                                             ├────────┴────────┤
                                             │6.登记银行存款日记账│
                                             └─────────────────┘
```

（转下页）

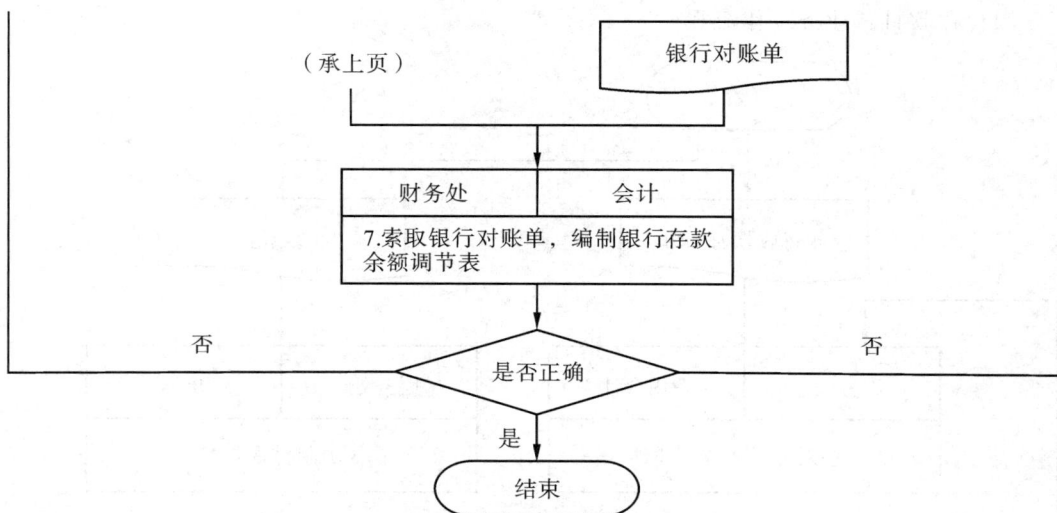

图 2-13 银行存款日常业务工作流程

6.原始凭证审核工作流程

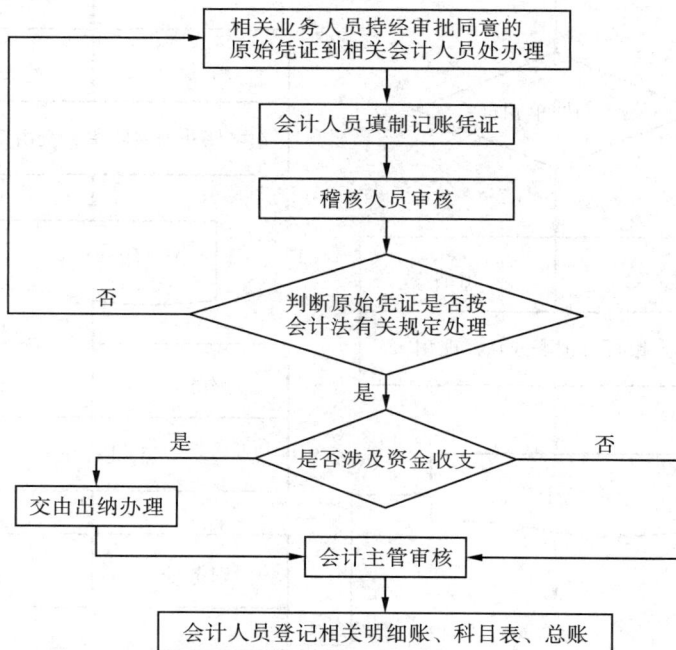

图 2-14 原始凭证审核工作流程

五、与出纳工作有关的办公用品

出纳人员开展工作应配备的办公用品包括：

1.一般单据类：借款单、收款收据、支出凭单、出纳日报告单、现金日报表、银行存款日报表、差旅费报销单等。这些票据可以在办公用品商店购买到，也可以自行设计印刷。

2.销售单据类：普通销售发票、增值税销售发票、单位往来收据等。这些票据可以在当地税务局营业厅购买到。

3.银行单据类：现金支票、银行转账支票、电汇单、信汇单、商业汇票、银行汇票、银行空白凭证购买单、现金解款单等。这些票据可以在企业开户银行购买到。

4.用品类：圆形针、大头针、各种型号的夹子、文件夹、文件袋、红色印泥、订书机、订书钉、复写纸、电脑打印纸、传真纸、各色水笔、海绵粘、橡皮筋、U盘、文具店、缝凭证的线、缝凭证的针等。这些可以在办公用品商店购买到。

5.印章类：财务专用章、收费专用章、现金收讫章、现金付讫章、银行收讫章、银行付讫章等。有些可以在刻印门店申请雕刻，有些可以在办公用品商店购买到。

6.设备类：电脑、打印机、传真机、复印机、账务核算管理软件、点钞机、验钞机、文件柜、文件橱、保险柜、空调等。这些可以在电脑公司或办公用品商店购买到，也可以上网在专业网店购买。

六、出纳岗位工作提升建议

"不想当将军就不是个好兵"！大部分会计人员或主管都有出纳岗位工作经历，当然，很多人不会想一直当出纳人员，所以，提前做个职业生涯规划是十分重要的。

建议在工作之余，尽量抽时间与其他岗位会计人员和主办会计、财务经理进行沟通，学习相关的会计核算处理，力所能及地帮助他们完成可以相融的会计核算工作任务，以期在岗位需要时，调整到其他会计岗位工作。

当然，不断学习专业知识也是十分重要的。如果你是大专生，那么可以报读网络或函授本科；如果你是本科毕业生，那么可以抓紧考取中级会计师职称；如果你是本科生并且实力雄厚，那么可以拟定计划，考虑分年度报考注册会计师，也可以报读由有经验的财务专家主授的"会计实务培训班"，以期有机会时可以调整到会计岗位，并能很快适应新岗位的工作。

七、做好出纳岗位移交工作

工作的变动是正常的，不论是自己申请调整工作岗位还是老板不让你担任出纳岗位工作，一定要保持良好的会计职业道德，认真做好交接工作。

出纳工作交接时大致应注意以下几点：

1.现金及有价证券的交接：如果在交接日还有库存现金余额，双方应当面清点，明确具体金额。如果预先知道要移交,也可以将所有现金存入银行,使现金余额为零,这样比较方便移交。如果有国库券、股票等有价证券,要列清单交接。

2.会计凭证、账簿的交接:出纳交接时应将记录完整的现金日记账和银行存款日记账在最后一行余额上加印出纳个人章后移交;如果出纳人员手上还有其他会计凭证,也应一并写入移交表,同时移交。

3.出纳人员专用的保险箱的交接:要重点交接保险箱钥匙以及密码,并教会新接任的出纳人员操作。电脑及其他设备、办公室钥匙及门卡等也要进行交接。

4.票据的交接:对空白现金支票、进账单、结算申请书、国税发票、地税发票以及一些作废的现金支票、转账支票等应交接清点。交接时,尤须注意的是这些票据的号码必须是相连的,要注意清点。

5.印鉴、印章的交接:银行印鉴片各是哪些银行的,需一一进行查看。企业一般都有财务章、法人章、公章、合同章、地税发票章、国税发票章、现金收讫印章,这些章都是由出纳保管的,所以交接时甚为重要,切不可丢失。

6.公司证件的交接:主要有企业的营业执照正本、副本;组织机构代码证正本、副本;税务登记证正本、副本;银行开户许可证;发票领购本;地税通卡。最后注意交接完后,交接书一式三份,双方各执一份,公司留底一份。

任务6   自我再提高训练

课后,为了提高对出纳岗位工作的认识,巩固本模块专业知识,学生可根据 3 人一组的形式,针对以下问题展开互动,互相指正,互相帮助,互相提高。

互动问题参考:

1.出纳人员在实际工作中遇到难沟通的同事,报销事项不符合规定,如果与他沟通?

2.出纳人员在工作中对借款不按时归还的员工如何通知与说服?

3.出纳人员应熟悉哪些内部制度?

4.出纳人员的认识如何与企业文化同步?

5.与出纳人员不相容的岗位有哪些?

◎ 岗位素质提高阅读建议

《小企业会计准则》

为了提高出纳岗位从业人员的综合职业素养,请一定上网阅读《小企业会计准则》,认真学习。相信对未来的工作会有很大帮助!

◎ 励志小故事

看问题要抓住实质，不能只看表象

有个老人在河边钓鱼，一个小孩走过去看他钓鱼。老人技巧纯熟，没多久就钓了满篓的鱼。看见小孩很可爱，老人要把整篓的鱼送给他，小孩却摇摇头。老人惊异地问道："你为什么不要？"小孩回答："我想要你手中的钓竿。"老人问："你要钓竿做什么？"小孩说："这篓鱼过不了多久就会吃完。要是有钓竿，我就可以自己钓，一辈子也吃不完。"我想你一定会说：好聪明的小孩。错了！他如果只要钓竿，那他一条鱼也吃不到。因为，他不懂钓鱼的技巧，光有鱼竿是没用的。钓鱼重要的不是钓竿，而是钓鱼的技术。有太多的人以为自己只要拥有了人生道路上的钓竿，就再也无惧人生路上的风和雨。果真这么想，难免会跌倒在泥泞之中。就如小孩看老人，以为只要有钓竿就会有吃不完的鱼；也如同职员看老板，以为只要坐在办公室，就会有滚滚而来的财源。能力，是千年不变的财富！

岗位能力学习模块三

出纳岗位基本能力训练

一个不经意的细节,往往能够反映出一个人深层次的修养。

——著名细节管理专家汪中求

能力目标

① 能够正确进行数码字书写
② 能够应用正确方法填写常用单据
③ 能够按规定审核原始凭证
④ 能够熟练掌握珠算方法
⑤ 能够熟练进行手工点钞与验钞
⑥ 能够熟练使用点钞机与验钞机
⑦ 能够熟练使用收款机
⑧ 能够熟练使用电子票据软件

知识目标

① 掌握数码字正确书写方法
② 掌握常用单据填写要求
③ 掌握原始凭证审核相关法规与知识
④ 掌握珠算应用方法
⑤ 理解手工点钞与验钞要点与规范
⑥ 掌握点钞机与验钞机使用知识
⑦ 掌握收款机使用要领
⑧ 掌握电子票据软件相关知识

先导案例

洪兵是一个厦门利兴服装有限公司的出纳员，2017 年 5 月，公司欲支付江苏万达纺织厂货款 235 600 元，他开出银行电汇凭证，付款金额填写为325 600元，多支付了 90 000 元，经向江苏万达纺织厂多次交涉要求退还，江苏万达纺织厂借故一直不退。由于出纳员洪兵的粗心，在填写好单据后没有进行认真审核，给公司造成了资金的占用及风险。

任务 1　数码字书写

依据财政部制定的会计基础工作规范的要求，出纳员在填制有关票据、会计凭证及账簿登记时，字迹必须清晰、工整，并符合书写规范。

一、小写阿拉伯数字的书写

小写阿拉伯数字应从左到右一个一个地写，不得连笔写。在书写数字时，每一个数字都要占有一个位置，这个位置称为数位。阿拉伯金额数字前若有空格应当书写货币币种符号（如人民币符号"¥"）或者货币名称简写和货币符号。币种符号与阿拉伯金额数字之间不得留有空白。凡在阿拉伯金额数字前面写有货币符号的，数字后面不再写货币单位（如人民币"元"）。如图 3-1 所示。

物资类别	库存商品

出　库　单　　N.o 0013152

2017 年12 月 18 日　　连续号C12007

提货单位或领货部门	国电连锁有限公司	发票号码或生产单号码	31035617	发出仓库	总仓	出库日期	2017.12.18
编 号	名 称 及 规 格	单位	数量 要数	数量 实发	单价	金 额	备 注
124303	特号白板笔	支	360.00	360.00	15.00	5400.00	
合　计						¥5400.00	

(二)记账联

财会部门主管 罗明　记账 陈平平　保管部门主管 吴坤　发货 李春　单位部门主管 王林　制单 陈云

图 3-1　出库单中数字的书写

表格中的数字书写具体要求：

1.书写顺序：从左到右、自大到小。

2.字迹工整，排列整齐有序且有一定的倾斜度。

3.数字与底纹应成 60 度的倾斜,并以向左下方倾斜为好。

4.写的每位数字要紧靠底线但不要写满格(行),一般每格(行)上方预留 1/3 或 1/2 空格位置,用于以后修正错误记录时使用。

5.以元为单位(其他货币种类为货币基本单位)的阿拉伯数字,一律填写到角分;无角分的,角位和分位可写"00",或者符号"—";有角无分的,分位应当写"0",不得用符号"—"代替。

二、中文大写金额数字填写

1.中文大写金额数字应用正楷或行书填写,如壹、贰、叁、肆、伍、陆、柒、捌、玖、拾、佰、仟、万、亿、元、角、分、零、整(正)等字样。不得自造简化字,不得使用一、二(两)、三、四、五、六、七、八、九、十、廿、毛、另(或 0)填写。如果金额数字书写使用繁体字,如贰、陆、億、萬、圆,也是正确的。

2.中文大写金额数字到"元"为止的,在"元"之后,应写"整"(或"正");在"角"之后可写"整"(或"正"),也可以不写"整"(或"正")。大写金额数字后面有"分"的,"分"后面不写整(或"正")。

3.中文大写金额数字前应标明"人民币"字样,大写金额数字应紧接"人民币"字样填写,不得留有空白。大写金额数字前未印有"人民币"字样的,应手工加填"人民币"三个字。

4.阿拉伯数字中间有"0"时,中文大写应按照汉语语言规律、金额数字构成和防止涂改的要求进行书写。举例如下:

(1)阿拉伯数字中间有"0"时,中文大小写金额要写"零"字,如¥1 602.5,应写成人民币壹仟陆佰零贰元伍角整。

(2)阿拉伯数字中间连续有几个"0"时,中文大写金额中间可以只写一个"零"字,如¥2 008.45,应写成人民币贰仟零捌元肆角伍分。

(3)阿拉伯金额数字万位或元位是"0",或者数字中间连续有几个"0",万位、元位也是"0",但千位、角位不是"0"时,中文大写金额中可以只写一个"零"字,也可以不写。如¥1 680.32,应写成人民币壹仟陆佰捌拾元叁角贰分或者写成人民币壹仟陆佰捌拾元零叁角贰分。又如¥304 000.82,应写成人民币叁拾万肆仟元零捌角贰分或者叁拾万零肆仟元捌角贰分。

(4)阿拉伯金额数字角位是"0",而分位不是"0"时,中文大写金额"元"后面应写"零"字。如¥26 505.02,应写成人民币贰万陆仟伍佰零伍元零贰分。又如¥325.04 应写成人民币叁佰贰拾伍元零肆分。

5.大写金额中"壹拾几"、"壹佰(仟、万)几"的"壹"字,一定不能省略,必须书写。因为"拾、佰、仟、万、亿"等字仅代表数位,并不是数字。如¥10,应写成人民币壹拾元整。

任务 2　出纳员常用单据填写

出纳工作经常接触到的报销单据也就是会计核算中的原始凭证。原始凭证是在经济业务事项发生或完成时取得或填制的,用以记录或证明经济业务的发生或完成情况,明确经济责任的一种原始凭据。它是会计核算的重要依据,具有法律效力,原始凭证的质量在很大程度上决定了会计信息的真实性与可靠性。

原始凭证按其取得的来源划分,可分为外来原始凭证和自制原始凭证。

外来原始凭证,是指在同外单位发生经济往来事项时,从外单位取得的凭证。如企业购买商品、材料时取得的销售发票;员工出差取得的往返电子机票、住宿费发票等。

自制原始凭证,是指在经济业务事项发生或完成时,由本单位内部经办部门或人员填制的凭证。如原材料入库单、领料单、工资结算单、成本计算单等。以下指导出纳员填写的票据属自制原始凭证。

一、原始凭证的基本要素

原始凭证是记录经济业务完成情况,明确有关单位与人员经济责任的证明单据。因此,必须认真如实地填制好原始凭证。虽然不同的原始凭证反映的经济业务内容不同,格式也不同,但都包含有以下几个要素:

1.原始凭证的名称;

2.原始凭证的编号;

3.填制原始凭证的日期;

4.填制和接受原始凭证的单位名称;

5.有关的经济业务内容;

6.经济业务所涉及的数量、计量单位、单价和金额总量;

7.有关部门与人员的签名或盖章;

8.凭证附件。

在实际工作中,根据经营管理和特殊业务的需要,原始凭证还可以增加必要的内容,如增值税销售发票包括单位名称、纳税人识别号、地址、电话、开户行及账号等。

二、原始凭证填制的要求

原始凭证是用以记录或证明经济业务的发生或完成情况,用于明确经济责任的一种原始凭据,它是会计核算的最基础的原始资料,要保证会计核算工作质量,必须从保证原始凭证的质量做起。

原始凭证填制的具体要求(或称基本要求)主要有以下几点:

1.记录要真实

在办理经济事项过程中,经办人员应根据经济业务实际发生的内容和数量,按照有关规定填制相关原始凭证,大额的发票开具必须有交易单证或结算清单做依据,不得开具虚假发票,不得开具与实际发生的业务无关的发票,也不得开具本单位营业范围以外的岗位能力学习模块发票。

2.内容须完整

原始凭证中各岗位能力学习模块应逐项填写,不可缺漏和省略,所有要素必须填写完整,经办人及相关印鉴必须齐全。一式几联的原始凭证,应当注明各联的用途,只能以一联作为报销凭证,作废时应当加盖"作废"戳记,连同存根一起保存,不得撕毁。

3.填制应及时

当每项经济业务发生或完成时,应立即填制原始凭证,不拖延、不积压;填制完成后根据本单位的会计核算流程及内部控制制度及时传递进行审核、核算。

4.手续要完备

(1)购买实物的原始凭证,必须有实物验收证明;

(2)支付款项的原始凭证,必须有收款单位和收款人的收款证明;

(3)自制原始凭证(如入库单、领料单等)必须有经办单位负责人(或其指定的人员)和经办人签名或者盖章;

(4)开具增值税专用发票,须由客户提供增值税一般纳税人证明资料,并严格按有关规定开具。

5.书写应规范

(1)原始凭证填制时应做到字迹清晰,易于辨认。

(2)凡需填写大写和小写金额的原始凭证,大写与小写金额必须相符,金额小写合计数前要加人民币"￥"符号封顶。

(3)多联复写的不串行、不串格、不模糊;不得涂改、刮擦、挖补。

(4)发票和收据必须用蓝、黑水笔或双面复写纸并连全部联次一次性复写(发票和收据本身具备复写纸功能的除外)套写,不得采用红色笔或铅笔填写,应连续编号,顺序使用。

(5)按用途正确使用各联,发票只有一联可以作为报销的依据(收据联、报销联、客户联),发票须逐本按序、按编号顺序开具,不得多本同时开具,不得拆本使用。

(6)各种原始凭证要延续编号,如果凭证已预先印定编号(如发票、支票、收据等),在需要作废时,应当加盖"作废"戳记,并连同存根和其他各联全部保存,不得随意撕毁。

(7)各种凭证填写时不得涂改、挖补,也不能用涂改液或修正液改正。若发现有误时,一般应重新填制,不得在有错的原始凭证上更正;若可更正,应按规定方法进行,并在更正处由开票方签章。

6.印章应得当

（1）银行票据应按银行相关规定加盖单位预留印鉴。

（2）所有发票或收据均应按规定在发票联加盖发票专用章。

（3）增值税专用发票须在发票联和抵扣联同时加盖单位发票专用章。

（4）从外单位取得的原始凭证,必须盖有填制单位的公章(但在现在的实际工作中,也存在一些特殊情况,如:飞机票、船票、火车票和和汽车票等一般都没有加盖公章,它们仍被认可并正常使用。)

（5）发票或收据等原始凭证上加盖公章时应使用红色印泥。

三、原始凭证填制

1.收据的填制及传递流程

企业因相关业务而向单位或个人收取款项时,需开具收据。

收据的基本联次一般为一式三联,第一联为存根联;第二联为收据,交付款人作为付款的凭证;第三联为记账联,交财会部门据以记账。收据由收款单位出纳人员在收款后填写,应按编号的顺序使用,全部联次用双面复写纸一次性套写完成。

（1）收据的填制方法

填制收据时,应填制收款日期、交款单位或交款人名称、交款原因,填制大、小写金额,加盖印章。由收款人、交款人签字或盖章。

收据填制方法如表 3-1 所示。

表 3-1　收　据

2017 年 12 月 6 日　　　　　　　　No.022441

交款单位　锦龙有限公司		交款人　陈雷
交来　投资款		
人民币(大写)　叁拾万元整		￥300 000.00
单位盖章:	会计:高明	出纳:王红

（2）收据的传递

收款单位出纳员根据交款人交来的款项填写收据,收据填写完成后按以下流程传递。

收据的传递程序如图 3-2 所示。

2.借款单的填制及件递流程

企业职工因出差或其他原因向企业借款,须填制借款单。借款单可作为职工的借据、企业与职工之间结算的依据及企业记账的依据。"借款单"由借款本人填写,经有关人员审批后方可付款。

（1）借款单的填制方法

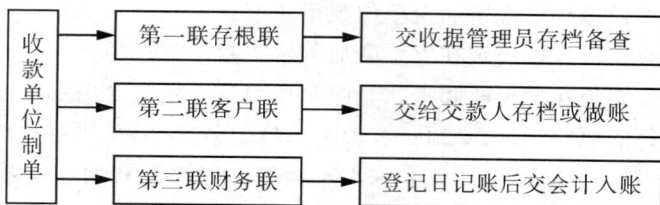

图 3-2 收据的传递程序

借款单中借款日期、借款单位、借款理由、借款金额由借款人填好后,再由本单位负责人审批,同意后签字;然后交财务主管核批并签字;最后交出纳员支取现金。职工因公借款的借据,必须附在记账凭证之后。收回借款时,应当另开收据或者退还借据副本,不得退还原借款收据。

借款单填制方法如表 3-2 所示。

表 3-2 借款单

2017 年 12 月 5 日

姓 名	苏宁		
事 由	出差借款		
借款金额	人民币(大写)壹仟元整		￥1 000.00
领导批示	同意借款	签名:方雅	2017 年 12 月 5 日
备 注	现金付讫		

(2)借款单传递流程

①借款人经借款单位(或有关部门)领导人批准填制借款单,并送交财会部门办理借款手续。

②财会部门对借款单审核无误后准予借款,支付现金或开出现金支票由借款人去银行提取现金,将借款回执退回借款人。

③借款单只填写一联即可。

3.差旅费报销单的填制及有关规定

差旅费报销单(如表 3-3)是单位职工将因公出差途中所支付的各种费用汇总后填制的报销凭证。职工因公出差返回后必须填制差旅费报销单,附上有关车票、住宿费发票等外来原始凭证,交财会部门审核报销,作为差旅费记账凭证,并据此作为退补现金的依据。

(1)差旅费报销单的填制

差旅费报销单按以下要素进行填写。

①差旅费报销单中出差事由;

②起止时间及地点;

③出差人员姓名及人数;

④飞机车船费；

⑤住宿费；

⑥出差补助；

⑦预支金额；

⑧报销金额；

⑨应退(应补)金额。

其中车船票、住宿费收据等凭证整理、归类填写并附在报销单后面。途中伙食补助费和住宿费按差旅费规定的标准计算、填写。填写完毕，交由财务部门负责人审核无误后，交企业负责人批准签字，最后交出纳员作为费用支出的凭证记账。

(2)差旅费报销的有关规定

实际工作中，各单位差旅费报销的有关规定不一，主要区别在于费用标准及日补贴标准。

表 3-3　差旅费报销单

组织名称：_____

| | | | | | | | | | | | | 会字第　　　号 |
| | | | | | | | | | | | | 借方 | 贷方 |

差旅费报销单　　字第　　　号第　　　页共　　　页

单位_____　出差人_____　职别_____

年　　月　　日

事由	起讫时间	起讫地点	舟车机费		伙食补助费						旅馆费	行李费		合计
					途中补助			住勤补助						
	月日—月日		舟车机	金额	天数	定量	金额	天数	定量	金额				
	--	--												
	--	--												
	--	--												
	--	--												
小	计													
合	计			仟		佰		拾		元		角		分整
备	注	附 单 据				张								

主管　　　　　会计　　　　　证明人　　　　　制单

4.现金支票的填制及使用要求

现金支票是出票人签发的、委托办理支票存放业务的银行在见票时无条件支付确定金额给收款人的票据。现金支票的填制方法和使用要求如下：

(1)单位应在开户行的账户或核准经费户的余额内签发支票，每张支票金额不能低于规定的起点。

(2)每个账户使用的支票，不得用于其他账户。

(3)现金支票一律为记名式，用于提取现金。现金支票不得转让。

(4)签发支票时，必须使用蓝黑墨水，按支票簿排定的号码顺序填写。字迹不能潦草，不能使用红色或易褪色的墨水。填写时应注意以下几个方面：

①“签发日期”应填写实际出票日期，使用汉字大写，在填写月、日时，若月为壹、贰或壹拾的，日为壹至玖和壹拾、贰拾和叁拾的，应在其前面加“零”，以防涂改。如 1 月 18 日应写为：零壹月壹拾捌日；1 月 20 日应写为：零壹月零贰拾日。“收款人名称”栏必须填写本单位全称，“用途”栏应如实填写。

②大、小写金额必须填写齐全并核对一致，小写金额前应加填货币符号，如人民币用“￥”，美元用“$”等，金额书写如有错误不得更改，应作废另行签发。

(5)“出票人签章”栏，应填写清楚；签发单位签章处应按预留印鉴分别签章，即“单位公章”和“法人代表章”或“企业财务主管人章”，缺漏签章或签章不符时银行不予受理。

(6)作废的支票，不得撕去扔掉，应由签发单位自行注销，与存根在一起保管备查。

(7)存根联下端的“收款人签收年、月、日”栏，由收到支票的人员填写或签章。

(8)现金支票为一联，将无误的支票按虚线撕开后持正本向银行提取现金，存根作企业记账的依据。

(9)收款人凭现金支票正本支取现金，须在支票背面背书(盖收款人的公章或名章、本人身份证号码等)，持票到签发人的开户银行支取现金，并按照银行的需要交验证件。

(10)在现金支票背面可以写明需要支取各种面额现金的数量。

已签发的现金支票遗失，应立即向银行申请挂失。挂失前已支付，银行不予受理。

现金支票填制如图 3-3 所示。

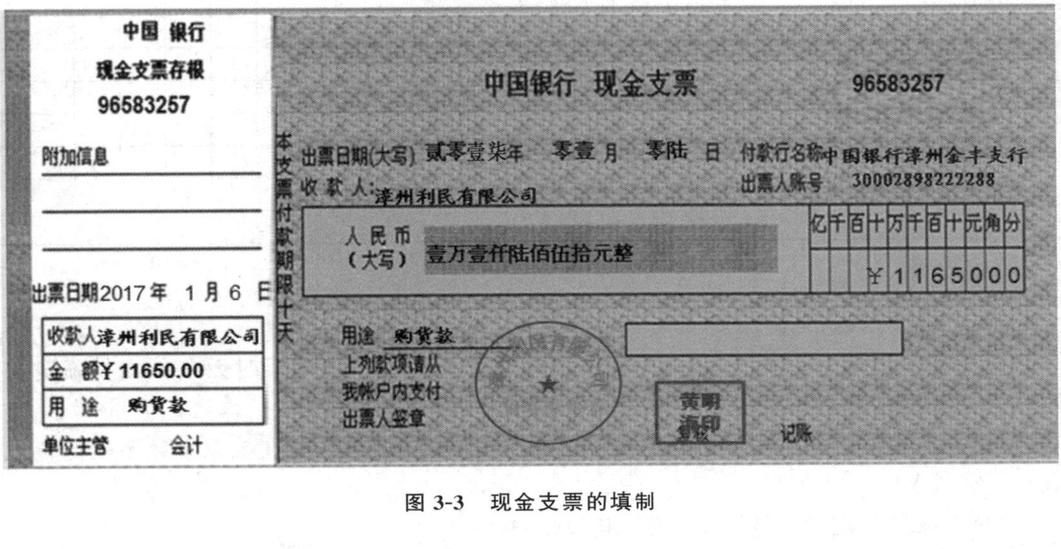
中国 银行
现金支票存根
96583257
附加信息
出票日期2017 年 1 月 6 日
收款人 漳州利民有限公司
金 额 ￥11650.00
用 途 购货款
单位主管 会计

中国银行 现金支票 96583257
本支票付款期限十天
出票日期(大写) 贰零壹柒年 零壹 月 零陆 日 付款行名称 中国银行漳州金丰支行
收款人：漳州利民有限公司 出票人账号 30002898222288
人民币(大写) 壹万壹仟陆佰伍拾元整

亿	千	百	十	万	千	百	十	元	角	分
			￥	1	1	6	5	0	0	0

用途 购货款
上列款项请从
我帐户内支付
出票人签章
黄明 海印
记账

图 3-3 现金支票的填制

5.转账支票的填制与使用要求

转账支票是付款人签发，委托银行将款项从银行账户直接支付给收款人或持票人银行账户的一种票据。转账支票与进账单一起使用方能生效。

（1）单位应在开户银行的账户余额内签发支票，每张支票余额不能低于规定的起点，不能签发空头支票和远期支票。

（2）每个账户使用的支票，不得移用于其他账户。

（3）转账支票一律为记名式，只能转账，不能提现金，亦不得流通转让。

（4）单位签发支票时，必须使用蓝黑墨水，按支票簿排定的页数顺序填写，字体不要潦草，也不要使用红色或易褪色的墨水。各栏必须填写清楚，并应注意下列两点：

①"签发日期"应填写实际出票日期，并使用汉字大写，"收款人"栏必须填写清楚。

②大、小写金额必须填写齐全并核对相符，如有错误，不得更改，应作废另行签发；小写金额前应加填余额符号"￥"。

（5）"签发单位签章"处应按预留印鉴分别签章，缺漏签章或签章不符时，银行不予受理。

（6）作废的支票不得撕去扔掉，应由签发单位自行注销，与存根联一起保管备查。

（7）转账支票一律记名。

（8）支票付款期为 10 天（从签发的次日算起，到期日遇节假日顺延）。

（9）签发人必须在银行账户余额内签发支票。

（10）已签发的转账支票遗失，银行不受理挂失，可请求收款人协助防范。

（11）在实务工作中转账支票为一联，将填制无误的支票按虚线撕开，正本交给采购员使用（交给收款人），支票存根连同供应单位开出的发票联作为记账的依据。

转账支票填制如图 3-4 所示。

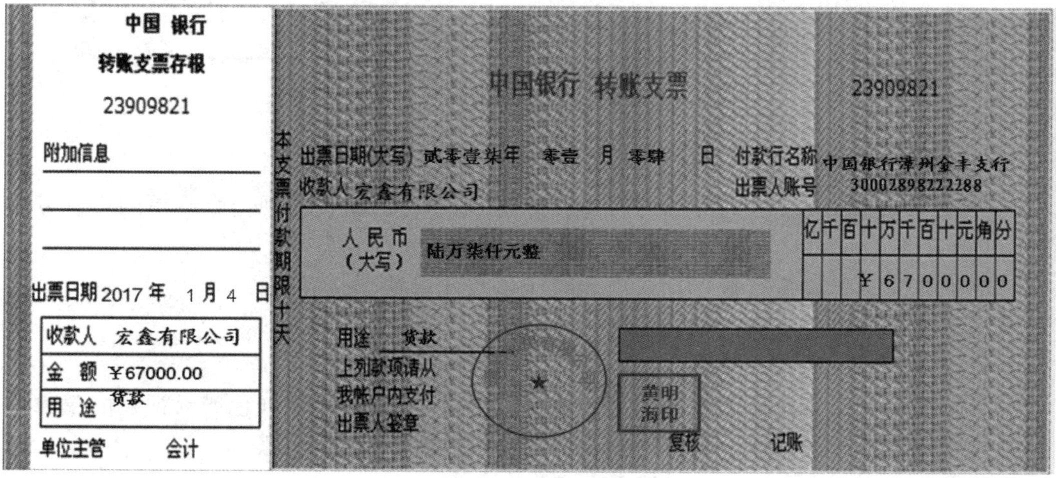

图 3-4　转账支票的填制

(12)进账单的填制及使用说明。进账单是转账支票配套用票据,它一般一式三联,与转账支票填好后连同转账支票正本送银行受理。付款单位根据银行办理回执做银行支出,收款单位根据收账通知联,作已收款记账依据。

进账单各联的用途:

第一联:银行交给收款人的回单,受理回单;

第二联:收款人开户银行作为贷方凭证;

第三联:银行给收款人的收账通知,收账人据此联记账。

进账单填制如图 3-5 所示。

(中国 银行) 进账单(回单)					1	
		2017年 01 月08 日				

付款人	全称	漳州利民有限公司	收款人	全称	泉州得福百货公司
	账号	3000298222288		账号	56432768853
	开户行	中国银行漳州金丰支行		开户行	中国工商银行泉州支行

金额 人民币(大写)叁万柒仟肆佰肆拾元整 | 亿 千 百 十 万 千 百 十 元 角 分 ￥ 3 7 4 4 0 0 0

| 票据种类 | 转账支票 |
| 票据张数 | 1张 |

中国银行漳州金丰支行 2017.01.08 转讫章

开户银行签章

复核　　记账

此联是开户银行交给持票人的回单

图 3-5　进账单的填制

6.现金解款单的填制及使用要求

现金解款单是单位将现金存入其开户银行时必须填写的票据。现金解款单的填制方法和使用要求如下:

(1)单位在向本单位银行账户存入现金时应填写此单据。

(2)现金解款单可用于同一银行的任一账户。

(3)单据各要素应填写齐全。

(4)必须使用蓝黑墨水或圆珠笔填写。字迹不能潦草,不能使用红色或易褪色的墨水。

(5)现金解款单一式两联,交款后银行在第二联加盖印章带回记账。

职业岗位情景：

新来的销售人员李铁兵参加展销会归来，带回来一堆零星小张车票，怎么处理呢？他来到财务部，向出纳员小洪请教。

职业岗位工作分析：

小洪耐心地对李铁兵说：根据档案管理规定，会计凭证要保存15年，所有凭证都要按规定认真装订好。遇到小张原始单据，如果没有粘贴，装订时可能会整张装订住，无法查阅。所以，在实际工作中，现金支票、公交车票等小一点的票据都要通过粘贴，把若干张小单据粘在一张"附件粘贴纸"上，以方便查阅。

任务 3　原始凭证审核

原始凭证的审核是出纳员工作过程中实施监督的一个重要手段。单位内部相关人员取得与公司业务有关的原始凭证进行填制后，按规定审核审批，手续齐全，可以向出纳员报支或要求付款。为了保证其真实可靠，保护单位财产的安全与完整，防止发生贪污、舞弊等违法行为，出纳员在支付相关款项时，应根据相关法规规定对原始凭证进行严格的审核，审核无误后方可付款。只有审核无误且手续齐全的原始凭证，才能作为记账凭证的依据。

一、原始凭证审核

原始凭证是反映经济业务真实事项发生情况的重要会计核算依据，具有法律效力，它的质量决定了会计信息的真实与可靠。对内容不完整、手续不齐全、书写不清楚、计算不准确的原始凭证，应退还有关部门和人员，及时补办手续或进行更正；对违法收支应坚决制止和纠正。会计人员对违法收支既不制止和纠正，也不向单位领导人提出书面意见的，要承担相应的经济和法律责任；对严重违法及损害国家和社会公众利益的收支，应及时向主管单位或财政、税务、审计、监察机关报告，接到报告的机关应及时处理。

1.原始凭证的真实性审核

所谓真实，就是说原始凭证上反映的应当是经济业务的本来面目，不得掩盖、歪曲和颠倒事实，财务人员在审核凭证过程中首先以口头询问的方式通过职业判断进行审核。

（1）审核原始凭证票据本身是否真实有效，是不是伪造、变造的假发票。

（2）经济业务双方当事单位和当事人必须是真实的。开出和接受原始凭证的单位，填制和取得原始凭证的责任人都要据实填写。

（3）经济业务发生的时间、地点、填制凭证的日期必须是真实的。不得把经济业务发生的真实时间及填制原始凭证的真实日期改变为以前或以后的时间，不得把在甲地发生的经济业务改变成在乙地发生。

(4)经济业务的内容必须是真实的。如果是购货的业务,必须标明货物的名称、规格、型号、数量、单价、金额等;如果是住宿业务,就要标明住宿的日期;如果乘坐交通工具,就得标明交通工具种类和起止地点;如果是就餐业务,必须标明就餐,不得把购物写成就餐,把就餐写成住宿;如果是劳动报酬支付,就应该附有考勤记录和工资标准或相关用工合同等。

(5)经济业务的"量"必须是真实的。购买货物的业务,要标明货物的重量、长度、体积、数量,并附入库单或验收人签字;其他经济业务也要标明计价所使用的量,如住宿1天、参观展览3次、住院治疗10天等。

(6)单价、金额必须是真实的。不得在原始凭证填写时抬高或压低单价,多开或少开金额。

(7)审核经济业务的双方当事单位和当事人签章是否真实有效。

2.原始凭证的合法性审核

所谓合法,是在审核原始凭证的真实性的前提下,审核该项开支是否符合企业的规章制度。具体审核要求主要有以下几个方面:

(1)审核本原始凭证所列的支出是否按合同协议书执行,是否超过合同或协议书的约定付款。

(2)审核本原始凭证所列的支出有无按招投标规定进行政府采购(特别是行政事业单位)或单位集体采购。

(3)审核原始凭证是否为伪造、变造的假票据。有些原始凭证印制粗糙,印章不规范,也可以看出是假的,这种不真实的票据是不合法的。

3.原始凭证的合理性审核

审核本项开支是否有计划或经费预算:

(1)审核本原始凭证所列的支出有无违反国家法律法规,有无不符合规定或超标准开支。例如:凡私人购置和私人使用的物品,都不能用公款报销;个人非因公外出发生的各种费用都不能用公款报销。

(2)审核原始凭证的支出比例或金额有否超标准,超过比例和限额的不能报销。例如,职工因公出差乘坐火车轮船、到旅馆住宿,对等级、金额都有限定,超过部分应自理;医药费报销,不同工龄的职工享受公费的比例不同,报销时要按其公费比例报销,如果超过比例报销,超出部分就是不合法的。

(3)审核原始凭证所记录的经济业务是否符合企业经济活动的需要,是否为合理开支。

4.原始凭证的完整性审核

(1)审核所有要素是否齐全,接受凭证单位的名称是否为本单位的全称,有无写错或不规范表达(不能写成二级部门名称,如:××公司供销科或"××车间"均是不规范的);审核原始凭证中是否清楚地注明经济业务的内容,有无表达错误的地方。

(2)审批手续是否完整,票据背面是否有经办人、证明人或验收人、部门负责人签名。

（3）审核附件是否齐全，是否将批准文件、采购合同或协议书、入库单或其他验收证明作为原始凭证附件。

（4）经上级有关部门批准的经济业务，应当将批准文件作为原始凭证附件。如果批准文件需要单独归档的，可以将复印件作为原始凭证附件或在凭证上注明批准机关名称、日期和文件字号。

5.原始凭证的正确性审核

审核销售发票中反映的商品名称、规格、数量、单价、总额计算和书写是否正确。

（1）检查数量乘以单价是否等于其金额。

（2）检查发票中各项目合计是否正确。

（3）检查大写与小写金额书写是否相符，书写是否规范。

（4）审核劳务发票中反映的劳务的名称、数量、单价和总额是否正确，检查各项计算是否准确无误。

（5）审核发票上是否有当地税务机关的发票专用章，是否为正版发票。

（6）审核外来原始凭证中有无填制凭证单位名称，是否按规定加盖填制凭证单位的发票（收据、财务）专用章。

（7）审核填制人（开票人、制表人）姓名是否填列齐全。

（8）审核报销联次正确与否。一式几联的原始凭证，只能以"发票联"或"客户联"作为报销凭证。

6.原始凭证的及时性审核

（1）审核原始凭证的填制日期是否过期，是否超过支付时限。特别是办理银行业务的原始凭证时效性强，应仔细审核其签发日期，时间变了，再用过去的原始凭证，很明显是不合法的。比如：本月出差，却用了去年的交通或住宿票据。

（2）有经费预算的支出，应在其规定的期内报销，如果超过时限，就应拒绝报销。会计人员认真对原始凭证进行审核后，应在凭证背面签上自己的名字，并注明"已审核"，以示已经过审核，同时注明审核时间，会计人员对其审核签字的凭证负有相关责任。经过审核无误的原始凭证可办理付款和记账业务。出纳人员在办理完成款项收付业务后，应及时在原始凭证上加盖"收讫"、"付讫"专用章。

◎ **原始凭证审核示例 1：完整性审核**

职业岗位情景：

2017 年 1 月 8 日厦门华盛实业股份有限公司会计小张接收到办公室吕云送来的办公用品采购的单据。请会计小张进行审核。

职业岗位工作分析:

上面这张单据体现的是购买办公用品,大小写金额一致,单位名称日期齐全。主要有以下几个问题不规范。

• 发票填写不规范,通过这张发票,我们不能了解到底买了哪些办公用品,具体数量和单价是多少。这种情况的解决办法是:请相关经办人员到采购单位补开一张反映此批商品的清单,对本发票进行补充说明。

• 单位名称未写出单位全称,不知是哪个地方的公司,比如厦门华盛实业股份有限公司。这种情况的解决办法是:请补充填写完整。

• 收款人没有签章,应该送回补签章。这种情况比较常见,也可以不做处理,允许认可。

• 单位印章没有盖在相关位置;这种情况比较常见,一般不做处理,允许直接认可。

◎ **原始凭证审核示例 2:合理性审核**

职业岗位情景:

2011 年 1 月 8 日厦门华盛实业股份有限公司会计小张接收到采购员王平送来的原材料采购的单据。这笔采购业务是真实的。请会计小张进行审核。

职业岗位工作分析：

上面这张单据是一张机打的增值税专用发票，填写规范。购货单位体现的是"北京万发商贸有限公司"，不能在厦门华盛实业股份有限公司报账。也就是说，这张发票反映的不是厦门华盛实业股份有限公司的经济业务。处理办法是：如果确实有购买相关物品，那么，请采购员王平去供货单位重新开一张发票，发票中的名称一定是"厦门华盛实业股份有限公司"全称。

二、对审核有问题的原始凭证应如何处理

《会计法》第十四条规定，会计机构、会计人员必须按照国家统一的会计制度的规定对原始凭证进行审核，对不真实、不合法的原始凭证有权不予接受，并向单位负责人报告；对记载不准确、不完整的原始凭证予以退回，并要求按照国家统一的会计制度的规定更正、补充。原始凭证记载的各项内容均不得涂改；原始凭证有错误的，应当由出具单位重开或者更正，更正处应当加盖出具单位印章。原始凭证金额有错误的，应当由出具单位重开，不得在原始凭证上更正。记账凭证应当根据经过审核的原始凭证及有关资料编制。

1.审核中出现下列情况的原始凭证应拒绝受理

（1）不符合规定的发票或未经税务或行政机关监制的发票、收据。如自制内部收据或白条。

（2）内容不真实、字迹不清楚的原始凭证。

（3）数字计算错误的原始凭证。

（4）弄虚作假、营私舞弊、伪造、假冒的原始凭证。

（5）经过涂改、挖补的原始凭证。

（6）作废以及其他不符合税务机关规定的发票。

2.原始凭证发现下列情况的应退回填制单位或填制人员补填或更正

(1)错误或无法辨认的原始凭证应退回重新开具。

(2)填写不齐全的原始凭证应退回补充完整。

(3)没有加盖出票单位财务印章或者发票(收费)专用章的发票或行政事业性收据,退回补盖相关印章。

(4)没有经办人签名或签名不规范、不齐全的退回重新签署。

(5)计算错误的自制原始凭证应退回重填。

(6)发票或收据联次使用错误的应退回换正确联次。

(7)对不真实、不合法的原始凭证不予接受,并向单位负责人报告

(8)对记载不准确、不完整的原始凭证予以退回,并要求按规定更正、补充

(9)原始凭证不正确的,应由出具单位重开,尽量不采用更正办法,确定无法重新开具需要更正的,应在更正处加盖出具单位印章,以示负责。

对已经入账又发现错误的原始凭证,不能抽出,应另外以正确的原始凭证粘贴其后,进行说明和佐证。

任务 4   点钞与验钞

一、点钞技术

点钞技术,即票币整点技术,它是眼、脑、手三合一的操作技术,是财经、商贸类学生应该掌握的一项基本能力,也是各单位会计人员,尤其是现金出纳人员必须具备的一项基本功。点钞技术的高低、速度的快慢、质量的好坏,都直接影响工作的效率和质量,因此,必须十分重视点钞这一基本能力的训练。

点钞方法分为手工点钞法和机器点钞法两种,手工点钞又可分为手按式点钞法、手持式点钞法、扇面式点钞法等。

1.手工点钞的工序与基本要求

手工点钞的程序可分成拆把(持钞)、点数、扎把、盖章四个环节。

拆把(持钞)是指把待点钞票按不同点钞方法的要求拿在手中,然后脱去扎钞纸条或将纸条勾断,为点钞做好准备。

点数是指左手持钞,右手点钞,眼睛紧盯捻动的钞票,同时脑中计数。手、脑、眼三位一体,协调配合,将钞票数量清点准确。

扎把是指把清点准确的一百张钞票磕齐,并用纸条捆扎牢固。

盖章是指在捆扎钞票的纸条上加盖点钞人员的印章,以明确责任,同时防止已扎好捆的钞票被解散。

2.点钞的基本要求

点钞是一门技术性很强的工作,因此,为了提高点钞技术,掌握过硬的点钞本领,就必须做到以下几项基本要求:

(1)坐姿端正

坐姿的正确与否会影响点钞技术的发挥和提高。正确的坐姿应该是上身挺胸坐直,两脚平踏地面,全身自然放松,双手协调配合。

(2)放置适当

票币整点过程中应将钞票放在适当的位置,按不同券别和残好程度分类放好,这样不仅便于点钞,而且还可以避免因忙乱而放错,从而提高工作效率。

(3)扇面均匀

手工点钞时,不论采取哪一种点钞方法,都需要把钞票打成扇面或微扇形,使钞票均匀错开,便于清点。在采用扇面点钞时,开出的扇面一定要均匀,也就是扇面上每张钞票的间隔距离均匀。

(4)动作连贯

动作连贯是提高点钞效率和质量的必要条件。它包含两个方面的含义:一是指清点时动作要连贯,这就要求点钞时,双手动作协调,清点速度均匀,切忌忽快忽慢;二是指点钞过程中的拆把、点数、扎把、盖章等每个环节须衔接紧密,动作协调,环环紧扣。如点完 100 张钞票,磕齐钞票的同时左手持票,右手取纸条,随即左手的钞票跟上去迅速扎好小把,在左手放钞票的同时,右手取另一把钞票等,这就是扎把与持钞的连贯性。

(5)点钞准确

点钞的关键是一个"准"字,因为点数准确是点钞技术最基本的要求。因此,点钞时一定要集中精力,手、脑、眼三位一体,协调配合,才能达到点数准确的效果。

(6)清理整齐

点完一把钞票后,应将钞票清理整齐,即将券角拉平,然后进行捆扎。钞票磕齐应做到四条边齐平无露头,不能呈梯形错开。

(7)扎把牢固

钞票捆扎应尽量牢固,以不散把、抽不出票为准。扎小把时,将第一张钞票轻轻向上方提拉,以抽不出票为标准。扎大把(十把)时,以"双十"型捆扎,做到用力推不变形,以抽不出票为准。

(8)盖章清晰

盖章是点钞过程的最后一个环节,是明确责任的重要标志。因此,图章一定要盖得清晰可见,不能模糊。

二、手工点钞的方法

1.手持式单指单张点钞技术

手持式单指单张点钞技术是金融部门及各单位财会部门最主要、最常用的票币整点方法。它的适用范围比较广泛,可用于收付款的初点、复点和整点各种新、旧面额的钞票。采用这种方法,由于是逐张捻动,易于识别真假票币,便于挑剔残损钞票。但使用这种方法时点一张计一张,劳动强度比较大。具体操作可分为以下环节:

(1)拆把与持钞

拆把与持钞的基本要求是:身体坐直,全身自然放松。左手横执钞票,钞票正面朝向身体,拇指、无名指和小指在钞票正面,食指和中指放在钞票背面,左手中指、无名指夹住钞票左下端,且尽量靠近手指根部;右手拇指扶在钞票上部内侧边沿处,食指伸开,其他手指自然弯曲;左手腕向内弯扣,同时右手食指向前伸,将扎钞纸条勾断;食指伸直,拇指向上移动按住钞票侧面,与中指同时用力将钞票压成瓦形。用右手脱去扎钞纸条。

拆把后,左手中指和无名指夹紧钞票左端,拇指按住钞票内侧将钞票向内翻推,折出一个微开的扇面形状,食指伸直托住钞票背面,使钞票自然直立与桌面基本垂直。同时,右手拇指、食指、中指沾水做点钞准备。

(2)清点

左手持钞打开扇面后,右手食指、中指并拢,托住钞票背面左上角,拇指指尖将钞票右上角向下方逐张捻动。捻动时幅度要小,动作要轻,无名指同时配合拇指将捻动的钞票向下弹拨,拇指捻动一张,无名指弹拨一张;左手拇指随着点钞的进度逐步向后移动,食指向前推移钞票,以便加快钞票下落的速度。

清点过程可分为初点和复点,初点时发现残损钞票不宜直接抽出,以免带出其他钞票,最好的办法是随手向外折叠,使钞票伸出外面一截,待点完整把钞票后,再抽出残票补上好票。若发现可疑钞票,还应进行真伪鉴别。

(3)记数

记数应与清点同时进行,采用单数分组记数法记数。把 10 记作 1,把 20 记作 2,即 1,2,3,4,5,6,7,8,9,1(10);1,2,3,4,5,6,7,8,9,2(20);依次类推,数到 1,2,3,4,5,6,7,8,9,10(100),即整 100 张为一把。记数时要用脑记、默记,不要念出声,手、眼、脑密切配合,这样才能既快又准。

(4)扎把

扎把方法可依据自己的习惯和前述要求,采用拧扎法或缠绕折掖法。

(5)盖章

点钞要点:持钞票面应与桌面基本垂直,弯曲过大会影响点钞速度;右手拇指尖捻钞的动作要小,无名指应配合拇指快速弹钞;清点时,捻钞速度应与记数速度保持一致,这样才能清点准确。

手持式单指单张点钞如图 3-6 所示。

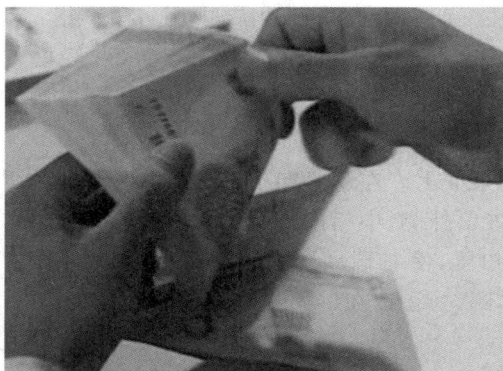

图 3-6　手持式单指单张点钞

2.手持式单指多张点钞法

点钞时,一指同时捻两张或两张以上的方法叫一指多张点钞法。这种点钞方法是在单指单张点钞法的基础上发展而来的。它适用于收、付款和各种券别的整点工作。点钞时记数简单省力,效率高。其缺点是在一指捻动几张钞票时,由于不能看到中间几张的全部票面,所以假钞和残损票不易被发现。

(1)拆把和持钞

与单指单张点钞法相同。

(2)清点

清点时,右手食指和中指放在钞票背面右上角,拇指肚放在钞票正面右上角,拇指尖超出票面上端。一指点两张时,拇指肚先捻第一张,拇指尖紧跟着第二张。一指点三张时,拇指肚先捻第一、二张,拇指尖捻第三张。一指点四张以上时,拇指肚要均匀用力,捻动的幅度不要过大,食指、中指配合拇指捻钞,无名指向下弹钞,弹拨速度要快。点数时眼睛从左侧向右看,这样看到的幅度大,看得比较清楚。

(3)记数

可采用分组记数法。一指点两张时,两张为一组记一个数,50 组就是 100 张。一指点三张时,三张为一个组记一个数,33 组零一张就是 100 张。一指点四张时,四张为一组记一个数,25 组就是 100 张。

(4)扎把盖章

扎把、盖章与单指单张点钞法相同。

点钞要点:点钞时,要发挥拇指肚的作用,根据每组点钞张数的多少,拇指尖伸出票面右上角的长短应有所不同,每组点钞张数越多,拇指尖伸出票面就越大。记数时要看清张数,准确无误后再弹出。

3.手持式四指四张点钞法

手持式四指四张点钞法又叫四指拨动点钞法,即用右手小指、无名指、中指、食指四指依次各点一张,一次点四张,轮回清点。其优点是速度快,点数准,轻松省力,是钞票复点中常用的一种方法。其操作方法可分为四个环节:

(1)持钞

拆把后,将钞票立放于桌面上。左手心向下,中指自然弯曲,指背贴在钞票中间偏左的内侧,食指、无名指与小指在钞票外侧,中指向外用力,外侧三指向内用力,将钞票弯成"∩"形,拇指按在钞票右端外角向内扣压,使右端展开成斜扇面形状。同时左手腕向外翻转,持钞于胸前,食指成直角抵住钞票外侧,拇指按在钞票斜扇面的右上角处。

(2)清点

右手腕抬起,拇指贴在钞票右下角扇形底侧,其余四指并拢弯曲,指尖成斜直线。点数时,小指、无名指、中指、食指指尖依次捻动钞票,一指一张,一次点四张为一组,循环操作。同时左手拇指、食指配合右手动作,以保证清点时下钞通畅。

左手保持钞票现状,右手将残票向内向下折叠,并使折叠票露出一端,待整把钞票点完之后,再抽出残损票,补上等量的完整票。

(3)记数

采用分组记数法,每点四张为一组,每一组记一个数,数到25组即为100张。

(4)扎把盖章

与单指单张点钞法相同。

点钞要点:左手持钞时,要将钞票压出足够的弯度,右端成斜扇面形状;右手捻钞时,充分发挥指关节作用,以指尖捻动钞票右下角,四指并拢,尽量缩小运动幅度;清点时,目光应集中在钞票的右下角,手、脑、眼三位一体,密切配合。

手持式四指四张点钞如图3-7所示。

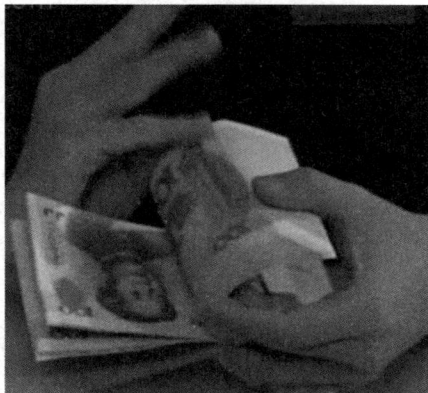

图3-7 手持式四指四张点钞

4.手持式五指五张点钞法

五指五张点钞法又叫五指拨动点钞法,即右手五个手指依次各捻一张钞票,一次点五张,循环操作。其优点是效率较高,记数省力,能有效减轻劳动强度。

(1)持钞

拆把后,左手持钞,将钞票横放于桌子上,正面朝内。左手小指在前,无名指在后,夹住钞票左下端,中指、拇指从钞票两侧伸出卡住钞票,拇指要高于中指,两指稍用力,使钞票右上角稍向后倾斜成弧形,以便于点数。食指稍弯曲,抵住钞票背面上方。

(2)清点

清点时,先由右手拇指开始,从钞票右上角向右下方捻第一张,紧接着,食指、中指、无名指和小指依次由钞票右上角向左下方捻第二、三、四、五张,然后再右拇指开始进行下一轮,循环操作。

(3)记数

采用分组记数法,每点五张为一组,每一组记一个数,记满 20 组为 100 张。

(4)扎把盖章

与单指单张点钞法相同。

点钞要点:点钞时,右手五指动作要协调,用力应均匀,以每个手指侧面捻钞;捻钞幅度应尽量缩小,动作要连贯。由于每次捻钞的张数比较多,手、脑、眼要密切配合,才能清点准确。

5.手按式点钞法

手按式点钞法,主要有手按式单指单张点钞法,手按式多指多张点钞法。方法如下:右手肘部顶在桌面上,掌心向下,拇指托起右下角部分钞票(不宜过多或过少),小指弯曲。点三张时,以无名指先捻动第一张钞票,随即中指、食指依次各捻起一张。点四张时,先用小指捻起第一张钞票,随后无名指、中指和食指依次各捻起一张。捻起三张或四张为一组,用左手拇指向上推送到左手食指与中指之间夹住。如此循环操作。

点钞要点:清点时,以右手指尖清点,这样有利于提高点钞速度;捻动幅度应尽量缩小,动作要连贯,主要防止清点过程中的夹钞现象。

手按式单指单张点钞法如图 3-8 所示。

6.扇面式点钞法

用扇面式点钞法清点时,钞票展开成扇面形状,右手一指或多指依次清点,清点速度快,是手工点钞中效率最高的一种点钞方法。但它只适合整点新票,不适合整点新、旧及残损票混合的钞票。而且,这种点钞方法清点时只能看到钞票边沿,而看不到票面,不便于挑剔残损票和鉴别真假伪钞。

扇面式点钞法主要有:扇面式一指多张点钞法和扇面式多指多张点钞法。

(1)扇面式一指多张点钞法

①拆把与持钞

图 3-8　手按式单指单张点钞

左手持钞,将钞票竖拿,正面朝向身体。左手拇指与食指、中指捏住钞票左下角四分之一处,拇指在前,食指、中指在钞票背面,食指跟部紧贴钞票左下角,无名指、小指靠手心自然弯曲。右手拇指尖与食指尖捏住钞票正面纸条折弯处,将纸条撕断,然后将拇指移到钞票正面中间,其余四指伸向背面横托钞票,虎口卡住钞票右侧面。钞票下端与左掌心保持一定距离,使钞票可以自然晃动。

②开扇

方法一:以左手拇指为轴,用右手虎口握住钞票背面并将钞票向身体方压弯,右手腕带动手指由左向右甩动钞票;同时左手拇指与食指配合右手逆时针捻动轴心钞票,右手拇指协助向左推捻钞票,其余四指在钞票背面随着左右晃动将钞票均匀化开,直至打开扇开形状,使每两张钞票之间距离能清晰辨认为标准。

方法二:以握钞左手为轴,用右手食指将钞票向左下方按压,拇指将压弯的钞票向左上方推,食指、中指由左向右捻动钞票,左手拇指同时配合右手动作,这样反复操作,右手拇指逐渐由中部向下移动,移至右下角时即可将钞票推成扇面形状。然后双手持钞,将不均匀的地方抖动开。此法虽然容易掌握,但较费时费力,影响点钞速度。

不论采取哪种开扇方法,开扇后钞票上部应成大扇形,下端尾部成相反方向的小扇形,整个图形就像一把打开的纸扇。

③清点

左手持钞,使扇面平持,眼睛与扇面保持一定距离。分组进行清点,每一组清点张数以 5 至 6 张为宜,也可以是其他张数,以便于记数为原则。清点时,眼睛从扇面右上角开始向左看,确认一组张数后,右手拇指快速向下按压,同时食指跟上将这组钞票压住,接着拇指再按第二组,如此循环操作。

④记数

采用分组记数法。例如一次五张清点时，每按下五张记一组，记满 20 组为 100 张。

⑤合把

钞票清点完毕，右手拇指放在钞票右侧正面中间，其余四指托在钞票背面，双手同时快速相向推钞合把。然后双手轻拢，将钞票磕齐，以备扎把。

⑥扎把盖章

（2）扇面式多指多张点钞法

扇面式多指多张点钞法的操作步骤主要分为六个环节，除清点方法不同外，其余环节与扇面式一指多张点钞法相同。清点时，左手持扇，右手拇指、食指、中指、无名指先后交替清点。眼睛从扇面右上角开始向左看，第一组看准张数后，拇指迅速向下按压，同时眼睛向左移动，看清第二组后，食指向下按压，然后第三组、第四组，中指、无名指依次按压，如此循环往复，直至清点完毕。点钞要点：开扇时动作应协调连贯，用力均匀，达到一次开扇成功；钞票下端离左手掌心不要太近，以免钞票下端被卡住。左手掌心位置要固定，钞票绕轴心均匀化开；两手持钞松紧要适度，使钞票打开后每张之间的距离均匀，不重叠。清点时，左手要将扇面持平，并随着点数的进度微向右转，以适应右手点数的位置。

7.钞票的整理与捆扎方法

（1）钞票的整理

钞票的整理包括两个方面：一是现金出纳人员在清点票币前，应先按券别（一百元、五十元、十元等）将钞票分类，同时挑剔出残损券，并将断裂券用纸条粘好，然后按完整券和残损券分别进行清点。若发现可疑钞票，还应对其进行真伪鉴别。二是清点完一把钞票后，要进行捆扎前的整理，将券角拉平、钞票磕齐，然后以专业纸条捆扎牢固。

（2）钞票的捆扎方法

钞票捆扎是点钞过程中的重要环节，其捆扎速度对点钞的整体速度起着至关重要的作用。捆扎钞票以每百张为一把，经清点无误后用纸条在钞票中间捆扎牢固。对不足一百张的钞票，则用纸条在钞票的三分之一处进行捆扎，并将钞票的张数、金额写在纸条的正面。

钞票捆扎完毕，应在侧面的纸条上加盖点钞人员的名章，以明确责任。每十把钞票必须用专用细绳以"双十"字形捆扎为一捆，在顶端贴上封签，并加盖经手人员名章。

（3）钞票手工捆扎

钞票手工捆扎主要是扎把，扎把的方法最常用的有两种：

方法一：缠绕折掖法（缠绕捆扎法）。将整点准确的钞票磕齐后，左手横执钞票，正面朝点钞员自己，左手拇指在内，其余四指在外握住钞票左端下面，五指配向身体方向用力，使钞票向内弯曲，弯曲不要过大。左手食指将钞票分开一条缝，右手持纸条一端插入钞票上侧缝中（或不将钞票开缝，直接将枝条一端贴在钞票背面，用右手食指、中指将纸条压住）；然后右手拇指、食指和中指捏住纸条，由正面向下向外顺时针缠绕（一般绕两圈），绕到钞票上端时，右手腕向右侧翻转,使纸条末端向右反折,并以食指从右侧将其插入纸条下面,以末端反折的纸条在钞票右侧棱角外为宜,同时用拇指将折角压平,以防松脱,然后将票面压平即可。

方法二:拧扎法(半劲扎把法)。将清点准确的整把(100张)钞票磕齐后,左手横执钞票,正面朝点钞员自己,拇指在前,中指、无名指和小指在后,食指伸直放在钞票的背面上侧,五指配合捏住钞票下端约三分之一处。右手取纸条,以纸条三分之一处搭在钞票的背面,左手食指将纸条压住,右手拇指与食指捏住纸条较长的一端,从钞票的正面向下向外顺时针缠绕,在钞票背面将纸条两端并抢捏紧,然后左手稍用力握住钞票的正面将钞票捏成弧形,左手腕向外转动,右手捏住纸条向里转动,在双手还原的同时将右手的纸条拧花结,同时用右手食指按压花结外侧,顺势将纸条花结塞进凹面瓦形一侧纸条的下边,将钞票压平即可。

(4)钞票捆扎的有关规定

捆钞时要坚持操作程序,必须按每只手各取五把成一捆,以防成捆钞票多把或少把,发生差错。

整捆钞票在捆扎时要垫衬纸,用于粘贴封签,衬纸垫于钞票的背面一起捆扎,封签贴在捆扎绳外,要注意垫纸与封签都必须切去一角,以看清票面。

捆扎绳不能有结,最后的活扣结一定要打在衬纸表面,并用封签纸粘住。

不论是手工捆扎钞票还是机器捆扎钞票,都要以"捆紧"为核心,要通过拉紧捆扎绳,进行交叉固定,使钞票不易松开。

捆扎钞票完毕,要在封签上加盖日期以及点钞者、捆扎者名章,以明确职责,便利查找差错。

8.硬币的整点方法

硬币的整点方法也有两种:一是手工整点,二是机具整点。由于在现金收付工作中硬币使用相对较少,所以多采用手工整点方法。

手工整点硬币的方法,一般分为拆卷、清点、记数、包装及盖章等五个环节。

(1)拆卷

右手持硬币卷的三分之一处,放在一张待清点后准备包装硬币的新包装纸中间。左手撕开硬币卷的一头,右手拇指向下从左至右剥开硬币卷的包装纸,然后以左手食指平压硬币,右手抽出剥开的包装纸。

(2)清点

清点硬币时,以右手拇指和食指持币分组清点,为确保准确,可用中指从一组中间分开察看。如一次清点10枚硬币,即从中间分开,一边5枚;如一次清点16枚硬币,则分开后两边各为8枚。

(3)记数

采用分组记数法,如以10枚为一组进行清点,则每点10枚记一组,记满10组即为100枚。

（4）包装

清点完毕后，用双手的无名指分别顶住硬币的两头，用拇指和食指、中指分别捏住硬币的两端，将硬币放在已备好的包装纸的二分之一处，然后用双手拇指把里面的包装纸向外掀掖在硬币底下，接着用手掌心用力向外推卷，随后用双手的中指、食指、拇指分别将两头的包装纸用力向下压，使其贴到两端的硬币上。

具体压法是：中指将两端的包装纸向下压，拇指将后面的包装纸向前压，食指将前面的包装纸向后压，直至都紧贴到硬币上，再用拇指、食指向前推币。最后将卷起的硬币竖起，两端分别磕几下，以防松脱。

（5）盖章

硬币包装完毕后，要盖上整点人员名章，以明确责任。

三、识别人民币的真假

1.什么是假人民币

假人民币是指仿照真人民币纸张、图案、水印、安全线等原样，利用各种技术手段非法制作的伪币。

假币按照其制作方法和手段，大体可分为两种类型，即伪造币和变造币。

伪造币是依照人民币真钞的用纸、图案、水印、安全线等的原样，运用各种材料、器具、设备、技术手段模仿制造的人民币假钞。伪造币由于其伪造的手段不同，又可分为手工的、机制的、拓印的、复印的等类别。

变造币是利用各种形式、技术、方法等，对人民币真钞进行加工处理，改变其原有形态，并使其升值的人民币假钞。变造币按其加工方法的不同，又可分为涂改的、挖补剪贴的、剥离揭页的等类别。

2.识别假人民币的基本方法

主要识别方法是比较法：

（1）纸张识别。人民币纸张采用专用钞纸，主要成分为棉短绒和高质量木浆，具有耐磨、有韧度、挺括、不易折断，抖动时声音发脆响等特点；而假币纸张绵软、韧性差、易断裂，抖动时声音发闷。

（2）水印识别。人民币水印是在造纸中采用特殊工艺使纸纤维堆积而形成的暗记。分满版和固定水印两种。如现行人民币1、2、5元券为满版水印暗记；10、50、100元券为固定人头像水印暗记。其特点是层次分明，立体感强，透光观察清晰。而假币特点是水印模糊，无立体感，变形较大，用浅色油墨加印在纸张正、背字面，不需迎光透视就能看到。

（3）凹印技术识别。真币的技术特点是图像层次清晰，色泽鲜艳、浓郁，立体感强，触摸有凹凸感，如1、2、5、10元券人民币在人物、字体、国徽、盲文点处都采用了这一技术。而假币图案平淡，手感光滑，花纹图案较模糊，并由网点组成。

(4)荧光识别。1990年版50、100元券人民币分别在正面主图景两侧印有在紫外光下显示纸币面额阿拉伯数字"100"或"50"和汉语拼音"YIBAI"或"WUSHI"的金黄色荧光反应,但整版纸张无任何反应。而假币一般没有荧光暗记,个别的虽有荧光暗记但与真币比较,颜色有较大的差异,并且纸张会有较明亮的蓝白荧光反应。

(5)安全线识别。真币的安全线是立体实物与钞纸融为一体,有凸起的手感。假币一般是印上或画上的颜色,如加入立体实物,会出现与票面皱褶分离的现象。

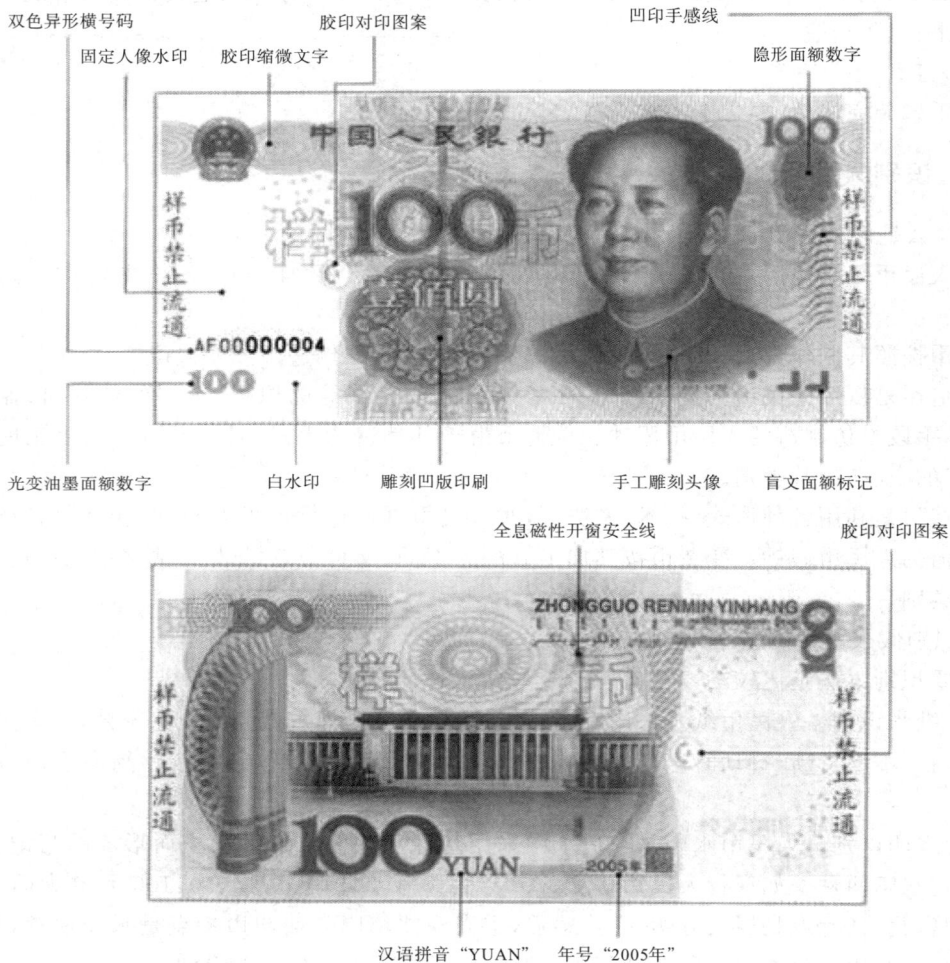

图 3-9　人民币的识别

四、发现假币的处理

单位财会出纳人员在收付现金时发现假币,应立即送交附近的银行鉴别。

1.单位发现可疑币不能断定其真假时,发现单位不得随意加盖假币戳记和没收,应向持币人说明情况,开具临时收据,连同可疑币及时报送中国人民银行当地分支鉴定。经人民银行鉴定,确属假币时,按发现假币后的处理方法处理。如果确定不是假币,应及时将钞票退还持币人。

2.广大群众在日常生活中发现假币,应立即就近送交银行鉴定,并向公安机关和银行举报及提供有关详情,协助破案。

3.银行收到假币时,应按规定予以没收,并当着顾客的面在假币上加盖假币戳记印章,同时开掘统一格式的"假人民币没收收据"给顾客,并将所收假币登记造册,妥善保管,定期上缴中国人民银行当地分支行。

4.假币没收权属银行、公安和司法部门。其他单位和个人如果发现假币,按上述办法处理或按当地反假币法规所规定的办法办理。

任务5　点钞机与验钞机的使用

一、点钞机

1.点钞机的起源与发展

点钞机是一种机电一体化的电子机械产品,最早出现在上世纪80年代的温州。点钞机主要是用来对现金计数、鉴伪、清分的,广泛应用在各种金融行业和有现金流的各种企事业单位。

点钞机是伴随着假钞的出现而产生的,是市场和民间打击假钞的产物。到目前点钞机的发展经历了三个时代。

第一个阶段,从20世纪80年代到90年代中期。这一阶段的点钞机主要是小作坊式生产,主要分布在浙江温州和上海一带。这个时期点钞机的特点是,机械功能大于电子功能,可以简单计数,鉴伪能力有限,主要利用机械原理对钞票计数,小规模生产。

第二个阶段,从20个世纪90年代中期到21世纪初。点钞机在这个阶段得到了大规模的生产,出现了一大批专门生产点钞机的大型企业,有信达牌点钞机、上海古鳌牌点钞机、广州百佳点钞机等一些龙头企业,也出现了专门从事研究点钞机的机构和部门。这个阶段的龙头企业开始注重钞票的鉴伪和清分,为ATM终端机器服务。这个时期的点钞机造型变小,机器更加稳定,开始了品牌销售。

第三阶段,本世纪初至现在。中国的点钞机开始了数字、电子和机械相结合的时代。现在市场上的点钞机主要是利用荧光、红外、穿透、安全线、磁性工具对人民币进行鉴伪、计数和清分等。

2.点钞机的点钞技术

使用点钞机清点现钞,是经济部门特别是金融机构目前点钞的主要方法之一。机器点钞在提高工作效率、减轻劳动强度、改善服务质量等方面都发挥了积极作用。下面介绍点钞机的操作。

(1)点钞机点钞前的准备

点钞机一般放在操作人员的正面,点钞机使用前要进行调试,力求转速均匀,点钞准确,下钞流畅,落钞整齐。

①接通电源,使整机运转,并且确定数码显示为"00"。

②钞票在桌面上摆放整齐,一般点钞机点钞用于人工点钞后的复点,准备点的钞票放在点钞机的右侧,点完的钞票放在点钞机的左侧,封条纸横放在点钞机的前方。

(2)点钞机点钞的操作程序

机器点钞操作程序与人工点钞基本相同,要完成拆把、清点、扎把、盖章四道工序。

①拆把。用右手从机器右侧拿起钞票,右手持票,拇指和食指在票前,中指、无名指和小指在票后,捏住钞票的右上角,然后用食指勾断封条纸,准备下钞。

②清点。钞票拆把后,右手捏住,用拇指稍用力下掀,使钞票成梯形,放进下钞斗。拆下的封条纸先放桌子一边(不要丢掉,以备查错用)。钞票经下钞斗通过捻钞轮和荧光数码管,自然下滑到传送带,落到接钞台。操作者一面观察跑道上钞票票面,看清数码显示数,一面准备另一把钞票下钞。

一把点完,记数为百张,用左手从接钞台内取出钞票,右手当即将第二把钞票投入。

③封把。左手取出钞票时,右手投入第二把,同时把钞票磕齐,进行扎把(与手工点钞扎把相同),眼睛仍要看住机器跑道上钞票的票面,当扎完把左手把钞票放到机器左侧时,抹掉桌上第一把钞票的封条纸,依这样的顺序进行。

④盖章。复点完全部钞票,操作者要逐把盖好名章,每把钞票盖章要做到先轻后重,整齐、清晰。

(3)点钞机点钞容易出现的差错和预防办法

①接钞台流张。接钞台取钞时,有时会漏拿一张,造成上下把不符。

防止方法是:取尽接钞台内的钞票,或采取不同的票面交叉进行清点。

②机器"吃钞"。有时由于钞票太旧,容易卷进输钞轴上或带进机器内;有时由于出钞歪斜等原因,引起输钞紊乱、挤扎或飞张,有可能被下对轮带进机内或随空钞带流入接钞斗。

防止方法是:调整好面板和螺丝,使下钞流畅、整齐。输钞紊乱、挤扎时要再清点一遍。每次工作结束,要检查机器底部和前后输钞轴是否有钞票夹住。

③多计数。机器在清点角票、旧票时容易飞张多计数;钞票开档破裂,或一把钞票券内残留纸条、杂物等,都会造成多计数。

防止方法是：可将钞票调头，将杂物、纸条取出再点一遍。

④计数不准。除了电路毛病和钞票本身的问题外，光导管、小电珠积灰，电源、电压大幅度升降都会造成多计数。

防止方法是：要经常打扫光导管、小电珠灰尘，对荧光管突然计数不准，要立即停机，检查机器的线路或测试电压等。

点钞机由于运转速度快，点钞的动作一定要连贯。在操作过程中，归纳起来要做到"五个二"，即：

二看：看清跑道票面，看准计数；

二清：券别、把数分清，接钞台取清；

二防：防流张，防机器吃钞；

二复：发现钞票有裂缝和夹带纸片要复点，计数补准时要复点；

二经常：经常检查机器底部，经常保养、维修点钞机。

点钞机如图 3-10 所示。

图 3-10　点钞机

二、验钞机

辨伪是通过检测人民币的固有特性来分辨真假。点钞机是机电一体化产品，涉及机械、电、光、磁等多个领域的知识，需要各方面互相配合。

1.荧光检测

荧光检测的工作原理是针对人民币的纸质进行检测。人民币采用专用纸张制造（含 85％以上的优质棉花），假钞通常采用经漂白处理后的普通纸进行制造，经漂白处理后的纸张在紫外线（波长为 365nm 的蓝光）的照射下会出现荧光反应（在紫外线的激发下衍射出波长为 420

～460nm 的蓝光），人民币则没有荧光反应。所以，用紫外光源对运动钞票进行照射并同时用硅光电池检测钞票的荧光反应，可判别钞票真假。为排除环境光对辨伪的干扰，必须在硅光电池的表面安装一套透过波长与假钞荧光反应波长一致的滤色片。

（1）在荧光检测中，需要注意两个问题：

①检测空间的遮光。外界光线进入检测空间会造成误报；

②紫外光源和光电池的防尘。在点钞过程中有大量粉尘，这些粉尘黏附在光源表面会削弱检测信号，造成漏报。

（2）对第五版人民币，可同时检测荧光字（无色荧光油墨印刷，用另一硅光电池检测，滤色片的透过波长和真钞荧光反应波长一致）以提高辨伪效果。

2.磁性检测

磁性检测的工作原理是利用大面额真钞（20、50、100 元）的某些部位是用磁性油墨印刷，通过一组磁头对运动钞票的磁性进行检测，通过电路对磁性进行分析，可辨别钞票的真假。

在磁性检测中，要求磁头与钞票摩擦良好。磁头过高则冲击信号大，造成误报；磁头过低则信号弱，造成漏报。通过控制磁头的高度（由加工和装配保证）和在磁头上方装压钞胶轮可满足检测需要。

人民币的磁性检测方法可分为四种：

（1）检测有无磁性。市场上的点钞机多采用此种方法，由于造假容易，故此种方法伪钞辨出率低。

（2）按磁性分布检测磁性。采用两组或三组磁头分路检测磁性，辨伪水平可提高一个档次，市场上部分点钞机采用此种方法。

（3）检测第五版人民币金属丝磁性。目前水平停留在检测有无磁性。根据我们在示波器的观测，金属丝的磁性是很有规律的矩形波，且量值也很准确，由于很难仿制，在磁性检测中如能利用这个特性，将大大提高辨伪水平。

（4）检测第五版人民币横号码磁性。目前水平停留在检测有无磁性。由于横号码是一组带有一定磁性的数字，如对横号码的磁性数量和大小进行检测，辨伪水平可大大提高。

3.红外穿透检测

红外穿透的工作原理是利用人民币的纸张比较坚固、密度较高以及用凹印技术印刷的油墨厚度较高，因而对红外信号的吸收能力较强来辨别钞票的真假。人民币的纸质特征与假钞的纸质特征有一定的差异，用红外信号对钞票进行穿透检测时，它们对红外信号的吸收能力将会不同，利用这一原理，可以实现辨伪。需要注意的是，油墨的颜色与厚度同样会造成红外穿透能力的差异。因此，必须对红外穿透检测的信号进行数学运算和比较分析。

4.激光检测

用一定波长的红外激光照射第五版人民币上的荧光字，会使荧光字产生一定波长的激光，通过对此激光的检测可辨别钞票的真假。由于仿制困难，故用于辨伪很准确。

任务 6　收款机的使用

一、收款机的操作能力

1.收款机的发展历史

商业电子收银是微电子技术发展及现代化商品流通管理理念和技术发展结合的产物,而商业电子收款机则是现代化、自动化商业管理必不可少的基本电子设备之一。世界上最早的收款机是在 1879 年,由美国的詹敏斯·利迪和约翰·利迪兄弟制造的,其功能只实现营业记录备忘和监督雇用人的不轨行为。到 20 世纪 60 年代后期,随着电子技术的飞跃发展,日本率先研制成功了电子收款机(ECR)。电子收款机的发明具有划时代的意义,其技术性能和商业功能远远超过原型的机构式现金收款机,具有智能化、网络化多功能的特点,成为在商业销售上进行劳务管理、会计账务管理、商品管理的有效工具和手段。到 80 年代中期,商业专用终端系统(POS)产生,成为第三代收款机。POS 与 ECR 的最大区别在于它有着直接即时入账的特点,有着很强的网上实时处理能力,POS 将电脑硬件和软件集成,形成一个智能型的,既可独立工作,也可在网络环境下工作的商业工作站。

2.电子收款机的基本结构及主要功能

（1）收款机的基本结构

电子收款机(electronic cash register,简称 ECR)主要由电子器件和机械部分构成,有七个基本部分。其结构如图 3-11 所示。

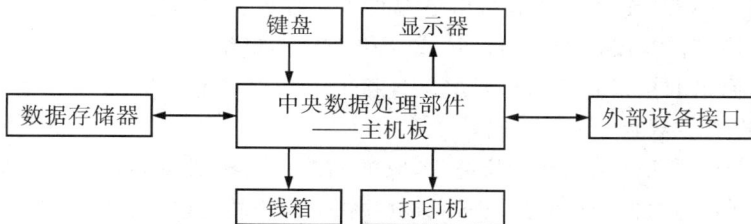

图 3-11　收款机的基本结构

①中央数据处理部件。即主机板,它用于处理、计算由键盘送入的商品件数、金额等各种收款数据,控制收款机的各种设备和部件。收款机的主机板一般为专用,简洁方便,安全可靠,但用户不易再开发。

②数据存储器。用于存储机器的程序和销售商品的数量、金额、税和各类报表等数据,主要有只读存储器(ROM)、电子擦除只读存储器(EPROM)、静态随机存储器(SROM),磁盘(DLSK)是外部存储器。

③键盘。用于输入销售数据。有机械式、电容式及薄膜式键盘。前两种输入速度高,适用于商业零售;薄膜式键盘防水防尘,适用于餐饮业。

④打印机。它是 ECR 输出的关键部件。对于商业企业,一般要求双程存根或双层打印。打印机的主要类型有字轮打印、针式打印、热敏打印、压感打印机。

⑤显示器。ECR 一般有两个显示器,一个是收银员用的显示器,一个是提供给顾客用的显示器。多采用荧光数码或液晶数码显示。

⑥钱箱。用于存储现金,带有电子控制的开关装置。

⑦ECR 外部接口。用于连接条码阅读器、发票打印机或厨房打印机、磁卡阅读器、电子秤及通信联网等。不同的收款机采用不同的外部设备接口。

(2)收款机的外部设备

随着现代技术的发展,电子收款机的附件设备逐渐增多,常见的主要有以下几种:

①打印机。电子收款机除内置打印机外,还可连接外置打印机(如餐饮业中所用的厨房打印机和票据打印机。)

②条码阅读器。也称条形码扫描器,是条形码的读入装置,按外观可分为四种:笔式、手持式、台式、卡式;按光源可分为两种:红外光和激光。

③磁卡读写器。它是一种磁记录信号的读入或写入装置,将信用卡、银行卡、优惠卡、会员磁卡等记录的信息读入收款机。它的种类和型号较多,从磁迹数量上区分为单轨、双轨、三轨三种。读取信用卡信息,用于各种银行卡、优惠卡、会员磁卡等。

④电子秤。现场秤重计量商品时,电子秤将重量极其数据传给收款机。

⑤调制解调器。即 MODEM,将收款机的数据通过电话线传给电脑。

⑥后备电源。即 UPS,用于断电后由电池直接向收款机供给电。

⑦通讯联网接口。其硬件由一组芯片或卡和物理端口组成,其软件由一组程序组成。主要有收款机之间通讯的接口及收款机与电脑连接的 485 接口卡。

(3)收款机的主要功能

收款机作为商业零售业的前台销售终端,它的功能是紧密围绕着前台销售业务的。因此在了解收款机的主要功能之前,有必要首先知道收款机上使用的与前台销售业务有关的基本概念:

①有关收款机销售业务的概念

A.部门。指商品按销售划分的大类。部门在实际应用中可能代表卖场中的部门、小组、柜台、摊位等,并且是商品销售统计的最基本单位。

B.PLU。即商品编号或商品信息文件。PLU 是英文 Price-Look-Up 的缩写。

C.报表。收款机可以产生各种各样的销售报表,从时间上看,有日报表、周报表、月报表或阶段报表;从数据的可否清零、复位角度来看,有 X 报表和 Y 报表,X 报表是对数据读出而不复位,Y 报表是对数据读出并对其清零复位;从报表统计的内容来看,有财务、部门、PLU 收银员、营业员、时间段、商品滞销、畅销情况、顾客购买情况分析等报表。

D.交易和交易项。顾客购买商品从第一件商品的录入到全部商品结算的全部过程称为一笔交易。在收款机中,一笔交易的概念除顾客购买商品外,还包括换钱、借、贷等非销售的内容。每一种销售商品的处理为一个交易项。

E.更正。即对操作收款机所发生的错误的解决。更正分为清除、即时更正、作废和全部作废。即时更正是取消当前这笔交易项,作废是对当前这笔交易项的某一笔交易项的取消。全部作废是对整个交易的取消。

F.折扣、加成和减价。它们都是商品促销的手段。折扣是销售金额减去其百分比数,加成是销售金额加上其百分比数,减价是销售金额直接减去某一金额数。折扣和加成可以针对单项商品进行,也可以针对累计商品进行。有的收款机可以预置折扣和加成的百分率,更好一点的收款机还可以对某项商品或是某一累计金额预置折扣和加成百分率。

G.支付方式。顾客对所购买的商品的付款形式,有现金、支票、信用卡、购物券、外币、转账等多种方式。

②收款机的主要功能

由于收款机的种类、档次、型号等的差异,某些功能低档机是不具备的,有些功能虽然具备,但是受各商户的管理水平、应用环境等条件的限制,可能实现不了。收款机所具有的主要功能有:

A.各种折扣的处理。临时折扣,即收银员手工给顾客折扣;优惠,由后台发出优惠单,前台在指定时间内自动折扣处理,收银员只需按正常收银流程收银即可;卡处理,对于持有会员卡或贵宾卡的顾客进行优惠处理。

B.正常销售、退货及红冲。

C.支持多种付款方式并用。

D.盘点表的输入。在盘点时,前台收款机将作为录入机使用,将盘点表输入电脑,为后台分析做准备。

E.对账功能。提供各种当日的对账报表。

F.简单的维护功能。

G.交接班功能。包括早晚班交班、缴款及密码修改等功能。

以上各种功能均由权限控制,各收银员只能操作被赋予权限的功能。

3.收款机的基本分类与特性

收款机从产生到现在已形成了多种机型并存的局面,其类型大致可分为以下三种:

(1)一类机

金额管理被称为一类机。一般情况下,一类机不具备通信能力,这也是一类机的标志之一,因此一类机不能作为信息系统的数据采集终端。一类机的功能虽简单,但使用方便,价格低廉,适用于中小型的专卖店、杂货店、饭馆、连锁店等。其特点为部门少于 10 个,PLU 小于 100 个,一两种结算方式,一个或两个收银员;累计金额 8 位,小数点后两位;累计件数 5 位,小数点两位;具有顾客流量统计、税收计算、非营业收入和支付等扩展功能;提供 X/Z 四种基本报表,金额表、收银员经营表、部门销售表和 PLU 销售表;打印机是双层打印的;钱箱配置电子开关和机械开关;双面显示器。

(2)二类机

报表二类机收款机是具备单品管理能力和联网通信能力的收款机,也称 On-Line ECR。一类机具有的功能二类机都具有,它的功能更强,部门在 20~30 个以上;PLU 大于3 000个,4 种以上结算方式,4 个以上收银员,60 个以上营业员;累计金额 10 位,小数点后两位;累计金额数 5 位,小数点后两位;销售中的辅助处理功能,像清除功能、错误操作更正功能、退货功能、折扣功能、加减功能、乘法功能、掉电保护功能、保密及安全控制功能、数据暂存及调出功能,以及顾客流量统计、税收计算、非营业收入和支付、定义班组累计、与上位机联、网通信等功能,都是它的基本功能。二类机的报表功能比一类机的更强,既可从前台打印出各种报表,又可从后台打印出多种分析报表,既有日报表,又有阶段报表。

二类机型的最大特点是多台联网功能,也可将其网络系统与通用计算机相连,由后者统一管理,因而可对大型商业企业进行全面管理。通常一个收款机网络能连接 32 台,它们可以统一,也可个别地将销售的汇总数据上传给计算机,或接受计算机的控制信息和设定的数据等。通常这种通信是批作业处理,也有少量实时处理。

(3)三类机

三类机是基于 PC 的电子收款机,称为 POS 终端,是新一代收款机。它是计算机技术、通信技术和机械技术的综合应用,使收款机由早期单纯的信息采集工具进化为多功能的信息处理工具。它可以为后台管理软件提供一套很完整的销售管理基础数据。其软件的主要特点为:

①具备较完善的销售功能

在销售功能方面,PC-based ECR 软件相对于 ECR 收款机软件更加灵活,数据容量更大。销售功能基本包括:

A.可以按货品码、店内码、类码等信息进行销售,同时也可以按部门、柜组、营业员等信息进行销售;某些软件的销售功能还可以支持非整数数量销售(如布匹)。

B.它的 PLU 数可以做到几十万条,具备支持同层(通层)销售方式。

C.对所售商品进行打折销售(折扣率、折扣额),并且对打折商品记录备案。

D.使用键盘的键数多,可以允许使用者对键值进行定义,将使用率高的商品(或将商品大类)定义在键盘上,实现某些商品的快速键销售。

E.具备多种结算方式,例如现金、支票、信用卡、会员卡、礼券、签单(在实时联网情况下)等付款方式,并且可以进行价格查询。

F.销售辅助功能,例如:存取备用金和支取现金或票据的操作,输入有误时的更新操作;销售时顾客显示器随时显示当前销售数据或显示简单的广告信息,以及对特定交易销售商品的种类实行授权等。

②良好的操作界面

A.采用显示器作为操作显示屏,一般屏幕基本画面包括时间信息、收银员信息、销售信息以及种种提示信息,并且所有显示信息均是中文,为操作人员提供一个良好的操作界面。

B.键盘使用中文标识,可以进行中文录入,一些高档键盘还有磁卡阅读功能。

③健全的管理功能

具备较健全的管理功能是其与 ECR 的重要区别之一,其硬件环境不论是数据存储容量、信息交换能力还是软件管理功能,都要比 ECR 强许多倍。因此可以做到实时传送信息、实时提供各种报告、及时反映商品动态变化过程,使得商品管理能够进行定质、定量分析,从而使在任一时刻、任一过程了解企业的经营情况成为可能。

④丰富的统计报表资源

它能够提供的统计报表主要包括:收款汇总统计表、部门汇总统计表、收款机汇总统计表、收款机销售明细表、销售明细统计表、日交易折扣表、退货明细统计表。

⑤可提供多样化的分析报告

可提供报告的主要类型有:营业分析报告、区段时间统计报告、时间段交易统计报告、历史数据统计报告、商品库存统计报表、畅销滞销商品的分析报告。

另外,POS 收款机对操作者也可以进行等级管理,一般通过钥匙控制和密码口令区分等级,如普通收银员级、收银主管级、经理级(系统操作员)等。

二、收款机的操作规程

通常,POS 收款机的操作规程是按软件设计的特定要求进行的,不同的商业形式有着不同的操作规程。但是,无论是什么形式的卖场,都应重视员工的操作水平,如不符合规范操作的要求,就必须重新进行培训或训练。下面主要介绍收款机的工作流程、收款机操作前的准备工作、收款机的操作流程等内容。

1.收款机的工作流程

(1)收款机的基本工作流程

收款机在初次使用前,要根据商家的不同要求,对收款机进行初始化的设置。初始化的设置是由系统员来完成的。初始化设置的基本内容见操作归类(按照软件开发商操作说明执行)。

(2)收款机的操作归类

由于收款机的档次有高有低,而且各种不同厂家的收款机或不同公司编写的 POS 软件操作顺序有所不同,所以要对其操作进行归类(只是一般意义上的)。

收银员操作内容如下:

①PLU 销售。输入营业员代码、输入商品编码、输入商品数量、输入折扣率或减额、输入顾客金额。

②部门销售。输入营业员代码、输入部门代码、输入金额、输入折扣或减额、累计、输入顾客金额。

③浮价 PLU 销售。输入营业员代码、输入商品编码、输入商品数量及商品单价、输入折扣或减额、累计、输入顾客金额。

④挂账退货。

⑤结算。收款(输入现金、支票、信用卡、外币、其他)、总额结算。

⑥交接班的处理。

2.收款机操作前的准备工作

(1)领取收款机钥匙并放在收银员正常的位置上。

(2)检查收款机的电源是否正常。

(3)检查收款机、信用卡等设备状况是否处于正常的状态。

(4)查看收款机打印纸是否够用。

(5)放置足够的备用金。

(6)查看发票存根及收款机装置是否正确,号码是否相同。

(7)了解调价或者促销商品情况。

(8)查看系统日期是否正确。

3.收款机的操作流程

操作的一般流程

(1)开启收款机

启动收款机的电源开关,等待机器的启动,直到出现"员工登录"窗口,如图 3-12 所示。

```
输入工号:_____

输入密码:_____

班    次:_____

早班—1    晚班—2    全班—3
```

图 3-12 "员工登录"窗口

(2)员工登录

这时收银员应该输入本人的工号、密码和班次登录,如果工号、密码正确,可进入收银系统;如不正确,可重新输入;如连续三次输入错误,则提示命令关机,这时收银员应该重新启动计算机。如系统未能联网,则出现以下画面,如图 3-13 所示。

```
【请核对时间,如有错通知计算机房】

当前日期:05-01-1

当前时间:10:10:10
```

图 3-13 系统未能联网画面

收银员应核对时间,如有错误,应通知计算机房,否则会出现不可预料的后果! 如果收款机号码为非法或已停用,则出现以下画面,如图 3-14 所示。

```
正在检查收款机的合法性。
```
图 3-14　收款机号码非法或停用画面

系统即停机,不能使用。如果收款机时间出错,则出现以下画面,如图 3-15。

```
机器时间可能出错。通知计算机房
```
图 3-15　收款机时间出错画面

系统即停机,不能使用。

(3)主菜单界面选择

当收银员正确登录后,进入收银系统后可看见窗口,按上下左右光标移动键,进行菜单功能选择,选中的有一条加亮条提示,按"回车键"即进入该项功能。

任务 7　电子票据软件的使用

一、计算机的开票功能

随着计算机的广泛普及,大量的经济活动采用了计算机开票方式,如银行业务、大型商场或超市收款、企业交易以及其他服务性收费等。这种方式具有快捷、省时、省力、便于统计和查询等优点。

计算机开票是指借助于计算机开具的各种工作票据。而狭义的计算机开票特指利用计算机完成打印发票的过程。

使用计算机开具发票,主要包括普通发票和使用专门的税控机开具的专用发票两种。二者的共同特点是由防伪控管系统组成,通常包括企业端和税务端两个部分。它的推行可以最大限度地遏制涉税违法现象的发生,有效防范和打击偷、骗税犯罪行为,提高税务机关查处发票犯罪的效率和税务执法水平;同时还可以促进企业依法申报纳税,促进税收收入的快速增长,为税收信息化建设作出重要贡献。随着金税工程的广泛实施,专用发票的管理已经纳入规范化、电子信息化的轨道。而普通发票的使用和管理则存在着一定的混乱现象,有待于进一步规范。

由于控管发票的推行很不普遍,各地方的做法目前又不尽一致,考虑到篇幅所限和避免内容重复,与之相关的计算机软件、硬件知识以及计算机、打印机的基本操作能力在这里就不再涉及了。我们仅以实例的方式,站在企业的角度,重点介绍防伪税控机开票及网络报税的一些基本功能。

1.税控机开票功能

增值税防伪税控系统的组成与主要功能

(1)防伪税控系统的组成

增值税防伪税控系统是运用数字密码和电子信息存贮技术,强化增值税专用发票的防伪功能,实现对增值税一般纳税人监控的计算机管理系统,采用电脑开具增值税专用发票,是国家"金税工程"的重要组成部分。增值税防伪税控系统集计算机、微电子、光电技术以及数据加密技术等为一体,为发票的防伪、识伪、票源和税源控制等提供有力的手段。

防伪税控系统分为税务端和企业端两个部分,目前共六个子系统。其中税务端使用的是税务发行子系统、企业发行子系统、发票发售子系统、报税子系统和认证子系统,企业端使用的是开票子系统。防伪税控系统的组成关系如图 3-16 所示。

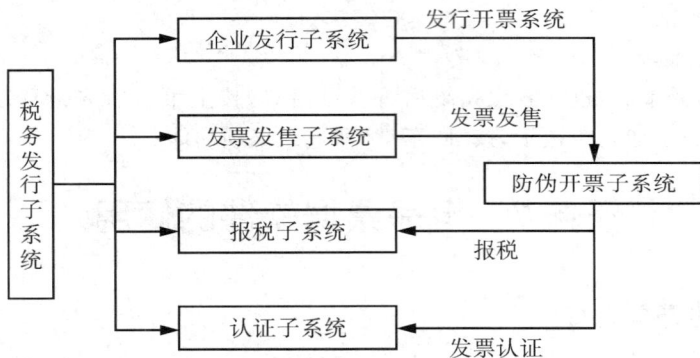

图 3-16 防伪税控系统的组成

(2)税务发行子系统的主要功能

税务发行子系统的主要功能是对下级税务机关所使用的税务发行子系统、企业发行子系统、发票发售子系统、认证子系统和报税子系统进行发行。税务部门使用的五个子系统,下级子系统必须经上级税务机关发行方可使用,发行时按照国家税务总局、省局、地市局和区县局逐级发行,不能越级,保证发行过程的严密性和安全性。

企业发行子系统的主要功能是对税务机关对企业防伪开票子系统所用的税控设备进行初始发行。发行时企业的基本信息,包括纳税人登记号、企业名称、弃票的最大限额、月领购发票限量、限次等信息记录在发行数据库中,同时写入被发行企业的开票金税卡和税控 IC 卡中,限定企业的开票范围,更加有利于税务机关的管理。

发票发售子系统的主要功能是向企业开票子系统发售专用发票。发票发售子系统在向企业销售纸制发票的同时,把相应发票的电子信息写入企业税控 IC 卡中。在发票发售系统中,税务部门对企业发票的领用存情况有详细记录,从而达到控制票源的目的。

报税子系统的主要功能是接收并审核企业的报税数据,对所辖企业进行已报税和未报税信息查询统计,并向稽核系统传出数据。利用该系统可以采集防伪税控系统的销项发票数据,作为存根联数据的唯一采集途径,为计算机稽核做准备。

认证子系统的主要功能是对企业取得的增值税专用发票的抵扣联进行真伪认证。利用高速扫描仪自动采集发票上的密文和明文图像,通过字符识别技术将图像转换成数据,然后对发票密文进行解密,并与发票明文进行比对,来判别发票的真伪。利用该系统可以采集防伪税控系统的进项发票数据(抵扣联数据的唯一采集途径),并向计算机稽核子系统和协查子系统进行数据传递。

企业端的开票子系统是用于企业开具增值税专用发票的系统。主要功能包括对企业开票税控装置进行管理,开具带有防伪电子密文的增值税专用发票,抄税,以及对发票资料进行查询统计、报表输出等。这个系统既使得企业开具专用发票能简化、准确、快速、可操作性好,又能与其他子系统密切配合,从而有效地杜绝增值税的偷漏税现象。

防伪税控各子系统的专用设备在使用前必须经过密钥发行,在发行过程中完成密钥的自动生成和传递,未经发行的金税卡不能使用。防伪税控开票子系统要启用,必须先由税务机关的企业发行子系统对企业开票子系统做初始发行,与此同时,税务部门使用的税务发行子系统、企业发行子系统、发票发售子系统和认证报税子系统在启用前也必须由其上级税务发行子系统发行。防伪税控系统按行政区划设计为四级:国家税务总局、省局、地市局、区县局,发行过程必须逐级进行,不能越级发行。

2.计算机机打发票开票功能

普通发票控管系统,是一个以普通发票存根联数据库为核心的普通发票控管系统,它具备普通发票的防伪开具、全面报送查验、票表稽核等功能,对普通发票使用过程的各个环节进行全面有效的控制,最大限度地遏制涉税违法现象的发生。

普通发票控管系统包括企业端和税务端,企业端由软件和硬件两部分组成,即由普通发票控管开具软件、计算机和针式打印机组成。一般纳税人使用普通发票控管系统开具普通发票,并在每月报税时把发票信息报送到税务局的数据库中,通过普通发票公众查验系统(电话或上网)对发票信息进行核实,通过普通发票管理系统对报送的发票进行票表稽核比对。

普通发票控管系统的基本操作与防伪税控系统类似,这里不再重述。

3.商业POS系统

(1)商业POS系统的基本组成(图3-17)

(2)POS打印机的选购

微型打印机广泛使用在各个行业,比如仪器仪表、超级市场、便利店、邮政、银行、烟草专卖、公用事业抄表、移动警务系统、移动政务系统等等。现在市面上有很多种微型打印机,各自都有相应的适用范围。

下面简单介绍微型打印机的几个类别以及各种打印机的主要特点。

从用途分类,有专用微型打印机和通用微型打印机。所谓专用微型打印机,是指用于特殊用途的微型打印机,比如专业条码微打、专业证卡微打等等,这些微型打印机通常需要专业的

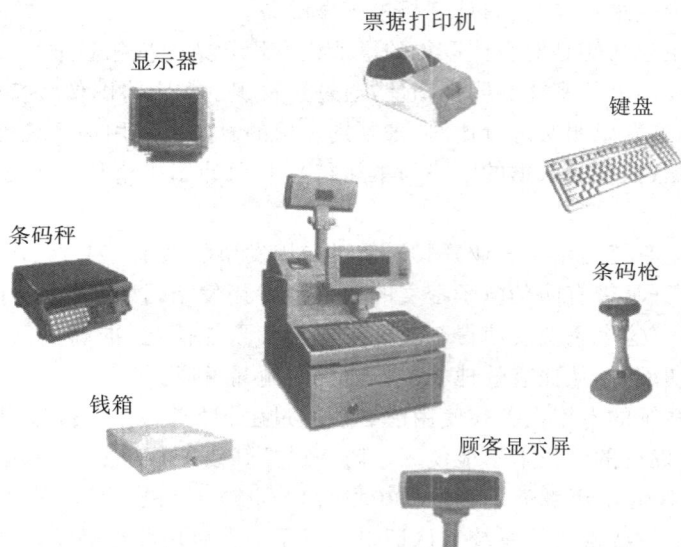

显示器

票据打印机

键盘

条码秤

条码枪

钱箱

顾客显示屏

图 3-17 商业 POS 系统的基本组成

软件或驱动程序进行支持,或者只能配套一种或几种特殊的设备才能工作;通用微型打印机使用范围比较广,可以支持很多种设备的打印输出,很多所谓的印表机其实也是通用的微型打印机。

从打印方式分类,有针式微型打印机、热敏微型打印机、热转印微型打印机等。针式微型打印机采用的打印方式是打印针撞击色带,将色带的油墨印在打印纸上;热敏的方式是用加热的方式使涂在打印纸上的热敏介质变色;热转印是将碳带上的碳粉通过加热的方式将碳粉印在打印纸上,目前国内除了条码打印机和车票打印机,在其他领域使用很少。此外,还有微型字模打印机。

针式微型打印机比较常见,打印的单据可以长时间保存,当然,你选购的色带上的油墨必须质量好。但是它也有以下缺点:噪音大,打印速度慢,打印头损耗快,需要经常更换色带。热敏打印机打印速度快,噪音小,打印头很少出现机械损耗,并且不需要色带,免去了更换色带的麻烦。但它也有缺点,因为其使用的是热敏纸,所以不能无限期保存,在避光的条件下可以保存 1～5 年,长效热敏纸可以保存 10 年。

从数据传输方式分类,有无线微型打印机和有线微型打印机。无线微型打印机是利用红外或蓝牙技术进行数据通讯,有线微型打印机是通过串行或并行的方式进行数据通讯。当然,通常无线微型打印机都带有串口或并口,可以通过有线的方式进行数据通讯。

无线微型打印机的最大好处就是可以实现无线打印,而且方便,特别是如果你需要在户外实现打印功能的时候,其方便性就更加突出了。但红外打印也有其缺点,如果红外接口的抗干扰能力差的话,数据传输的准确性就不能得到保证。

以上介绍了几种不同的打印机及其主要优缺点,但在实际选购的时候仍然会有很多疑问,下面谈谈在打印机选购中需要注意的其他事项。

①打印字符集。用户需要的字符集可能并不完全一样,有的只需要数字,有的需要英文,有的需要汉字,选购的时候要注意需要的字符集。

②外形尺寸及重量。如果是放在固定地方的打印机,只要空间足够,打印机的尺寸和重量都不必过多考虑;如果是要求便于携带,就必须考虑外形尺寸及重量了。

③电源。现在微型打印机有两种供电方式,一种是使用外接稳压电源,另一种是采用充电电池。如果是采用稳压电源,电源质量要高;如果是采用充电电池,要考虑到充电电池的寿命、一次充电可使用的时间及充电电池是否可以方便拆卸,特别是对于户外用户来说,如果一次充电可使用的时间太短,那么电池的寿命必定会很短。如果电池不便于拆卸,那么在户外,一旦电池的电量耗光,那么打印机就没有办法使用了。

④纸卷大小。如果用户使用频繁,那么要考虑纸卷的大小,频繁地更换纸卷是一件令人讨厌的事。

⑤打印宽度及打印的数据量。打印宽度最好用每行打印的字符数来衡量,比如同样的57 mm纸宽,多的可打印24个字符,少的只能打10个字符,这要根据用户的需求来确定该选用哪一种。

⑥耗材。热敏打印机和针打用的耗材不一样,所以同样直径的一卷纸,热敏打印纸长,但贵;针打用的纸短,但便宜。如果根据打印同样的数据量来看,两者在打印纸上的消耗差不多,但针打还要消耗色带,所以,总体来说,热敏打印机消耗的耗材要便宜。

⑦使用的方便性。这可能是很多选购者比较忽略的问题,使用的方便性主要表现在各种LED灯指示、声音提示、按键功能设计、换纸(热敏打印机在这方面可能具有优势,现在很多热敏打印机都采用盒壳式装纸方式,可以非常简单快速地换纸,而针打由于打印机芯原理上的限制,无法做到这一点),这些都要使用者自己来体会了。

⑧其他特殊要求。还有的用户会有一些特殊要求,比如能打印条码、打印图形等等,可以在不同厂商的不同产品中进行选择。

(3)条码常识

条码是由一组按一定编码规则排列的条、空符号,用以表示一定的字符、数字及符号组成的信息。条码系统是由条码符号设计、制作及扫描阅读组成的自动识别系统。

条码种类很多,常见的大概有二十多种码制。目前国际广泛使用的条码种类有:EAN、UPC码(商品条码,用于在世界范围内唯一标识一种商品。我们在超市中最常见的就是这种条码)、Code39码(可表示数字和字母,在管理领域应用最广)、ITF25码(在物流管理中应用较多)、Codebar码(多用于医疗、图书领域)、Code93码、Code128码等。

4.行政事业性收费票据系统

行政事业性收费票据也是通过电脑开具,具有统一格式和步骤。

步骤一:鼠标双击图 3-18 的"博思开票"然后出现图 3-19 点击确定后进入下一步

图 3-18　博思开票

图 3-19　登录开票系统

步骤二:打开"博思开票"的主界面(图 3-20)

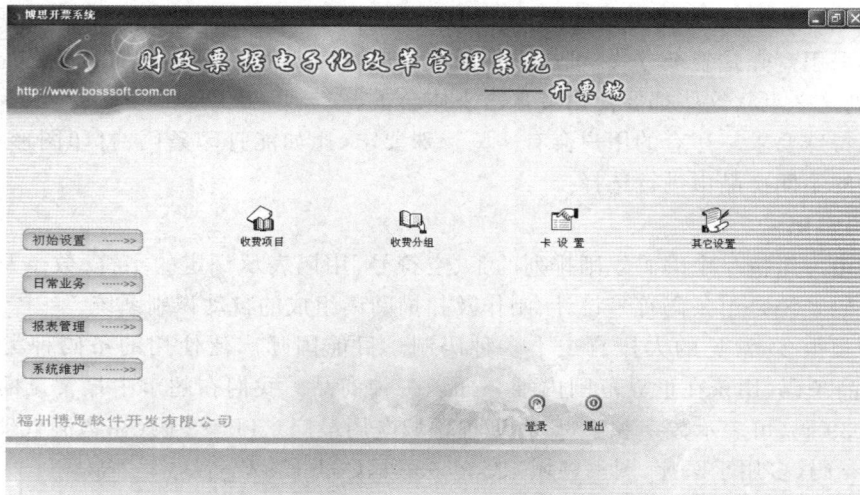

图 3-20　主界面

步骤三:点击图 3-21"日常业务"

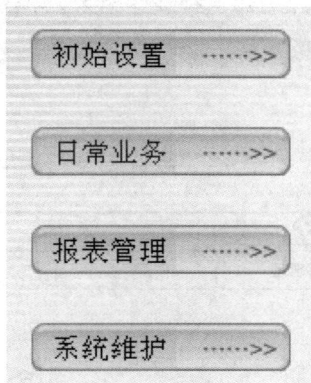

图 3-21

步骤四:出现开票的主页面,点击图中的 开　票(如图 3-22),接着会跳出图 3-23 的界面

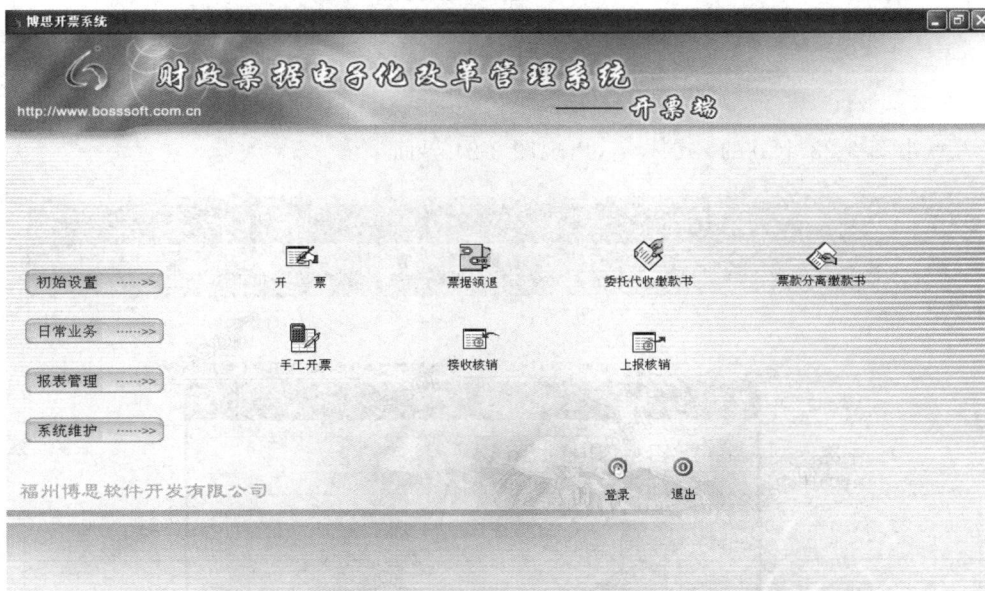

图 3-22

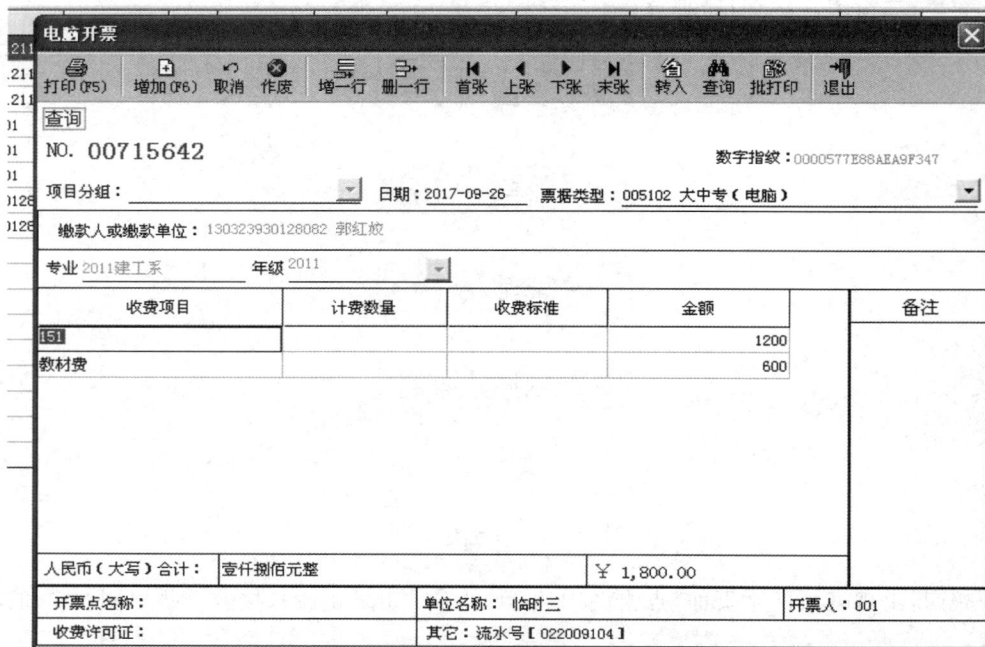

图 3-23

接着点击图 3-23 上方的 [增加(F6)] ,出现图 3-24 界面

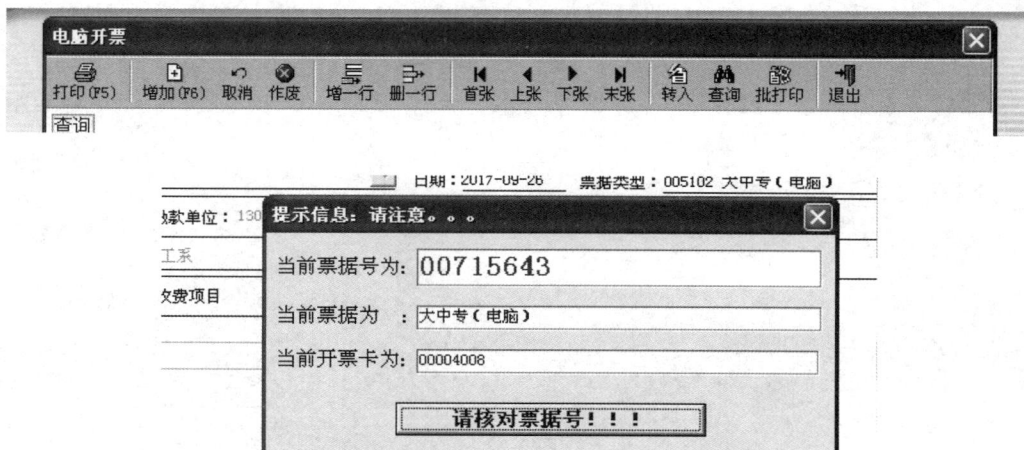

图 3-24

步骤五:确认核对票据号无误后点击 ⬚请核对票据号！！！ ，进入下一步,出现图 3-25 的界面

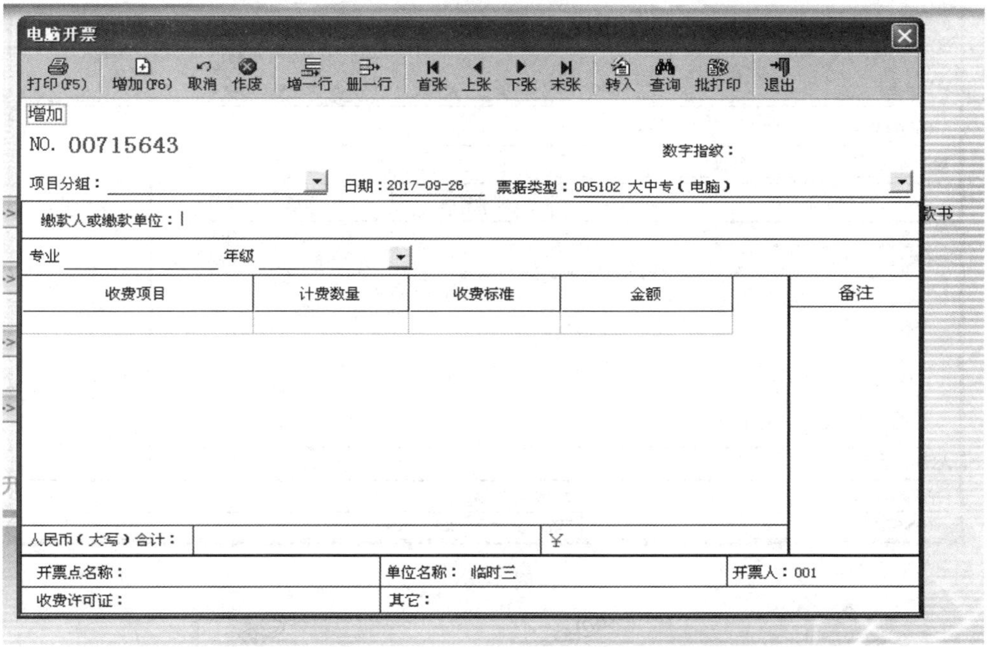

图 3-25

步骤六:在图 3-25 中输入相应的信息即可,填写后出现图 3-26 的界面

步骤七:最后点击图中的 ⬚打印(F5) ,即完成开票

票据开具完成后,经交款人签名确认,收款人要在相应位置签名或加个人印章,表示款项如数收取,然后将客户联给交款人,财务联汇总后移交会计进行核算,存根联保存下来,以备日后查对、核销。

图 3-26

任务 8 厦门网中网软件"出纳岗位实务"训练

以学生学号登陆厦门网中网软件 出纳实务【网中网公司】 软件:

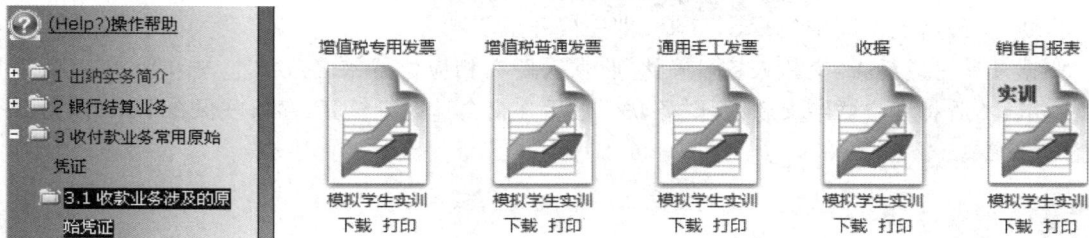

进行原始单据填写训练等出纳岗位相关能力训练。

财务数字书写及技巧

- □ 1 出纳实务简介
  - 1.1 财务数字书写

模拟学生实训
下载 打印

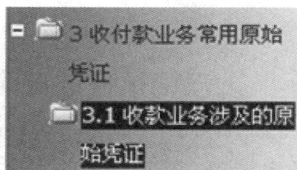

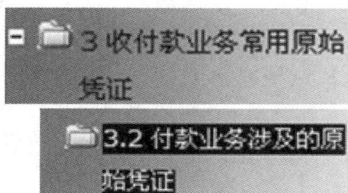

收据

- □ 3 收付款业务常用原始凭证
  - 3.1 收款业务涉及的原始凭证

模拟学生实训
下载 打印

现金借款单

- □ 3 收付款业务常用原始凭证
  - 3.2 付款业务涉及的原始凭证

模拟学生实训
下载 打印

报销单

模拟学生实训
下载 打印

任务 9　自我再提高训练

为了提高自己的岗位综合素养,请在课余时间,对本教材所提供的数码字训练表进行认真填写,并对数字大写方法进行重点记忆,以期提高日后岗位工作效率,减少银行相关票据填写差错。相信你一定会有很大的进步!

请完成"出纳岗位仿真工作任务训练"岗位能力训练一:金额数字书写训练,并自主训练把它们读出来,不熟练的请多读几遍。

请完成"出纳岗位仿真工作任务训练"岗位能力训练二:借款单、收款收据和报销单填写训练。

请完成"出纳岗位仿真工作任务训练"岗位能力训练三:点钞训练。

请完成"出纳岗位仿真工作任务训练"岗位能力训练四:发票填写训练。

◎ 岗位素质提高阅读建议

为了提高自己的岗位综合素养,认真学习《票据管理实施办法》、《会计基础工作规范》。它们是会计、出纳岗位实际工作细节性指导,只要你认真学习,深刻领会,相信你一定会有很大的收获!

◎ 励志小故事

出纳员廉洁自律,保持职业青春活力

　　出纳员小玲是个中专财会专业毕业的学生,在饲料公司担任出纳岗位工作已近三年了。半年前,她的男朋友因赌博,要求她挪用公司现金 2 万元,后因男朋友赌输了,无法返还现金,她只好向老板坦白挪用公款一事。由于平常小玲在公司工作表现很好,又是自己坦白了错误,老板没有报案。次日,小玲父母代归还 2 万元,小玲被公司辞退。

　　如果老板向公安局报案,那么,小玲将得到法律的处罚。当小玲被关进阴冷铁窗的时候,男朋友又有了新的女朋友……小玲将自己美好的青春白白输掉。作为一名出纳,应该坚持这样一个原则:"不是自己的钱,一分钱也不能要!"出纳掌管的现金,一定要公私分明!

　　愿所有在岗的和未来的出纳员,廉洁自律,坚持职业操守,永葆职业青春!

岗位能力学习模块四

现金业务办理

1％的错误,会带来 100％的失败。

——著名细节管理专家汪中求

📋 能力目标

① 能够按规范保管现金

② 能够按规定正确办理现金收入业务

③ 能够按规定正确办理现金支出业务

④ 能够按规定正确进行现金清查

💡 知识目标

① 熟悉现金保管的基本知识

② 了解办理现金收入的基本程序

③ 熟悉办理现金收入的操作规范

④ 熟悉办理现金支出的基本程序

⑤ 了解现金支出范围

⑥ 熟悉办理现金支出的操作规范

⑦ 熟悉现金清查的有关规定

📇 先导案例

出纳员李梅由于刚参加工作不久,对货币资金业务管理和核算的相关规定不甚了解,所以出现了一些错误。2017 年 5 月 13 日现金业务结束后例行的现金清查中,她发现现金短缺 50元,对此她经过反复核对也弄不清楚是错在哪里。为了保全面子和息事宁人,同时又考虑账实不符的金额很小,她决定采取下列办法进行处理:现金短缺 50 元,自掏腰包补齐。由于公司经常对其银行存款的实有数额心中无数,公司经理因此指派有关人员检查一下李梅的工作,结果发现,她在编制银行存款余额调节表时,只根据公司银行存款日记账的余额,加或减对账单中企业的未入账款项来确定公司银行存款的实有数,而且做完此项工作以后,李梅就立即将这些未入账的款项登记入账。请问李梅对上述业务的处理是否正确? 为什么?

[案例解读]

李梅的处理方法是不正确的。首先,银行存款余额表应由会计人员编制。以上案例处理方法可能会掩盖公司在现金管理与核算中存在的问题,有时可能会是重大的经济问题。如果出现账实不符的情况,必须按照有关的会计规定进行处理。

1.现金清查的处理:

现金清查中发现现金短缺或溢余,应按短缺或溢余的金额,填制"现金盘点报告表",查明短缺或溢余原因后,报有关部门审批后进行相应处理。

(1)出现现金短缺,应作如下分录:

借:待处理财产损溢——待处理流动资产损溢 　　　　　　　　　　　50

　　贷:库存现金 　　　　　　　　　　　　　　　　　　　　　　　　　　50

如属于无法查明原因,根据管理权限,经批准后应作如下分录:

借:管理费用——现金短缺 　　　　　　　　　　　　　　　　　　　50

　　贷:待处理财产损溢——待处理流动资产损溢 　　　　　　　　　　　50

如属于出纳员责任,应由出纳员李丽进行赔偿,作如下分录:

借:其他应收款——李梅 　　　　　　　　　　　　　　　　　　　　50

　　贷:待处理财产损溢——待处理流动资产损溢 　　　　　　　　　　　50

2.银行存款余额调节表的编制:

企业应根据未达账项编制"银行存款余额调节表",对银行存款日记账的余额和银行对账的余额进行双向调整。若调整后两方的余额一致,即说明原来的余额不符是因为存在未达账项的原因,这时不需登记入账。

"特别提醒:银行对账单应由会计人员亲自到银行索取,而不能由出纳员自己取回,以达到内部控制的目的。"

任务1　认识现金

一、现金

会计范畴的现金,是流动性最强的一种货币性资产,它是指存放在企业并由出纳人员保管的现钞。它可以随时用以购买所需物资,支付日常零星开支,偿还债务等。在商品经济社会中,商品和劳务的交换都必须通过货币计量来进行。现金的概念有狭义和广义之分,我们通常所指的是狭义的现金。

　　狭义的现金,是指企业的库存现金,即会计范畴的现金。它是企业所拥有的硬币、纸币,即由企业出纳人员保管作为零星业务开支之用的库存现款,包括人民币现金和外币现金。

　　广义的现金,除了库存现金外,还包括银行存款和其他视同现金的有价证券。

二、现金管理"八不准"

　　正因为现金是流动性最强的资产,加强现金管理能保证货币发行权集中于中央,这对于保护企业资产安全和完整、维护社会经济秩序具有十分重要的意义,因此,国家对现金的使用管理有着较为严格的规定,并由国务院颁发了《现金管理暂行条例》。

　　按照《现金管理暂行条例》及其实施细则规定,企事业单位和机关团体、部队的现金管理应注意加强内部控制,遵循"八不准"。

　　1.不准用不符合财务制度的凭证顶替库存现金

　　出纳员应知道哪些单据是符合财务制度的,哪些单据是不符合财务制度的。比如,个人借款时,只随便用白纸撕下写几个字,就抵借款单,这样是不符合财务制度的。应根据空白"借款单"来填写完整,形成符合财务制度的"借款单",方可以作为原始凭证入账。

　　空白"借款单"可以参照本教材相关表格或去文化用品、文具店、办公用品店购买。

　　2.不准以"白条"抵库

　　白条抵库是单位库存现金管理工作中的一种典型违规行为。具体是指支出现金时没有发票或收据等正规付款凭证,只是用白纸写了一个收条或欠条作为现金库存。这种行为,如果规模较小,属于一般违法行为;如果情节严重,则属于犯罪行为。

　　白条抵库是财务用语,指的是以个人或单位名义开具的不符合财务制度和会计凭证手续的字条与单据,抵冲库存现金或实物的行为。一般包括不遵守有关现金及物资管理制度要求,用白条或其他凭证据以借出、挪用或暂付现金、原材料、商品、产品出库等。

　　用白条抵库,会使实际库存现金减少,日常开支所需现金不足,还会使账面现金余额超过库存现金限额,难以进行财务管理。严重一些的,还容易产生挥霍浪费、挪用公款等问题。因此,用白条抵库是一种违反财经纪律的行为,应坚决杜绝。出纳员在从事相关业务时,应严禁将白条作为记账的依据。

　　3.不准谎报用途套取现金

　　谎报用途套取现金是指在企业经济活动中,没有发生而谎称发生的报销事项。如:采购员戴威2017年9月22日向泉州呈盛贸易公司采购了一批原材料,没有请供货方业务员吃饭,而把自己在外就餐的发票拿来公司报销,说是请泉州呈盛贸易公司业务员吃饭,这种行为就是谎报用途套取现金行为。

　　4.不准利用银行账户代其他单位和个人存入或支取现金

　　公司在银行或金融机构开设的账户,只为公司经济活动而需要的现金收付服务,任何个人或单位都不可以将与本公司经济业务无关的经济业务通过公司银行账户进行资金收支业务处理。

比如,出纳员在网上购买衣服,不得用公司的账户代为付款,即使是出纳员事先将相应数额现金存入公司的账户,然后才从公司的账户支付,也同样是不可以的。

5.不准将单位收入的现金以个人名义存入储蓄

将单位收入的现金以个人名义存入储蓄,视为公款私存。在现实工作中,许多老板是用自己或他人姓名开设银行卡来收付资金的,这种情形应将相关银行卡号当成银行存款二级科目进行核算,不得在总账系统外做体外记录。

6.不准设"账外账"

设立账外账目前已成为企业偷税的一种主要方法。它是纳税人在生产经营过程中购入材料不需或不能取得合法凭证,而销售产品又不需开具发票的情形下,在正常设置的账簿以外设立的一种账。由于具有较大的隐蔽性,在一些中小企业中较为流行。同时,账外账由于纳税人以不需供货方发票为由,压低购货成本,可能导致供货方不缴或少缴税款;而纳税人自身又由于销售的货物不开具发票,直接导致了国家税款的流失,因此危害很大。

虽然国家三令五申严令禁止账外设账,但一些单位置国家规定于不顾,采用虚列费用等多种方式,套取资金,另行设账,以记录不法经济活动。

7.不准设"小金库"

凡违反国家财经法规及其他有关规定,侵占、截留单位收入和应上缴收入,且未列入本单位财务部门账内或未纳入预算管理,私存私放的各项资金,均属小金库。

8.不准以任何票券代替人民币在市场上流通

开户单位如有违反现金管理"八不准"的任何一种情况,开户银行可按照《现金管理暂行条例》的规定,有权责令其停止违法活动,并根据情节轻重给予警告或罚款。

三、现金保管的内容

现金流动性最强,无需变现即可使用,往往是犯罪分子谋取的最直接目标。因此每个单位应建立并健全现金保管制度,做好出纳的保卫管理工作,以免给不法分子以可乘之机。这方面一般授权财会部门的出纳负责。加强现金保管,一般应包括以下内容:

1.出纳办公室应该选择坚固实用的房间,能防潮、防火、防盗、通风,墙壁、房顶要牢固,窗户要有铁栏杆和护窗金属板。

2.限额内的库存现金当日核对清楚后,一律存放在保险柜内;超过库存限额以外的现金,应在下班前送存银行。

3.为了保证现金的安全,工作时需要的小量备用金可放在出纳的抽屉内,其余则应放入出纳专用的保险柜内,不得随意存放。

4.单位的库存现金不准以个人名义存入银行,以防止有关人员利用公款私存取得利息收入,也防止单位利用公款私存形成账外小金库。

5.库存现金,包括纸币和铸币,应实行分类保管。

6.进行现金的保管,单位应配备专用保险柜,专门用于库存现金、有价证券和票据的保管。

7.保险柜密码应由出纳人员开启,并做好开启记录,严格保密。

8.出纳人员工作变动时,应及时更换密码,保险柜的钥匙或密码丢失或发生故障,要立即报请领导处理,不得随意找人修理或配钥匙。

9.必须更换保险柜时,要办理以旧换新的批准手续,注明更换情况备查。

四、现金管理的原则

现金的保管,主要是指对每日收取的现金和库存现金的保管。现金保管的责任人是出纳人员及其他所属单位的兼职出纳人员。出纳人员应选聘诚实可靠、工作责任心强、业务熟练的人员担任。出纳人员应当保持相对稳定,以提高他们的业务熟练程度。

1.收付合法原则

收付合法原则,是指各单位在收付现金时必须符合国家的有关方针、政策和规章制度的规定。所谓合法是指:

(1)现金的来源和使用必须合法。

(2)现金收付必须在合法的范围内进行。

2.钱账分管原则

钱账分管原则,即管钱的不管账,管账的不管钱。企业应配备专职的出纳人员负责办理现金收付业务和现金保管业务,任何非出纳人员均不得经管现金。为保护现金的安全,会计工作岗位要有明确的分工,在财会部门内部建立相互制约和监督的机制,这样便于相互核对账面,防止贪污盗窃和错账差款的发生。其内容包括以下几点:

(1)经管现金的出纳人员不得兼管收入、支出、债权债务账簿的登记工作、稽核工作和会计档案的保管工作。

(2)经营收入、支出、债权债务登记工作的会计人员,不得兼管出纳账登记工作、现金收付工作和现金保管工作。

3.收付两清原则

为了避免在现金收付过程中发生差错,防止收付发生长、短款,现金收付时要复核。不论工作忙碌与否、金额大小或对象熟不熟,出纳人员对收付的现金都要进行复核或由另外一名会计人员复核,切实做到现金收付不出差错;要做到收付款当面点清,对来财会部门取交现金的人员,要督促他们当面点清,如有差错,当面解决,以保证收付两清。

4.日清月结原则

所谓日清月结,就是出纳人员办理现金出纳业务,必须做到按日清理,按月结账。日清月结是出纳人员办理现金出纳工作的基本原则和要求,也是避免长账和短账的重要措施。现金日记账每月至少结一次账,业务多的可10天或半月定期结一次账,并与其他有关账面核对,看账账是否相符。

5.注意鉴别假钞

人民币是我国唯一的合法货币,其正常流通和币值稳定关系到国民经济健康发展和社会经济生活的稳定。然而目前流通领域存在一定数量的假钞,且技术水平之高,可达到以假乱真的地步,严重扰乱了金融秩序。作为与人民币打交道的出纳人员,经常涉及人民币收支业务,更应提高警惕,掌握鉴别人民币真伪的基本能力,增强识别能力,一旦发现假钞,便能及时作出处理。

任务 2　现金收入结算业务办理

一、现金的收入范围

现金收入核算,是各单位在其生产经营和非生产经营活动中取得现金的业务。其内容包括销售商品、提供劳务而取得现金的业务,提供非经营性服务而取得收入的业务以及其他罚没收入等。

各单位的现金收入主要有两个渠道:从银行提取现金、股东投入、日常业务收入等。根据我国现金管理制度的有关规定,日常业务的现金收入包括:

1.出售商品、产品、材料及其他物资的现金收入。

2.提供劳务、业务咨询、信息等数额较小且不能通过转账办理结算手续的现金收入。

3.股东投资交入现金。

4.向个人借入现金。

5.个人归还单位以前借款。

6.职工借用备用金于报销后退回的余款。

7.其他现金结算收入款项。

8.现金溢余。

二、现金收入管理的基本规定

1.现金收入必须合法合理

各单位的现金收入有很多种来源,不管是哪种来源,都必须做到合法合理。从银行提取现金时,应在国家规定的使用范围和限额内开出现金支票,并注明用途,由本单位财务部门负责人签字并盖章,经开户银行审核后,才能支取。任何单位都不得编造用途套取现金。

在日常业务中收入现金时,必须符合国家规定的现金收入范围,不得在出售商品过程中,当金额超过结算起点时,拒收银行结算凭证而收取现金,或按一定比例搭配收取现金等。

2.现金收入手续必须严格

非销售收入的现金收入应开具收款收据,即使有些现金收入已有对方付款凭证,也应开出收据给交款人,以明确经济责任。收入现金时,签发收据人和收款经手人按要求也应当分开,以防作弊。为了防止差错和引起纠纷,收入现金时必须坚持先收款,在当面清点现金无误后,再开给交款人"收款收据",不能先开收据后收款。

3.现金收入要坚持一笔一清

现金收入时,要清点完一笔,再清点另一笔,几笔现金收款不能一起办理,以免互相混淆或调换;现金收款时应与交款人当面点清,一笔款项未办理妥当,出纳不得离开座位;收款过程应在同一时间内完成,不准收款后,过一段时间再来开收据;对已完成收款的收据,应加盖"现金收讫"字样。

4.现金收入要及时送存银行

根据《现金管理暂行条例》规定:"开户单位现金收入应当于当日送存开户银行,当日送存确有困难的,由开户银行确定送存时间。"因此,各单位在收入现金后,都应按开户银行核定的库存限额保管或使用现金,收取的现金若超出库存限额的现金,应及时送存银行,不准擅自从现金收入中坐支。

三、现金收入的处理程序

现金收入的处理程序,是指现金收入过程中的处理步骤和规则。如图 4-1 所示。

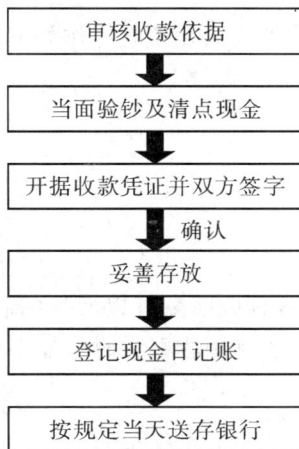

图 4-1　现金收入的处理程序

1.现金收入的审核

现金收款凭证是出纳人员办理现金收入业务的依据。为确保收款凭证的合法、真实和准确,出纳人员在办理每笔现金收入前,必须先复核现金收款凭证,复核的主要内容如下:

(1)复核现金收款凭证的填写日期是否正确。现金收款凭证的填写日期应为编制收款凭证的当天,不得提前或推后。

(2)复核现金收款凭证的编号是否正确,有无重号、漏号或不按日期顺序编号等情况。

(3)复核现金收款凭证记录的内容是否真实、合法、准确,其摘要栏的内容与原始凭证反映的经济业务内容是否相符。

(4)复核收款凭证的金额与原始凭证的金额是否一致;原始凭证大小写金额是否相同,有无印章。

(5)复核收款凭证"附单据"栏的张数与所附原始凭证张数是否相符。

(6)复核收款凭证的出纳、制单、复核、财务主管栏目是否签名或盖章。

2.现金收入核算

出纳人员在收到现金时,所编制的记账凭证上借方科目为"库存现金",而贷方科目则应根据收入现金业务的性质及会计制度规定来确定。

(1)经营业务收入

制造业企业的产品销售收入和其他业务收入发生时应作如下会计分录:

借:库存现金

　　贷:主营业务收入(或其他业务收入)

　　　　应交税金——应交增值税(销项税额)

(2)非经营业务收入

企业取得的现金投资收入、营业外收入发生时应作如下会计分录:

借:库存现金

　　贷:投资收益

或:

借:库存现金

　　贷:营业外收入

(3)预收现金款项

单位按照合同规定预收的定金等预收账款可以通过"预收账款"科目核算,不设该科目的单位,可以并入"应收账款"中核算。收到预收账款时作如下会计分录:

借:库存现金

　　贷:预收账款(应收账款)——××单位

(4)其他现金收款业务

主要指企事业单位向有关单位收取的罚款、赔款、押金等。发生该业务时应作如下会计分录:

收取个人罚款、赔款时的会计分录

借:库存现金

　　贷:其他应收款——××个人

向其他单位或个人收取押金时的会计分录

借：库存现金

　贷：其他应付款——××个人

四、现金收款业务涉及的原始凭证

企业收款业务涉及的相关单据主要有发票(包括普通发票以及增值税专用发票)和收据两种。

收款业务涉及的原始凭证——增值税专用发票是由国家税务总局监制设计印制的，只限于增值税一般纳税人领购使用，既作为纳税人反映经济活动中的重要会计凭证，又是兼记销货方纳税义务和购货方进项税额的合法证明。

增值税专用发票基本联次为三联：

第一联为记账联，销售方用作记账凭证；

第二联为抵扣联，购货方扣税凭证；

第三联为发票联，购货方记账凭证。

增值税发票的格式如图 4-2 所示。

5936952　　增值税普通发票　　NO12547

全国统一发票监制章　福建　国家税务总局监制　记账联

开票日期：2017 年 5 月 6 日

购货单位	名　称：福建省漳州市兴旺公司 纳税人识别号：45637829 地址、电话：漳州市城南路五号059632098 开户行及账号：中国工商漳州支行2345124	密码区	*-*5436*6+76>22126690 加密版本：01 /073-68-<9-/+5172599　3100083620 8796>2017<226<-13--8/　01454880 77>+79*<*76479+9<>>//

货物或应税劳务名称	规格型号	单位	数量	单价	金额	税率	税额
复印机	AX-02	台	4	608.00	2432.00	17%	413.44
合计					2432.00		413.44
价税合计（大写）	贰仟捌佰肆拾伍元肆角肆分				（小写）¥2845.44		

销售单位	名　称：福建省漳州利民有限公司 纳税人识别号：5674329808 地址、电话：漳州市金丰开发区工业路0596785438 开户行及账号：中国银行漳州分行　3000298222288	备注	

第一联：记账联　销货方记账凭证

收款人：　　复核：　　开票人：　　销货单位（章）：

图 4-2

增值税发票填制说明(如图 4-3 所示)：

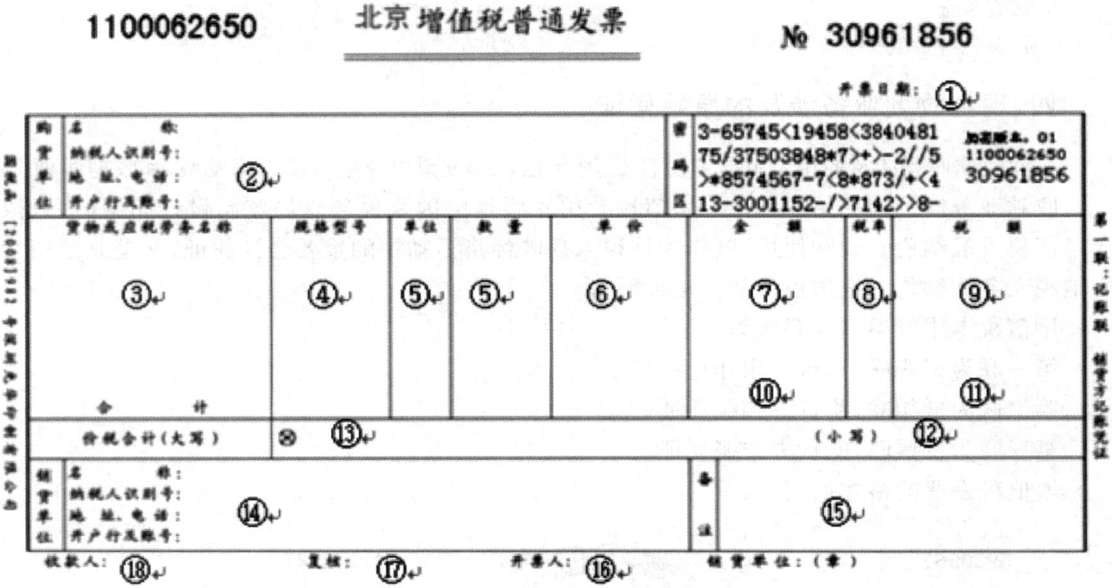
1100062650
北京增值税普通发票
№ 30961856
开票日期：①
购货单位
名称：
纳税人识别号：
地址、电话：
开户行及账号：
②
密码区
3-65745<19458<3840481
75/37503848*7>+>-2//5
>*8574567-7<8*873/+<4
13-3001152-/>7142>>8-
加密版本：01
1100062650
30961856
货物或应税劳务名称 ③
规格型号 ④
单位 ⑤
数量 ⑤
单价 ⑥
金额 ⑦
税率 ⑧
税额 ⑨
合计 ⑩ ⑪
价税合计（大写） ⊗ ⑬
（小写） ⑫
销货单位
名称：
纳税人识别号：
地址、电话：
开户行及账号：
⑭
备注 ⑮
收款人：⑱
复核：⑰
开票人：⑯
销货单位：（章）
第一联：记账联 销货方记账凭证

图 4-3

①填写开具发票的日期；

②填写购货单位的名称，普通发票可以只填写购货人的公司名称；

③填写货物或应税劳务名称；

④填写规格型号；

⑤填写单位、数量；

⑥填写单价，如 400.00；

⑦填写不含税金额；

⑧填写税率，如 17%；

⑨填写税额；

⑩填写合计金额，在合计数字前加“￥”；

⑪在合计数字前加“￥”；

⑫填写小写合计金额；

⑬填写大写价税合计，大写金额与小写金额必须一致；

⑭填写销货单位的名称、纳税人识别号、地址及电话、开户行及账号；

⑮有备注的内容要填写；

⑯开票人姓名；

⑰复核人姓名；

⑱收款人姓名。

第 7～18 项(除 15 项)和密码区税控开票时,机器会自动跳出,不用人工填写;

全部填写完后,发票联盖章处要盖销货企业的发票专用章。

收款业务涉及的原始凭证——商业企业专用发票是商贸、零售业使用的商业发票,是在商品销售时开具给客户的凭据,而且商业企业专用发票只用于商品销售。其主要联次为:

第一联:存根联,开票单位留存;

第二联:发票联,给客户的有效凭据;

第三联:记账联,开票单位用来做账的依据。

发票填制如图 4-4 所示。

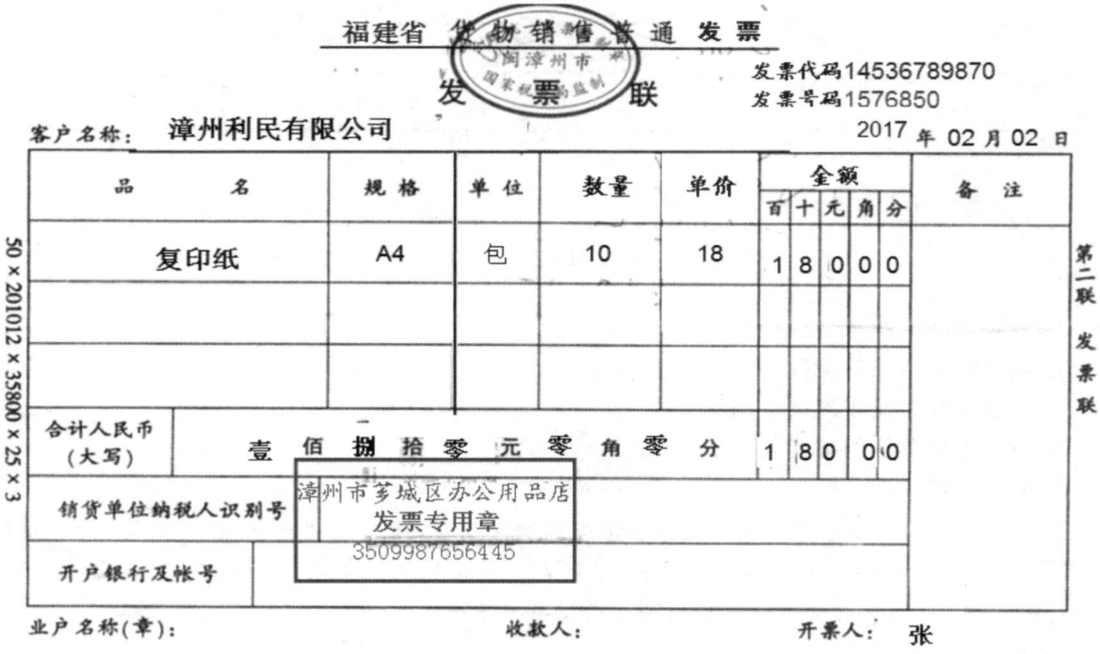

福建省货物销售普通发票

发票联

发票代码14536789870
发票号码1576850

客户名称: 漳州利民有限公司　　2017 年 02 月 02 日

品名	规格	单位	数量	单价	金额 百	十	元	角	分	备注
复印纸	A4	包	10	18	1	8	0	0	0	
合计人民币(大写)	壹佰捌拾零元零角零分				1	8	0	0	0	
销货单位纳税人识别号										
开户银行及帐号										

漳州市芗城区办公用品店 发票专用章 3509987656445

业户名称(章):　　收款人:　　开票人: 张

50×201012×35800×25×3

第二联 发票联

图 4-4

通用手工发票填制说明(如图 4-5 所示):

①填写购货单位的全称;

②填写开票日期;

③填写商品名称;

④填写商品价格;

⑤填写商品的大写合计金额;

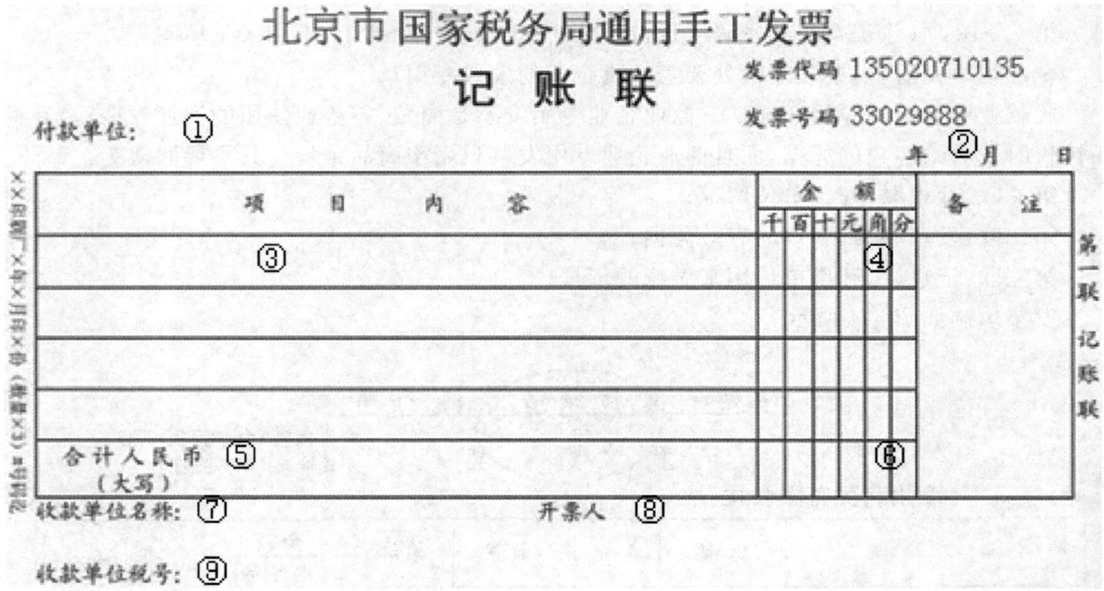

北京市国家税务局通用手工发票

记 账 联

发票代码 135020710135
发票号码 33029888

付款单位： ①
年 ② 月 日

项 目 内 容	金 额	备 注
	千 百 十 元 角 分	
③	④	
合计人民币 ⑤ （大写）	⑥	
收款单位名称： ⑦ 开票人 ⑧		
收款单位税号： ⑨		

第一联 记账联

图 4-5

⑥填写商品的小写合计金额；

⑦填写销货单位的全称；

⑧开票人签名及盖发票专用章；

⑨填写销货单位的纳税人识别码。

职业岗位情景：

2017 年 10 月 8 日销售人员李铁兵要出差参加展销会，经总经理批准，以个人名义向公司预借了差旅费 6 000 元。2017 年 10 月 20 日销售人员李铁兵出差回来，报销了此次出差的费用共 5 000 元，出纳员按规定收回他出差前的借款共 6 000 元。

职业岗位工作分析：

所有单位，都应对员工因公和因私借款进行规定，不然就会出现员工个人随意借用单位资金的情况，给单位造成风险。

按规定员工借款要及时还清，旧债不清新债不借。以上经济业务中，出纳员在销售人员李铁兵出差回来报销费用时，不支付 5 000 元，而是当成现金收回来，如果李铁兵同时归还现金 1 000 元，则出纳开给李铁兵的收据应是 6 000 元，表示这次借款全部还清。如果出纳员只开具收取现金 1 000 元收据给李铁兵，那就说明李铁兵只归还了 1 000 元，而没有归还 1 000＋5 000 元的原借款。在"其他应收款——李铁兵"账上还会有余额 5 000 元。

任务3　现金支付结算业务办理

一、现金的支出范围

根据《现金管理暂行条例》的规定,现金的使用范围是:

1.职工工资、津贴。指企事业单位和机关、团体、部队支付给职工的工资和工资性津贴。

2.个人劳务报酬。指由于个人向企事业单位和机关、团体、部队等提供劳务而由企事业单位和机关、团体、部队等向个人支付的劳务报酬。

3.奖金。指根据国家制定的规定、条例,颁发给个人的科学技术、文化艺术、体育等方面的各种奖金。

4.福利。指各种劳保、福利费用以及国家规定的对个人的其他支出,如退休金、抚恤金、学生助学金、职工困难生活补助等。

5.收购单位向个人收购农副产品和其他物资的价款。

6.出差人员必须随身携带的差旅费。

7.结算起点(1 000元)以下的零星支出,超过结算起点的应实行银行转账结算,结算起点的调整由中国人民银行确定报国务院备案。

8.中国人民银行确定需要现金支付的其他支出。

除上述5、6两项外,其他各项在支付给个人的款项中,支付现金每人不得超过1 000元,超过限额的部分根据提款人的要求,在指定的银行转存为储蓄存款或以支票、银行本票予以支付。企业与其他单位的经济往来除规定的范围可以使用现金外,应当通过开户银行进行转账结算。

二、现金支付的原则

出纳人员必须以严肃谨慎的态度处理现金支付业务,因为一旦发生失误,将会造成不可追补的经济损失。现金支付主要有以下几个原则:

1.必须以真实、合法、准确的付款凭证为依据。

2.必须以谨慎严肃的态度来处理支付业务,宁可慢一些,也不能疏忽大意。

3.必须以手续完备、审核无误的付款凭证为最终付款依据。

4.现金支付时,应该当面点清,双方确认无误。

5.不得坐支现金。

三、现金付款凭证的复核

现金付款凭证是出纳人员办理现金支付业务的依据,出纳人员对其应进行认真、细致的复

核,其复核方法及基本要求与现金收款凭证相同。出纳人员在复核现金付款凭证时应注意以下几点:

1.对于涉及现金和银行存款之间的收付业务,即从银行提取现金或将现金存入银行,为了避免重复,只按照收付业务涉及的贷方科目编制付款凭证,不填制收款凭证。比如,将当日营业款项送存银行,制单人员根据现金送款簿的回单编制现金付款凭证,借方账户为银行存款,贷方账户为现金。

2.发生销货退回时,如数量较少,且退款金额在转账起点以下,需用现金退款时,必须取得对方的收款收据,不得以退货发货票代替收据编制付款凭证。

3.从外单位取得的原始凭证如果遗失,应取得原签发单位盖有相关印章的证明,并注明原始凭证的名称、金额、经济内容等,经单位负责人批准,方可代替原始凭证。

四、现金付款的程序

1.现金付款的类别

(1)主动支付

现金主动支付是指出纳部门主动将现金付给收款单位和个人,如发放工资、奖金、薪金、津贴以及福利等现金支出。主动支付现金的程序见图 4-6。

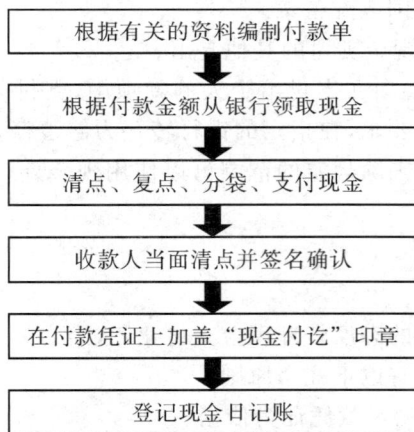

图 4-6　主动支付现金的程序

在发放现金时,如果是直接发给收款人的,要当面清点并由收款人签收(签字或盖章);如果是他人代领或代为收款的,由代领人签收,而不得签未能到场领款的收款人名字。对出差或外出无法领取,又急于月末结账的款项,应由出纳员开具收据,暂收入账,不能单独存放保险柜不做处理。

(2)被动支付

　　现金的被动支付,是指收款单位或个人持有关凭据到出纳部门领报现金。被动支付现金的程序见图 4-7。

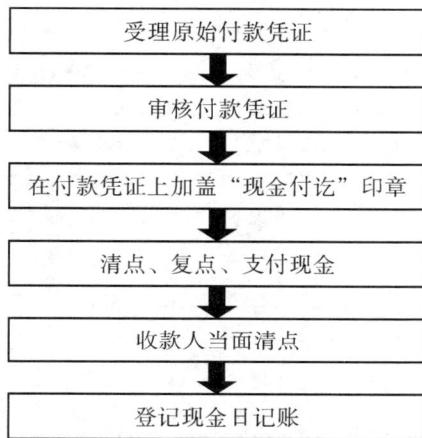

```
┌─────────────────────────────┐
│      受理原始付款凭证           │
└─────────────────────────────┘
              ↓
┌─────────────────────────────┐
│        审核付款凭证             │
└─────────────────────────────┘
              ↓
┌─────────────────────────────┐
│   在付款凭证上加盖"现金付讫"印章   │
└─────────────────────────────┘
              ↓
┌─────────────────────────────┐
│     清点、复点、支付现金         │
└─────────────────────────────┘
              ↓
┌─────────────────────────────┐
│       收款人当面清点            │
└─────────────────────────────┘
              ↓
┌─────────────────────────────┐
│       登记现金日记账            │
└─────────────────────────────┘
```

图 4-7　被动支付现金的程序

　　2.现金支付的方式

　　在出纳工作中,现金支付有以下两种基本方式:

　　(1)直接支付现金方式

　　直接支付现金方式,是指出纳人员根据有关支出凭证直接支付现金,减少库存现金的数量。使用这种方式支付现金,出纳部门或人员要事先做好现金储备,在不超过库存现金限额的情况下,保障现金的支付。

　　现金借款单填写如图 4-8 所示。

　　(2)支付现金支票方式

　　支付现金支票方式,是指出纳人员根据审核无误的有关凭证,将填好的现金支票交给收款人,由收款人直接到开户银行提取现金的支付方式。这种支付方式与直接支付现金方式作用相同,主要适用于大宗的现金付款业务。

　　3.现金的提取与送存

　　从银行提取现金,应签发现金支票。现金支票是由存款人签发,委托开户银行向收款人支付一定数额现金的票据。现金支票是支票的一种,是专门用于支取现金的。

　　(1)现金提取的程序

　　①根据用款计划确定领取现金数额;

　　②填写现金支票;

　　③将填写好的现金支票送会计审核;

　　④加盖预留印章;

借 款 单

2017 年 03 月 15 日 　　　第 　　号

借款部门	管理部门	姓名	黄海	借由	出差	
借款金额（大写）		零万 贰仟 零佰 零拾 零元 零角 零分　¥2000.00				
部门负责人签署	同意　　陈其发印	借款人签章	黄海	注意事项	一、凡借用公款必须使用本单。 二、第三联为正式借据由借款人和单位负责人签章。 三、出差返回后三天内结算。	第三联：记账凭证
单位领导批示	同意　　王晓	审核意见				

图 4-8　借款单的填写

⑤送银行领款；

⑥取款的步骤。

(2)取款人持出纳人员签发的现金支票到银行取款时,一般要遵从的几个步骤

①将现金支票交银行有关人员审核；

②审核无误后将支票交给经办单位结算业务的银行经办出纳人员,等待取款；

③银行经办人员对支票进行审核,核对密码及预留印鉴后,办理规定的付款手续；

④取款人应根据银行经办人员的要求回答应提取的数额,回答无误后银行经办人员即照支票付款；

⑤取款人收到银行出纳人员付给的现金时,应当面清点现金数量,清点无误后才能离开柜台。

4.取款人在清点现金时的注意事项

(1)清点现金,特别是在单位清点时,最好由两人以上同时进行。

(2)清点现金应逐捆、逐把、逐张进行。

(3)清点时不能随意混淆或丢弃每一把的腰纸,只有将全捆所有把数清点无误后,才可以将每把的腰纸连同封签一起扔掉。

(4)在清点时发现有残缺、损伤的票币以及假钞,应向银行要求调换。

(5)所有现金在清点无误后才能发放使用,切忌一边清点一边发放,否则一旦发生差错,将无法查清。

(6)在清点过程中,特别是回单位清点过程中,如果发现确有差错,应将所取款项保持原

状,通知银行经办人员,妥善进行处理。

5.现金的送存

(1)现金送存的一般程序

各单位对当天收入的现金或超过库存限额的现金,应及时送存开户银行。现金送存的一般程序为:

①整点票币。纸币要平铺整齐,每百元张为一把,五十元张为一捆,以此类推,用纸条在腰中捆扎好,余为零头;硬币每百枚或五十枚为一卷,十卷为一捆,不足一卷为零头;最后合计出需要存款的金额。

②填写现金进账单(缴款单)。

③向银行提交进账单和整点好的票币,票币要一次性交清,当面清点。如有差异,应当面复核。

④开户银行受理后,在现金进账单上加盖"现金收讫"和银行印鉴后退回交款人一联,表示款项已收妥。

⑤根据银行退回盖有"现金收讫"和银行印鉴的一联现金进账单,登记现金日记账。

(2)送存现金时的注意事项

出纳人员在送存现金时,应注意以下事项:

①交款人最好是现金整理人,这样可以避免发生差错时难以明确责任。

②凡经整理好准备送存银行的现金,在填好"现金送款簿"后,一般不宜再调换票面,如确需调换的,应重新复点,同时重新填写"现金送款簿"。

③送存途中必须注意安全,当送存金额为较大的款项时,最好用专车,并派人护送。

④临柜交款时,交款人必须与银行柜台收款员当面交接清点,做到一次交清,不得边清点边交款。

⑤交款人交款时,如遇到柜台较为拥挤,应按次序等候。等候过程中,应做到钞票不离手,不能置于柜台之上,以防发生意外。

(3)现金存款凭条的内容

①第一联为回单,此联由银行盖章后退回存款单位。

②第二联为收入凭证,此联由收款人开户银行作凭证。

③第三联为附联,作附件用,属银行出纳留底联。

现金存款凭条相关内容如图 4-9 所示。

中国工商 银行现金存款凭条

2017 年 10 月 18 日

收款人	全称	锦兴有限公司			款项来源	销售款	
	账号	2020499036735			交款人	陈思敏	
	开户行	中国工商银行芗城分行					

金额大写(币种)	玖仟叁佰伍拾元整	百	十	万	千	百	十	元	角	分
					¥	9	3	5	0	0	0

票面	张数	金额	票面	张数	金额
100元	56	5600	5角		
50元	35	1750	2角		
20元			1角		
10元	200	2000	5分		
5元			2分		
2元			1分		
1元					

中国工商银行芗城分行 现金收讫章

第一联 回单联

图 4-9　现金存款凭条

现金存款凭条填制说明(如图 4-10 所示):

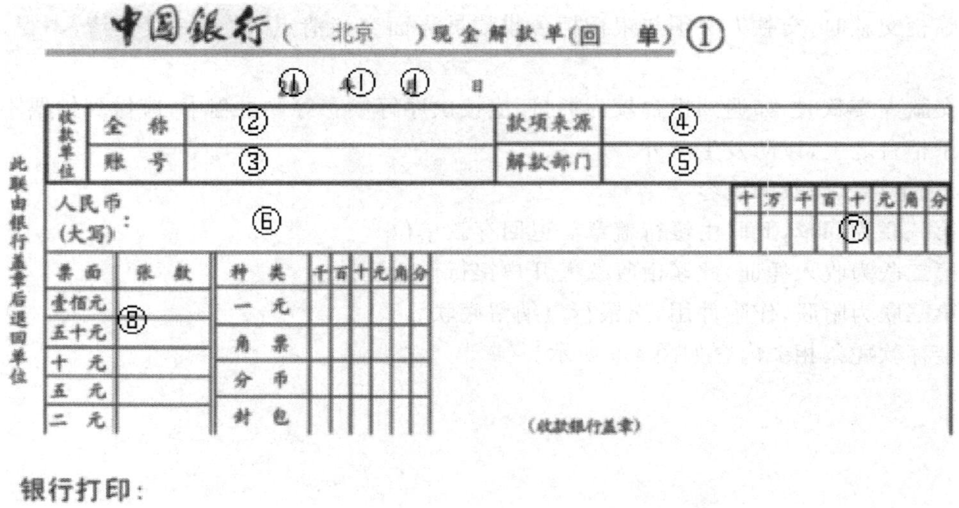

中国银行　(　北京　)现金解款单(回　单)①

收款单位	全称	②		款项来源	④
	账号	③		解款部门	⑤

此联由银行盖章后退回单位

人民币(大写): ⑥　　十万千百十元角分 ⑦

票面	张数	种类	千百十元角分
壹佰元	⑧	一元	
五十元		角票	
十元		分币	
五元		封包	
二元			

(收款银行盖章)

银行打印:

图 4-10

①填写办理现金缴存的日期；

②填写缴存账户的收款人全称；

③填写缴款单位在开户银行的账号；

④填写款项来源，如保证金、投资款、货款等；

⑤填写交款单位名称；

⑥填写人民币大写金额，不得更改，大写金额数字应紧接"人民币"字样填写，不得留有空白；

⑦填写小写金额，不得更改，大小写必须一致，小写数字前面加人民币符号"￥"；

⑧填写对应的票面张数。

（4）填写现金存款凭条的注意事项

出纳人员在填写现金存款凭条时，必须注意以下几点：

①要用双面复写纸复写。

②交款日期应填写交款的当日。

③收款人名称应填写全称。

④款项来源应如实填写。

⑤大小写金额的书写要标准。

⑥券别和数额栏按实际送款时各种券面的张数或券枚填写。

五、现金支付核算

任何单位必须具有一定的库存现金才能开展支出业务，当库存现金小于需用现金时，应按规定从银行提取现金。用现金支票提取现金，根据支票存根编制银行存款付款凭证。具体现金支付业务主要有：

1.工资发放业务

计算好工资后，就需从银行提取现金，出纳按每个员工的工资数或集体发放时整个部门的工资总额进行发放，并附以工资发放清单。发放工资的账务处理如下：

借：应付职工薪酬

　贷：库存现金

2.费用报销业务

单位在经营活动中将发生各种各样的费用，可持原始凭证到出纳处报销，出纳人员应认真审核这些开支是否符合各种规定，是否经有关人员批准。单位人员因公出差，可预支一些差旅费。其程序为：先到财会部门领取并填写借款单，然后送所在部门领导和有关人员审查签字，出纳凭手续完整审核无误的借款单支付现金。支付现金时，应编制以下会计分录：

借：其他应收款——××（个人）

　贷：库存现金

出差人员持各种原始凭证如车票、住宿费等到出纳处报销,若事前预借差旅费的,应根据预借金额多退少补;未预借的,则根据批准报销金额支付现金。

报销时,实际花费超过预支额的,应作以下会计分录:

借:管理费用

    贷:其他应收款——××(个人)

        库存现金

报销时,实际花费少于预支额的,多余部分应退回财务部门,这时应作以下会计分录:

借:管理费用

    库存现金

    贷:其他应收款——××(个人)

六、现金付款业务涉及的原始凭证

企业付款业务主要包括员工工资、企业存款、内部员工向企业预支现金等,涉及的单据主要有工资单、存款单、借款单等等。

工资表是每个单位每月用来发放工资而制定的表单,可以按部门、按车间核算,属于企业内部的单据,没有固定的格式。

工资表主要包括:人员名称、所在部门、基本工资、加班工资、奖金、其他津贴补助等、应扣工资(指考核类未达标的扣除数)、应发工资、社会保险(个人缴纳部分由公司从工资中代扣)、公积金(个人缴纳部分由公司从工资中代扣)、个人所得税(由公司从工资中代扣)、其他代扣款、实发工资。

其中:

$$应发工资＝基本工资＋加班工资＋奖金＋其他津贴补助等－应扣工资$$

代扣的款项:社会保险费,企业按国家规定的基准和比例计算。

个人所得税按 2017 年 9 月起个人所得税计算方法:

$$应纳个人所得税税额＝(全月应纳税所得额－3\,500－标准内五险一金)×适用个人所得税率－速算扣除数$$

个人所得税税率表如表 4-1 所示。

表 4-1　2017 年 9 月 1 日起调整后的 7 级超额累进个人所得税税率表

级数	全月应纳税所得额(元)	税率(%)	速算扣除数(元)
1	不超过 1 500	3	0
2	超过 1 500 至 4 500 的部分	10	105
3	超过 4 500 至 9 000 的部分	20	555

续表

级数	全月应纳税所得额(元)	税率(%)	速算扣除数(元)
4	超过 9 000 至 35 000 的部分	25	1 005
5	超过 35 000 至 55 000 的部分	30	2 755
6	超过 55 000 至 80 000 的部分	35	5 505
7	超过 80 000 的部分	45	13 505

实发工资＝应发工资－社会保险(个人缴纳部分)－公积金(个人缴纳部分)－个人所得税(从工资中代扣额)－其他代扣

例:2017 年 9 月锦兴有限公司工资资料如表 4-2 所示。

表 4-2　工资资料

单位:元

编号	姓名	基本工资	职务工资	津贴 补贴	奖金	加班工资	应付工资
1	黄明良	1 800	1 500	1 200	800	200	5 500
2	谢大鹏	1 600	1 200	800	500	50	4 150
3	高丽英	1 500	480	165	500	25	2 670
4	陈思敏	1 000	450	165	500	25	2 140
5	李志高	1 500	500	165	500	50	2 715
6	洪大伟	800	300	165	500	30	1 795
7	张伟强	900	200	165	500	50	1 815
8	陈晶莹	650	200	165	500	45	1 560
9	高小虹	600	420	165	500	80	1 765

备注:职工个人应交纳的养老保险为 96.00 元,医疗保险为 24.00 元。

填制的工资表(单)如表 4-3 所示。

表 4-3　　2017 年 9 月份工资表

编制日期:2017 年 9 月 30 日　　　　　　　　　　　　　　　　　　　　　　　　单位:元

编号	姓名	基本工资	职务工资	津贴补贴	奖金	加班工资	应付工资	代扣款项			应发工资	领款人签名
								个人所得税	医疗保险	养老保险		
1	黄明良	1 800.00	1 500.00	1 200.00	800.00	200.00	5 500.00	83.00	24.00	96.00	5 297.00	
2	谢大鹏	1 600.00	1 200.00	800.00	500.00	50.00	4 150.00	15.90	24.00	96.00	4 014.10	
3	高丽英	1 500.00	480.00	165.00	500.00	25.00	2 670.00		24.00	96.00	2 550.00	
4	陈思敏	1 000.00	450.00	165.00	500.00	25.00	2 140.00		24.00	96.00	2 020.00	
5	李志高	1 500.00	500.00	165.00	500.00	50.00	2 715.00		24.00	96.00	2 595.00	
6	洪大伟	800.00	300.00	165.00	500.00	30.00	1 795.00		24.00	96.00	1 675.00	
7	张伟强	900.00	165.00	165.00	500.00	50.00	1 815.00		24.00	96.00	1 695.00	
8	陈晶莹	650.00	200.00	165.00	500.00	45.00	1 560.00		24.00	96.00	1 440.00	
9	高小虹	600.00	420.00	165.00	500.00	80.00	1 765.00		24.00	96.00	1 645.00	
10												
	合计	10 350.00	5 250.00	3 155.00	4 800.00	555.00	24 110.00	98.90	216.00	864.00	22 931.10	

出纳:陈思敏　　　　　　　　　　　　　　　　　　　　　　　　　　　　制表:高丽英

任务 4　现金清查

一、库存现金的清查

为了保证账实相符,防止现金发生差错、丢失、贪污等,各单位应经常对库存现金进行核对清查。库存现金的清查,包括出纳每日的清点核对和清查小组定期或不定期的清查。

二、现金清查的基本方法

现金清查的基本方法是实地盘点库存现金的实存数,再与现金日记账的余额进行核对,看是否相符。清查现金时,应注意以下几个方面:

1.以个人或单位名义借款或取款而没有按手续编制凭证的字条(即白条),不得充抵现金。

2.代私人存放的现金等,如事先未作声明又无充分证明的,应暂时封存。

3.如发现私设的"小金库",应视作溢余,另行登记,等候处理。

4.如果是清查小组对现金进行清点,一般都采用突击盘点,不预先通知出纳。盘点时间最好在一天业务没有开始之时或一天业务结束之后,由出纳将截止清查时的现金收付款项全部登记入账,并结出账面余额,这样可以避免干扰正常的业务。

5.清查时,出纳应在场提供情况,积极配合;清查后,应由清查人员填制"现金盘点报告表",列明现金账存、实存和差异的金额及原因,并及时上报有关负责人。

6.现金清查中,如果发现账实不符,应立即查找原因,及时更正,不得以今日长款弥补它日短款。

三、现金清查结果的账务处理

现金清查时发现现金与现金日记账面余额不相符的,按以下方法进行账务处理。

1.查明原因前的账务处理

每日终了结算现金收支、财产清查等发现有待查明原因的现金短缺或溢余时,都必须进行账务处理。

(1)属于现金短缺

借:待处理财产损溢——待处理流动资产损溢

　　贷:库存现金

(2)属于现金溢余

借:库存现金

　　贷:待处理财产损溢——待处理流动资产损溢

2.现金短缺的账务处理

(1)属于应由责任人赔偿的部分

借:其他应收款——应收现金短缺款(××个人)

　　贷:待处理财产损溢——待处理流动资产损溢

(2)属于应由保险公司赔偿的部分

借:其他应收款——应收保险赔款

　　贷:待处理财产损溢——待处理流动资产损溢

(3)属于无法查明的其他原因

借:管理费用——现金短缺

　　贷:待处理财产损溢——待处理流动资产损溢

3.现金溢余的账务处理

(1)属于应支付给有关人员或单位的

借:待处理财产损溢——待处理流动资产损溢

　　贷:其他应付款——应付现金溢余

(2)属于无法查明原因的

借:待处理财产损溢——待处理流动资产损溢

　　贷:营业外收入——现金溢余

现金日记账能反映现金的来龙去脉,便于对现金收付业务开展日常的财务监督和事后的分析检查,也有利于防止差错和挪用公款、贪污的现象发生,是现金核算的重要内容。

四、库存现金盘点业务操作

1.现金的清点

企业盘点人员应将出纳保险柜中现金按不同的面额、币种分别清点整理。纸币要平铺齐,将同面额的纸币按每100张为一把进行清点扎把,不够整把的,按照从大额到小额的顺序整理;铸币将面额为1元、5角和1角的硬币分别按每50枚用纸卷成一卷,不足一卷的按照从大额到小额的顺序整理。

2.填写现金盘点报告单

2017年5月3日16:00时。公司财务部会计陈红进行现金盘点,出纳洪宏和会计主管张宁均在场,盘点库存现金中8张100元,6张50元,8张20元,9张10元,20张5元,14枚1元,2枚5角和5枚1角。当日库存现金的账面价值为1 500.00元。如表4-4所示。

表4-4 现金盘点报告单

2017年5月3日   单位:元

面值	数量	金额	总经理:
100 元	8	800	按制度相关规定处理,追究出纳人员的责任。
50 元	6	300	
20 元	8	160	钟小丽
10 元	9	90	
5 元	20	100	
1 元	14	14	
5 角	2	1	主管经理:
1 角	5	0.5	按制度相关规定处理,追究出纳人员的责任。
合　　计		1 465.50	黄东南
其他项目		——	
未报销的		——	财务主管:
费　　用		——	按制度相关规定处理,追究出纳人员的责任。
借　　支		——	
总　　计		1 465.50	张宁
账　面　数		1 500.00	
盘点亏数		(—34.5)	

（注：表格中部靠右纵向为"主管审批"）

上列款项于5月3日16:00时盘点,盘点时本人在场,并如数归还无误。

保管人:洪宏　　　　　主管:张宁　　　　　盘点人:陈红

任务 5　现金管理制度

一、授权审批制度

企业必须依照国家的有关方针、政策和规章制度,加强对现金开支审批的管理。一般包括以下内容:

1.明确现金开支界限

企业明确现金开支界限,主要有以下两个方面:

(1)应当在现金管理规定的范围内支付现金,办理现金结算。

(2)应当保证现金支出的安全性,如职工个人借款的金额不得超过其应付工资的金额,个人医药费用的报销不得超过规定的标准,个人差旅期间的出差补助不得超过规定的标准等。

2.明确现金报销手续

企业应当按其经济业务的内容和管理要求设计各种报销凭证,如工资表、差旅费报销单、购料凭证、借款单等,并应告知有关人员相应的填制方法,避免出现误填误报。

同时,企业还应规定各种报销的程序和传递手续,确定各种现金支出业务的报销要求,超出现金开支界限或未按规定填制单据的各种支出不予报销。

3.现金支出的审批权限

企业应根据其经营规模和内部职责分工情况,确定不同额度和不同的现金支出审批权限。例如:某企业规定凡是现金开支在 500 元以下的行政费用支出,由会计人员审查批准;凡现金开支在 500 元以上、1 500 元以下的行政费用开支,由财务主管审查批准;凡涉及销售费用金额在 2 000 元以下的,由销售主管审查批准;凡余额在 2 000 元以上的支出,必须由企业负责人审查批准。对于没有经过审核批准或有关人员超越规定审批权限的,出纳人员不予受理。

二、职务分离制度

企业应对内部控制系统中不相容的职务,实行分工负责,建立钱账分管制度,具体包括以下内容:

1.企业应配备专职或兼职的出纳人员办理现金收付和保管工作,为加强内部控制,非出纳人员不得办理相关业务。

2.现金收支的授权审批和执行现金收支的职务应当分离。

3.执行现金业务和记录现金业务的职务要分工。

4.现金保管与稽核职务要分工。

5.登记现金日记账和登记现金总账的职务要分工。

6.出纳人员不得兼管收入、费用、债权、债务等账目的登记工作。

7.出纳人员不得兼管会计档案的保管工作。

三、文件记录控制制度

财务文件记录是记录经济业务内容,明确有关人员责任的书面证明。完备而有效的文件记录可以真实全面地反映企业的经济活动情况。为了保证文件记录的完整和真实性,加强对现金管理的监督,必须加强文件记录控制。

1.出纳人员办理现金收付的原始单据必须真实、完整、合法。

2.出纳人员登记日记账的记账凭证必须审核无误。

3.文件记录的保管应当有专人负责。

4.任何人不得擅自更改、涂抹、销毁有效的文件记录。

任务 6 厦门网中网软件"出纳岗位实务"训练

以学生学号登陆厦门网中网软件 出纳实务【网中网公司】 软件,自主学习相关知识:

	会计实训系统 ✕	出纳实务【网中网公司... ✕	现金业务涉及原始凭证... ✕	
序号	标题			
1	原始凭证的意义和种类			
2	**与现金业务相关原始凭证的填制说明**			

现金业务主要单据介绍及填制示例

课件

模拟学生实训
下载 打印

序	题目
1	通用手工发票
2	收据
3	现金存款凭条
4	增值税普通发票
5	增值税专用发票
7	工资单
9	现金借款单

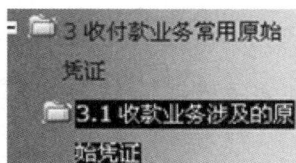 增值税专用发票 　增值税普通发票 　通用手工发票

模拟学生实训　模拟学生实训　模拟学生实训
下载 打印　　下载 打印　　下载 打印

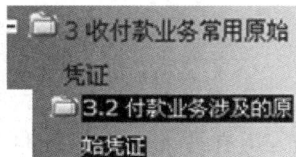 工资单 　现金存款单

模拟学生实训　模拟学生实训
下载 打印　　下载 打印

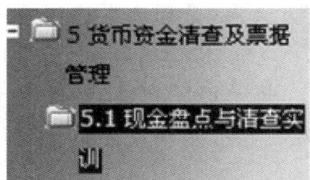 现金盘点实训 　现金清查实训

模拟学生实训　模拟学生实训
下载 打印　　下载 打印

任务 7　自我再提高训练

请完成"出纳岗位仿真工作任务训练"岗位能力训练四：发票业务。
请完成"出纳岗位仿真工作任务训练"岗位能力训练五：现金存款业务训练。
请完成"出纳岗位仿真工作任务训练"岗位能力训练六：工资表的编制业务训练。
请完成"出纳岗位仿真工作任务训练"岗位能力训练七：现金盘点业务训练。

◎ 岗位素质提高阅读建议

请利用课余时间，认真学习《中华人民共和国会计法》、《财经法规与职业道德》，以保证将来的职业生涯更加顺畅，岗位工作更加出色！

◎ 励志小故事

跟什么样的人合作

曾经有人采访比尔·盖茨，请教他成功的秘诀。比尔·盖茨说：因为又有更多的成功人士在为我工作。

亚洲最顶尖的演说家陈安之的超级成功学也提到：先为成功的人工作，再与成功的人合作，最后是让成功的人为你工作。

也许你会说：成功的人很多，但在生活中我不认识他，也没有办法去为他工作，而让成功的人为我工作，在现阶段，我更没有这个实力。

只有合作，才是自己最喜欢和最欣赏的。你可以借助一个宽松的环境和积极的团队，与更多的人公平合作，以便在未来替自己经营一个抵抗风险的事业。最受欢迎且适合合作的人应该有以下几个特点：

1.不甘心。21世纪，最大的危机是没有危机感，最大的陷阱是满足。人要学会用望远镜看世界，而不是用近视眼看世界。顺境时要想着为自己找个退路，逆境时要懂得为自己找出路。

2.学习力强。学历代表过去，学习力掌握将来。要懂得从任何细节，所有的人身上学习和感悟，并且要懂得举一反三。重要的是学习，其实是学与习两个字。学一次，做一百次，才能真正掌握。学、做、教是一个完整的过程，只有达到教的程度，才算真正吃透。而且在更多时候，学习是一种态度。只有谦卑的人，才能真正学到东西。大海之所以成为大海，是因为它比所有的河流都低。

3.行动力强。只有行动才会有结果。行动不一样，结果也不一样。知道而不去做，等于不知道；做了没有结果，等于没有做。不犯错误，一定会错，因为不犯错误的人一定没有尝试。错了不要紧，一定要善于总结，然后再做，一直到正确的结果出来为止。

4.要懂得付出。要想杰出，一定得先付出。斤斤计较的人，一生只得两斤。没有点奉献精神，是不可能励志创业的。要先用行动让别人知道，你有超过所得的价值，别人才会开更高的价。

5.有强烈的沟通意识。沟通无极限，这是一种态度，而非一种技巧。一个好的团队当然要有共同的愿景，这非一日可以得来，需要无时不在的沟通。从目标到细节，甚至到家庭等等，都在沟通的内容之列。

6.诚恳大方。每人都有不同的立场，不可能要求利益都一致。关键是大家都要开诚布公地谈清楚，不要委曲求全。相信诚信才是合作的最好基石。

7.有最基本的道德观，以及良好的综合素养。

俗话说，做事先做人，只有做个明礼诚信、团结友善、富有爱心的人，才能做好事业。

你想跟什么样的人合作？你是否也愿意成为这样一个受人欢迎的职场红人？

岗位能力学习模块五

银行业务办理

掌握当下才能创造未来。

——杜拉克

📋 能力目标

① 能够清楚银行账户的开设
② 能够按规定办理银行账户变更、迁移、合并和撤销
③ 能够正确申办银行借款
④ 能够正确办理银行结算业务

💡 知识目标

① 熟悉银行账户的管理
② 掌握银行账户的开设办理
③ 掌握银行账户变更、迁移、合并和撤销的办理
④ 掌握银行借款的申办业务
⑤ 熟悉银行结算业务的办理程序
⑥ 熟悉银行结算业务的办理规定
⑦ 熟悉银行结算业务的账务处理

💬 先导案例

某企业丙,在支票结算交易中,面临以下两种情况,应该如何操作?

1.三方当事人,其中甲与乙约定以转账支票结算货款,鉴于具体结算金额须以实际交货数量为准,为方便结算,出票人甲未填写支票金额,同时在支票上注明"限额人民币 100 万元",并将支票交给收款人乙。乙在接到支票后自行在空白的支票金额一栏填写 200 万元,并将支票背书转让给支付了对价的第三人丙。那么,丙是否有权要求出票人甲支付 200 万元?

2.三方当事人,甲与乙约定以金额 100 万元的转账支票结算货款,出票人甲考虑到乙方还未交货,为限制收款人乙背书转让支票,遂在出票的同时,在票据上注明"不得转让"。乙在收到支票后并未履行交货义务,而是将支票以背书形式转让给支付了对价的第三人丙。那么,这种情况下,甲是否应支付丙 100 万元?

[案例解读]

票据的内容完全以票据的文字记载为准。票据记载事项是票据当事人享有票据权利、承担票据义务的唯一根据。但是票据需要根据具体的记载事项确定其种类、性质以及法律效力。

根据我国《票据法》的有关规定,票据上的记载事项,依据记载后的效力,可分为四种情况:必要记载事项、任意记载事项、不生票据效力的记载事项、不得记载事项。上述第一种情况下,票据记载事项属于不生票据效力的记载事项,就票据法律关系而言,该记载事项不具有法律效率,作为支付了对价的支票受让人丙(被背书人),对此没有审查的义务和责任,也不受其约束。因此,丙作为正当持票人完全有权要求出票人甲按支票载明的金额即 200 万元付款。第二种情况,"不得转让"的记载属于任意记载事项,一经记载于票据上,即发生票据上的法律效力,票据当事人即受其约束。也就是说,出票人甲对被背书人丙不承担付款的责任,丙只能向乙主张获得赔偿。

任务 1　银行账户的管理

一、银行账户的概念

银行账户,又称"银行存款账户",或称"存款账户",是指存款人在中国境内银行开立的人民币存款、支取、转账结算和贷款户头的总称。其中,存款人主要包括机关、团体、部队、企事业单位、个体经营者;银行包括银行和其他金融机构。按照资金的不同性质、用途和管理要求,存款账户可分为基本存款账户、一般存款账户、临时存款账户和专用存款账户 4 种,上述各类账户均有不同的设置和开户条件。

银行存款账,是各单位通过银行办理转账结算、信贷以及现金收付业务的工具。凡新办的企业或公司在取得工商行政管理部门颁发的法人营业执照后,可选择离办公场地近的银行申请开设自己的结算账户。对非现金使用范围的开支,都要通过银行账户办理。

二、银行账户的管理

按照《银行账户管理办法》的规定,银行账户的管理包括两个方面:

1.人民银行对账户的管理

人民银行对账户的管理包括以下几个方面:

(1)负责协调、仲裁银行账户开立和使用方面的争议,监督、稽核开户银行的账户设置和开立,纠正和处罚违反账户管理办法的行为。

（2）核发开立基本存款账户的开户许可证。人民银行对存款人开立基本存款账户的,负责核发开户许可证,如果存款人需要变更基本存款账户的,亦必须经人民银行审批同意。存款人因开户银行严格执行制度、执行纪律转移基本存款账户,人民银行不对其核发开户许可证。

（3）受理开户银行对存款人开立和撤销账户的申报。各银行对存款人开立、撤销账户,必须及时向人民银行报告。根据规定,开户银行对基本存款账户的撤销,一般存款账户、临时存款账户、专用存款账户的开立或撤销,应于开立或撤销之日起 7 日内向人民银行当地分支机构申报。人民银行将运用计算机建立账户管理数据库,加强账户管理。

2.开户银行对账户的管理

开户银行对账户的管理包括:

（1）依照规定对开立、撤销账户严格进行审查,对不符合开户条件的,坚决不予开户;

（2）正确办理开户和销户,建立、健全开销户登记制度;

（3）建立账户管理档案;

（4）定期与存款人对账;

（5）及时向人民银行申报存款人开立和撤销账户的情况。

三、银行账户管理的基本原则

通过银行办理转账结算,有一个先决条件,那就是必须到银行开立账户。银行账户是各单位为办理结算和申请贷款在银行开立的户头,也是单位委托银行办理信贷和转账结算以及现金收付业务的工具,它具有监督和反映国民经济各部门、各单位活动的作用。

银行账户分为基本存款账户、一般存款账户、临时存款账户和专用存款账户,上述各类账户均有不同的设置和开户条件。

根据《银行账户管理办法》的规定,银行账户管理遵守以下基本原则:

1.一个基本账户原则。即存款人只能在银行开立一个基本存款账户,不能多头开立基本存款账户。存款人在银行开立基本存款账户,实行由中国人民银行当地分支机构核发开户许可制度。

2.自愿选择原则。即存款人可以自主选择银行开立账户,银行也可以自愿选择存款人开立账户。任何单位和个人不得强制干预存款人和银行开立或使用账户。

3.存款保密原则。即银行必须依法为存款人保密,维护存款人资金的自主支配权。除国家法律规定和国务院授权中国人民银行总行的监督岗位能力学习模块外,银行不代任何单位和个人查询、冻结、扣划存款人账户内存款。

4.银行不垫款原则。银行在办理结算时,只负责办理结算双方单位的资金转移,不为任何单位垫付资金。

银行账户管理遵守基本原则如图 5-1 所示。

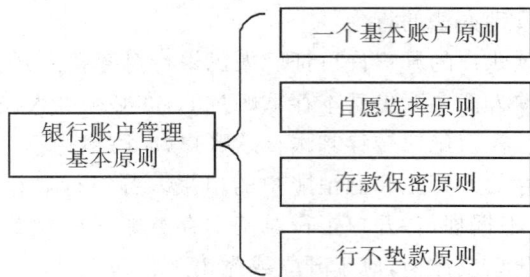

图 5-1　银行账户管理基本原则

四、银行账户的开设

按照资金的不同性质、用途和管理要求,存款账户可分为基本存款账户、一般存款账户、临时存款账户和专用存款账户 4 种。

1.基本存款账户的开设

基本存款账户是指存款人办理日常转账结算和现金收付的账户,它是独立核算单位在银行开立的主要账户。存款人的工资、奖金等现金的支出,只能通过基本存款账户办理。按照规定,每个存款人只能在银行开立一个基本存款账户。

(1)开设基本存款账户的条件

根据《银行账户管理办法》的规定,下列存款人可以申请开立基本存款账户:

①企业法人;

②企业法人内部单独核算的单位;

③管理财政预算资金和预算外资金的财政部门;

④实行财政管理的行政机关、事业单位;

⑤县级(含县级)以上军队、武警单位;

⑥外国驻华机构;

⑦社会团体;

⑧单位附设的食堂、招待所、幼儿园;

⑨外地常设机构;

⑩私营企业、个体经营户、承包户和个人。

(2)申请开设基本存款账户需提供的文件

①当地工商行政管理机关核发的《企业法人营业执照》或《营业执照》;

②组织机构代码证(正本)原件和三份复印件;

③国税、地税税务登记证(正本)原件和三份复印件;

④法人代表身份证原件和三份复印件;

⑤单位行政公章、财务公章、法人代表或财务负责人印章(银行预留印鉴用)。

(3)基本存款账户开立的程序

存款人申请开立基本存款账户的,应填制开户申请书,提供规定的证件,送交盖有存款人印章的印鉴卡片,经银行审核同意,并凭中国人民银行当地分支机构核发的开户许可证,即可开立该账户。

银行预留印鉴卡片上填写的户名必须与单位名称一致,同时要加盖开户单位公章、单位负责人或财务机构负责人2~3颗图章。它是单位与银行事先约定的一种具有法律效力的付款依据,银行在为单位办理结算业务时,凭开户单位在印鉴卡片上预留的印鉴审核支付凭证的真伪。如果支付凭证上加盖的印章与预留的印鉴不符,银行就可以拒绝办理付款业务,以保障开户单位款项的安全。

开立基本存款账户的申请书填制如表5-1所示。

表5-1　开立单位银行结算账户申请书

存款人名称	漳州福旺有限公司		电话	0596-56769169
地址	漳州市开发区工业路		邮编	363000
存款人类别	有限责任公司		组织机构代码	785486-1
法定代表人(√) 单位负责人( )	姓名	王　海		
	证件种类	身份证	证件号码	330201196503260894
行业分类	A( )　B( )　C(√)　D( )　E( )　F( )　G( )　H( )　I( )　J( ) K( )　L( )　M( )　N( )　O( )　P( )　Q( )　R( )　S( )　T( )			
注册资金	1 000 000 元		地区代码	8560101
经营范围	金属制品的生产			
证明文件种类	企业法人营业执照		证明文件编号	897780897
税务登记证 (国税或地税)编号	国税:87609876534009　　地税:566898779988			
关联企业	关联企业信息填列在"关联企业登记表"上。			
账户性质	基本(√)　　一般( )　　专用( )　　临时( )			
资金性质			有效日期至	年　　月　　日

以下为存款人上级法人或主管单位信息:

上级法人或主管单位名称			
基本存款账户开户许可证核准号		组织机构代码	
法定代表人( ) 单位负责人( )	姓名		
	证件种类		
	证件号码		

以下栏目由开户银行审核后填写：

开户银行名称		开户银行代码	
账户名称		账号	
基本存款账户开户许可证核准号		开户日期	
本存款申请开立单位银行结算账户，并承诺所提供的开户资料真实、有效。 存款人（公章） 2017 年 8 月 5 日	开户银行审核意见： 经办人（签章） 银行（签章） 　年　月　日	人民银行审核意见： （非核准类账户除外） 经办人（签章） 人民银行（签章） 　年　月　日	

填写说明：

（1）申请开立临时存款账户，必须填列有效日期；申请开立专用存款账户，必须填列资金性质。

（2）该行业标准由银行在营业场所公告。"行业分类"中各字母代表的行业种类如下：A：农、林、牧、渔业；B：采矿业；C：制造业；D：电力、燃气及水的生产供应业；E：建筑业；F：交通运输、仓储和邮政业；G：信息传输、计算机服务及软件业；H：批发和零售业；I：住宿和餐饮业；J：金融业；K：房地产业；L：租赁和商务服务业；M：科学研究、技术服务和地质勘查业；N：水利、环境和公共设施管理；O：居民服务和其他服务业；P：教育业；Q：卫生、社会保障和社会福利业；R：文化、教育和娱乐业；S：公共管理和社会组织 ；T：国际组织。

（3）带括号的选项填"√"。

开立基本存款账户的程序如图 5-2 所示。

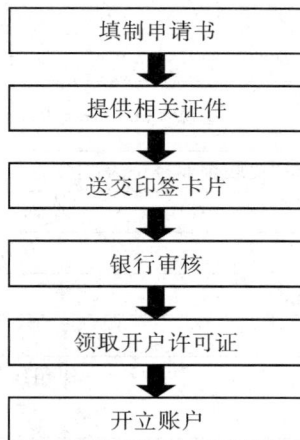

```
┌──────────────┐
│   填制申请书   │
└──────────────┘
        ↓
┌──────────────┐
│  提供相关证件  │
└──────────────┘
        ↓
┌──────────────┐
│  送交印签卡片  │
└──────────────┘
        ↓
┌──────────────┐
│    银行审核    │
└──────────────┘
        ↓
┌──────────────┐
│  领取开户许可证 │
└──────────────┘
        ↓
┌──────────────┐
│    开立账户    │
└──────────────┘
```

图 5-2　开立基本存款账户程序

2.一般存款账户

一般存款账户是指存款人在基本存款账户以外的银行借款转存、与基本存款账户的存款人不在同一地点的附属非独立核算单位开立的账户。存款人可以通过本账户办理转账结算和现金缴存,但不能办理现金支取。

(1)一般存款账户设置的条件和所需证明文件根据《银行账户管理办法》的规定,下列情况的存款人可以申请开立一般存款账户,并须提供相应的证明文件:

①在基本存款账户以外的银行取得借款的单位和个人可以申请开立该账户,并须向开户银行出具借款合同或借款借据;

②与基本存款账户的存款人不在同一地点的附属非独立核算单位可以申请开立该账户,并须向开户银行出具基本存款账户的存款人同意其附属的非独立核算单位开户的证明。

(2)一般存款账户设置的程序存款人申请开立一般存款账户的,应填制开户申请书,提供相应的证明文件,送交盖有存款人印章的印鉴卡片,经银行审核同意后,即可开立该账户。

开立一般存款账户的程序如图 5-3 所示。

图 5-3　开立一般存款账户程序

3.临时存款账户

临时存款账户是指存款人因临时经营活动需要开立的账户。存款人可以通过该账户办理转账结算,根据国家现金管理规定办理现金收付。

(1)临时存款账户设置的条件和所需的证明文件。根据《银行账户管理办法》的规定,下列存款人可以申请开立临时存款账户,并须提供相应的证明文件:①外地临时机构可以申请开立该账户,并须出具当地工商行政管理机关核发的临时执照;②临时经营活动需要的单位和个人可以申请开立该账户,并须出具当地有权部门同意设立外来临时机构的批件。

(2)临时存款账户开立的程序。存款人申请开立临时存款账户,应填制开户申请书,提供相应的证明文件,送交盖有存款人印章的印鉴卡片,经银行审核同意后,即可开设此账户。

4.专用存款账户

专用存款账户是指存款人因特定用途需要开立的账户。

(1)专用存款账户设置的条件。根据《银行账户管理办法》的规定,存款人对特定用途的资金,由存款人向开户银行出具相应证明即可开立该账户。特定用途的资金范围包括:基本建设的资金;更新改造的资金;其他特定用途,需要专户管理的资金。

(2)所需提供的证明文件。存款人须向开户银行出具下列证明文件之一:①经有权部门批准立项的文件;②国家有关文件的规定。

（3）专用存款账户开立的程序。存款人申请开立专用存款账户,应填制开户申请书,提供相应的证明文件,送交盖有存款人印章的印鉴卡片,经银行审核同意后开立账户。

五、银行账户变更、迁移、合并和撤销

单位因经济活动变化需要,可能出现银行账户变更、迁移、合并和撤销的情况,具体如何办理这些业务,各银行均有相关规定,可向银行咨询。具体操作规程如下:

（1）账户变更。开户单位由于人事变动或其他原因需要变更单位财务专用章、财务主管印鉴或出纳员印鉴的,应填写"更换印鉴申请书",并出具有关证明,经银行审查同意后,重新填写印鉴卡片,并注销原预留的印鉴卡片。

单位因某些原因需要变更账户名称,应向银行交验上级主管部门批准的正式函件,企业单位和个体工商户需交验工商行政管理部门登记注册的新执照,经银行审查核实后,变更账户名称,或者撤销原账户,重立新账户。

印鉴变更程序如图 5-4 所示。

应填写"更换印鉴申请书" → 出具有关证明 → 经银行审查同意 → 重新填写印鉴卡片 → 注销原预留的印鉴卡片

图 5-4　印鉴变更程序

变更银行账户申请书如表 5-2 所示。

表 5-2　变更银行结算账户申请书

账户名称			
开户银行代码		账号	
账户性质	基本（ ）　一般（ ）　专用（ ）　临时（ ）　个人（ ）		
开户许可证核准号			
变更事项及变更后的内容如下:			
账户名称			
地址			
邮政编码			
电话			
注册资金规模			
证明文件种类			
证明文件编号			
经营范围			

续表

法定代表人 或单位负责人	姓名	
	证件种类	
	证件号码	
关联企业		变更后的关联企业信息填列在"关联企业登记表"中
上级法人或主管单位的 基本存款账户核准号		
上级法人或主管单位的名称		
上级法人或主管 单位法定代表人 或单位负责人	姓名	
	证件种类	
	证件号码	

本存款人申请变更上述银行账户内容,并承诺所提供的资料真实、有效 存款人(签章) 　　年　　月　　日	开户银行审核意见: 经办人(签章) 开户银行(签章) 　　年　　月　　日	人民银行审核意见: 经办人(签名) 人民银行(签章) 　　年　　月　　日

填写说明:

(1)存款人申请变更核准类银行结算账户的存款人名称、法定代表人或单位负责人的,中国人民银行当地分支行应对存款人的变更申请进行审核并签署意见。

(2)带括号的选项填"√"(一式三联,两联开户银行留存,一联人民银行当地分支行留存)

(2)迁移账户。单位办公或经营地点搬迁时应到银行办理迁移账户手续。如果迁入迁出在同一城市,可以凭迁出行出具凭证到迁入行开立新户,搬迁异地应按规定向迁入银行重新办理开户手续。在搬迁过程中,如有需要,可要求原开户银行暂时保留原账户,但在搬迁结束,并已在当地恢复经营活动时,则应在一个月内到原开户银行结清原账户。

(3)撤销、合并账户。各单位因机构调整、合并、撤销、停业等原因,需要撤销、合并账户的,应向银行提出申请,经银行同意后,首先要同开户银行核对存贷款户的余额并结算全部利息,全部核对无误后开出支取凭证结清余额,同时将未用完的各种重要空白凭证交给银行注销,然后才可办理撤销、合并手续。由于撤销账户单位未交回空白凭证而产生的一切问题应由撤销单位自己承担责任。撤销、合并账户程序如图5-5所示。

按照规定,连续在一年以上没有发生收付活动的账户,开户银行经过调查,认为该账户无须继续保留即可通知开户单位来银行办理销户手续,开户单位接通知后一个月内必须办理,逾期不办理可视为自动销户,存款有余额的将作为银行收益。

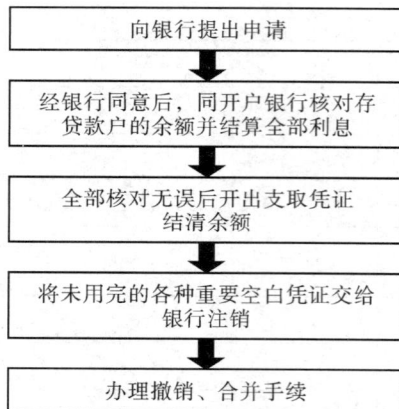

图 5-5 撤销、合并账户程序

账户撤销申请书的填写格式如表 5-3 所示。

表 5-3 撤销银行账户申请书

账户名称		漳州福旺有限公司		
开户银行名称		中国银行漳州分行		
开户银行代码	6784	账号		567800098
账户性质		基本(√)专用( )一般( )临时( )个人( )		
开户许可证核准号		F6810001786870		
销户原因		破产		
本存款人申请撤销上述银行账户,承诺所提供的证明文件真实、有效。		开户银行审核意见: 经办人(签章)		
法定代表人 或负责人(签章)	单位或个人(签章)	开户银行(签章)		
	2017 年 2 月 3 日	年　　月　　日		
交回空白重要凭证				
种　　类	张(份)数	起讫号码		
转账支票		562003—562025		
现金支票		65010—65025		

填表说明:
(1)带括号的选项填"√"。
(2)本申请书一式三联,一联存款人留存,一联开户银行留存,一联中国人民银行当地分支行留存。

六、如何使用银行账户

根据《银行账户管理办法》和《违反银行结算制度处罚规定》等法规,使用银行账户时要注意以下内容:

1.存款人可以自主选择银行,银行也可以自愿选择存款人开立账户,任何单位和个人不得干预存款人在银行开立或使用账户。

2.银行应依法为存款人保密,维护存款人资金自主支配权。不代任何单位和个人查询、冻结、扣划账户内存款,国家法律规定和国务院授权中国人民银行总行的监督岗位能力学习模块除外。

3.存款人在银行的账户必须有足够的资金保证支付,不准签发中期或远期支票,不允许套取银行信用证。

4.存款人申请改变账户名称的,应撤销原账户,才可以开立新账户。

5.存款人撤销账户,必须与开户银核对账户余额,经开户银行审查同意后,办理销户手续。存款人销户时,应交回各种重要空白凭证和开户许可证,否则,所造成的后果应由存款人承担责任。

6.银行在办理结算过程中.必须严格执行银行结算办法的规定,及时办理结算凭证;不准延误、积压结算凭证,不准挪用、截留客户和他行的结算资金;不准拒绝受理客户和他行的正常业务。

7.下列存款人已在银行开立一个基本存款账户的,可以根据其资金性质和管理需要另开立一个基本存款账户:

(1)管理财政预算资金和预算外资金的财政部门;

(2)实行财政预算管理的行政机关、事业单位;

(3)县级(含县级)以上军队、武警单位;

(4)存款人撤销基本存款账户后,可以在另一家银行开立新账户;

(5)出通知起 30 日内未来行办理销户手续的,逾期视同自愿销户。

8.存款人不得在多家银行机构开立基本存款账户。存款人不得在同一家银行的几个分支机构开立一般存款账。

9.存款人应认真贯彻执行国家的政策法令,遵守银行信贷结算和现金管理规定。银行检查时,开户单位应提供账户使用情况的有关资料。

10.存款人不得因开户银行严格执行制度、执行纪律,转移基本存款账户。如果存款人转移基本存款账户,中国人民银行不得对其核发开户许可证。

11.存款人的账户只能办理存款人本身的业务活动,不得出租和转让账户。

12.正确、及时记载和银行的往来账务,并定期核对。定期核对。发现不符,应及时与银行联系,查对清楚。

13.银行预留印章挂失。各单位预留银行印鉴的印章遗失时,应当出具公函,填写"更换印鉴申请书",由开户银行办理更换印鉴手续。遗失个人名章的由开户单位备函证明,遗失单位公章的由上级主管单位备函证明。经银行同意后按规定办法更换印鉴,并在新印鉴卡上注明情况。

14.银行预留印鉴更换。各单位因印章使用日久发生磨损或者改变单位名称、人员调动等原因需要更换印鉴时,应填写"更换印鉴申请书",由开户银行发给新印鉴卡。单位应将原印鉴盖在新印鉴卡的反面,将新印鉴盖在新印鉴卡的正面,并注明启用日期,交开户银行。在更换印鉴前签发的支票仍然有效。

任务 2　银行借款业务的办理

一、银行借款的概念

银行借款,就是企业根据其生产经营业务的需要,为弥补自有资金不足而向银行借入的款项,它是企业从事生产经营活动资金的重要来源。

二、银行借款的申办

1.申办贷款应具备的条件

根据国家有关规定,向银行申请办理贷款的单位必须具备下列条件:

(1)借款单位必须是经主管部门或县以上工商行政管理机关批准设市、注册登记的,并持有"营业执照"的单位;

(2)企业必须在该银行开设账户,有经济收入和还款能力;

(3)如果是固定资产借款岗位能力学习模块,借款单位的岗位能力学习模块建议书、可行性研究报告和初步设计必须已批准,并已列入国家固定资产投资计划;

(4)借款企业必须是实行独立的经济核算、单独计算盈亏、单独编制会计报表、有对外签订交易合同权利的企业;

(5)借款单位必须要有正常生产经营所需的一定数量的自有资金,并保证完整无缺;

(6)必须提供银行认可的借款担保人或抵押品做担保,并按时向银行报送有关财务、统计报表,接受银行的贷款监督和检查。

2.银行贷款方法

银行贷款一般有以下 4 种方法:

(1)逐笔申请,逐笔核贷,逐笔核定期限,到期收回,周转使用。这是指企业每需要一笔贷款,都要向银行提出申请,银行对每笔贷款加以审查。如果同意发贷,对每笔贷款都要核定期限,贷款期满则要按期收回。收回的贷款仍是银行可用于发放贷款的指标,可继续周转使用。

这种方法适用于工业部门的生产周转贷款。

（2）逐笔申请,逐笔核贷,逐笔核定期限,到期收回。贷款指标一次使用,不能周转。这种方法到期收回的贷款不能周转使用。这种方法适用于专项用途的贷款,如基本建设贷款、技术改造贷款等。

（3）一次申请,集中审核,定期调整。企业一年或一个季度办理一次申请贷款的手续,银行一次集中审核。平时企业需要这方面贷款时,由银行根据可贷款额度定期主动进行调整,贷款不受指标限制,企业不必逐项进行申请。这种贷款方法适合于结算贷款。

（4）每年或每季一次申请贷款,由银行集中审核。根据实际情况,下达一定时期内的贷款指标,企业进货时自动增加贷款,销售时直接减少贷款。贷款不定期限,在指标范围内,贷款可以周转使用。需要突破贷款指标时,则要另行申请,调整贷款指标。这种方法适用于商品流转贷款和物资供销贷款。

3.企业借款程序

企业向银行借款时应遵循的程序如图5-6所示。

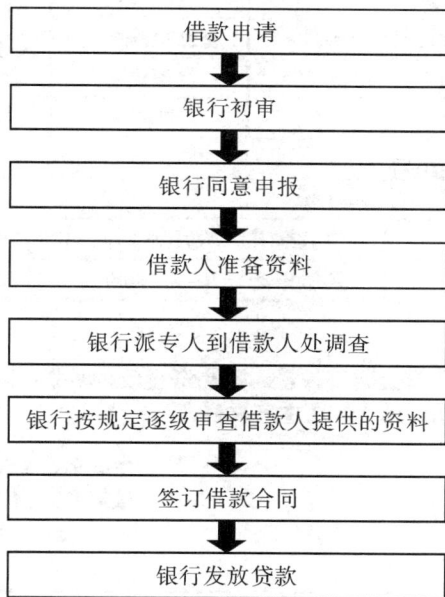

图5-6　企业借款程序

（1）借款申请

实际工作中,借款方提出借款申请,一般采用填写"借款申请书"的方式提出,并提供以下有关资料:

①借款人上一年度经工商行政管理部门办理年检手续证明的文件复印件;

②借款人上一年度和最近一期的财务报告、生产经营、物资材料供应、产品销售和出口创汇计划及有关统计资料;

③借款人的"贷款证",借款人在银行开立基本账户、其他账户的情况,原有借款的还本付息情况;

④借款财务负责人的资格证书和聘用书复印件;

⑤购销合同复印件或反映企业资金需求的有关凭证、资料、岗位能力学习模块建设书或岗位能力学习模块可行性研究报告和国家有关部门的批准文件原件;

⑥非负债的自筹资金落实情况的证明文件;

⑦贷款行需要的其他资料。

借款申请书的格式如图 5-7 所示。

借款申请书

单位:人民币万元　　外币万美元

借款人	西山服装厂	经济性质	国有	
开户银行	工商银行兴安办事处	营业执照号码	350600158846775	
结算帐户	8385769	注册资金	壹佰万元	
法定代表人	张健	电话	2855458	
借款人住所	西山路98号			
申请借款金额(大写)	伍万元整			
借款种类		借款期限	2017.9.1-2017.12.1	借款利率	7.2‰
借款方式		还款来源	销售收入	还款方式	

借款原因及用途:

由于近期流动资金周转较慢,流动资金较为紧张,因生产经营所需进行临时借款,用于购买生产材料。

申请单位:(公章)

法定代表人(授权代理人):签章

2017 年 9 月 1 日

图 5-7　借款申请书格式

(2)银行初审

银行必须对借款方的申请进行审查,以确定是否给予贷款。审查内容包括两个方面:

①形式审查。即检查"借款申请书"等有关内容的填写是否符合要求,有关的批准文件、计划是否具备等。

②实体审查。即检查"借款申请书"等有关内容是否真实、正确、合法。对符合贷款条件的岗位能力学习模块，可在"借款申请书"的审查意见栏内注明"同意贷款"字样。

③银行同意。

④借款人准备资料。

⑤银行派专人到借款人处调查了解情况。

⑥银行按规定逐级审查借款人提供的资料。

⑦签订借款合同。借款单位的借款申请，经银行审查同意后，借贷双方即可签订"借款合同"。在借款合同中，应明确规定贷款的种类、金额、用途、期限、利率、还款方式、结算办法和违约责任等条款，以及当事人双方商定的其他事项。

⑧银行发放贷款。

任务 3　银行结算业务的办理

一、支票业务办理

支票是银行的存款人签发给收款人办理结算或委托开户银行将款项支付给收款人的票据，分为现金支票和转账支票。现金支票可以转账，转账支票不能支取现金。

1.支票的主要内容

(1)表明"支票"的字样。

(2)无条件支付的委托。

(3)确定的金额。

(4)付款人名称。

(5)出票日期。

(6)出票人签章。

现金支票的票样如图 5-8 所示。

2.支票结算的基本规定

(1)支票的使用范围。按照规定，凡是在银行开立账户的企业、事业单位和机关、团体、部队、学校、个体经济户以及单位所附属食堂、幼儿园等，其在同一城市或票据交换地区的商品交易、劳务供应、债务清偿和其他款项结算等均可使用支票。

(2)除定额支票外，支票一律记名。经中国人民银行总行批准的地区的转账支票还允许背书转让，背书转让必须连续。

(3)支票金额起点为 100 元。

(4)支票的付款有效期为 10 天，从签发的次日算起，遇节假日顺延。过期支票作废，银行不予受理。

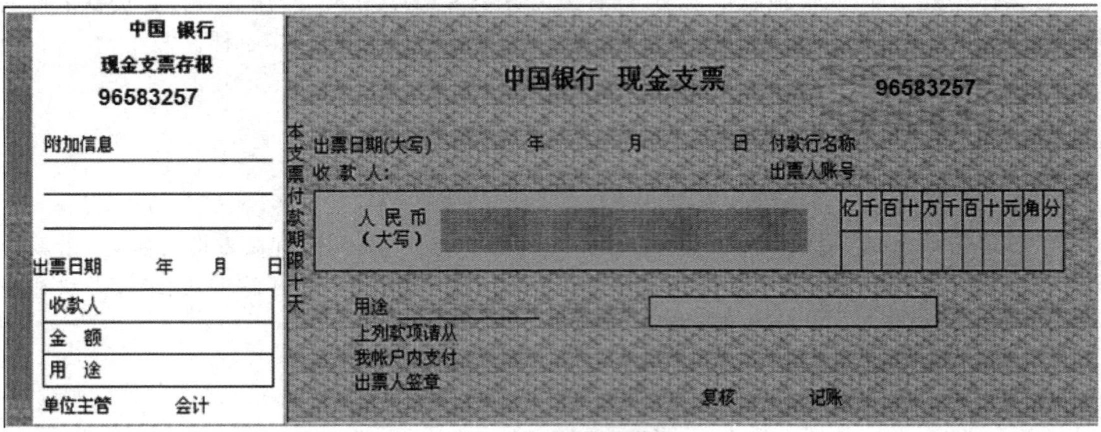

图 5-8　现金支票票样

（5）签发支票要用墨汁或碳素墨水（或使用支票打印机）认真填写；支票大小写金额和收款人三处不得涂改，其他内容如有改动须由签发人加盖预留银行印鉴之一证明。

（6）签发缺印鉴或错账号的支票及签发的支票印鉴不符、账号户名不符、密码号不符的，银行处百分之五但不低于 1 000 元的罚款。

（7）签发现金支票须符合现金管理规定。收款单位凭现金支票收取现金，须在支票背面加盖单位公章即背书，同时，收款单位到签发单位开户银行支取现金，应按银行规定交验有关证件。

（8）付款单位必须在其银行存款余额内签发支票，不得签发空头支票。空头支票是指签发的支票金额超过银行存款余额。签发空头支票要受到银行的处罚。对于签发空头支票，银行要处支票金额百分之五但不低于 1 000 元的罚金。如果屡次发生，银行根据情节给予警告或通报批评，直至停止签发支票。

（9）不准签发远期支票。远期支票是指签发当日以后日期的支票。因为签发远期支票容易造成空头支票，所以银行禁止签发远期支票。

（10）不准出租、出借支票。

（11）已签发的现金支票遗失，可以向银行申请挂失；挂失前已经支付的，银行不予受理。

已签发的转账支票遗失，银行不受理挂失，但可以请收款单位协助防范。

3.单位内部对支票结算的管理

为了避免发生丢失、被盗、空头等情况，防止由于管理不善而给单位带来经济损失，各单位应建立健全支票结算的内部控制制度，加强对支票结算的管理和控制，具体包括：

（1）支票的管理由财务部门负责，指定的出纳员专门负责，妥善保管，严防丢失、被盗。

（2）支票和预留银行印鉴、支票密码单应分别存放，专人保管。

（3）有关部门和人员领用支票一般必须填制专门的"支票领用单"，说明领用支票的用途、日期、金额，由经办人员签章，经有关领导批准。

（4）支票由指定的出纳员专人签发；出纳员根据经领导批准的"支票领用单"，按照规定要求签发支票，并在支票签发登记簿上加以登记。

（5）各单位不准携带盖好印鉴的空白支票外出采购。如果采购金额事先难以确定，实际情况又需用空白转账支票结算时，经单位领导同意后，出纳员可签发具有下列内容的空白支票：定时（填写好支票日期）、定点（填写好收款单位）、定用途（填写好支票用途）、限金额（在支票的右上角再加注"限额××元"字样）。

各单位签发空白支票要设置"空白支票签发登记簿"，实行空白支票领用销号制度，以严格控制空白支票的签发。"空白支票签发登记簿"一般应包括以下内容：领用日期、支票号码、领用人、用途、收款单位、限额、批准人、销号。领用人领用支票时要在登记簿"领用人"栏签名或盖章；领用人将支票的存根或未使用的支票交回时，应在登记簿"销号"栏销号并注明销号日期。

空白支票签发登记簿的基本格式如表 5-4 所示。

表 5-4　空白支票签发登记簿

领用日期	支票号码	用途	收款单位	限额	批准人	销号日期	备注

（6）建立、健全支票报账制度。单位内部领用支票的有关部门和人员应按规定及时报账，遇到特殊情况，与单位财务部门及时取得联系，以便财务部门能掌握支票的使用情况，合理地安排使用资金。

（7）为避免签发空头支票，各单位财务部门要定期与开户银行核对往来账，了解未达账项情况，准确掌握和控制其银行存款余额，从而为合理地安排生产经营等各项业务提供决策信息。

（8）为避免收受空头支票和无效支票，各单位应建立收受支票的审查制度。为防止发生诈骗和冒领，收款单位一般应规定必须在收到支票几天（如三天、五天）后才能发货，以便有足够的时间将收受的支票提交银行，办妥收账手续。遇到假日相应推后发货时间，以防不法分子利用假日银行休息、无法办妥收账手续进行诈骗。

（9）一旦发生支票遗失，立即向银行办理挂失或者请求银行和收款单位协助防范。

4.支票结算的基本程序

（1）现金支票结算程序

①开户单位用现金支票提取现金时，由本单位出纳人员签发现金支票并加盖银行预留印鉴后，到开户银行提取现金。

②开户单位用现金支票向外单位或个人支付现金时，由付款单位出纳人员签发现金支票，并加盖银行预留印鉴后交收款人。

③收款人持现金支票到付款单位开户银行提取现金，并按照银行的要求交验有关证件。

（2）转账支票结算程序

①付款人按应支付的款项签发转账支票后交收款人，凭支票存根贷记"银行存款"账户，借记对应账户。

②收款人审查无误后，填制一式两联进账单连同支票一并送交本单位开户银行。

③银行经审查无误后，在进账单的回单上加盖银行印章，退回收款人，作为收款人入账的凭据，收款人据此借记"银行存款"账户，贷记对应账户。

④另一联和支票银行留存，作为划转款项和记账凭据。

5.签发与办理现金支票

现金支票有两种，一种是支票上印有"现金"字样的现金支票，现金支票只能用于支取现金；另一种是未印有"现金"或"转账"字样的普通支票，普通支票可以用于支取现金，也可以用于转账。各单位使用现金支票或普通支票（以下均称现金支票）时，必须按《现金管理暂行条例》中的现金使用范围及有关要求办理。

（1）签发现金支票必须写明收款单位名称或收款人姓名，并只准收款方或签发单位持票向银行提取现金或办理转账结算，不得将现金支票流通。

（2）签发现金支票首先必须查验银行存款是否有足够的余额，签发的支票金额必须在银行存款账户余额以内，不准超出银行存款账户余额签发空头支票。对签发空头支票或印章与预留印鉴不符的支票，银行除退票外并按票面金额处以5%但不低于1 000元的罚款。持票人有权要求出票人赔偿支票金额2%的赔偿金。对屡次签发的，银行可根据情节给予警告、通报批评，直至停止向收款人签发支票。

（3）签发现金支票不得低于银行规定的金额起点，起点以下的用库存现金支付。支票金额起点为100元，但结清账户时，可不受其起点限制。

（4）要严格执行支票有效期限的规定。支票付款的有效期限为5天。有效期限从签发支票的次日算起，到期日如遇到假日顺延。过期支票作废，银行不予受理。签发支票必须填写当日日期，不得签发远期支票。

（5）支票的持票人应当自出票日起10日内提示付款，异地使用的支票，其提示付款的期限由中国人民银行另行规定。超过提示付款期限的，付款人可以不予付款。

　　(6)各单位在填写现金支票时,应按有关规定认真填写支票中的有关栏目。现金支票需填写的内容有收款人和开户银行名称、支票号码、签发日期、签发人账号、大小写金额、用途等岗位能力学习模块,填写时必须要素齐全,内容真实,数字正确,字迹清晰、不潦草、不错漏,做到标准、规范,防止涂改。签发支票应使用墨汁或碳素墨水填写,未按规定填写,被涂改冒领的,由签发入负责。支票大小写金额和收款人不得更改。其他内容如有更改,必须由签发人加盖预留银行印鉴之一证明。

　　现金支票的填制说明(如图 5-9、5-10 所示):

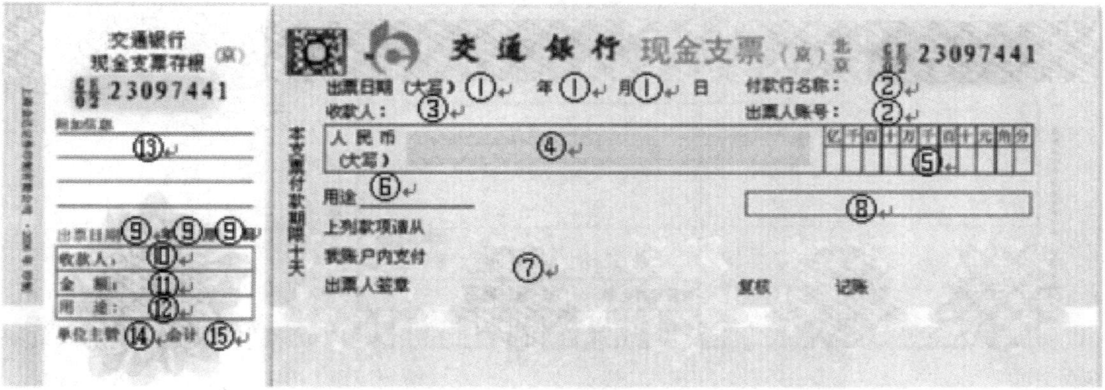

图 5-9　支票正面

　　①填写出票日期,出票日期必须使用中文大写,不得更改。月为壹、贰和壹拾的,应在其前加"零"。日为壹至玖和壹拾、贰拾和叁拾的,应在其前加零";日为拾壹至拾玖的,应在其前加"壹"。

　　②填写付款行名称和出票人账号,即出票人的开户银行名称及存款账户的账号。

　　③填写收款人全称,不得更改。

　　④填写人民币大写金额,不得更改,大写金额数字应紧接"人民币"字样填写,不得留有空白。

　　⑤填写小写金额,不得更改,大小写金额必须一致,小写金额前面加人民币符号"￥"。

　　⑥填写款项的用途,必须符合国家现金管理的规定。

　　⑦出票人签章,即出票人预留银行的签章。

　　⑧需要使用支付密码时,填写支付密码。

　　⑨存根联的出票日期与正联一致,用小写。

　　⑩存根联的收款人与正联一致,可简写。

　　⑪存根联的金额与正联一致,用小写。

⑫存根联的用途,与正联一致。

⑬需要时填写附加信息,如:预算单位办理支付结算业务,填写"附加信息代码",与背面一致。

⑭单位主管审批签章。

⑮会计人员签章。

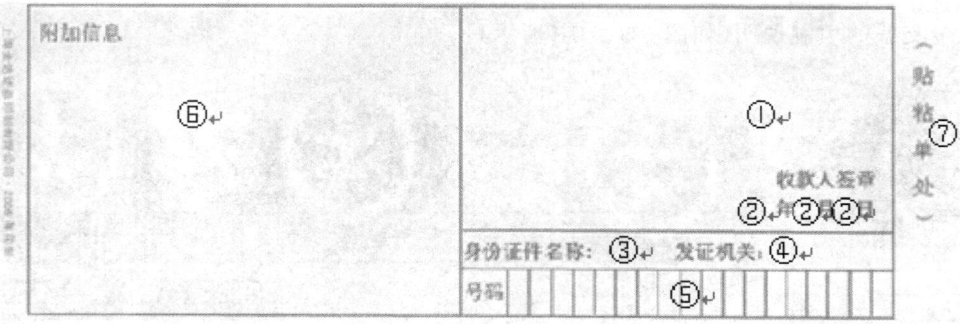

图 5-10　支票背面

①收款人签章,若收款人为本公司,则加盖预留银行的签章;收款人为个人,则为个人的签名或盖章。

②填写提示付款日期。

③若收款人为个人,需填写提交的身份证件名称。

④若收款人为个人,需填写提交的身份证件的发证机关。

⑤若收款人为个人,需填写身份证件号码。

⑥附加信息,如:预算单位办理支付结算业务填写"附加信息代码",非必要记载事项。

⑦票据凭证不能满足背书人记载事项的需要,可以加附粘单,粘附于票据凭证上。粘单上的第一记载人,应当在汇票和粘单的粘接处签章。

6.签发与办理转账支票

转账支票是在同城的两个单位进行往来结算时使用的银行支付方式。

转账支票的票样如图 5-11 所示。

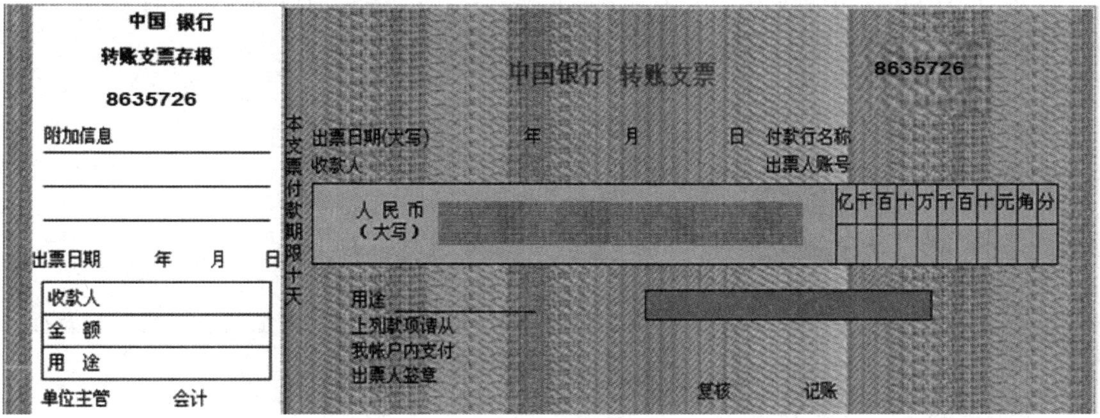

图 5-11　转账支票票样

转账支票填制说明(如图 5-12、5-13 所示)：

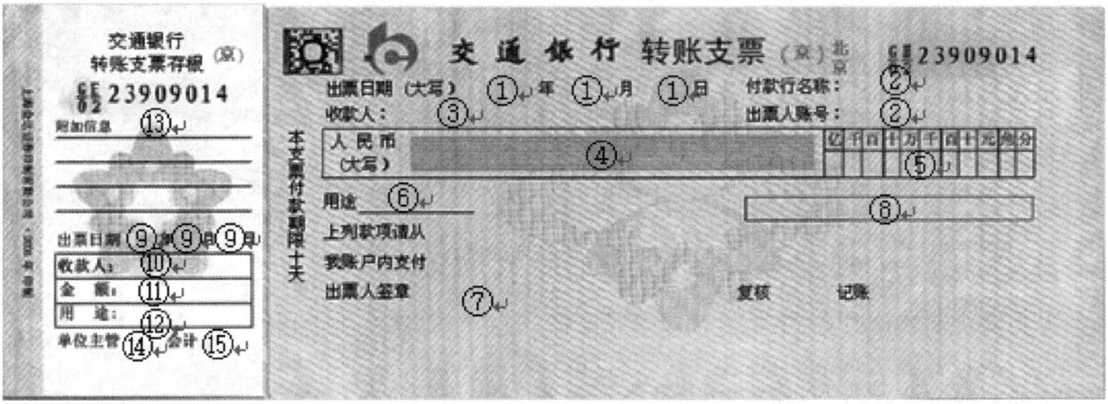

图 5-12　转账支票正面

①填写出票日期，出票日期必须使用中文大写，不得更改。月为壹、贰和壹拾的，应在其前加"零"；日为壹至玖和壹拾、贰拾和叁拾的，应在其前加"零"；日为拾壹至拾玖的，应在其前加"壹"。

②填写付款行名称和出票人账号，即出票人的开户银行名称及存款账户的账号。

③填写收款人全称，不得更改。

④填写人民币大写金额，不得更改。大写金额数字应紧接"人民币"字样填写，不得留有空白。

⑤填写小写金额,不得更改。大小写金额必须一致,小写金额前面加人民币符号"¥"。

⑥填写款项的用途。

⑦出票人签章,即出票人预留银行的签章。

⑧需要使用支付密码时,填写支付密码。

⑨存根联的出票日期与正联一致,用小写。

⑩存根联的收款人与正联一致,可简写。

⑪存根联的金额与正联一致,用小写。

⑫存根联的用途与正联一致。

⑬需要时填写附加信息,如:预算单位办理支付结算业务,填写"附加信息代码",与背面一致。

⑭单位主管审批签章。

⑮会计人员签章。

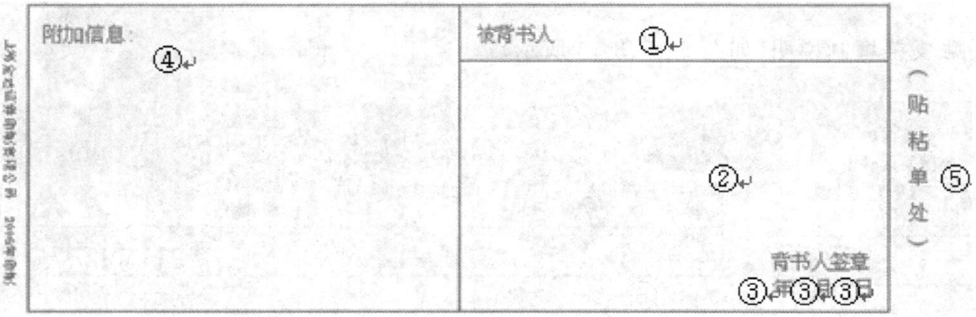

图 5-13　转账支票背面

①支票背书转让时,需填写被背书人的全称。

②支票背书转让时,背面加盖预留银行的签章。

③支票背书转让时,记载背书日期,可用小写;未记载日期的,视为在票据到期日前背书。

④填写附加信息,如:预算单位办理支付结算业务,填写"附加信息代码",非必要记载事项。

⑤票据凭证不能满足背书人记载事项的需要,可以加附粘单,粘附于票据凭证上。粘单上的第一记载人,应当在汇票和粘单的粘接处签章。

转账支票的签发及办理与现金支票基本相同。不同的是,经中国人民银行总行批准的地区,转账支票可以背书转让。转账支票的收账手续不同,收款单位在收到转账支票时,除审核有关岗位能力学习模块外,需填制进账单(如图 5-14),连同转账支票送交开户银行,并根据银行退回的加盖银行印章的进账单第一联(回单)编制收款凭证,出纳人员据以登记银行存款日记账。在日常业务中,有时付款单位签发支票后,同时代收款单位填制银行进账单,将支票连

（中国光大银行）进账单（回单）　1

2017 年 12 月 15 日

付款人	全称	北京惠源有限责任公司	收款人	全称	北京朝阳工具厂
	账号	43001661400050001276		账号	31001664100050001253
	开户行	中国光大银行北京分行		开户行	中国建设银行北京分行
金额	人民币（大写）贰万零伍佰陆拾肆元伍角整			亿千百十万千百十元角分	¥2056450
票据种类	转账支票		中国光大银行北京分行 转讫章		
票据张数	1张				开户银行签章
复核　记账					

此联是开户银行交给持票人的回单

图 5-14

同进账单一并送交银行后，将银行盖章的进账单第一联送交收款单位，收款单位可据以编制凭证，出纳人员据以登记银行存款日记账。

7.处理收到的转账支票

收款单位出纳员收到付款单位交来的支票后，首先应对支票进行审查，以免收进假支票或无效支票。对支票的审查应包括如下内容：

(1)支票填写是否清晰，是否用墨汁或碳素墨水填写；

(2)支票的各项内容是否填写齐全，是否在签发单位盖章处加盖单位印鉴，大小写金额和收款人有无涂改，其他内容如有改动是否加盖了预留银行印鉴；

(3)支票收款单位是否为本单位；

(4)支票大小写金额填写是否正确，两者是否相符；

(5)支票是否在付款期内；

(6)背书转让的支票其背书是否正确，是否连续。

收款单位出纳员对受理的转账支票审查无误后，即可填制一式两联进账单，连同支票一并送交其开户银行。开户银行审核无误后即可在进账单第一联上加盖“转讫”章退回收款单位。收款单位根据银行盖章退回的进账单第一联编制银行存款收款凭证。

进账单的填制说明(如图 5-15 所示)：

①填写办理业务的日期；

②填写付款人的全称，与票据内容一致；

③填写付款人的账号，与票据内容一致；

④填写付款人开户银行的信息，与票据内容一致；

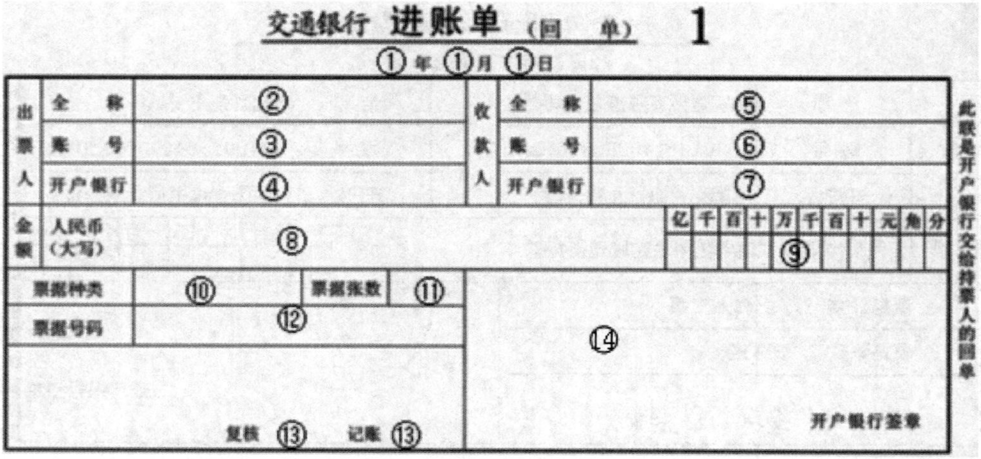

图 5-15

⑤填写收款人全称,与票据内容一致;

⑥填写收款人的账号,与票据内容一致;

⑦填写收款人开户银行的信息,与票据内容一致;

⑧填写人民币大写金额,不得更改,大写金额数字应紧接"人民币"字样填写,不得留有空白;

⑨填写小写金额,不得更改,大小写金额必须一致,小写金额前面加人民币符号"￥";

⑩填写票据的种类,如转账支票、银行汇票等;

⑪填写提交的票据的张数;

⑫填写提交的票据的号码;

⑬银行受理后加盖相关印章;

⑭相关经办人员的签章。

付款单位签发支票直接送开户银行办理款项划拨的,财务部门应填制一式两联进账单,在进账单上,本单位为付款人,对方单位为收款人。填制完后连同转账支票一并送本单位并户银行。银行接到转账支票和进账单后按规定进行审查,审查无误后在支票和两联进账单上加盖"转讫"章,将进账单第一联作为收账通知送收款单位,收款单位收到银行转来的进账单第一联后,编制银行存款收款凭证,其会计分录同上。

转账支票的格式如图 5-16 所示。

8.支票结算方式下处理银行退票

按照规定,银行对签发人或收款人提交的现金支票和转账支票必须进行严格的审查,对付款单位存款数额不足以支付票款(空头支票)或者支票填写不合规定等情况,银行将按规定予

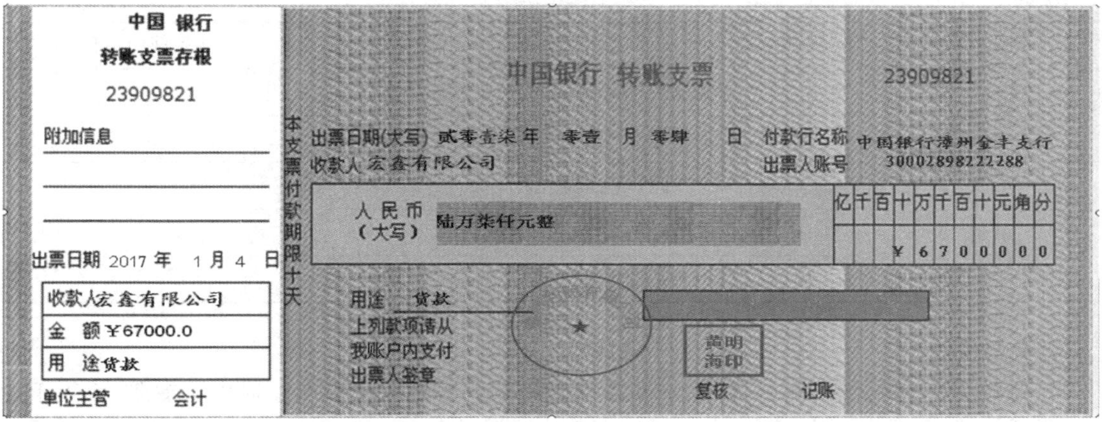

图 5-16

以退票。所谓退票就是指银行认为该支票的款项不能进入收款人账户而将支票退回。银行将
出具"退票理由书",连同支票和进账单一起退给签发人或收款人。"退票理由书"的基本格式
如表 5-5 所示。收款人收到银行退回的支票后,应立即与付款人进行联系,并作出相应的账务
处理。

表 5-5　退票理由书

年　月　日

出票单位　　　　　　　　　　　　　　　　票据号码

项　目	内　容	退票理由(打√号)
账户款项不足	存款不足	
	超过放款批准额度或经费限额	
内容填写	金额大小写不全、不清楚	
	未填写收款单位或收款人	
	未填写款项用途或用途填写不明	
	按国家规定不能支付的款项	
日期	出票日期已过有效期限	
	非即期支票	
背书签字	背书人签章不清、不全、空白	
	背书人签章与预留银行印鉴不符	

续表

项 目	内 容	退票理由(打√号)
涂改	支票大小写金额或收款人名称涂改	
	日期、账号等涂改处未盖预留银行印鉴证明	
其他	此户已结清,无此账户	
	已经出票人申请止付	
	非本行承付支票	

9.支票遗失

支票作为一种同城结算工具,其主要功能是用来代替现金流通的。遗失了支票,就等于遗失了货币资金,可能给单位或集体带来经济损失。但支票毕竟不是现金,只要正确、及时采取有效措施,是可以避免经济损失的。这里所说的有效措施是指:一是及时到开户银行挂失止付,二是请求有关单位协助防范。

已经签发的普通支票和现金支票,如因遗失、被盗等原因而丧失的,应立即向银行申请挂失。

(1)出票人已经签发的、内容齐备的可以直接支取现金的支票遗失或被盗等,应当出具公函或有关证明,填写两联挂失申请书(可以用进账单代替),加盖预留银行的签名式样和印鉴,向开户银行申请挂失止付。银行查明该支票确未支付,经收取一定的挂失手续费后受理挂失,在挂失人账户中用红笔注明支票号码及挂失的日期。

支票挂失办理如图 5-17 所示。

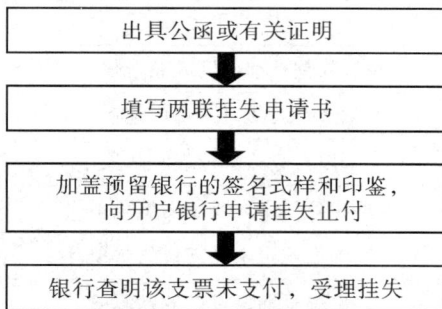

```
┌─────────────────────┐
│   出具公函或有关证明    │
└─────────────────────┘
          ↓
┌─────────────────────┐
│    填写两联挂失申请书    │
└─────────────────────┘
          ↓
┌─────────────────────┐
│ 加盖预留银行的签名式样和印鉴,│
│   向开户银行申请挂失止付   │
└─────────────────────┘
          ↓
┌─────────────────────┐
│ 银行查明该支票未支付,受理挂失 │
└─────────────────────┘
```

图 5-17

(2)收款人收受的可以直接支取现金的支票遗失或被盗等,也应当出具公函或有关证明,填写两联挂失止付申请书,经付款人签章证明后,到收款人开户银行申请挂失止付。其他有关手续同上。同时,依据《票据法》第 15 条第 3 款规定:"失票人应当在通知挂失止付后 3 月内,也可以在票据丧失后,依法向人民法院申请公示催告,或者向人民法院提起诉讼。"即可以背书转让的票据的持票人在票据被盗、遗失或灭失时,须以书面形式向票据支付地(即付款地)的基层人民法院提出公示催告申请。在失票人向人民法院提交的申请书上,应写明票据类别、票面金额、出票人、付款人、背书人等票据主要内容,并说明票据丧失的情形,同时提出有关证据,以证明自己确属丧失票据的持票人,有权提出申请。

失票人在向付款人挂失止付之前,或失票人在申请公示催告以前,票据已经由付款人善意付款的,失票人不得再提出公示催告的申请,付款银行也不再承担付款的责任。由此给支票权利人造成的损失,应当由失票人自行负责。

10.使用支票结算应注意的问题

(1)存款人向开户银行领支票时,必须填写"支票领用单"并加盖预留银行印鉴章。经银行核对印鉴章相符后,根据规定收取工本费和手续费,发给空白支票,并在支票登记簿上注明领用日期、存款人名称、支票起止号码,以备查对。

银行出售支票每个账户一次只能认购一本,业务量大的可适当放宽。出售时应在每张支票上加盖本行行名和存款人账号。

单位撤销、合并结清账户时,应将剩下的空白支票,填列一式两联清单,全部都交同银行注销。清单一联由银行盖章后退交存款人,另一联作为清户传票附件。

(2)要严格控制携带空白支票外出采购。对预先不能确定采购物资的单价、金额的,经单位领导批准,可将已填明收款人名称和签发日期、明确款项用途和款项限额的支票交给采购人员,使用支票人员回单位后必须及时向财务部门结算。

款项限额的办法是在支票正面用文字注明最高限额,并在小写金额栏内用"￥"填写数位。

(3)支票应由财会人员或使用人员签发,不得将支票交收款人代为签发。支票存根要同其他会计凭证一起谨慎保管。

(4)收款人在接受付款人交来的支票时,应注意审核下列内容:支票收款人或被背书人是否确为本收款人;支票签发人及其开户银行的属地是否在本结算区内;支票签发日期是否在付款期内;大小写金额是否相符;背书转让的支票其背书是否连续,有无"不准转让"字样;支票是否根据规定用墨汁或碳素墨水填写;大小写金额、签发日期和收款人名称有无更改;其他内容更改后是否加盖印鉴证明;签发人盖章是否齐全等。

(5)对持支票前来购货的购货人必须查明身份,验明有关证件。为了避免发生诈骗、冒领或收受空头支票,收款人或被背书人接受支票时,可检查持支票人的身份证,摘录身份证号码并问明联系电话等。通常情况下应将受理的支票及时送存银行,待银行将款项收妥并存入本单位账户后再行发货。

二、银行汇兑业务办理

1.汇兑的概念

汇兑是汇款人委托银行将款项汇给外地收款人的结算方式。汇兑适用于异地单位、个体经济户和个人各种款项的结算。

根据划转款项的不同方法及传递方式的不同，汇兑可以分为信汇和电汇两种，由汇款人自行选择。

汇兑结算不受金额起点的限制，也就是说，不论汇款金额多少，均可以办理信汇和电汇结算。

2.信汇的结算方式

信汇是汇款人向银行提出申请，同时交存一定的金额及手续费，汇出行将信汇委托书以邮寄方式寄给汇入行，授权汇入行向收款人支付一定金额的一种汇兑结算方式。

采用信汇的，汇款单位出纳人员应填制一式四联“信汇凭证”。“信汇凭证”第一联为“回单”，是汇出行受理信汇凭证后给汇款人的回单；第二联为“支款凭证”，是汇款人委托开户银行办理信汇时转账付款的支付凭证；第三联为“收款凭证”，是汇入行将款项汇入收款人账户后的收款凭证；第四联为“收账通知或取款收据”，是给直接记入收款人账户后通知收款人的收款通知，或给不直接记入账户的收款人凭以领取款项的取款收据。

信汇回单如图 5-18 所示。

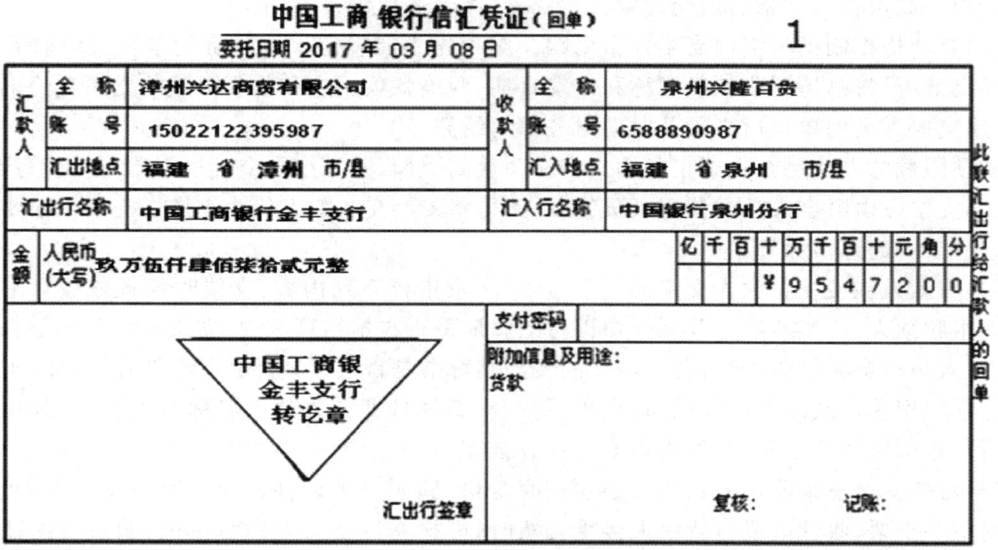

中国工商 银行信汇凭证（回单） 1

委托日期 2017 年 03 月 08 日

汇款人	全　称	漳州兴达商贸有限公司	收款人	全　称	泉州兴隆百货
	账　号	15022122395987		账　号	6588890987
	汇出地点	福建 省 漳州 市/县		汇入地点	福建 省 泉州 市/县
汇出行名称		中国工商银行金丰支行	汇入行名称		中国银行泉州分行
金额	人民币（大写）	玖万伍仟肆佰柒拾贰元整	亿千百十万千百十元角分		¥9547200
中国工商银金丰支行转讫章		汇出行签章	支付密码		
			附加信息及用途：贷款		复核：　记账：

此联汇出行给汇款人的回单

图 5-18

信汇凭证填制说明（如图 5-19 所示）：

①填写委托日期，用小写数字。委托日期是指汇款人向汇出银行提交汇兑凭证的当日。

②填写汇款人全称。

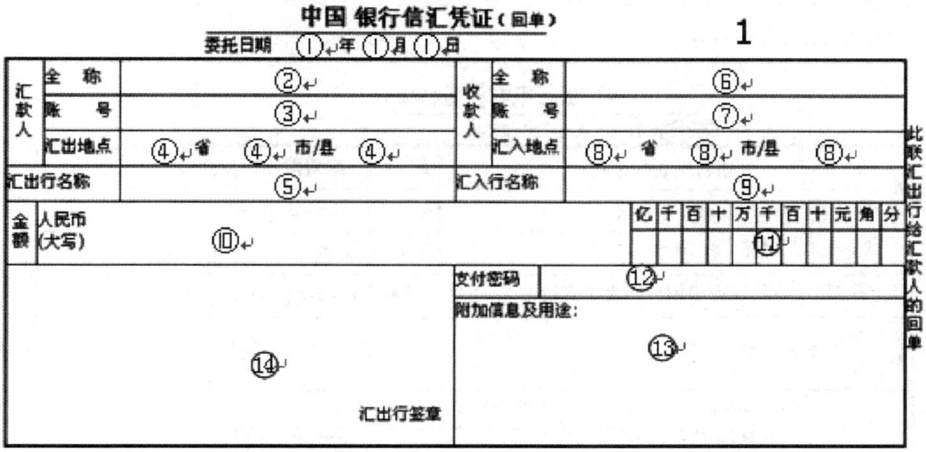

图 5-19

③填写汇款人的账号,在银行开立存款账户的,必须记载其账号。

④填写汇款人汇出地点的。

⑤填写汇出行的全称或规范化简称。

⑥填写收款人全称。

⑦填写收款人的账号,在银行开立存款账户的,必须记载其账号。

⑧填写汇入地点的信息。

⑨填写汇入行的全称或规范化简称。

⑩填写人民币大写金额,不得更改;大写金额数字应紧接"人民币"字样填写,不得留有空白;汇款人和收款人均为个人;需要在汇入银行支取现金的,应在信汇凭证的"汇款金额"大写栏先填写"现金"字样,后填写汇款金额。

⑪填写小写金额不得更改,大小写金额应一致,前面要加"¥"符号。

⑫需使用支付密码时,输入 16 位支付密码。

⑬此栏的各联次有所不同,第一联为汇出行签章,第二联为汇款加盖银行的预留印鉴,第四联为汇入行签章。

⑭填写附加信息及汇款用途。附加信息如预算单位办理支付结算业务,需填写"附加信息代码"。

3.电汇的结算方式

电汇是汇款人将一定款项交存汇款银行,汇款银行通过电报或电传给目的地的分行或代理行(汇入行),指示汇入行向收款人支付一定金额的一种汇款方式。

电汇凭证一式三联,第一联为"回单",是汇出行给汇款人的回单;第二联为"支款凭证",为汇出银行办理转账付款的支款凭证;第三联为“发电依据”,汇出行凭此向汇入行拍发电报。

电汇回单如图 5-20 所示。

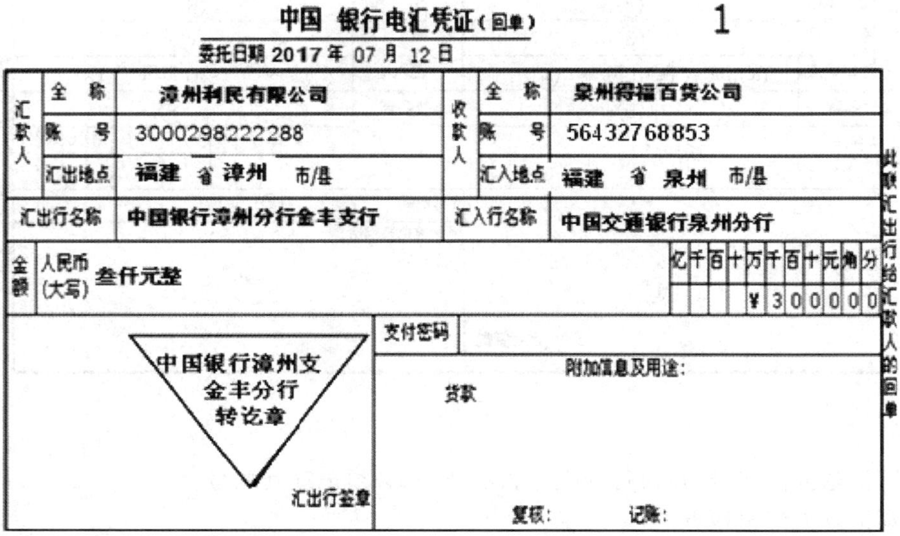

中国 银行电汇凭证(回单) 1

委托日期 2017 年 07 月 12 日

汇款人	全称	漳州利民有限公司	收款人	全称	泉州得福百货公司
	账号	3000298222288		账号	56432768853
	汇出地点	福建 省 漳州 市/县		汇入地点	福建 省 泉州 市/县
汇出行名称		中国银行漳州分行金丰支行	汇入行名称		中国交通银行泉州分行
金额	人民币(大写)	叁仟元整	亿千百十万千百十元角分		¥300000
中国银行漳州支金丰分行转讫章		汇出行签章	支付密码		
			附加信息及用途: 货款		复核: 记账:

此联汇出行给汇款人的回单

图 5-20

汇款人办理电汇时应填写电汇凭证一式三联(格式与信汇相同),送交本单位开户银行办理电汇。银行受理后,将第一联回单退给汇款人记账,留下第二联支款凭证用于银行汇账,依据第一联编制电划代收报单并向收款银行拍发电报。收款银行收到电报后,签发电划代收补充报单一式三联,将第三联传给收款人。收款人凭代收报单第三联进行账务处理。账务处理方法同信汇结算一样。

电汇凭证填制说明(如图 5-21 所示):

①填写委托人委托银行电汇的日期,日期不得更改;

②填写汇款的单位或个人的全称、账号(若汇款人有在银行开立存款账户的,必须记载其账号)、款项的汇出地点(具体到市县);

③填写收款的单位或个人的全称(收款人的名称不得更改)、账号(若汇款人有在银行开立存款账户的,必须记载其账号)、款项的汇入地点(具体到市县);

④汇出行的名称,银行的名称应当记载全称或者规范化简称;

⑤汇入行的名称,银行的名称应当记载全称或者规范化简称;

⑥大写填写人民币的汇出金额,若汇款人和收款人均为个人,且需要在汇入银行支取现金的,应先填写“现金”字样,金额不得更改;

⑦填写阿拉伯数码金额,与中文大写金额必须一致,小写金额前应填写人民币符号“¥”;

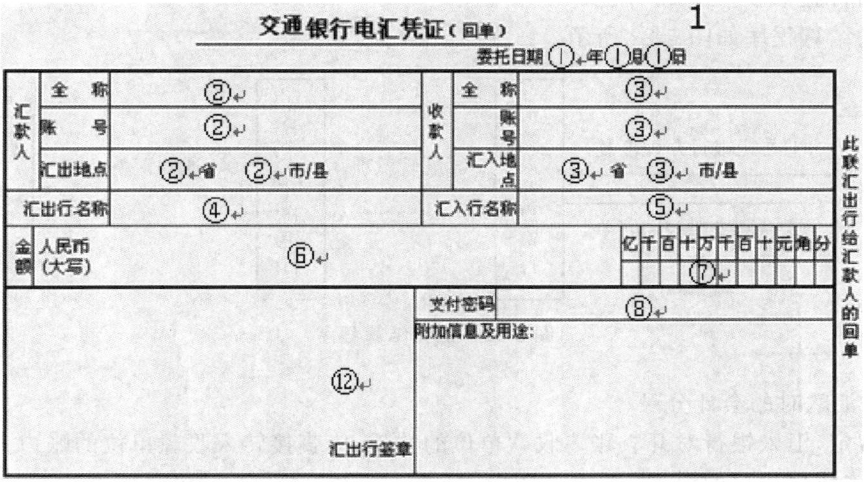
1
交通银行电汇凭证（回单）
委托日期 ①年①月①日
汇款人 全称 ②　账号 ②　汇出地点 ②省 ②市/县
收款人 全称 ③　账号 ③　汇入地点 ③省 ③市/县
汇出行名称 ④　汇入行名称 ⑤
金额 人民币（大写） ⑥　亿 千 百 十 万 千 百 十 元 角 分 ⑦
支付密码 ⑧
附加信息及用途：
⑫
汇出行签章
此联汇出行给汇款人的回单

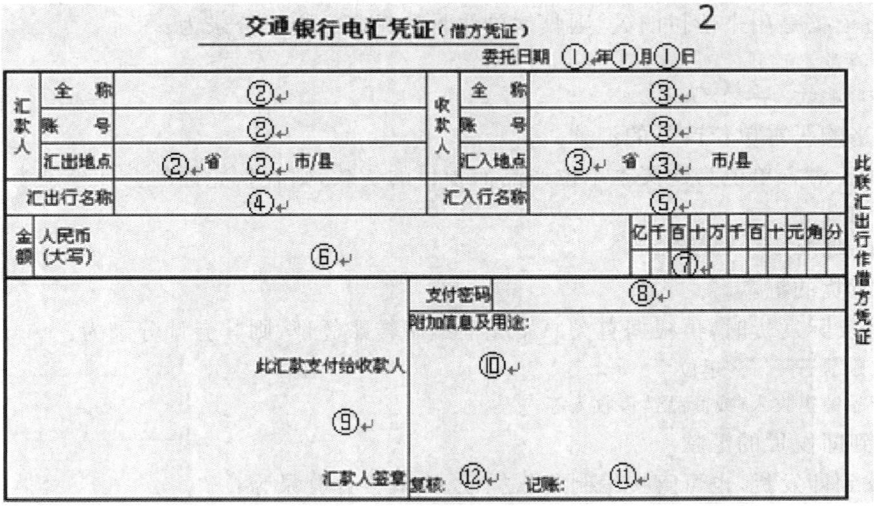
2
交通银行电汇凭证（借方凭证）
委托日期 ①年①月①日
汇款人 全称 ②　账号 ②　汇出地点 ②省 ②市/县
收款人 全称 ③　账号 ③　汇入地点 ③省 ③市/县
汇出行名称 ④　汇入行名称 ⑤
金额 人民币（大写） ⑥　亿 千 百 十 万 千 百 十 元 角 分 ⑦
支付密码 ⑧
附加信息及用途：⑩
此汇款支付给收款人
⑨
汇款人签章　复核：⑫　记账：⑪
此联汇出行作借方凭证

图 5-21

⑧使用支付密码的，在此处填写支付密码；

⑨汇款人加盖预留银行印鉴；

⑩填写款项的用途，收款人为个人且未开立账户的，需要到汇入银行领取汇款，应注明“留行待取”字样；

⑪记账人记账并签章；

⑫复核人复核并签章；

⑬汇出行签章。

汇兑的结算程序如图 5-22 所示。

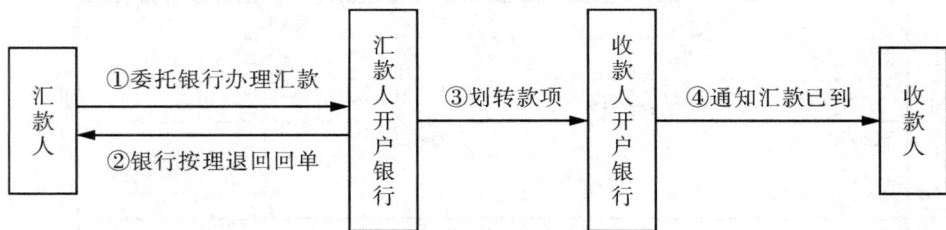

图 5-22　汇兑结算程序

4.领取汇款时的会计分录

按照规定,汇入银行对开立账户收款单位的款项,应直接转入收款单位的账户。

(1)用来偿付旧欠的汇款

如对方汇款是用来偿付旧欠,则收款单位收款凭证的会计分录为:

借:银行存款

　　贷:应收账款——××单位

(2)用来购买本单位产品的汇款

如果属于对方单位为购买本单位产品而预付的货款,则收款凭证的会计分录为:

借:银行存款

　　贷:预收账款——××单位

(3)待发货的汇款

如果待实际发货时,再根据有关原始凭证编制转账凭证,则其会计分录为:

借:预收账款——××单位

　　贷:产品销售收入(或商品销售收入等)

(4)款到即发货的汇款

如果款到即发货,也可直接编制收款凭证,则其会计分录为:

借:银行存款

　　贷:产品销售收入(或商品销售收入等)

5.退汇时的处理办法

汇款人对汇出的款项要求退汇时,应出具正式函件,说明要求退汇的理由或本人身份证明和原信、电汇凭证回单,向汇出银行办理退汇。汇出银行审查后,通知汇入银行,经汇入银行查实款项确未解付,方可办理退汇。如汇入银行回复款项已经解付或款项已直接汇入收款人账户,则不能办理退汇。

此外,汇入银行对于收款人拒绝接受的汇款,应立即办理退汇。汇入银行对从发出取款通知之日起,两个月内仍无法交付的款项,可主动办理退汇。汇款单位根据银行退回的信、电汇凭证第一联,根据不同情况编制记账凭证。

三、银行汇票业务办理

1.银行汇票的概念

银行汇票,就是汇款人将款项交存当地银行,由银行签发给汇款人持往异地办理转账结算或支取现金的票据。凡在银行开立账户的单位、个体经营户和未在银行开立账户的个人,都可以向银行申请办理银行汇票,而且也都叫以受理银行汇票。它适用于异地单位、个体经营户、个人之间需要支付的各种款项。

2.银行汇票的特点

(1)票随人到,用款及时。银行汇票可由付款人带至异地办理付款,便于单位和个人的急需用款。

(2)付款有保证。因为银行汇票是以银行信用做保证的,所以在使用银行汇票进行结算时,通常不会出现"空头"和无款支付的情况。

(3)使用灵活。持票人不仅可一笔转账,也可分次付款,还可按照需要,通过银行办理转汇,持票人也可将银行汇票背书转让。

(4)兑现性强。异地付款需支付现金时,只要在汇款时间向银行说明用途或以现金交汇,由汇出银行在签发银行汇票"汇款金额"栏大写金额前注明"现金"字样,就可以在兑付银行支取现金。这样,既可避免长途携带现金的不便,又可保证现金的安全。

(5)购物方便。持票人可持票购物,收款人可见票发货,按货收款,余款退回,做到钱货两清。避免了不合理的预付款,做到了一次结清。

(6)信用度高,安全可靠。银行汇票是银行在收到汇款人款项后签发的支付凭证,因而具有较高的信誉。银行保证支付,收款人持有票据,可以安全及时地到银行支取款项。而且,银行内部有一套严密的处理程序和防范措施,只要汇款人和银行认真按照汇票结算的规定办理,汇款就能保证安全。一旦汇票丢失,如果确属现金汇票,汇款人可以向银行办理挂失,填明收款单位和个人,银行可以协助防止款项被他人冒领。

(7)结算准确,余款自动退回。一般而言,购货单位很难确定具体的购货金额,因而出现汇多用少的情况是不可避免的。在有些情况下,多余款项往往长时间得不到清算,从而给购货单位带来不便和损失。而使用银行汇票结算则不会出现这种情况,单位持银行汇票购货,凡在汇票的汇款金额之内的,可根据实际采购金额办理支付,多余款项将由银行自动退回,这样可以有效地防止交易尾欠的发生。

3.银行汇票结算的程序

银行汇票付款期限为自出票日起 1 个月。一般来说,银行汇票结算大致可分为申办银行汇票、持票结算、兑付款项和结清余额四个阶段。

银行汇票结算的步骤如图 5-23 所示。

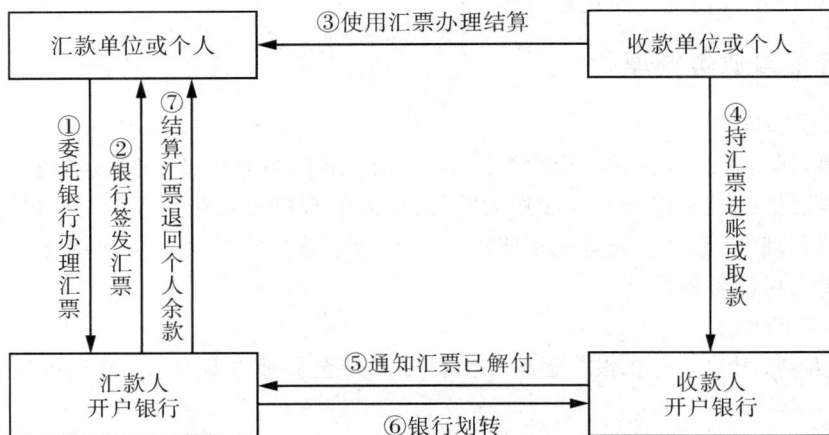

图 5-23　银行汇票结算的步骤

（1）申办银行汇票。汇款人办理银行汇票时,应先填写"银行汇票申请书"一式三联,送本单位开户银行申请办理签发银行汇票(本单位开户银行不能办理银行汇票的,应将款项转交附近签发银行汇票的银行办理,未存该银行开户的应同时交付现金)。银行受理后,收妥款项,签发银行汇票一式四联,将第二联汇票和第三联解汇通知等交给汇款人。申请人或收款人为单位的,不得在"银行汇票申请书"上填明"现金"字样。

（2）持票结算。汇款人在汇款金额内,根据实际需要的款项办理结算,并将实际结算金额和多余金额准确、清晰地填入银行汇票和解汇通知的有关栏内,交给收款人。

（3）兑付款项。收款人持银行汇票和解汇通知,并填写进账单一式二联,一并送本单位开户银行办理入账手续。

（4）结清余额。收款人按实际结算金额办理入账后,银行将多余款项转给汇款人,由汇款人收回余款。

银行汇票申请书格式如图 5-24、5-25、5-26 所示。

银行汇票申请书填制说明:

①小写填写银行汇票的申请日期。

②汇票申请书的编号,已预先印制。

③填写申请银行汇票的单位或个人。

④填写收款的单位或个人。

⑤分别填写申请人与收款人的账号或地址,在银行开立存款账户的,必须记载其账号。

⑥填写申请银行汇票的用途,如用于支付材料款等。

⑦填写代理付款行的名称。

⑧汇款人和收款人均为个人,需要支取现金的,应填写"现金"字样,金额以中文大写和阿

拉伯数码同时记载,二者必须一致。

　　⑨申请人签章,在签发银行开立账户的,应在"银行汇票申请书"第二联上加盖单位预留银行印鉴;备注:记录与申请汇票相关的补充资料。

　　⑩填写相应科目。

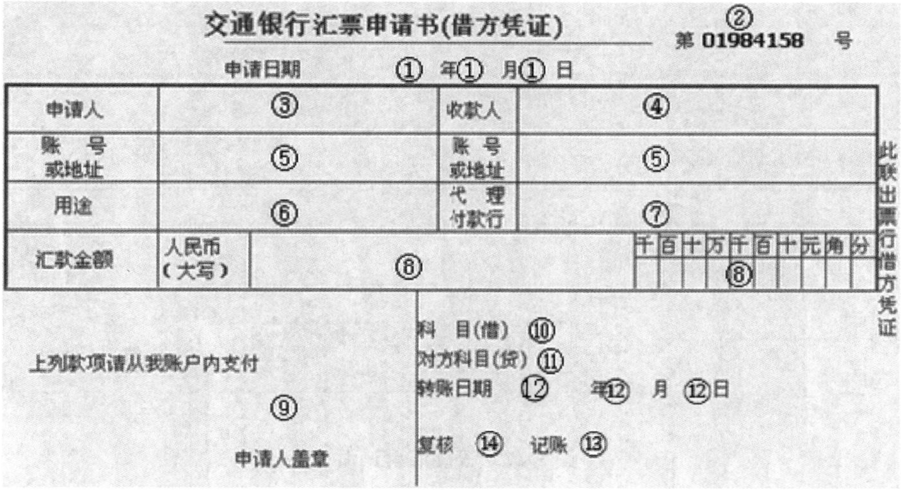

　　⑪填写对方科目。

　　⑫银行转账的日期。

　　⑬记账人记账并签章。

　　⑭复核人员复核并签章。

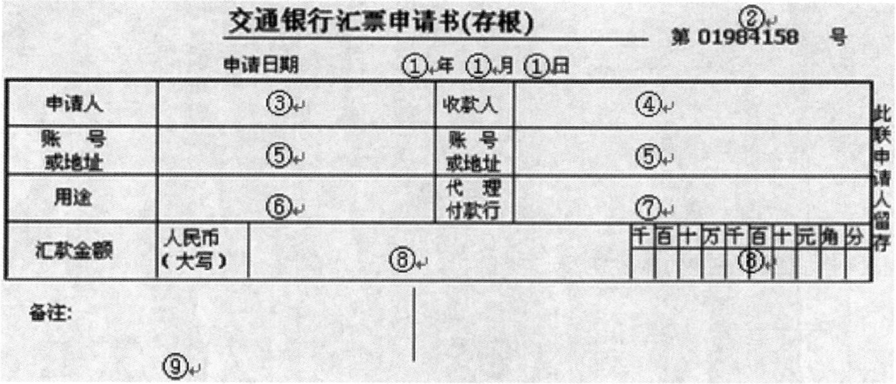

图 5-24

图 5-25

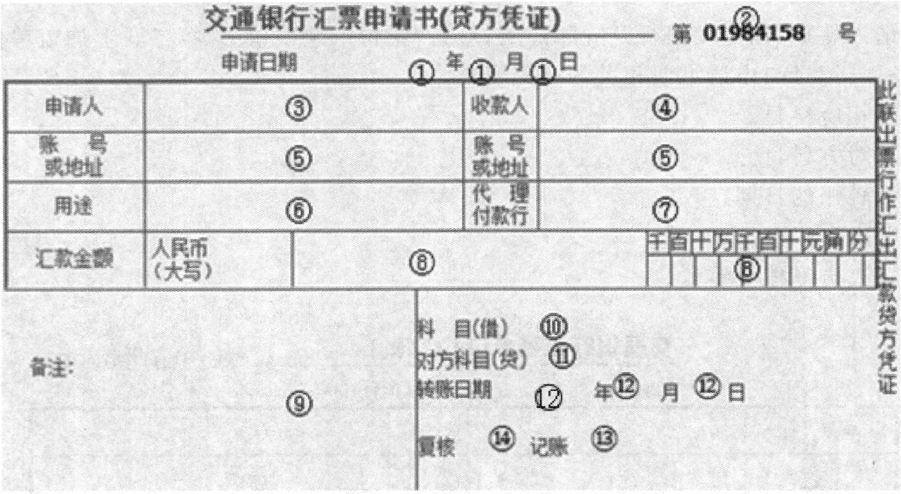

交通银行汇票申请书(贷方凭证) ② 第 01984158 号

申请日期 ① 年 ① 月 ① 日

申请人	③	收款人	④
账号或地址	⑤	账号或地址	⑤
用途	⑥	代理付款行	⑦
汇款金额	人民币（大写） ⑧	千百十万千百十元角分	⑧

备注： ⑨

科目(借) ⑩
对方科目(贷) ⑪
转账日期 ⑫ 年 ⑫ 月 ⑫ 日
复核 ⑭ 记账 ⑬

此联出票行作汇出汇款贷方凭证

图 5-26

银行汇票格式如图 5-27、5-28 所示。

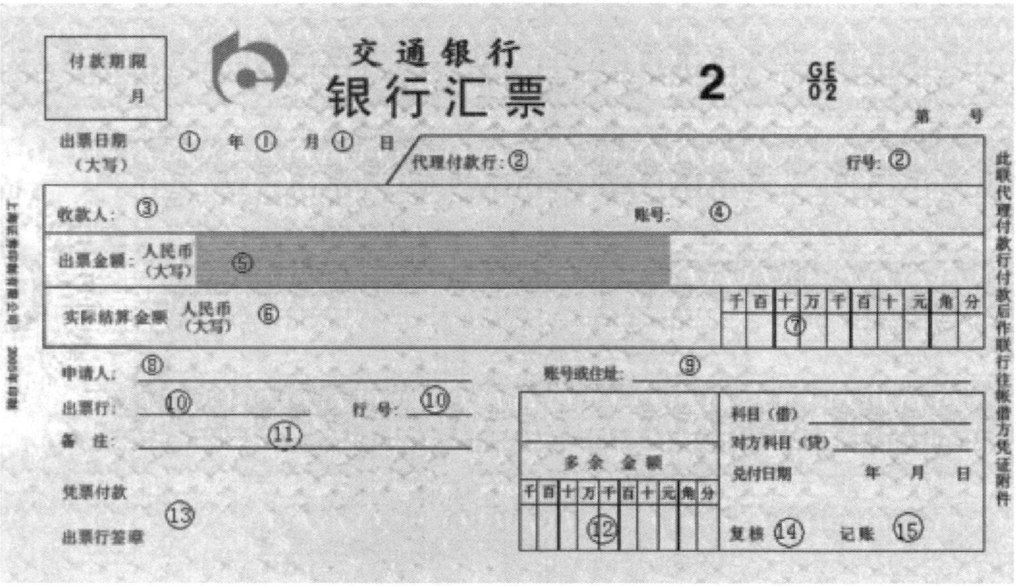

付款期限 月

交通银行
银行汇票 2 GE 02

第 号

出票日期（大写） ① 年 ① 月 ① 日

代理付款行：② 行号：②

收款人：③ 账号：④

出票金额：人民币（大写） ⑤

实际结算金额 人民币（大写） ⑥ 千百十万千百十元角分 ⑦

申请人：⑧ 账号或住址：⑨

出票行：⑩ 行号：⑩

备 注：⑪

凭票付款

出票行签章 ⑬

多余金额 千百十万千百十元角分 ⑫

科目（借）
对方科目（贷）
兑付日期 年 月 日
复核 ⑭ 记账 ⑮

此联代理付款行付款后作联行往账借方凭证附件

图 5-27 银行汇票正面

填制说明：

①填写出票日期,出票日期必须使用中文大写,不得更改。月为壹、贰和壹拾的,应在其前加"零";日为壹至玖和壹拾、贰拾和叁拾的,应在其前加"零";日为拾壹至拾玖的,应在其前加"壹"。

②签发现金银行汇票时填写代理付款行名称和行号,签发转账银行汇票时不得填写,但由人民银行代理兑付银行汇票的商业银行,向设有分支机构地区签发转账银行汇票的除外。

③填写收款人的全称。

④填写收款人存款账户的账号。

⑤填写人民币大写金额,不得更改,大写金额数字应紧接"人民币"字样填写,不得留有空白。申请人和收款人均为个人时可以签发现金银行汇票。收妥申请人交存的现金后,在银行汇票"出票金额"栏先填写"现金"字样,后填写出票金额。

⑥应在出票金额以内,根据实际需要的款项办理结算,填写实际结算大写金额,不得更改。大写金额数字应紧接"人民币"字样填写,不得留有空白。

⑦填写实际结算小写金额,不得更改,大小写必须一致,前面加人民币符号"￥"。

⑧填写申请人的全称。

⑨填写申请人存款账户的账号。

⑩填写签发银行汇票的银行名称和行号。

⑪申请人在申请书备注栏内注明"不得转让"的,出票行应在汇票正面的备注栏内注明。

⑫实际结算金额低于出票金额的,应填写多余金额。

⑬加盖银行汇票专用章及其法定代表人或授权经办人的签名或者盖章。

⑭银行经办人员复核签章。

⑮银行经办人员记账签章。

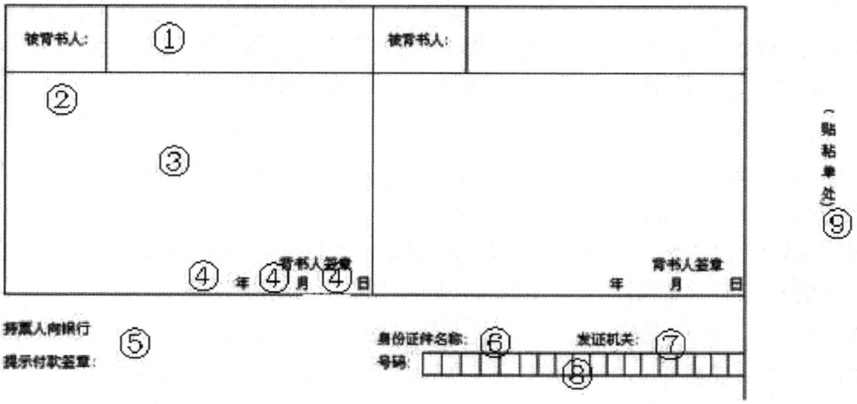

图 5-28　银行汇票背面

填制说明：

①银行汇票背书转让时，须填写被背书人的名称。

②非转让背书时须填写相关字样表明背书的类型，如"委托收款"、"质押"等；背书不得附有条件，将汇票金额的一部分转让的背书或者将汇票金额分别转让给二人以上的背书无效。持票人对填明"现金"字样的银行汇票，需要委托他人向银行提示付款的，应在银行汇票背面背书栏签章，记载"委托收款"字样、被委托人姓名和背书日期以及委托人身份证件名称、号码、发证机关。

③银行汇票背书转让时，背书人须在背面签章，以背书转让的汇票，背书应当连续。银行汇票的背书转让以不超过出票金额的实际结算金额为准，未填写实际结算金额或实际结算金额超过出票金额的银行汇票不得背书转让。

④银行汇票背书转让时，须记载背书日期，可用小写，未记载日期的，视为在汇票到期日前背书。

⑤在银行开立存款账户的持票人向开户银行提示付款时，应在汇票背面"持票人向银行提示付款签章"处签章，签章须与预留银行签章相同。未在银行开立存款账户的个人持票人，可以向选择的任何一家银行机构提示付款，并在此处签章。被委托人向银行提示付款时，也应签章。

⑥若持票人为个人，需填写提交的身份证件名称。

⑦若持票人为个人，需填写提交的身份证件的发证机关。

⑧若持票人为个人，需填写身份证件号码。

⑨票据凭证不能满足背书人记载事项的需要，可以加附粘单，粘附于票据凭证上。粘单上的第一记载人，应当在汇票和粘单的粘接处签章。

4.银行汇票结算的基本规定

（1）银行汇票一律记名。汇款人申请办理银行汇票时，应在填写的"银行汇票委托书"上详细填明兑付地点、收款人名称、账号、用途等内容。能确定收款人的，需详细填明单位、个体经营户名或个人姓名；如不能确定，应填写汇款人指定人员的姓名。

（2）银行汇票金额起点为 500 元。

（3）银行汇票的付款期为 1 个月（不分大月、小月一律按次月对应日计算，到期日遇节假日顺延）。逾期的银行汇票，兑付银行不予受理。

（4）汇款人持银行汇票可向填明的收款单位或个体经营户直接办理结算，收款人为个人的也可将转账的银行汇票经背书向兑付地单位或个体经营户办理结算。

（5）在银行开立账户的收款人或被背书人受理银行汇票之后.在汇票背面加盖预留银行印鉴章，连同解汇通知、进账单，送交开户银行办理转账。没有在银行开立账户的收款人持银行汇票向银行支取款项时，必须交验本人身份证或兑付地有关单位能够证实收款人身份的证明，并在银行汇票背面盖章或签字，注明证件名称、号码及发证机关后，才能办理支取手续。

（6）支取现金的规定。收款人若需要在兑付地支取现金的，汇款人在填写"银行汇票委托书"时，须在"汇款金额"大写金额栏内先填写"现金"字样，后填写汇款金额。

（7）分次支取的规定。收款人持银行汇票向银行支取款项时，若分次支取，应以收款人的姓名开立临时存款户。办理支付临时存款户只付不收，付完清户，不提计利息。

（8）转汇的规定。银行汇票可转汇，可委托兑付银行重新签发银行汇票，可是转汇的收款人和用途必须是原收款人和原用途。兑付银行必须在银行汇票上加盖"转汇"戳记，已转汇的银行汇票，必须以原金额兑付。

（9）退汇的规定。汇款人由于银行汇票超过付款期或其他原因要求退款时，可持银行汇票和解汇通知到签发银行办理退汇。

（10）挂失的规定。持票人若遗失了填明"现金"字样的银行汇票，应立即向兑付银行或签发银行请求挂失。在银行受理挂失前（包括对方行收到挂失通知前）被冒领的，银行一律不负责。若遗失了填明收款单位或个体经营户名称的汇票，银行不予挂失，可通知收款单位或个体经营户、兑付银行、签发银行请求共同防范。遗失的银行汇票在付款期满 1 个月后，确未冒领的，可办理退汇手续。

5.银行汇票结算应注意的事项

（1）汇款人申请办理银行汇票时，应按照需要确定是否支付现金和允许转汇。若需支取现金，可在"银行汇票委托书"大写金额前注明"现金"字样，银行受理后签发带有"现金"字样的银行汇票；若明确不得转汇的，可在"银行汇票委托书"备注栏注明"不得转汇"字样，银行将按照要求在签发的银行汇票备注栏注明"不得转汇"字样，这样汇票就不能再办理转汇。

（2）收款人为个人的银行汇票，若需背书转让给兑付地点的单位或个体经营户，还可办理背书转让手续。先由持票人（或汇票的收款人）在银行汇票的背面"背书人"栏加盖汇票原收款人的名章，再在"被背书人"栏填明受让人的名称，然后交给受让人。受让人在"被背书人"栏加盖预留银行印鉴中的财务专用章后，就可到银行办理收款入账手续。

（3）收款人受理银行汇票时，要注意审查以下内容：

①收款人或被背书人是否确为本收款人；

②银行汇票是否在付款期内，日期、金额等内容填写是否正确无误；

③印章是否清晰，是否有用压数机压印的金额；

④银行汇票收讫通知是否齐全，是否相符；

⑤汇款人与背书人的证明或证件是否真实，是否与其背书相符。

收款人受理银行汇票时，要审查的内容如图 5-29 所示。

（4）收款人在受理银行汇票办理转账时，若将实际结算金额或多余金额填错，可用红线划去金额，在其上方重新填上正确的数字并加盖印章，但只限更改一次。

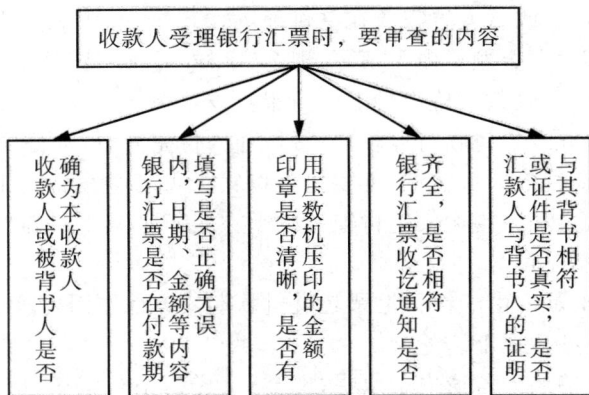

收款人受理银行汇票时，要审查的内容

确收为款本人收或款被人背是书否人	填写，日期、金额等内容银行汇票是否在付款期内	印用章压是数否机清压晰印，的是金否额有	齐银全行，汇是票否收相讫符通知是否	或与汇其款证背人件书与是人背否相书真符人实的，证是明否

图 5-29

四、银行商业汇票业务办理

1.商业汇票的概念

商业汇票，是收款人或付款人(或承兑申请人)签发，由承兑人承兑，并于到期日向收款人或被背书人支付款项的票据。

商业汇票适用于在银行开立账户的法人之间，按照购销合同先发货后收款或延期付款的商品交易，不管是同城还是异地，其款项结算都可使用商业汇票的结算方式。

2.商业汇票的种类

按承兑人不同，商业汇票一般分为商业承兑汇票和银行承兑汇票。

商业承兑汇票，是指由收款人签发，经付款人承兑，或由付款人签发并承兑的票据。它适用于在银行开立账户的法人之间，根据购销合同进行的商品交易。

银行承兑汇票，是指由收款人或承兑申请人签发，承兑申请人向开户银行申请，经银行审查同意承兑的票据。它适用于国有企业、股份制企业、集体所有制工业企业、供销合作社以及三资企业间根据购销合同进行的商品交易。其他法人和个人不得使用银行承兑汇票。

银行承兑汇票申请书格式如图 5-30 所示。

填制说明：

①填写汇票申请人的全称；

②填写汇票申请人的开户银行；

③填写汇票申请人的开户银行账号；

④填写汇票的号码；

⑤根据汇票金额填写，要用大写；

⑥根据出票日期填写，要用大写；

⑦根据付款期限的到期日期填写，要用大写；

交通银行 北京 分行
承 兑 汇 票 申 请 书

编号：001205

我单位遵守中国人民银行《商业汇票办法》的一切规定，向贵行申请承兑。票据内容如下。

申请单位全称	①	开户银行全称	②	账号	③
汇票号码	④				
汇票金额(大写)	⑤				
出票日期(大写)	⑥				
汇票到期日(大写)	⑦				
承兑单位或承兑银行	⑧				
收款人资料 收款人全称	⑨				
收款人开户行	⑩				
收款人账户	⑪				
申请承兑合计金额	⑫				

申请承兑的原因和用途：

⑬

申请单位
（公章）　　⑭

法人代表
签　章：　⑮

年⑯月　日

注：本申请书一式叁份，两份提交银行，壹份由申请单位自留。

图 5-30

⑧根据汇票承兑单位或者承兑银行填写；
⑨根据汇票收款人的名称填写；
⑩根据汇票收款人的开户银行填写；
⑪根据汇票收款人的开户银行账号填写；
⑫根据所申请承兑汇票的票面金额合计填写，要用大写；
⑬填写申请的原因和用途，如支付货款、支付工程款项等；
⑭审核无误后，申请单位加盖公章；

⑮审核无误后，申请单位加盖法人章；

⑯填写申请汇票的日期。

(1)填制银行承兑汇票(如图 5-31、5-32 所示)

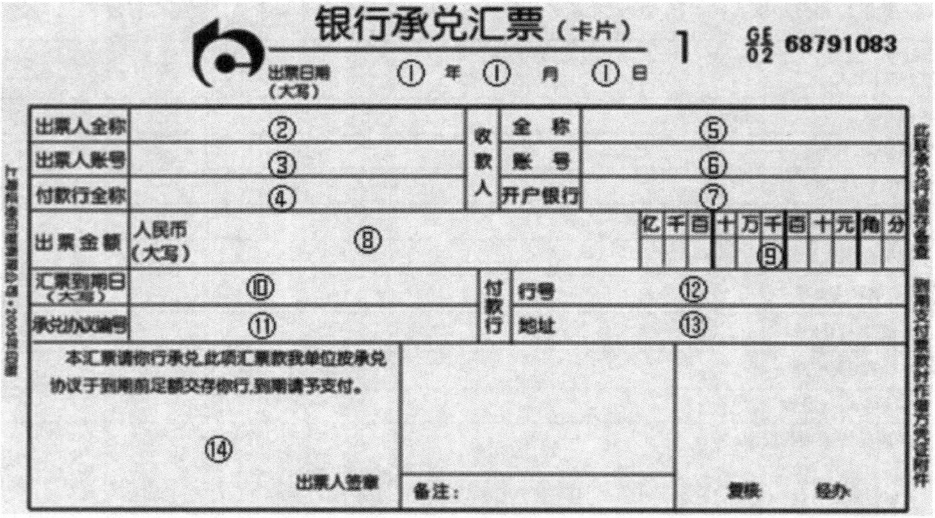

银行承兑汇票(卡片) 1 GE 02 68791083

出票日期(大写) ① 年 ① 月 ① 日

出票人全称	②	收款人	全称	⑤
出票人账号	③		账号	⑥
付款行全称	④		开户银行	⑦
出票金额	人民币(大写) ⑧		亿千百十万千百十元角分	⑨
汇票到期日(大写)	⑩	付款行	行号	⑫
承兑协议编号	⑪		地址	⑬

本汇票请你行承兑，此项汇票款我单位按承兑协议于到期前足额交存你行，到期请予支付。

⑭

出票人签章

备注：

复核 经办

图 5-31

填制说明：

①填写出票日期。出票日期必须使用中文大写，不得更改。月为壹、贰和壹拾的，应在其前加“零”；日为壹至玖和壹拾、贰拾和叁拾的，应在其前加“零”；日为拾壹至拾玖的，应在其前加“壹”。

②填写出票人全称。

③填写出票人存款账户的账号。

④填写出票人开户银行名称。

⑤填写收款人的全称。

⑥填写收款人存款账户的账号。

⑦填写收款人开户银行名称。

⑧填写人民币大写金额，不得更改。大写金额数字应紧接“人民币”字样填写，不得留有空白。

⑨填写小写金额，不得更改，大小写金额必须一致，小写金额前面应加人民币符号“¥”。

⑩填写汇票的到期日，必须使用中文大写，与出票日期填写要求相同，付款期限最长不得超过 6 个月。

⑪填写双方签定的承兑协议的号码。

⑫填写承兑银行的行号。

⑬填写承兑银行的地址。

⑭出票人加盖预留印鉴,一般为财务专用章与法人章。

背书时:

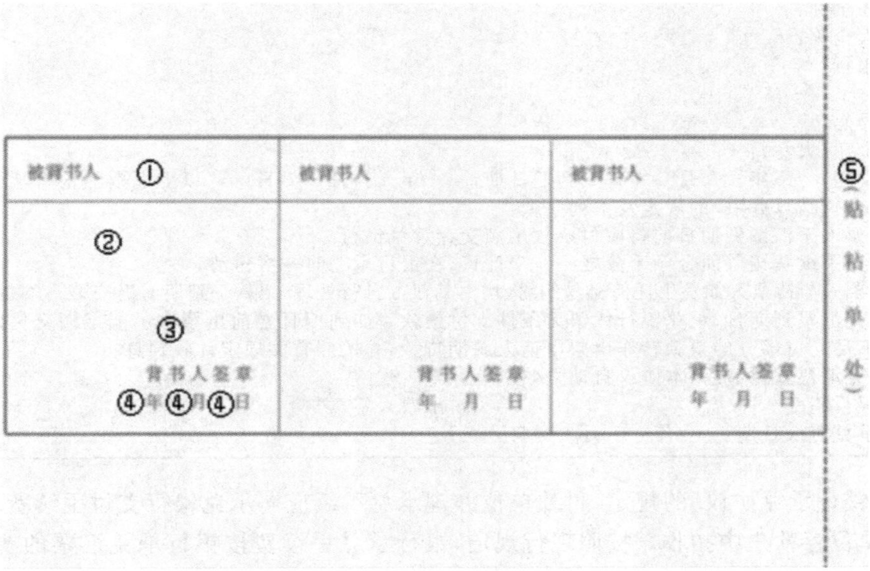

图 5-32

填写说明:

①被背书人:银行承兑汇票背书转让时,须填写被背书人的全称。

②被背书人与背书人签章之间空白处:非转让背书时须填写相关字样表明背书的类型,如"委托收款"、"质押"等。

③背书人签章:银行承兑汇票背书转让时,背书人须在背面签章。以背书转让的汇票,背书应当连续。

④年月日:银行承兑汇票背书转让时,须记载背书日期,可用小写;未记载日期的,视为在汇票到期日前背书。

⑤贴粘单处:票据凭证不能满足背书人记载事项的需要,可以加附粘单,粘附于票据凭证上。粘单上的第一记载人,应当在汇票和粘单的粘接处签章。

(2)填制银行承兑协议(如表 5-6 所示)

付款单位出纳人员在填制完银行承兑汇票后,应将汇票的有关内容与交易合同进行核对,核对无误后填制"银行承兑协议",并在"承兑申请人"处盖单位公章。银行承兑协议一式三联,其内容与格式如表 5-6 所示。

表 5-6　银行承兑协议

银行承兑协议
编号：
银行承兑汇票的内容：
出票人全称：
收款人全称：
开户银行：
账号：
汇票号码：
汇票金额(大写)：
出票日期：　　年　　月　　日　到期日期：　　年　　月　　日　　以上汇票经银行承兑,出票人愿意遵守《支付结算办法》的规定及下列条款：
一、出票人于汇票到期日前将应付票款足额交存承兑银行。
二、承兑手续费按票面金额千分之(　　)计算,在银行承兑时一次付清。
三、出票人与持票人如发生任何交易纠纷,均由其双方自行处理,票款于到期前仍按第一条办理不误。
四、承兑汇票到期日,承兑银行凭票无条件支付票款。如到期日之前出票人不能足额交付票款时,承兑银行对不足支付部分的票款转作出票申请人逾期贷款,并按照有关规定计收罚息。
五、承兑汇票款付清后,本协议自动失效。
承兑银行签章　　　　　　　　　　　　出票人签章
订立承兑协议日期：　　年　　月　　日

按照"银行承兑协议"的规定,付款单位办理承兑手续应向承兑银行支付手续费,由开户银行从付款单位存款户中扣收。按照现行规定,银行承兑手续费按银行承兑汇票的票面金额的1‰计收,每笔手续费不足 10 元的,按 10 元计收。

银行承兑汇票结算程序如图 5-33 所示。

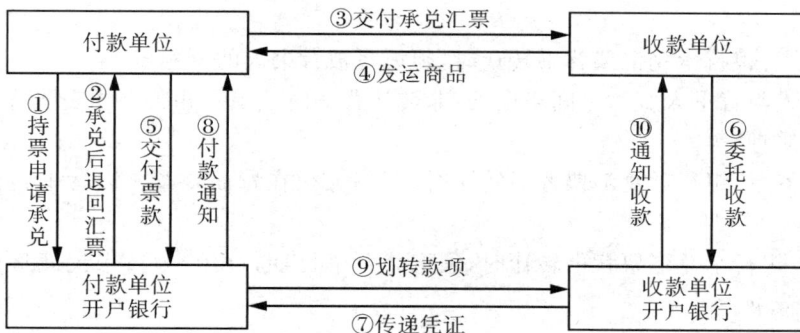

图 5-33　银行承兑汇票结算程序

3.商业汇票结算的特点

(1)适用范围较窄。各企业单位之间只有根据购销合同进行合法的商品交易,才能签发商业汇票。除商品交易以外，其他方面的结算，如劳务报酬、债务清偿、资金借贷等，不应采用商业汇票结算方式。

（2）使用对象较少。商业汇票的使用对象是在银行开立账户的法人。使用商业汇票的收款人、付款人以及背书人、被背书人等必须同时各具以下两个条件：①在银行开立账户；②具有法人资格。

（3）必须经过承兑才具有效力。商业汇票可以由付款人签发，也可以由收款人签发，但都必须经过承兑。只有经过承兑的商业汇票才具有法律效力，承兑人负有到期无条件付款的责任。商业汇票到期，因承兑人无款支付或其他合法原因，债务人不能获得付款时，可以按照汇票背书转让的顺序，向前手行使追索权，依法追索票面金额，该汇票上的所有关系人都应负连带责任。商业汇票的承兑期限由交易双方商定，一般为 3～6 个月，最长不得超过 6 个月。属于分期付款的应一次签发若干张不同期限的商业汇票。

（4）未到期的可以办理贴现。未到期的商业汇票可以到银行办理贴现，从而使结算和银行资金融通相结合，这有利于企业及时地补充流动资金，维持生产经营的正常进行。

商业承兑汇票如图 5-34、图 5-35 所示。

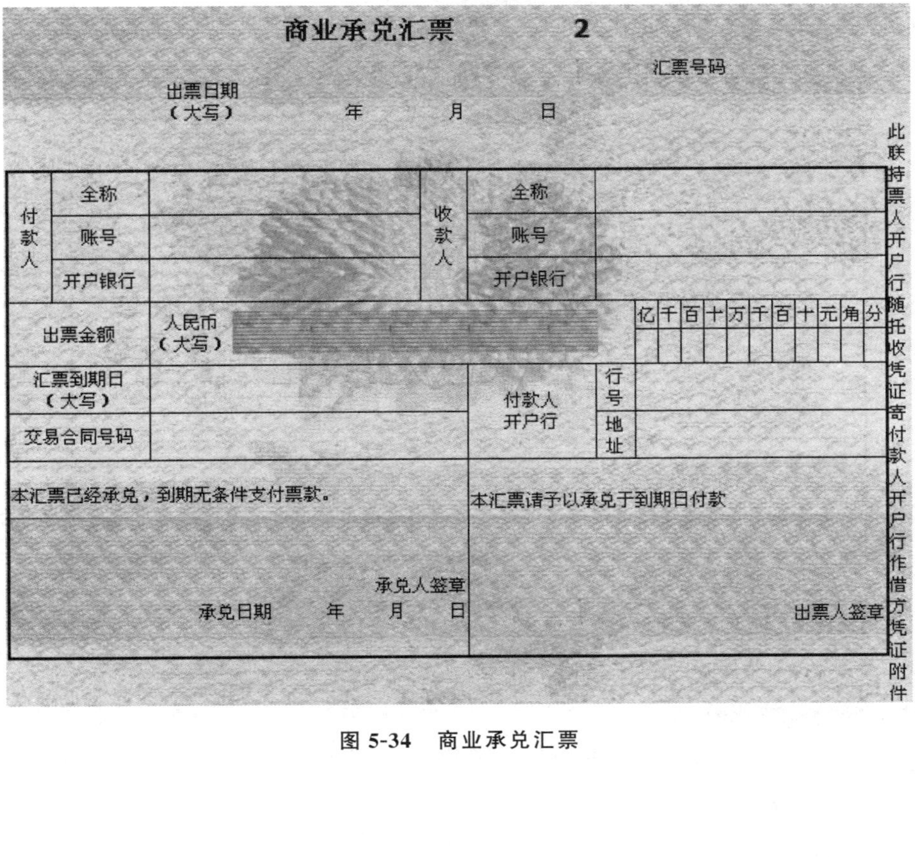

商业承兑汇票　2

汇票号码

出票日期（大写）　年　月　日

付款人	全称		收款人	全称	
	账号			账号	
	开户银行			开户银行	
出票金额	人民币（大写）				亿 千 百 十 万 千 百 十 元 角 分
汇票到期日（大写）			付款人开户行	行号	
交易合同号码				地址	
本汇票已经承兑，到期无条件支付票款。 承兑人签章 承兑日期　年　月　日			本汇票请予以承兑于到期日付款 出票人签章		

此联持票人开户行随托收凭证寄付款人开户行作借方凭证附件

图 5-34　商业承兑汇票

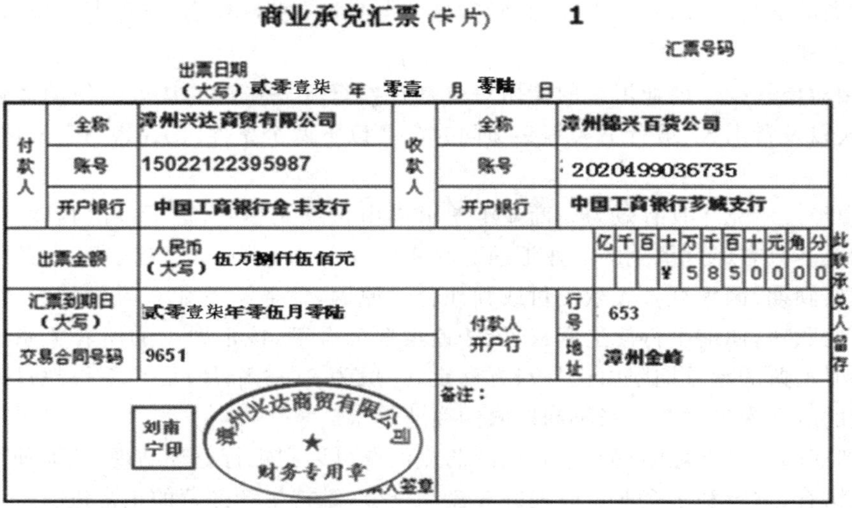

商业承兑汇票(卡片) 1

汇票号码

出票日期（大写）贰零壹柒 年 零壹 月 零陆 日

付款人	全称	漳州兴达商贸有限公司	收款人	全称	漳州锦兴百货公司
	账号	15022122395987		账号	2020499036735
	开户银行	中国工商银行金丰支行		开户银行	中国工商银行芗城支行
出票金额		人民币（大写）伍万捌仟伍佰元		亿千百十万千百十元角分	￥5850000
汇票到期日（大写）		贰零壹柒年零伍月零陆	付款人开户行	行号	653
交易合同号码		9651		地址	漳州金峰
刘南宁印 漳州兴达商贸有限公司 财务专用章 出票人签章			备注：		

此联承兑人留存

图 5-35 商业承兑汇票

商业承兑汇票填制说明(如图 5-36、5-37 所示)：

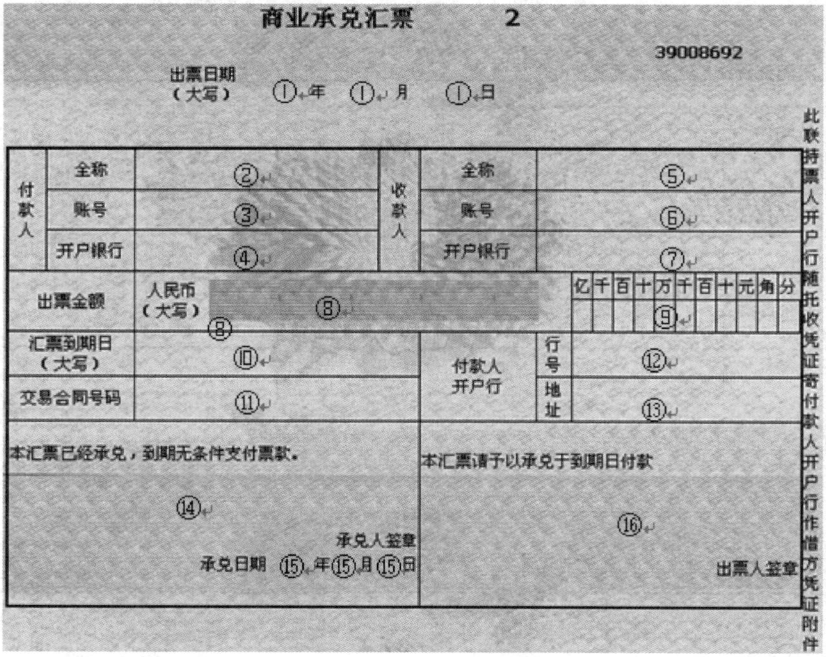

商业承兑汇票 2

39008692

出票日期（大写）①年 ①月 ①日

付款人	全称	②	收款人	全称	⑤
	账号	③		账号	⑥
	开户银行	④		开户银行	⑦
出票金额		人民币（大写）⑧ ⑧		亿千百十万千百十元角分	⑨
汇票到期日（大写）		⑩	付款人开户行	行号	⑫
交易合同号码		⑪		地址	⑬
本汇票已经承兑，到期无条件支付票款。 ⑭ 承兑人签章 承兑日期 ⑮年⑮月⑮日			本汇票请予以承兑于到期日付款 ⑯ 出票人签章		

此联持票人开户行随托收凭证寄付款人开户行作借方凭证附件

图 5-36 商业承兑汇票正面

①填写出票日期,出票日期必须使用中文大写,不得更改。月为壹、贰和壹拾的,应在其前加"零";日为壹至玖和壹拾、贰拾和叁拾的,应在其前加"零";日为拾壹至拾玖的,应在其前加"壹"。

②填写付款人的全称。

③填写付款人存款账户的账号。

④填写付款人开户银行名称。

⑤填写收款人的全称。

⑥填写收款人存款账户的账号。

⑦填写收款人开户银行名称。

⑧填写人民币大写金额,不得更改。大写金额数字应紧接"人民币"字样填写,不得留有空白。

⑨填写小写金额,不得更改,大小写必须一致,前面加人民币符号"¥"。

⑩填写汇票的到期日,必须使用中文大写,与出票日期要求相同,付款期限最长不得超过6个月。

⑪填写双方签定的交易合同号码。

⑫填写付款人开户银行的行号。

⑬填写付款人开户银行的地址。

⑭承兑人签章,为其预留银行的签章。

⑮填写承兑日期。

⑯出票人签章,为该单位的财务专用章或者公章加其法定代表人或者其授权的代理人的签名或者盖章。

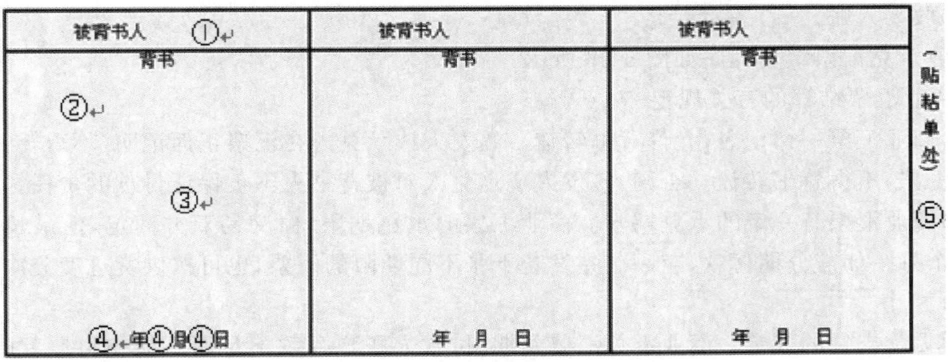

图 5-37　商业承兑汇票背面

填制说明：

①商业承兑汇票背书转让时，须填写被背书人的名称。

②非转让背书时须填写相关字样表明背书的类型，如"委托收款"、"质押"等；背书不得附有条件，将汇票金额的一部分转让的背书或者将汇票金额分别转让给二人以上的背书无效。

③商业承兑汇票背书转让时，背书人须在背面签章，以背书转让的汇票，背书应当连续。

④商业承兑汇票背书转让时，须记载背书日期，可用小写，未记载日期的，视为在汇票到期日前背书。

⑤票据凭证不能满足背书人记载事项的需要，可以加附粘单，粘附于票据凭证上。粘单上的第一记载人，应当在汇票和粘单的粘接处签章。

4.商业汇票结算的程序

(1)签发和承兑商业承兑汇票。商业承兑汇票一式三联，可由收款人签发，也可由付款人签发。汇票签发后，第三联由签发人留存；第一联由付款人(即承兑人)留存；第二联汇票由付款人(即承兑人)在承兑栏加盖预留银行印鉴章，并在商业承兑汇票正面签署"承兑"字样，以示承兑后，将商业承兑汇票交给收款人。

(2)承兑并加盖预留银行印鉴。

(3)委托收款。收款人或被背书人将要到期的商业承兑汇票送交开户银行办理收款手续，收款一般采取的是委托收款方式。

(4)收款人开户行将凭证和汇票传递给付款人开户行。

(5)到期兑付。付款人应于商业承兑汇票到期日前积极筹措款项，于到期日前将票款足额交存其开户银行。

(6)银行划拨款项。付款人开户银行收到传来的委托收款凭证和商业承兑汇票后，将款项划给收款人或被背书人。

(7)收妥入账。

商业承兑汇票结算程序如图 5-38 所示。

5.商业汇票结算的有关规定

(1)商业汇票一律记名，允许背书转让。签发人或承兑人在汇票正面记明"不得转让"字样的商业汇票，不得背书转让。否则，签发人或承兑人对被背书人不负保证付款的责任。

(2)商业汇票有一定的承兑期限。商业汇票的承兑期限，由交易双方商定，但最长的不得超过 6 个月。如需分期付款，应一次签发若干张不同期限的汇票，也可按供货进度分次签发汇票。

(3)无款支付的规定。商业承兑汇票到期，付款人账户存款不足而不能支付票款时，如果属于异地办理委托收款的，由付款人开户银行在委托收款凭证备注栏注明付款人"无款支付"字样，按照委托收款结算无款支付手续处理，将委托收款凭证和商业承兑汇票退回收款人开户银行。如果属于同城用进账单划款的，比照空头支票退票处理。同时，银行按照商业承兑汇票

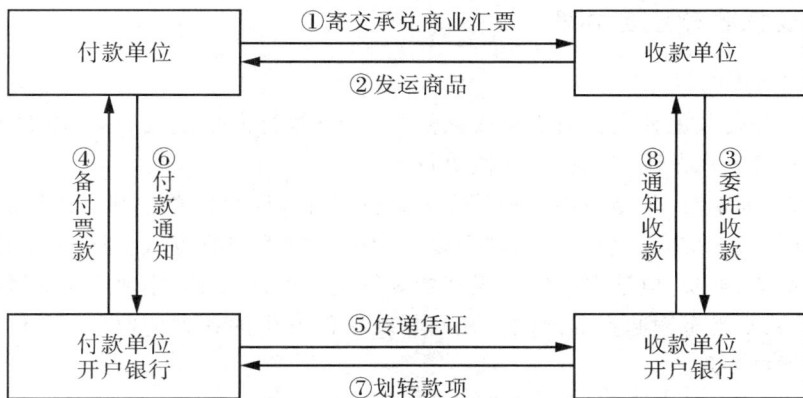

图 5-38　商业承兑汇票结算程序

的票面金额处以 5％但不低于 1 000 元的罚款，并处 2％赔偿金给收款人。银行承兑汇票到期，付款人账户无款支付或不足支付时，银行除凭票向收款人无条件支付款项外，将根据承兑协议对付款人执行扣款。

（4）使用商业汇票的单位必须是在银行开立账户的企业法人。

（5）签发商业汇票应以商品交易为基础，禁止签发、承兑、贴现无商品交易的商业汇票。严禁利用商业汇票套取银行贴现资金。

（6）商业承兑汇票的办理方法。商业承兑汇票的收款人或被背书人，对在同一城市的付款人承兑的汇票，应于汇票到期日将汇票送交银行办理收款；对在异地的付款人承兑的汇票，应于汇票到期日前 5 天内，将汇票交开户银行办现收款。对逾期的汇票，应于汇票到期日次日起10 天内，将汇票送交开户银行办理。

商业承兑汇票收款时，均需填制委托收款凭证，并在“委托收款货物名称栏”注明“商业承兑汇票”及汇票号码，将汇票随托收凭证一并送交开户银行。

（7）收款人在商业承兑汇票审查中应注意的问题：

①汇票是否为中国人民银行统一印制的商业承兑汇票；

②汇票的签发日期和到期日、大小写金额等栏目是否填写齐全正确；

③汇票上的签章（签发人处应加盖签发单位的法人印章，承兑人盖章处加盖付款人预留银行印鉴并填写承兑日期）是否齐全正确；

④汇票是否超过有效承兑期限（最长为 6 个月。但应注意的是：有效期是从承兑日开始计算，而不是从汇票的签发日开始计算）。

五、银行委托收款业务办理

1.委托收款结算的概念

委托收款结算是收款人向银行提供收款依据,委托银行向付款人收取款项的一种结算方式。委托收款具有使用范围广、灵活、简便等特点。

(1)从使用范围来看,凡是在银行和其他金融机构开立账户的单位和个体经济户的商品交易、劳务款项以及其他应收款项的结算都可以使用委托收款结算方式。城镇公用企事业单位向用户收取的水费、电费、电话费、邮费、煤气费等等也都可以采用委托收款结算方式。

(2)委托收款不受金额起点的限制。凡是收款单位发生的各种应收款项,不论金额大小,只要委托银行就可办理。

(3)委托收款不受地点的限制,在同城、异地都可以办理。

(4)委托收款有邮寄和电报划回两种方式,收款单位可以根据需要灵活选择。

(5)委托收款付款期为3天,凭证索回期为2天。

(6)银行不负责审查付款单位拒付理由。

委托收款结算方式是一种建立在商业信用基础上的结算方式,即由收款人先发货或提供劳务,然后通过银行收款,银行不参与监督,结算中发生争议由双方自行协商解决。因此收款单位在选用此种结算方式时应当慎重,应当了解付款方的资信状况,以免发货或提供劳务后不能及时收回款项。

2.委托收款结算的程序

(1)委托。收款人办理委托收款,应向开户银行填写委托收款凭证一式五联,并提供收款依据。开户银行审查无误后,将第一联(回单)盖章退还给收款人,表示已受理,并将第三、四、五联传给付款人开户银行。

(2)付款。付款人开户银行接到寄来的凭证后,将第五联(付款通知)传给付款人。付款人接到通知和有关附件,在规定的付款期内(3天)未提出异议,银行视作同意付款,并在付款期满的次日(例假日顺延)将第四联(收款通知)及款项主动划给收款人。

(3)拒绝付款。付款人拒绝付款,应在付款期内出具"拒绝付款理由书"连同有关单证送交开户银行,银行将拒绝付款理由书和有关凭证及单证寄给收款人开户银行转交收款人。

委托收款的结算程序如图5-39所示。

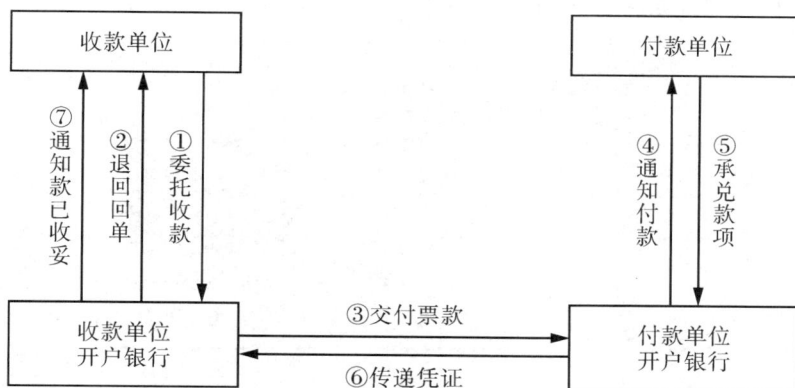

图 5-39　委托收款的结算程序

委托收款凭证如图 5-40 所示。

图 5-40　委托收款凭证

托收凭证填制说明(如图5-41所示)：

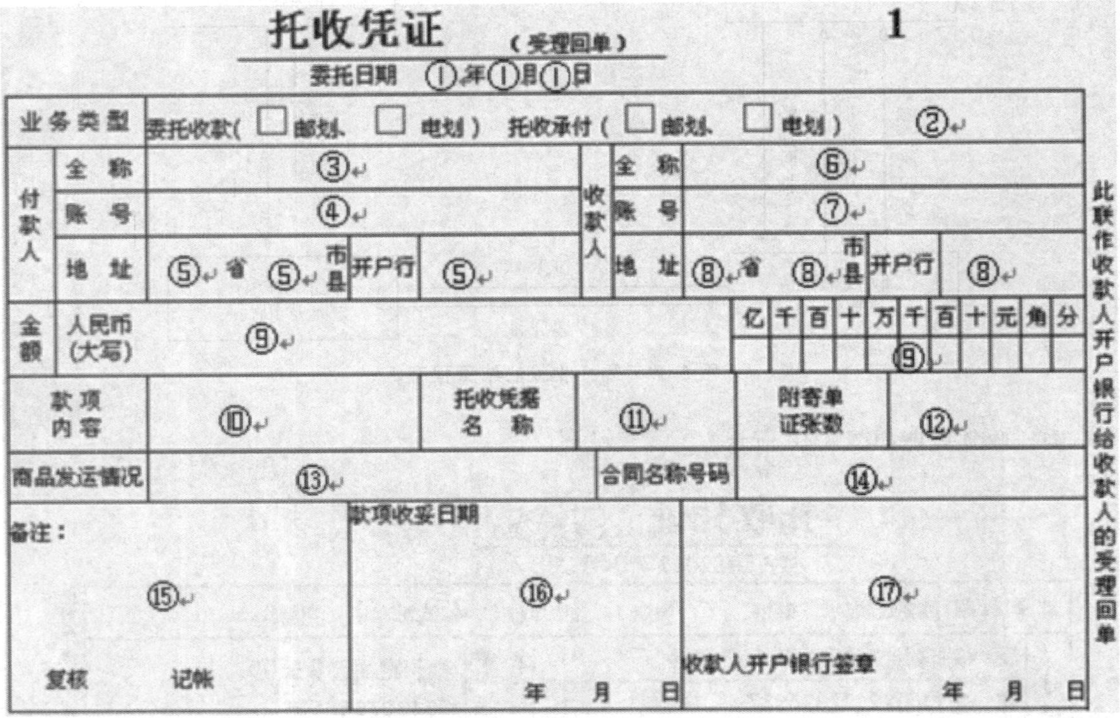
托收凭证 （受理回单） 1

委托日期 ①年①月①日

业务类型	委托收款(□邮划、□电划) 托收承付(□邮划、□电划) ②				
付款人 全称	③		收款人 全称	⑥	
付款人 账号	④		收款人 账号	⑦	
付款人 地址	⑤省 ⑤市县	开户行 ⑤	收款人 地址	⑧省 ⑧市县	开户行 ⑧
金额 人民币(大写)	⑨		亿千百十万千百十元角分	⑨	
款项内容	⑩	托收凭据名称	⑪	附寄单证张数	⑫
商品发运情况	⑬		合同名称号码	⑭	
备注：⑮ 复核 记帐	款项收妥日期 ⑯ 年 月 日		收款人开户银行签章 ⑰ 年 月 日		

此联作收款人开户银行给收款人的受理回单

图 5-41

①填写委托日期,用小写数字,委托日期是指收款人向银行提交托收凭证的当天的日期。

②填写业务类型,分别为:委托收款(邮划)、委托收款(电划)、托收承付(邮划)、托收承付(电划)。

③填写付款人的全称。

④填写付款人的账号。

⑤填写付款人开户银行的信息。

⑥填写收款人全称。

⑦填写收款人的账号。

⑧填写收款人开户银行的信息。

⑨填写人民币大小写金额,大小写必须一致且不得更改。大写金额数字应紧接“人民币”字样填写,不得留有空白,小写金额前面加人民币符号“¥”。

⑩填写托收款项的内容,如材料款、水电费、货款等。

⑪填写托收所附凭据的名称,如:增值税专用发票、承兑汇票等。

⑫填写托收所附凭据的张数。

⑬填写商品发运的情况,办理托收承付时必须填写。

⑭填写双方签定的合同名称及号码,办理托收承付时必须填写。

⑮此栏各联次有所不同,主要填写收、付款人开户银行收到的日期及加盖银行经办人员的签章等。

⑯此栏各联次有所不同,主要填写收、付款人开户银行办理业务的日期及加盖银行的签章。

⑰此栏各联次有所不同,主要加盖收、付款人开户银行的签章。

六、银行银行本票业务办理

1.银行本票的概念

银行本票是申请人将款项交存银行,由银行签发的承诺自己在见票时无条件支付确定的金额给收款人或者持票人的票据。银行本票按照其金额是否固定,可分为不定额和定额两种。不定额银行本票是指凭证上金额栏是空白的,签发时根据实际需要填写金额,并用压数机压印金额的银行本票;定额银行本票是指凭证上预先印有固定面额的银行本票。

2.银行本票结算的特点

与其他银行结算方式相比,银行本票结算具有如下特点:

(1)使用方便。我国现行的银行本票使用方便灵活。单位、个体经济户和个人不管其是否在银行开户,他们之间在同城范围内的所有商品交易、劳务供应以及其他款项的结算都可以使用银行本票。收款单位和个人持银行本票可以办理转账结算,也可以支取现金,同样也可以背书转让。银行本票见票即付,结算迅速。

(2)信誉度高,支付能力强。银行本票由银行签发,并于指定到期日由签发银行无条件支付,因而信誉度很高,一般不存在得不到正常支付的问题。其中,定额银行本票由中国人民银行发行,各大国有商业银行代理签发,不存在票款得不到兑付的问题。不定额银行本票由各大国有商业银行签发,由于其资金力量雄厚,因而一般也不存在票款得不到兑付的问题。

3.银行本票的内容和种类

(1)银行本票的内容。内容包括:①表明"银行本票"字样;②无条件支付的承诺;③确定的金额;④收款人的名称;⑤出票日期;⑥出票人签章。

(2)银行本票的种类。银行本票分为定额和不定额两种。本票适用于单位、个体经营户和个人在同城范围内的商品交易和劳务供应以及其他款项的结算。

①不定额本票。不定额银行本票一式两联,第一联为签发银行结算本票时,作为付出传票;第二联由签发银行留存,结算本票时作为传票的附件。

②定额银行本票。定额银行本票只有一联,由签发银行盖章后交申请人办理转账结算或取现。

4.银行本票结算的基本规定

(1)银行本票在指定城市的同城范围内使用。

(2)不定额银行本票的金额起点为100元,定额银行本票面额为1 000元、5 000元、10 000元、50 000元。

(3)银行本票的付款期自出票日起最长不超过两个月(不分大月小月,统按次月对日计算,到期日遇节假日顺延)。逾期的银行本票,兑付银行不予受理,但可以在签发银行办理退款。

(4)银行本票一律记名,允许背书转让。

(5)银行本票见票即付,不予挂失。遗失的不定额银行本票在付款期满后一个月确未被冒领的,可以办理退款手续。

5.银行本票的办理

(1)申请。付款单位需要使用银行本票办理结算,应向银行填写一式三联"银行本票申请书",详细写明收款单位名称等各项内容。如申请人在签发银行开立账户的,应在"银行本票申请书"第二联上加盖预留银行印鉴。个体经济户和个人需要支取现金的,应在申请书上注明"现金"字样。"银行本票申请书"的格式由人民银行各分行确定和印制。

银行本票申请书的格式(如图5-42、5-43、5-44所示)及填制说明:

①小写填写银行本票的申请日期。

②申请书的编号,已预先印制。

③填写申请银行本票的单位或个人。

④填写收款的单位或个人。

⑤分别填写申请人与付款人的账号或地址。

⑥填写申请银行本票的用途,如用于支付材料款等。

⑦填写代理付款行的名称。

⑧分别用大写和小写填写银行本票的申请金额。

⑨申请人签名盖章,在签发银行开立账户的,应在"银行本票申请书"第二联上加盖单位预留银行印鉴;备注:填写与申请汇票有关的补充资料。

⑩填写相应科目。

⑪填写对方科目。

⑫银行转账,持票人提取款项的时间。

⑬记账人记账并签章。

⑭复核人员复核并签章。

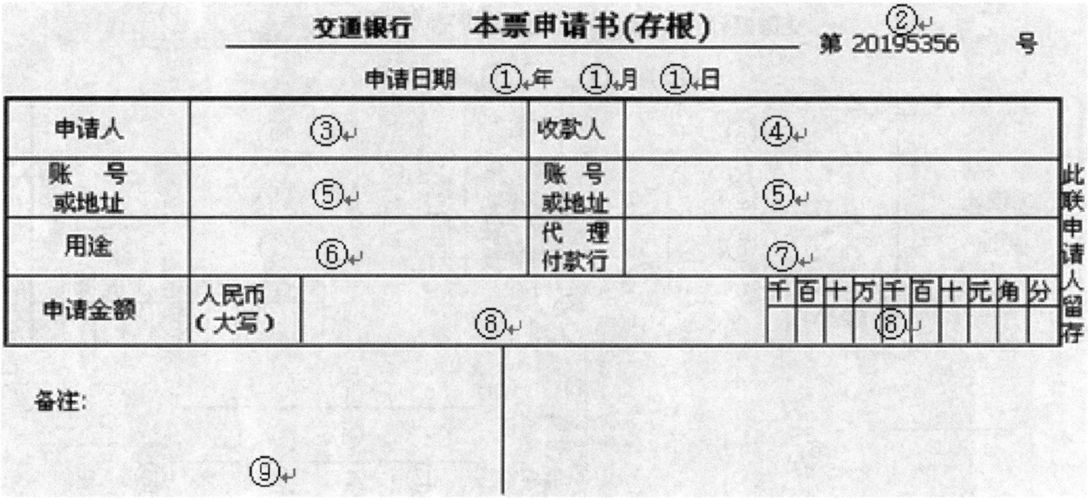

交通银行		本票申请书(存根)		第 ②↵ 20195356		号										

申请日期 ①↵年 ①↵月 ①↵日

申请人		③↵		收款人		④↵										
账 号 或地址		⑤↵		账 号 或地址		⑤↵										
用途		⑥↵		代 理 付款行		⑦↵										
申请金额	人民币 (大写)		⑧↵			千	百	十	万	千	百	十	元	角	分	
												⑧↵				

备注:

⑨↵

此联申请人留存

图 5-42

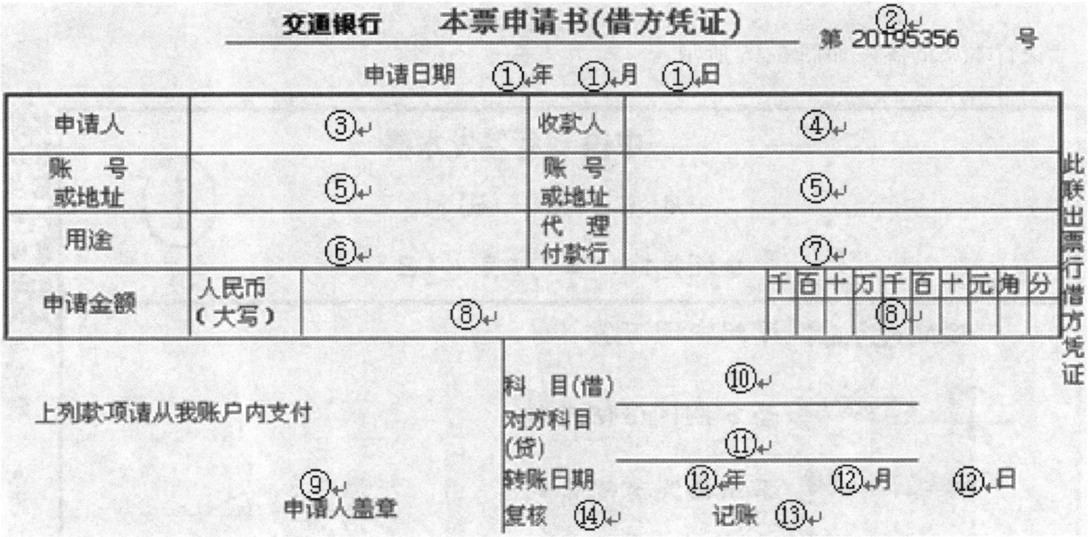

交通银行		本票申请书(借方凭证)		第 ②↵ 20195356		号										

申请日期 ①↵年 ①↵月 ①↵日

申请人		③↵		收款人		④↵										
账 号 或地址		⑤↵		账 号 或地址		⑤↵										
用途		⑥↵		代 理 付款行		⑦↵										
申请金额	人民币 (大写)		⑧↵			千	百	十	万	千	百	十	元	角	分	
												⑧↵				

上列款项请从我账户内支付

⑨↵
申请人盖章

科 目(借) ⑩↵
对方科目 (贷) ⑪↵
转账日期 ⑫↵年 ⑫↵月 ⑫↵日
复核 ⑭↵ 记账 ⑬↵

此联出票行借方凭证

图 5-43

(2)签发本票。签发银行受理"银行本票申请书"后,应认真审查申请书填写的内容是否正确。审查无误后,办理收款手续。付款单位在银行开立账户的,签发银行直接从其账户划拨款项;付款人用现金办理本票的,签发银行直接收取现金。银行按照规定收取办理银行本票的手续费,其收取的办法与票款相同。银行办妥票款和手续费收取手续后,即签发银行本票。

交通银行　本票申请书(贷方凭证)　②　第 20195356 号

申请日期 ① 年 ① 月 ① 日

申请人	③	收款人	④
账号或地址	⑤	账号或地址	⑤
用途	⑥	代理付款行	⑦

申请金额	人民币(大写)	⑧	千	百	十	万	千	百	十	元	角	分
								⑧				

备注: ⑨

科目(借) ⑩

对方科目(贷) ⑪

转账日期 ⑫ 年 ⑫ 月 ⑫ 日

复核 ⑭　记账 ⑬

此联出票行作贷方凭证

图 5-44

银行本票的签发如图 5-45 所示。

中国银行签发本票

申请书(存根)　①

申请日期 2017 年 5 月 5 日

收款单位或个人名称　漳州中闽百货

申请签发　本票金额(大写)　壹万捌仟伍佰元整

申请单位或个人名称　漳州福民有限公司

申请单位或个人地址(或账号)　漳州市前丰路115号　　本票号码 3005726

申请单位或个人(签章或预留印鉴)　赵晓梅印　银行出纳　复核　经办

此联由申请签发单位和个人用作代替记账凭证

图 5-45　银行本票

银行本票的填制说明(如图 5-46、5-47 所示):

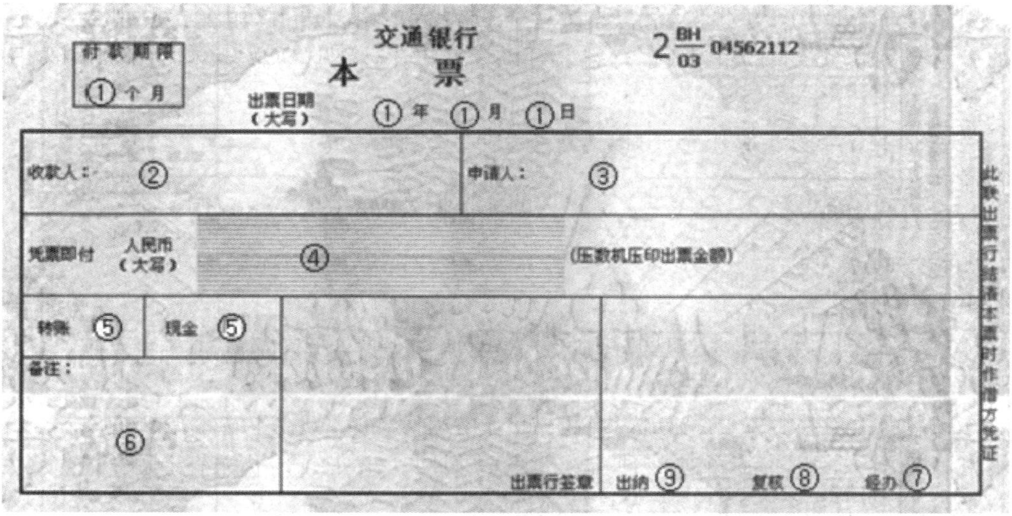

交通银行
本　票

付款期限
① 个 月

2 BH/03 04562112

出票日期（大写）① 年 ① 月 ① 日

收款人：②　申请人：③

凭票即付　人民币（大写）④（压数机压印出票金额）

转账 ⑤　现金 ⑤

备注：⑥

出票行签章　出纳 ⑨　复核 ⑧　经办 ⑦

此联出票行结清本票时作借方凭证

图 5-46

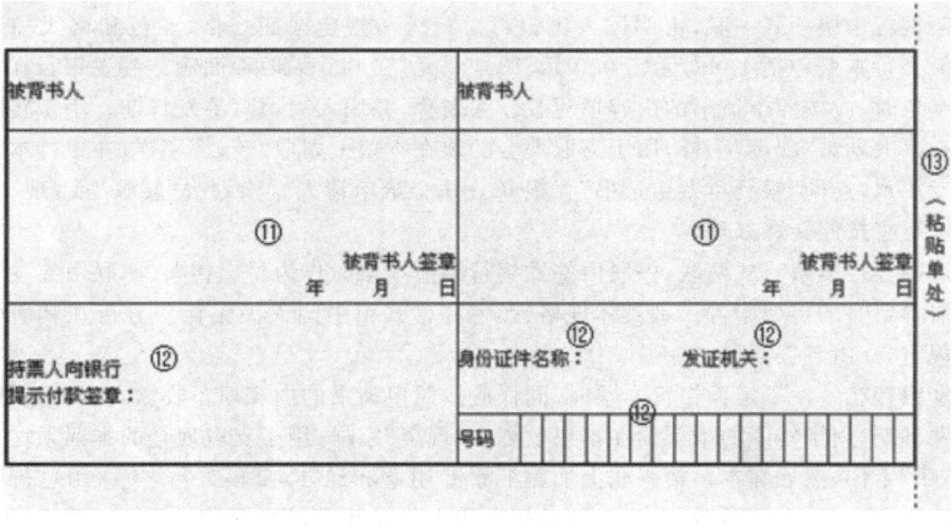

被背书人　被背书人

⑪　被背书人签章　年　月　日

⑪　被背书人签章　年　月　日

持票人向银行提示付款签章：⑫

身份证件名称：⑫　发证机关：⑫

号码 ⑫

⑬（粘贴单处）

图 5-47

①填写银行本票的出票日期；银行本票的提示付款期限自出票日起最长不得超过 2 个月。

②填写收款人的名称。

③填写申请银行本票的单位或个人。

④银行见票时需支付给持票人的金额，用大写填写；压数机压印出票小写金额。

⑤银行本票可以用于转账,填明"现金"字样的银行本票,也可以用于支取现金,现金银行本票的申请人和收款人均为个人;银行本票可以背书转让,填明"现金"字样的银行本票不能背书转让。

⑥与该业务有关的其他补充资料。

⑦经办人员签章。

⑧复核人员签章。

⑨出纳签章。

⑩出票行签章。

⑪银行本票可以背书转让,填明"现金"字样的银行本票不能背书转让;背书时,被背书人要填写背书日期并签章。

⑫在银行开立存款账户的持票人向开户银行提示付款时,应在银行本票背面"持票人向银行提示付款签章"处签章,签章须与预留银行签章相同。未在银行开立存款账户的个人持票人,应在银行本票背面签章,记载本人身份证件名称、号码及发证机关。

⑬票据凭证不能满足背书人记载事项的需要,可以加附粘单,粘附于票据凭证上。粘单上的第一记载人,应当在汇票和粘单的粘接处签章。

定额银行本票一式一联,由中国人民银行总行统一规定票面规格、颜色和格式并统一印制。定额银行本票包括1 000元、5 000元、10 000元、50 000元四种面额。签发银行在签发定额银行本票时,应按照申请书的内容填写收款人名称,并用大写填写签发日期。用于转账的本票须在本票上划去"现金"字样,用于支取现金的须在本票上划取"转账"字样,在银行本票上加盖汇票专用章,连同"银行本票申请书"存根联一并交给申请人。未划去"转账"或"现金"字样的兑付银行将按照转账办理。

不定额银行本票一式两联,一联由签发银行结清本票时作为付出传票,一联由签发行留存作为结清本票时的传票附件。其具体规格、颜色和格式由中国人民银行各分行在其所辖范围内统一规定,并由各银行印制。

签发银行在签发不定额银行本票时,同样应按照申请书的内容填写收款人名称,并用大写填写签发日期,用于转账的本票须在本票上划去"现金"字样,用于支取现金的本票须在本票上划去"转账"字样,然后在本票第一联上加盖汇票专用章和经办、复核人员名章,用总行统一订制的压数机在"人民币大写"栏大写金额后端压印本票金额后,将本票第一联连同"银行本票申请书"存根联一并交给申请人。

付款单位收到银行本票和银行退回的"银行本票申请书"存根联后,财务部门根据"银行本票申请书"存根联编制银行存款付款凭证,其会计分录为:

借:其他货币资金——银行本票

　　贷:银行存款

对于银行按规定收取的办理银行本票手续费,付款单位应当编制银行存款或现金付款凭

证,其会计分录为:

借:财务费用——银行手续费

贷:银行存款或现金

6.单位持银行本票购买货物

付款单位收到银行签发的银行本票后,即可持银行本票向其他单位购买货物,办理货款结算。付款单位可将银行本票直接交给收款单位,然后根据收款单位的发票账单等有关凭证编制转账凭证,其会计分录为:

借:材料采购(或商品采购)

贷:其他货币资金——银行本票

如果实际购货金额大于银行本票金额,付款单位可以用支票或现金等补齐不足的款项,同时根据有关凭证,按照不足款项编制银行存款或现金付款凭证,其会计分录为:

借:材料采购(或商品采购等)

贷:银行存款(或现金)

如果实际购货金额小于银行本票金额,则由收款单位用支票或现金退回多余的款项,付款单位应根据有关凭证,按照退回的多余款项编制银行存款或现金收款凭证,其会计分录为:

借:银行存款(或现金)

贷:其他货币资金——银行本票

7.单位收到银行本票处理

收款单位收到付款单位交来的银行本票后,首先应对银行本票进行认真的审查。审查的内容主要包括:

(1)银行本票上的收款单位或被背书人是否为本单位,背书是否连续。

(2)银行本票上加盖的汇票专用章是否清晰。

(3)银行本票是否在付款期内(付款期限为两个月)。

(4)银行本票中的各项内容是否符合规定。

(5)不定额银行本票是否有压数机压印的金额,本票金额大小写数与压印数是否相符。

审查无误后,受理付款单位的银行本票,填写一式两联"进账单",并在银行本票背面加盖单位预留银行印鉴,将银行本票连同进账单一并送交开户银行。开户银行接到收款单位交来的本票,按规定认真审查。审查无误后即办理兑付手续,在第一联进账单上加盖"转讫"章作为收款通知退回收款单位。如果购货金额大于本票金额,付款单位用支票补足款项的,可将本票连同支票一并送存银行,也可分开办理。如果收款单位收受的是填写"现金"字样的银行本票,按规定同样应办理进账手续。当然,如果收款人是个体经济户和个人,则可凭身份证办理现金支取手续。

收款单位应根据银行退回的进账单第一联及有关原始凭证编制银行存款收款凭证,其会计分录为:

借:银行存款

　　贷:商品销售收入(或产品销售收入)

　　　　应交税金——应交增值税(销项税额)

　　如果收款单位收到的银行本票金额大于实际销售金额,则付款单位应用支票或现金退回多余的款项。在这种情况下,收款单位可以于收到本票时,根据有关发票存根等原始凭证按照实际销货金额编制转账凭证,其会计分录为:

借:其他货币资金——银行本票

　　贷:产品销售收入(或商品销售收入)

　　　　应交税金——应交增值税(销项税额)

　　　　应付账款——××付款单位

　　收款单位将银行本票送存银行,办理进款手续后,再根据银行退回的进账单编制银行存款收款凭证,其会计分录为:

借:银行存款

　　贷:其他货币资金——银行本票

　8.银行本票的背书转让

　　按照规定,银行本票一律记名,允许背书转让。银行本票的持有人转让本票,应在本票背面"背书"栏内背书,加盖本单位预留银行印鉴,注明背书日期,在"被背书人"栏内填写受票单位名称,之后将银行本票直接交给被背书单位,同时向被背书单位交验有关证件,以便被背书单位查验。被背书单位对收受的银行本票应认真进行审查,其审查内容与收款单位审查内容相同。按照规定,银行本票的背书必须连续,也就是说银行本票上的任意一个被背书人就是紧随其后的背书人,并连续不断。如果本票的签发人在本票的正面注有"不准转让"字样,则该本票不得背书转让;背书人也可以在背书时注明"不准转让",以禁止本票背书转让后再转让。

　　如果收款单位收受银行本票之后,不准备立即到银行办理进账手续,而是准备背书转让,用来支付款项或偿还债务,则应在取得银行本票时编制转账凭证,其会计分录为:

借:其他货币资金——银行本票

　　贷:产品销售收入(或商品销售收入等)

　　　　应交税金——应交增值税(销项税款)

　　收款单位将收受的银行本票背书转让给其他单位时,应根据有关原始凭证编制转账凭证。如果用收受的银行本票购买物资,则按发票账单等原始凭证编制转账凭证,其会计分录为:

借:材料采购(或商品采购等)

　　应交税金——应交增值税(进项税额)

　　贷:其他货币资金——银行本票

　　如果用收受的银行本票偿还债务,则其会计分录为:

借:应付账款

　　贷:其他货币资金——银行本票

9.银行本票的退款

银行本票见票即付,其流动性极强,银行不予挂失。一旦遗失或被窃,被人冒领款项,后果由银行本票持有人自负。所以银行本票持有人必须像对待现金那样,认真、妥善保管银行本票,防止遗失或被窃。

按照规定,超过付款期限的银行本票如果同时具备下列两个条件的,可以办理退款:一是该银行本票由签发银行签发后未曾背书转让,二是持票人为银行本票的收款单位。付款单位办理退款手续时,应填制一式两联进账单连同银行本票一并送交签发银行,签发银行审查同意后在第一联进账单上加盖"转讫"章退给付款单位作为收账通知。付款单位凭银行退回的进账单第一联编制银行存款收款凭证,其会计分录为:

借:银行存款

　贷:其他货币资金——银行本票

付款单位办理退款手续流程如图 5-48 所示。

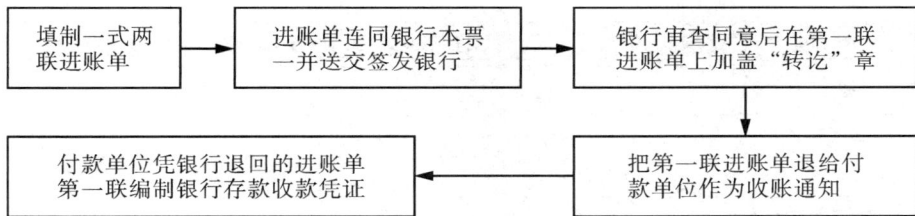

图 5-48　退款流程图

如果遗失不定额银行本票,且付款期满一个月确未冒领的,可以到银行办理退款手续。在办理退款手续时,应向签发银行出具盖有单位公章的遗失银行本票退款申请书,连同填制好的一式两联进账单一并交银行办理退款,并根据银行退回的进账单第一联编制银行存款收款凭证,其会计分录同上。

职业岗位情景:

2017 年 9 月 6 日刚参加工作的出纳员小洪去银行领取备用金 35 000 元。在收取现金后,他先将 5 000 元放在了挎包里,然后再清点 30 000 元。等他最后要将钱放在包中汇总时发现,原来那 5 000 元没啦。

小洪一紧张,赶紧向银行柜台人员查询,大家都说没见到那 5 000 元。他当即向银行保安请求帮助,后来,在保安指引下,向当地 110 报警。在 110 民警帮助下,找到了从小洪挎包中取走 5 000 元的小偷,保护了单位财产,减少了损失。

职业岗位工作分析:

出纳员在向银行领取现金时,要有高度警惕性,在离开银行柜台或走出银行之前,充分确定,钱数准确无误地在手上。因为银行内部有监控,方便调查。如果当时小洪没认真再次清点,等到回到单位才知道少了钱,那要查找会相对困难些。

任务 4   厦门网中网软件"出纳岗位实务"训练

以学生学号登陆厦门网中网软件 出纳实务【网中网公司】 软件，自主学习相关知识：

序号	标题
1	银行各项结算方式流程及要点介绍
2	银行结算方式比较表
3	支付密码器的申请及使用
4	银行结算业务介绍ppt

序号	标题
1	现金支票
2	转账支票
3	银行本票申请书
4	银行汇票申请书
5	托收凭证
6	银行进账单

- 2 银行结算业务
  - 2.01 支票结算方式
  - 2.02 银行本票结算
  - 2.03 银行汇票结算
  - 2.04 商业汇票结算
  - 2.05 汇兑结算方式
  - 2.06 托收承付结算
  - 2.07 委托收款结算
  - 2.08 购买支付结算凭证
  - 2.09 银行结算业务综合实训
  - 2.10 收汇结汇业务

了解相关银行收支业务对应使用的单据，并完成软件中相应工作与学习任务。

任务5　自我再提高训练

请完成"出纳岗位仿真工作任务训练"岗位能力训练八:银行账户业务训练。
请完成"出纳岗位仿真工作任务训练"岗位能力训练九:银行借款业务训练。
请完成"出纳岗位仿真工作任务训练"岗位能力训练十:银行付款业务训练(一)。
请完成"出纳岗位仿真工作任务训练"岗位能力训练十一:银行付款业务训练(二)。
请完成"出纳岗位仿真工作任务训练"岗位能力训练十二:银行付款业务训练(三)。
请完成"出纳岗位仿真工作任务训练"岗位能力训练十三:银行付款业务训练(四)。
请完成"出纳岗位仿真工作任务训练"岗位能力训练十四:银行委托收款业务训练。
请完成"出纳岗位仿真工作任务训练"岗位能力训练十五:银行本票业务训练。

◎ 岗位素质提高阅读建议

请利用课余时间,认真学习:

序号	标题
1	中华人民共和国票据法
2	支付结算办法
3	票据管理实施办法
4	人民币银行结算账户管理办法
5	银行存款管理制度

以保证将来的职业生涯更加顺畅,岗位工作效率更高!

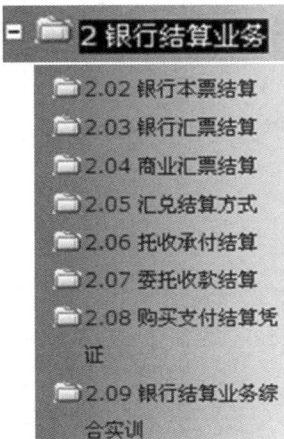

- **2 银行结算业务**
  - 2.02 银行本票结算
  - 2.03 银行汇票结算
  - 2.04 商业汇票结算
  - 2.05 汇兑结算方式
  - 2.06 托收承付结算
  - 2.07 委托收款结算
  - 2.08 购买支付结算凭证
  - 2.09 银行结算业务综合实训

2 银行结算业务
2.01 支票结算方式

现金支票实训1-提取现金
模拟学生实训
下载 打印

现金支票实训2--支付费用
模拟学生实训
下载 打印

现金支票实训3-采购业务
模拟学生实训
下载 打印

转账支票实训1-采购业务
模拟学生实训
下载 打印

转账支票实训2-支付费用
模拟学生实训
下载 打印

转账支票实训3-其他业务
模拟学生实训
下载 打印

转账支票实训4-进账单
模拟学生实训
下载 打印

◎ 励志小故事

富家子弟张朝武

古时有个富家子弟张朝武特别爱吃饺子,每天都要吃。但他嘴巴又特别刁,只吃馅,两头的尖尖皮都被丢到后面的小河里去。

可好景不长,在他 16 岁那年,一把大火烧了他的全家,父母在忧伤中相继病逝。这下原本是富家子弟的他身无分文,又不好意思去要饭。邻居家王大嫂人非常好,每餐给他一碗面糊糊吃。家庭的变故,邻居的照应,张朝武铭记在心,发奋读书,三年后考取功名,回家乡来,一定要感谢邻居王大嫂。

王大嫂对他讲:不要感谢我。我没有给你什么,那都是我收集的当年你丢弃的饺子尖尖皮,晒干后保存下来,本来是想备不时之需的。正好你有需要,就又还给你了。

当了大官的张朝武思考良久,良久……

珍惜生活,感恩生活,保持良好生活习惯,是一种美德!

岗位能力学习模块六

会计凭证、账簿与出纳报表的填写

立信,乃会计之本。没有信用,也就没有会计。

——会计名师潘序伦

📋 能力目标

① 能够正确填制记账凭证

② 能够按规定审核记账凭证

③ 能够熟练进行现金日记账的登记

④ 能够熟练进行银行存款日记账的登记

⑤ 能够填制现金、银行(收支存)月报表

🔖 知识目标

① 掌握记账凭证的填制

② 掌握记账凭证的审核

③ 掌握现金日记账的登记方法

④ 掌握银行存款日记账的登记方法

⑤ 掌握现金和银行存款(收支存)报表填制

🔖 先导案例

　　广州市蓝岸玻璃有限公司法定代表人林某 2003 年 7 月至 2004 年 12 月期间,先后指使两名会计伪造对外账簿,以少列收入的方式进行虚假纳税申报,致使该公司 2003 年度少申报缴纳应纳税款 168 321.41 元,2004 年度少申报缴纳应纳税款 1 985 276.56 元,偷税额分别占同期国税应纳税额的 90.74%、94.71%。

　　广州市国税局 8 月 1 日通报,广州市蓝岸玻璃有限公司法定代表人林某因先后指使公司的两名会计伪造对外账簿,偷税超过 200 万元,被判处有期徒刑 4 年并处罚金 250 万元。

[案例解读]

《税收征收管理法》第63条规定:纳税人伪造、变造、隐匿、擅自销毁账簿、记账凭证,或者在账簿上多列支出或者不列、少列收入,不缴或少缴应纳税款的,是为偷税。

纳税人偷税的,由税务机关追缴,并处不缴或者少缴的税款50%以上5倍以下的罚款;构成犯罪的,依法追究刑事责任。

任务 1 记账凭证的填制

一、记账凭证

记账凭证是会计人员根据审核后的原始凭证进行归类、整理,并确定会计分录而编制的凭证,是直接凭以登账的依据。记账凭证记载的是会计信息,从原始凭证到记账凭证是经济信息转换成会计信息的过程,是一种质的飞跃。记账凭证要根据原始凭证所反映的经济业务,按规定的会计科目和复式记账方法,编成会计分录,以确保账簿记录的准确性。这是由于原始凭证只表明经济业务的具体内容,不能反映其归类的会计科目和记账方向,不能凭以直接入账,而且原始凭证多种多样,其格式、大小也不尽一致。为了做到分类反映经济业务的内容,必须按会计核算方法的要求,将其归类、整理为能据以入账的形式,指明应记入的账户名称以及应借、应贷的金额。

记账凭证的账务处理程序如图6-1所示。

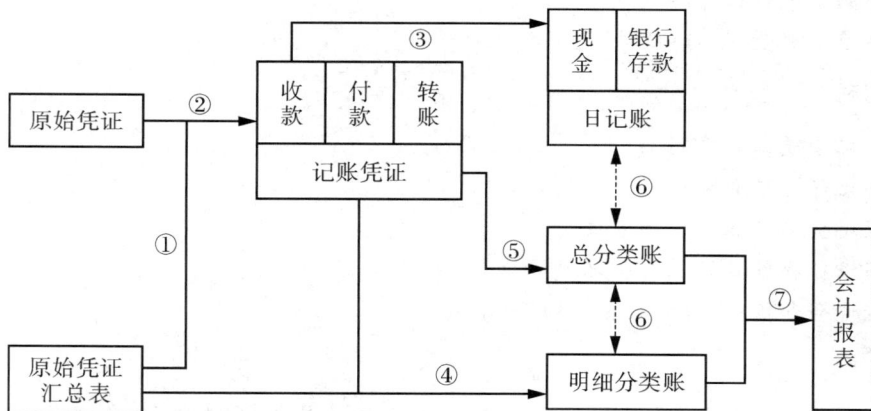

图 6-1 记账凭证的账务处理程序

二、记账凭证的种类

1.收款凭证、付款凭证和转账凭证

记账凭证按其反映的经济业务是否与货币资金有关,可以分为收款凭证、付款凭证和转账凭证。

（1）收款凭证

收款凭证是用以反映货币资金收入业务的记账凭证,根据货币资金收入业务的原始凭证填制而成。实际工作中,出纳人员应根据会计管理人员或指定人员审核批准的收款凭证,作为记录货币资金的收入依据。出纳人员根据收款凭证收款,特别是当收到现金时,要在凭证上加盖"收讫"戳记,以避免差错。收款凭证一般按现金和银行存款分别编制。

收款凭证如图 6-2 所示。

图 6-2　收款凭证

（2）付款凭证

付款凭证是用以反映货币资金支出业务的记账凭证,根据货币资金支出业务的原始凭证填制而成。实际工作中,出纳人员应根据会计主管人员或指定人员审核批准的付款凭证,作为记录货币资金支出并付出货币资金的依据。出纳人员根据付款凭证付款时,要在凭证上加盖"付讫"戳记,以免重付。

付款凭证如图 6-3 所示。

付 款 凭 证

贷方科目：　　　　　　　　年　月　日　　　　　　字第　号

摘　　　要	借方总账科目	明　细　科　目	借或贷	金　　　额											
				亿	千	百	十	万	千	百	十	元	角	分	
															附单据
															张
合　　　计															

财务主管　　　　记账　　　　出纳　　　　审核　　　　制单

图 6-3　付款凭证

（3）转账凭证

转账凭证是用以反映与货币资金收付无关的转账业务的凭证，根据有关转账业务的原始凭证或记账编制凭证填制而成。

转账凭证如图 6-4 所示。

收款凭证、付款凭证和转账凭证分别用以记录货币资金收入事项、货币资金支出事项和转账业务（与货币资金收支无关的业务），为便于识别，各种记账凭证一般印制成不同颜色。会计实务中，某些经济业务既是货币资金收入业务，又是货币资金支出业务，如现金和银行存款之间的划转业务。为了避免记账重复，对于这类业务，一般编制付款凭证，不编制收款凭证。即：将现金存入银行时，编制现金付款凭证；从银行存款提取现金时，编制银行存款付款凭证。

2.复式和单式记账凭证

（1）复式记账凭证是把一项经济业务所涉及的会计科目，集中填列在一张凭证上的记账凭证，即一张凭证上登记两个或两个以上的会计科目，既有"借方"，又有"贷方"。如前面介绍的收款凭证、付款凭证和转账凭证都是复式记账凭证。其优点是集中反映账户的对应关系，了解经济业务的全貌，减少凭证数量，节约纸张。其缺点是不便于汇总计算每一会计科目的发生额。

转　账　凭　证

摘　　要	会 计 科 目	明 细 科 目	√	借方金额									√	贷方金额							
				千	百	十	万	千	百	十	元	角	分		千	百	十	万	千	百	十	元	角	分
合　　计																								

年　　月　　日　　　　转字第　　号

附单据　　张

财务主管　　　　记账　　　　出纳　　　　审核　　　　制单

图 6-4　转账凭证

（2）单式记账凭证是把一项经济业务所涉及的会计科目,分别按每个会计科目填制凭证的记账凭证,即把同类经济业务所涉及的会计科目分别记入两张或两张以上的记账凭证中,每张记账凭证只填列一个会计科目。

三、记账凭证的填制

1.记账凭证的基本要素

记账凭证是登记账簿的直接依据,它是在审核无误的原始凭证的基础上,系统归类整理编制而成的。记账凭证有很多种类,同一种类的记账凭证又有不同的格式,但所有的记账凭证都必须具备下列基本内容:

（1）记账凭证的名称;

（2）记账凭证的编号;

（3）填制凭证的日期;

（4）有关经济业务内容摘要;

（5）有关账户的名称（包括总账、明细分类账）、方向和金额;

（6）有关原始凭证张数和其他有关资料份数;

（7）有关人员的签名或盖章。

2.记账凭证的填制要求

填制记账凭证,就是要由会计人员将各项记账凭证要素按规定方法填写齐全,便于账簿登记。记账凭证虽有不同格式,但就记账凭证确定会计分录、便于保管和查阅会计资料来看,各种记账凭证除严格按原始凭证的填制要求填制外,还应注意以下几点:

(1)要将经济业务的内容以简练概括的文字填入"摘要"栏内。这样做对于日后查阅凭证和登记账簿都十分必要,也是做好记账工作的一个重要方面。

(2)要根据经济业务的性质,按照会计制度所规定的会计科目和每一会计科目所核算的内容,正确编制会计分录,从而确保核算口径一致,以便于指标的综合汇总和分析对比,同时,也有助于根据正确的账户对应关系,了解有关经济业务的完成情况。

(3)每张记账凭证只能反映一项经济业务,除少数特殊业务必须将几个会计科目填在一张记账凭证上外,不得将不同类型经济业务的原始凭证合并填制记账凭证,对同一笔经济业务,不得填制对应关系不清的多借多贷的记账凭证。

(4)附件数量完整。除结账与更正差错的记账凭证可以不附原始凭证,其他记账凭证必须附有原始凭证,以便于复核会计分录是否正确,也便于日后查阅原始凭证。如果一张原始凭证要涉及几张记账凭证,可把原始凭证附在一张主要的记账凭证后面,在其他记账凭证上注明附有原始凭证的记账凭证的编号。例如,用支票购物,同时又用现金在同一时间、地点购物,供货单位只开了一张发票,此时,应分开制作两张记账凭证,原始凭证只能附在其中一张后面,另一张记账凭证后面无原始凭证时,复印或在记账凭证摘要栏中注明附原始凭证的记账凭证的凭证号。企业单位提取各项税费的记账凭证,应附自制原始凭证,列明合法的计算提取依据及正确的计算过程。

(5)填写内容齐全。记账凭证中的各项内容必须填写齐全,并按规定程序办理签章手续,不得简化。

(6)凭证顺序编号。记账凭证应按业务发生顺序,按不同种类的记账凭证连续编号。若一笔经济业务需填制多张记账凭证的,可以采用按该项经济业务的记账凭证数量编列分数顺序号的方法,如前面的整数为总顺序号,后面的分数为该项经济业务的分号,分母表示该项经济业务的记账凭证总张数,分子表示该项经济业务的顺序号。若记账之前发现记账凭证有错误,应予重新编制正确的记账凭证,并将错误凭证作废或撕毁。已经登记入账的记账凭证,在当年内发生填写错误时,应用红字填写一张与原内容相同的记账凭证,在摘要栏注明"注销×月×日×号凭证",同时再用蓝字重新填制一张正确的记账凭证,注明"订正×月×日×号凭证"。如果会计科目没有错误,只是金额错误,也可以将正确数字与错误数字之间的差额,另编一张调整的记账凭证。调增金额用蓝字,调减金额用红字。发现以前年度的错误,应用蓝字填制一张更正的记账凭证。

收款凭证填制如图 6-5 所示。

收 款 凭 证

借方科目：银行存款　　　　　　2017 年 2 月 15 日　　　　　　银收字第 003 号

摘　要	贷 方 科 目		记账	金　额									
	总账科目	明细科目		千	百	十	万	千	百	十	元	角	分
收到投资款	实收资本	宋宁	√		1	0	0	0	0	0	0	0	0
合　计				¥	1	0	0	0	0	0	0	0	0

附件 2 张

财务主管：李凡　　　记账：黄秋　　　出纳：赵实　　　审核：李平　　　制单：刘玉

图 6-5　收款凭证的填制

付款凭证填制如图 6-6 所示。

付 款 凭 证

贷方科目：银行存款　　　　　　2017 年 2 月 15 日　　　　　　银付字第 018 号

摘　要	借 方 科 目		记账	金　额									
	总账科目	明细科目		千	百	十	万	千	百	十	元	角	分
提现金备用	现金		√					8	0	0	0	0	0
合　计							¥	8	0	0	0	0	0

附件 1 张

财务主管：李凡　　　记账：黄秋　　　出纳：赵实　　　审核：李平　　　制单：刘玉

图 6-6　付款凭证的填制

转账凭证填制如图 6-7 所示。

转 账 凭 证

年 月 日

转字第 2 号

摘 要	总账科目	明细科目	√	借 方 金 额									√	贷 方 金 额								
				千	百	十	万	千	百	十	元	角	分	千	百	十	万	千	百	十	元	角	分
卖出"0586"公司债券	其他货币资金	存出投资款					6	1	4	0	1	0											
	交易性金融资产															6	0	0	0	0	0	
	投资收益																	1	4	0	1	0	
合 计						¥	6	1	4	0	1	0				¥	6	1	4	0	1	0

附单据 2 张

财务主管   记账   出纳   审核   制单

图 6-7 转账凭证的填制

任务 2　记账凭证的审核

一、记账凭证的审核

记账凭证是登记账簿的直接根据,需要严格审核,确保其正确无误。记账凭证的审核,主要包括以下几方面:

1.所附原始凭证是否齐全,是否经过审核,原始凭证所记录的经济业务内容和数额与记账凭证是否一致,审核时一定记得将该记账凭证后面所附的所有原始凭证金额合计,并取得 2 次以上相同数据,以避免出现所附原始凭证金额与记账凭证不相等的情况。从会计内部控制角度来考虑,这是内部控制的一个重要工作。

2.会计科目和核算内容是否与财务会计制度的规定相符,会计分录和账户对应关系是否正确,金额正确与否。

3.需要填制的内容是否有遗漏。审核发现了错误,要查清原因,按规定更正。

4.实行会计电算化的单位,对于机制记账凭证,要认真审核,做到会计科目使用正确,数字准确无误。打印出来的机制记账凭证要加盖制单人员、稽核人员、记账人员及会计机构负责人、会计主管人员印章或者签字。

二、记账凭证中容易出现的错误与舞弊

1.会计科目运用错误。

2.合计金额计算错误。

3.记账凭证与所附原始凭证单据不符。

4.在汇总凭证中进行作弊。例如,在汇总若干费用报销单据时,故意多汇总,使付款凭证上的金额大于所附原始凭证的合计金额,以达到贪污其差额的目的。又如,在汇总若干张收款原始凭证时,故意少汇总,使收款凭证上的金额小于所附原始凭证的实际金额,以达到贪污其差额的目的。

5.记账凭证中的"摘要"失真,编造虚假记账凭证。

任务 3 账簿的登记

账簿是由具有一定格式、相互联系的若干账页所组成,根据会计凭证序时、分类记录和反映经济业务的簿籍,又可称账本。

一、账簿的种类

1.账簿按其用途分类

(1)序时账簿

序时账簿亦称日记账,是按照经济业务发生的时间先后顺序,逐日逐笔顺序登记的账簿。序时账簿又可分为普通日记账与特种日记账。

普通日记账,也称通用日记账,是用来登记各单位全部经济业务的发生完成情况的日记账。特种日记账是专门用来记录某一特定岗位能力学习模块经济业务发生完成情况的日记账。

(2)分类账簿

分类账簿也称分类账,是对全部经济业务按照总分类账户和明细分类账户进行分类登记的账簿。分类账簿又可分为总分类账簿和明细分类账簿两种。总分类账簿(也称总分类账,简称总账)是按照总分类账户进行分类登记的账簿;明细分类账簿(也称明细分类账,简称明细账)是按照明细分类账户进行分类登记的账簿。

(3)备查账簿

备查账簿又称辅助账簿,是对某些在序时账簿和分类账簿中未能记载或记载不全的经济业务进行补充登记的账簿。

2.账簿按其外表形式分类

(1)订本式账簿

订本式账簿亦称订本账,是在启用之前,就将若干账页固定地装订成册,并对账页进行连

续编号的账簿。

（2）活页式账簿

活页式账簿亦称活页账，是指在启用之前和使用过程中，不把账页固定地装订成册的账簿。

（3）卡片式账簿

卡片式账簿亦称卡片账，是指用印有记账格式的卡片登记各项经济业务的账簿。

3.账簿按其账页格式分类

（1）三栏式账簿

三栏式账簿是指由设置借方、贷方和余额三个金额栏的账页组成的账簿。

（2）多栏式账簿

多栏式账簿是指在借方、贷方两个基本栏次中按需要又分设若干专栏的账页所组成的账簿。

（3）数量金额式账簿

数量金额式账簿亦称三大栏式账簿，是指在借方、贷方和余额三大栏内，又分设数量、单价、金额三个小栏目的账页组成的账簿。

账簿分类如图6-8所示。

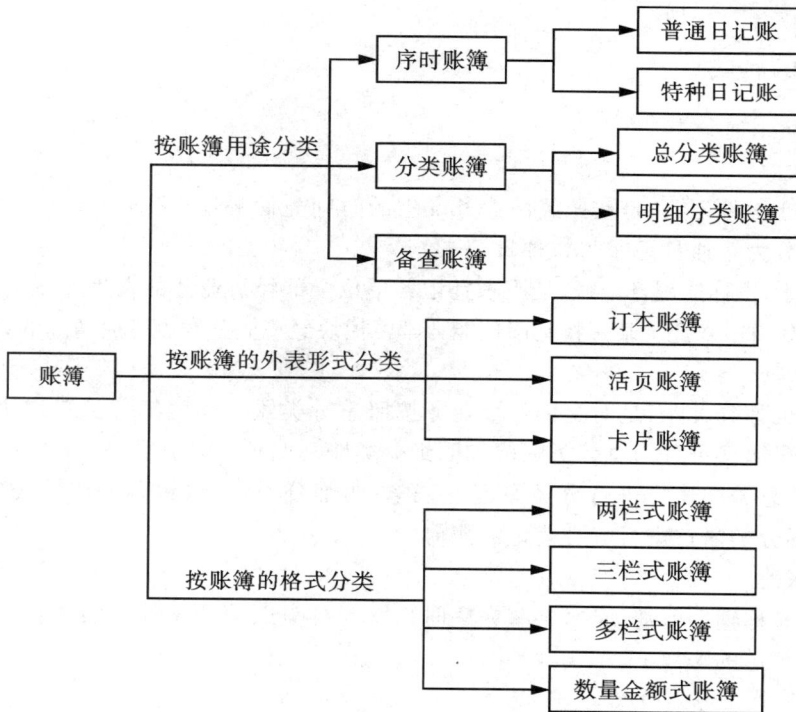

图 6-8　账簿的分类

二、账簿的选择

不同企业单位所需用的账簿是不尽相同的。但不管账簿的格式如何,从其所起的作用看,大致可分为四类:序时账簿、分类账簿、序时与分类相结合的联合账簿、备查账簿。序时账簿是指现金、银行存款日记账;分类账簿包括总分类账簿和明细分类账簿;联合账簿是指既是序时记录又分类记录,既是日记账又是总账的账簿,如日记总账;备查账簿如前述是记录非本企业资产或其他重要事项的账簿。

一个企业究竟应设计和使用何种账簿,要视企业规模大小、经济业务的繁简、会计人员的分工、采用的核算形式以及记账的机械化程度等因素而定。但是为了加强货币资金的管理,无论在哪种情况下,都要设计现金和银行存款日记账这种序时账簿,只是在多栏特种日记账核算形式下,要将现金和银行存款日记账都分割为专栏的收入日记账和支出日记账两本,至于分类账簿的设计,在采用记账凭证核算形式、汇总记账凭证核算形式和科目汇总表核算形式以及多栏式日记账核算形式时,则应设计一本总分类账簿和多本明细分类账簿,而在采用日记总账核算形式时,则只设计一本既序时记录又分类记录的日记总账账簿和必要的明细分类账簿。表6-1列示了不同情况下账簿的选择:

表 6-1

单位特点	应采用的核算形式	可设置的账簿体系
小规模企业 (小规模纳税人)	记账凭证核算形式	现金、银行存款日记账;固定资产、存货类、应收(付)账款、其他应收应付款、费用类明细账;总账。
大中型企业单位 (一般纳税人)	科目汇总表核算形式、汇总记账凭证核算形式	现金、银行存款日记账;固定资产、存货类、应收(付)账款、其他应收应付款、长期投资、实收资本、生产成本、制造费用、管理费用、销售费用等明细账;总账。

三、账簿的启用

1.填写账簿封面

在账簿封面上写明以下两项内容:

(1)账簿名称;

(2)单位名称。

账簿封面如图6-9所示。

2.填写扉页附表

(1)账簿启用表。主要包括以下内容:

①单位名称;

②账簿名称;

图 6-9　账簿封面

③账簿页数；
④启用日期；
⑤止用日期；
⑥加盖名章和公章。
（2）经管本账簿人员一览表。主要包括以下内容：
①经管人姓名；
②会计主管人员调动工作时，应当注明交接日期，并由经管人员和会计主管人员签名盖章。
账簿扉页如图 6-10 所示。

账簿启用表

单位名称					
账簿名称					
账　簿　页　数	本　账　簿　共　计　　　　页				
启　用　日　期	年		月	日	单位盖章
止　用　日　期	年		月	日	

经管本账簿人员一览表

经管人姓名	接管			移交			经管人盖章	会计主管人员盖章
	年	月	日	年	月	日		

图 6-10　扉页附表

3.粘贴印花税票

（1）粘贴印花税票的账簿，印花税票一律粘在账簿扉页启用表的右侧，并在印花税票中间画两条出头的横线，以示注销；

（2）使用缴款书缴纳印花税，在账簿扉页启用表的左上角注明"印花税已缴"及缴款金额，缴款书作为记账凭证的原始凭证登记入账。

印花税票如图 6-11 所示。

图 6-11　印花税票

4.启用会计账簿

（1）启用订本式账簿，应当从第一页到最后一页按顺序编定页码，不得跳页、缺号。

（2）使用活页式账页，应当按账户顺序编号，并须定期装订成册。装订后再按实际使用的账页顺序编定页码。

（3）在总分类账和明细分类账第一页的前面，分别另加目录，记录每个账户的名称和页次。

四、登记账簿的基本要求

为了保证账簿记录、成本计算和会计报表不出现差错，登记账簿必须根据审核无误的记账凭证进行。

1.登记账簿的基本要求

（1）内容准确完整。登记会计账簿时，应当将会计凭证日期、编号、业务内容摘要、金额和其他有关资料逐项计入账内，做到数字准确、摘要清楚、登记及时、字迹工整。对于每一项会计事项，一方面要计入有关的总账，另一方面要计入该总账所属的明细账。账簿记录中的日期，应该填写记账凭证上的日期；以自制的原始凭证（如收料单、领料单等）作为记账依据的，账簿记录中的日期应按有关自制凭证上的日期填列。

此外,负责登记账簿的会计人员,在登记账簿前,应对已经专门复核人员审查过的记账凭证再复核一遍,这是岗位责任制和内部牵制制度的要求。如果记账人员对记账凭证中的某些问题弄不明白,可以向填制记账凭证的人员或其他人员请教;如果认为记账凭证的处理有错误,可暂停登记,及时向会计主管人员反映,由其作出更改或照登的决定。在任何情况下,凡不兼任填制记账凭证工作的记账人员都不得自行更改记账凭证。

(2)登记账簿要及时。登记账簿的间隔时间应该多长,没有统一的规定,这要看本单位所采用的具体会计核算形式而定,总的来说是越短越好。一般情况下,总账可以三五天登记一次;明细账的登记时间间隔要短于总账,日记账和债权债务明细账一般一天就要登记一次;现金、银行存款日记账,应根据收、付款记账凭证,随时按照业务发生顺序逐笔登记,每日终了应结出余额。经管现金和银行存款日记账的专门人员,必须每日掌握银行存款和现金的实有数,谨防开出空头支票和影响经营活动的正常用款。

(3)注明记账符号。登记完毕后,要在记账凭证上签名或者盖章,并注明已经登账的符号,表示已经记账。在记账凭证上设有专门的栏目应注明记账的符号,以免发生重记或漏记。

(4)书写留空。账簿中书写的文字和数字上面要留有适当空格,不要写满格,一般应占格距的1/2。这样,在一旦发生登记错误时,能比较容易地进行更正,同时也方便查账工作。

(5)正常记账使用蓝黑墨水。登记账簿要用蓝黑墨水或者碳素墨水书写,不得使用圆珠笔(银行的复写账簿除外)或者铅笔书写。在会计上,数字的颜色是重要的语素之一,它同数字和文字一起传达出会计信息,书写墨水的颜色用错了,其导致的概念混乱不亚于数字和文字的错误。

(6)特殊记账使用红墨水。有关登记账簿中使用红色墨水的问题,依据财政部会计基础工作规范的规定,下列情况,可以用红色墨水记账:①按照红字冲账的记账凭证,冲销错误记录;②在不设借贷等栏的多栏式账页中,登记减少数;③在三栏式账户的余额栏前,如未印明余额方向的,在余额栏内登记负数余额;④根据国家统一会计制度的规定可以用红字登记的其他会计记录。

(7)顺序连续登记。各种账簿应按页次顺序连续登记,不得跳行、隔页。如果发生跳行、隔页,应当将空行、空页划线注销,或者注明"此行空白"、"此页空白"字样,并由记账人员签名或者盖章。这对避免在账簿登记中可能出现的漏洞,是十分必要的防范措施。

(8)结出余额。凡需要结出余额的账户,结出余额后,应当在"借或贷"等栏内写明"借"或者"贷"等字样。没有余额的账户,应当在"借或贷"等栏内写"平"字,并在余额栏内用"0"表示。现金日记账和银行存款日记账必须逐日结出余额。一般说来,对于没有余额的账户,在余额栏内标注的"0"应当放在"元"位。

(9)登记发生错误时,必须按规定方法更正,严禁刮、擦、挖、补,或使用化学药物清除字迹。发现差错,必须根据差错的具体情况采用划线更正、红字更正、补充登记等方法更正。

(10)对"过次页"的本页合计数的结计方法规定。财政部《会计基础工作规范》对"过次页"的本页合计数的结计方法作了以下规定:

①对需要结计本月发生额的账户,结计"过次页"的本页合计数应当为自本月初起至本页

末止的发生额合计数。这样做,便于根据"过次页"的合计数,随时了解本月初到本页末止的发生额,也便于月末结账时,加计"本月合计"数。

②对需要结计本年累计发生额的账户,结计"过次页"的本页合计数应当为自年初起至本页末止的累计数。这样做,便于根据"过次页"的合计数,随时了解本年初到本页末止的累计发生额,也便于年终结账时,加计"本年累计"数。

③对既不需要结计本月发生额也不需要结计本年累计发生额的账户,可以只将每页末的余额结转次页,如某些材料明细账户就没有必要将每页的发生额结转次页。

2.结账

结账,是在把一定时期内发生的全部经济业务登记入账的基础上,计算并记录本期发生额和期末余额。《会计基础工作规范》规定的结账程序及方法是:

(1)结账前,必须将本期内所发生的各项经济业务全部登记入账。

(2)结账时,应当结出每个账户的期末余额。需要结出当月发生额的,应当在摘要栏内注明"本月合计"字样,并在下面通栏划单红线。需要结出本年累计发生额的,应当在摘要栏内注明"本年累计"字样,并在下面通栏划单红线;12月末的"本年累计"就是全年累计发生额,全年累计发生额下应当通栏划双红线,年度终了结账时,所有总账账户都应当结出全年发生额和年末余额。

(3)年度终了,要把各账户的余额结转到下一会计年度,并在摘要栏注明"结转下年"字样;在下一会计年度新建有关会计账簿的第一余额栏内填写上年结转的余额,并在摘要栏注明"上年结转"字样。

五、发现账簿记账错误时处理

由于各种原因的存在,在制证、记账、编表的过程中往往会发生一些错误。发现记账错误时,根据账簿错误的具体情况,可采取三种不同的更正方法:

1.划线更正法

凡在结账前发现账簿记录中文字或数字错误时,可采用此法。更正时,在账簿中的错误文字上或数字上划一红线,以示注销。划线时,要划去错误数字的整个数码,不能只划去其中个别数码;然后,在红线上方空白处填写正确的文字或数字,并由更正人员在更正处旁边盖章以示负责。

2.红字更正法

当记账凭证中使用会计账户错误,或借贷方向错误,或金额记录错误,并且已经登记入账从而造成账簿记录错误的情况下,可采用此法。更正时,首先,填制一张内容与错误凭证完全相同而金额是红字的记账凭证,在摘要栏内注明"更正××号凭证错误",并据以用红字金额登记入账,冲销原有的记录;然后,再用蓝字填制一份符合经济业务内容的记账凭证,并据以登记入账。

3.补充登记

记账以后,虽然记账凭证中应借、应贷账户没有错误,但所填金额小于应填金额时,可采用此法。更正时,按照正确数字与错误数字之间的差额,用蓝字填制一张记账凭证,并据以登计入账。这样,就补记了少记的数字,使全部金额符合实际。采用此法时,须在补充记账凭证的摘要栏内注明补充哪个月的哪一号记账凭证。

任务 4　现金日记账的登记

日记账的主要作用是按照时间的先后顺序记录经济业务,以保持会计资料的完整性和连续性。

一、现金日记账设置

现金日记账是专门记录现金收付业务的特种日记账,它一般由出纳人员负责填写。现金日记账既可用作明细账,也可用作过账媒介。在现金收付业务较多的企业,也可分别设置现金收入日记账和现金支出日记账,它们只能是单栏式的日记账。现金日记账还可设置成三栏式的日记账。除非企业现金收付业务特别繁多,一般情况下,只设置三栏式的现金日记账。现金日记账如表 6-2 所示。

表 6-2　现金日记账

第　页

年		凭证		摘　要	对方科目	借方金额	√	贷方金额	√	余额
月	日	字	号							

二、日记账的登记

三栏式现金日记账的基本格式包括"收入(借)"、"支出(贷)"和"结余"三个栏目,分别用来登记库存现金每天的收入、支出和结存情况。由出纳人员根据审核无误的现金收款凭证、现金付款凭证和银行存款付款凭证(从银行提取现金的业务),按经济业务发生的先后顺序,逐日逐笔进行登记。

为了坚持内部牵制原则,出纳人员只负责登记现金、银行存款日记账,不得兼任稽核、会计档案保管和收入、支出、费用、债权债务账目的登记工作。

现金日记账登记如图 6-12 所示。

现 金 日 记 账　第5页

2017年 月	日	凭证 种类	号数	票据号数	摘要	借方	贷方	余额	核对
02	01				承前页	4356200	4123000	455000	☐
02	02	现收	001		收到销售现金款	2399000		2854000	☐
02	02	现付	001		销售款存入银行		2399000	455000	☐
02	06	银付	003		提取现金	200000		655000	☐
02	18	现付	002		购买办公用品		60000	595000	☐
02	20	现付	003		购买收银纸		45000	550000	☐
02	25	现收	002		收到销售款	435000		985000	☐
02	25	现付	004		存入销售款		435000	550000	☐
02	28				本月合计	3034000	2939000	550000	☐

图 6-12　现金日记账登记

任务 5　银行存款日记账的登记

银行存款日记账是用来记录银行存款收付业务的特种日记账。其设计方法与现金日记账基本相同，但须将账簿名称分别改为"银行存款收入日记账"、"银行存款付出日记账"和"银行存款日记账"，并将前两种账页左上角的科目名称改为"银行存款"，而且一般应相应增加每笔存款收支业务所采用的结算方式一栏，以便分类提供数据和据以进行查对、汇总。一般企业也只设置三栏式的银行存款日记账。其基本格式可参照现金日记账。

一、银行存款日记账的登记方法

银行存款日记账，应按各种存款分别设置。银行存款日记账通常也是由出纳员根据审核后的有关银行存款收、付款凭证，逐日逐笔顺序登记的。对于现金存入银行的业务，存款的收入数，应根据现金付款凭证登记。每日终了，应分别计算银行存款收入、付出的合计数和本日余额，以便于检查监督各项收支款项，并便于定期同银行对账单逐笔核对。

在多栏式现金日记账和银行存款日记账登记总账的情况下，账务处理有两种做法：

1.由出纳人员根据审核后的收、付款凭证逐日逐笔登记现金和银行存款的收入日记账和支出日记账，每日应将支出日记账中当日支出合计数，转记入收入日记账中支出合计栏中，以结算当日账面结余额。会计人员应对多栏式现金和银行存款日记账的记录加强检查监督，并负责于月末根据多栏式现金和银行存款日记账各专栏的合计数，分别登记总账有关账户。

2.另外设置现金和银行存款出纳登记簿，由出纳人员根据审核后的收、付款凭证逐日逐笔登记，以便逐笔掌握库存现金收付情况和同银行核对收付款项。然后将收、付款凭证交由会计人员据以逐日汇总登记多栏式现金和银行存款日记账，并于月末根据多栏式日记账登记总账。出纳登记簿与多栏式现金和银行存款日记账要相互核对。

上述第一种做法可以简化核算工作，第二种做法可以加强内部牵制。总之，采用多栏式现金和银行存款日记账可以减少收、付款凭证的汇总编制手续，简化总账登记工作，而且可以清晰地反映账户的对应关系，了解现金和银行存款收付款项的来龙去脉。

银行存款日记账登记如图 6-13 所示。

银行存款日记账

第 23 页

开户行：中国农业银行北京东城支行

账 号：32015162738484678

2017年 月	日	凭证 种类	号数	摘要	借方	贷方	余额	核对
12	01			承前页	218762300	214987200	12000000	□
12	01	银付	001	提取现金备发工资		1000000	11000000	□
12	11	银收	001	销售商品	2340000		13340000	□
12	11	银付	002	购买原材料		1170000	12170000	□
12	21	银收	002	销售商品	3510000		15680000	□
12	31	银收	003	收回前欠的货款	5850000		21530000	□
12	31			本月合计	11700000	2170000	21530000	□
12	31			本年累计	230462300	217157200	21530000	□
								□
								□
								□

图 6-13　银行存款日记账登记

二、银行存款日记账的核对

银行存款日记账核对是通过与银行送来的对账单进行核对完成的。银行存款日记账的核对主要包括两个内容：一是银行存款日记账与银行存款收、付款凭证互相核对，做到账证相符；二是银行存款日记账与银行存款总账相互核对，做到账证相符。

1.账证核对

收付凭证是登记银行存款日记账的依据，账目和凭证应该是完全一致的，但是在记账过程中，由于各种原因，往往会发生重记、漏记，记错方向或记错数字等情况。账证核对主要按照业务发生后的顺序一笔一笔进行，审核中要注意：

(1)核对凭证的编号。

(2)检查记账凭证与原始凭证两者是否完全相符。

(3)查对账证金额与方向的一致性。

检查中发现差错，要立即按照规定的方法更正，以确保账证完全一致。

2.账账核对

银行存款日记账是根据收付凭证逐项登记的,银行存款总账是根据收付凭证汇总登记的,记账依据是相同的,记录结果应一致,但由于两种账簿是不同人员分别记账的,而且总账一般是汇总登记的,在汇总和登记过程中,都有可能发生差错。日记账是一笔一笔地记,记录次数多,难免会发生差错。平时经常核对两账的余额,每月终了结账后,总账各科目的借方发生额、贷方发生额以及月末余额都已试算平衡,一定还要将其分别同银行存款日记账中的本月收入合计数、支出合计数和余额相互核对。如果不符,先应查出差错在哪一方,如果借方发生额出现差错,应查找银行存款收款凭证和银行存款收入一方的账目。反之,则查找银行存款付款凭证和银行存款付出一方的账目。找出差错,应立即加以更正,做到账账相符。

3.账实核对

企事业单位在银行中的存款实有数是通过"银行对账单"来反映的,所以照实核对是银行存款日记账定期与"银行对账单"核对,至少每月一次,这是出纳人员的一项重要日常工作。

从理论上讲,"银行存款日记账"的记录与银行开出的"银行存款对账单"无论是发生额还是期末余额,都应完全一致的,因为它是同一账号存款的记录。但是通过核对,会发现双方的账目经常出现不一致的情况,原因有两个:一是双方账目可能发生记录或计算上的错误,如单位记账是漏记、重记、银行对账单串户等,这种错误应由双方及时查明原因,予以更正。二是有"未达账项"。"未达账项"是指由于期末银行估算凭证传递时间的差异而造成的银行与开户单位之间一方入账,另一方尚未入账的账项。无论是记录有误,还是有"未达账项",都要通过单位银行存款日记账的记录与银行开出的"银行存款对账单"进行逐笔"核对"才能发现。

具体做法是,每月初应由会计人员亲自到银行领取上月的银行对账单,然后由会计人员根据银行提供的对账单同本企业的"银行日记账"进行核对。

例:漳州兴达商贸有限公司2017年8月份的银行存款日记账与银行对账单如表6-3、表6-4所示。

表6-3　银行存款日记账——中国工商银行金丰支行

2017年		凭证	摘　要	借　方	贷　方	金　额
月	日	种类				
8	1		期初余额			250 000.00
8	2	收	收到货款	150 000.00		400 000.00
8	5	付	支付采购款		46 300.00	353 700.00
8	10	付	支付采购款		38 000.00	315 700.00
8	15	付	支付广告费		5 000.00	310 700.00
8	18	收	收销货款	11 700.00		322 400.00

续表

2017 年		凭证	摘 要	借 方	贷 方	金 额
月	日	种类				
8	26	付	提取现金		80 000.00	242 400.00
8	30	付	支付水费		1 200.00	241 200.00
8	30	付	支付话费		200.00	241 000.00
8	31	付	支付专利款		138 000.00	103 000.00
8	31	收	收销货款	21 400.00		124 400.00
8	31		本月合计	183 100.00	308 700.00	124 400.00

表 6-4　银行存款对账单——中国工商银行金丰支行

单位名称:漳州兴达商贸有限公司　　　　账号:15022225987　　　　　　　第 1 页

2017 年		结算凭证	摘 要	借 方	贷 方	金 额
月	日	种类				
8	1		期初余额			250 000.00
8	2	委收	收到货款		150 000.00	400 000.00
8	5	转支	支付采购款	46 300.00		353 700.00
8	10	转支	支付采购款	38 000.00		315 700.00
8	10	委收	代收销货款		16 800.00	332 500.00
8	15	转支	支付广告费	5 000.00		327 500.00
8	18	转支	支付货运费	500.00		327 000.00
8	20	委收	收销货款		11 700.00	338 700.00
8	25	特转	支付税金	5 940.00		332 760.00
8	26	现支	提取现金	80 000.00		252 760.00
8	30	特转	支付水费	1 200.00		251 560.00
8	31	转支	支付专利款	138 000.00		113 560.00
8	31	委收	收销货款		21 400.00	134 960.00
8	31		本月合计	314 940.00	199 900.00	134 960.00

　　根据上面的资料找出未达账项,编制银行存款余额调节表,如表 6-5 所示。

表 6-5　银行存款余额调节表

2017 年 8 月 31 日

项　　目	金　额	项　　目	金　额
银行存款日记账余额	124 400	银行对账单余额	134 960
加:银行已收,企业未收	16 800	加:企业已收,银行未收	
减:银行已付,企业未付	6 440	减:企业已付,银行未付	200
调节后的存款余额	134 760	调节后的存款余额	134 760

　　银行存款余额调节表只是银行存款清查的一种工作底稿,不能作为账务处理的依据。银行存款余额调节后,对未达账项还须做账务处理,对银行已入账而企业未入账的在收到银行转来的有关凭证后方可入账,对上月未达账项本月还存在的应尽快查明原因,上报有关领导,及时处理。

任务 6　现金、银行(收支存)月报表的编制

　　现金银行存款收支日报表如表 6-6 所示。

表 6-6　银行存款/现金收支日报表

年　　月　　日

收　入					支　出					
传票号码	摘要	行号	银行存款	现金	传票号码	摘要	行号	支票号码	银行存款	现金
合　计					合　计					
现金/银行存款										

行库名称账号	上日结存	收入	支付	本日结存	摘要
1					
2					
3					
…					
银行存款小计					
现　金					
合　计					

负责人:　　　　　　会计:　　　　　　　　复核:　　　　　　　出纳:

现金、银行银行存款收支月报表如表 6-7 所示。

表 6-7 锦兴有限公司现金月报表

日期:2017.8.01－8.31

上月结余			5 430.00	本月余额			6 100.00
本月收入总额			7 670.00	本月支出总额			7 000.00
序号	日期	收入明细	金额	序号	日期	支出明细	金额
1	8 月 1 日	提备用金	2 000.00	1	8 月 2 日	出差借款	1 000.00
2	8 月 4 日	出售商品收入	1 170.00	2	8 月 9 日	购办公用品	3 400.00
3	8 月 12 日	押金收入	3 500.00	3	8 月 16 日	交办公室话费	1 200.00
4	8 月 25 日	收到个人赔偿金	1 000.00	4	8 月 30 日	支付水电费	1 400.00
5				5			
6				6			
7				7			
8				8			
9				9			
10				10			
11				11			
		小计	7 670.00			小计	7 000.00

制表:林晓红

表 6-8 银行账明细表

锦兴有限公司中国工商银行,账号:2020499036735

2017.8.01－8.31

序号	日期	摘　要	收入金额(元)	支出金额(元)	金　额
		上月结转余额			104 000.00
1	8 月 1 日	支付购货款		11 700.00	
2	8 月 1 日	提备用金		2 000.00	
3	8 月 5 日	预付货款		10 000.00	
4	8 月 10 日	出售商品收入	18 500.00		
5	8 月 16 日	收回前欠的货款	2 500.00		
6	8 月 25 日	购买原材料		14 000.00	
7	8 月 30 日	销售商品	42 000.00		
8					
		以上合计	63 000.00	37 700.00	129 300.00

任务 7　厦门网中网软件"出纳岗位实务"训练

以学生学号登陆厦门网中网软件 出纳实务【网中网公司】 软件,完成以下任务:

出纳实务【网中网公司】

出纳账簿的设置及账簿启用视频　课件　模拟学生实训　下载 打印

出纳账簿及凭证的交接介绍及视频　课件　模拟学生实训　下载 打印

出纳账簿及凭证交接常用单据及填制示例　课件　模拟学生实训　下载 打印

账簿的启用　实训　模拟学生实训　下载 打印

现金日记账的设置　实训　模拟学生实训　下载 打印

银行存款日记账的设置　实训　模拟学生实训　下载 打印

银行存款余额调节表实训　实训　模拟学生实训　下载 打印

📁 4 出纳账簿及凭证交接
　📁 4.1 出纳日记账的设置
　📁 4.2 出纳日记账的格式和登记方法
　📁 4.3 登记备查簿

任务 8   自我再提高训练

请完成"出纳岗位仿真工作任务训练"岗位能力训练十六:记账凭证填写训练。

请完成"出纳岗位仿真工作任务训练"岗位能力训练十七:现金日记账登记训练。

请完成"出纳岗位仿真工作任务训练"岗位能力训练十八:银行存款记日账登记训练。

◎ 岗位素质提高阅读建议

请利用课余时间,认真学习:中国人民银行发布的《银行账户管理办法》、《货币资金管理办法》,以指导出纳岗位工作,使职业生涯更加顺畅,岗位工作效率更高!

◎ 励志小故事

鹦鹉老板

一个人去买鹦鹉,看到一只鹦鹉前标:此鹦鹉会两门语言,售价二百元。

另一只鹦鹉前则标道:此鹦鹉会四门语言,售价四百元。

该买哪只呢?两只都毛色光鲜,非常灵活可爱。这人转啊转,拿不定主意。当他转了几次后突然发现,一只老掉了牙的鹦鹉,毛色暗淡散乱,标价八百元。

这人赶紧将老板叫来:这只鹦鹉是不是会说八门语言?

店主说:不。

这人奇怪了:那为什么它又老又丑,又没有能力,会值这个数呢?

店主回答:因为另外两只鹦鹉叫这只鹦鹉老板。

真正的领导人,不一定自己能力有多强,只要懂信任,懂放权,懂珍惜,就能团结比自己更强的力量,从而提升自己的身价。

相反,许多能力非常强的人却因为过于完美主义,事必躬亲,什么人都不如自己,最后只能做最好的攻关人员,销售代表,成不了优秀的领导人。

岗位能力学习模块七

出纳的交接工作

做一个正直的人,就必须把灵魂的高尚与精神的明智结合起来。

——爱尔维修

📋 能力目标

① 能够按规范整理和保管出纳资料

② 能够按规定正确办理出纳工作的交接

③ 能够清楚出纳移交手续时发现问题责任的确定

💡 知识目标

① 熟悉按规范整理和保管出纳资料

② 掌握出纳工作的交接程序

③ 掌握出纳工作交接的内容

④ 熟悉出纳移交手续时发现问题责任的确定

先导案例

会计档案是企业重要的会计资料,厦门利兴服装有限公司如何根据自己的情况制定保管与调阅会计资料的相关规定?

[案例解读]

鉴于会计资料的重要性,厦门利兴服装有限公司对于调阅会计资料可作如下的规定:

1.会计档案是指会计凭证、会计账簿、会计报表和财务文件等归档资料,它是记录和反映经济业务的重要史料和依据。各级财会机构必须加强对会计档案的管理。

2.各分公司应指定专人负责会计档案的管理工作。在会计核算年度内,由各岗位的人员各自负责本岗位会计资料的整理、装订、保管、立卷等工作。会计年度终了后,应将有关资料移交专门档案管理人员负责管理。

3.本企业人员调阅会计档案,要经财会主管同意;企业外人员调阅会计档案要有正式介绍信,经财会主管或单位负责人批准。调阅人员不得将会计档案携带外出,需要复制的要经过本单位领导同意。

4.机构合并或撤销,应根据不同情况,将会计档案移交给上级单位指定的接收单位,并由移交、接收双方在移交清册上签字盖章。

5.备份的会计资料软盘要有专人负责保管,调阅会计软盘的,也要经财会主管或单位负责人批准。

任务1　整理和保管出纳资料

一、整理和保管出纳凭证

一般来说,出纳记账所依据的原始凭证及记账凭证,在出纳记账后,要传递给记账会计,在年终归档前由记账会计进行整理和保存。

出纳人员的任务,主要是做好原始凭证的整理及业务处理阶段全部会计凭证的保管工作。

二、整理和保管出纳账簿

企业更换新账后,应将旧账归入会计档案。移交归档前应对旧账进行整理,整理时应注意以下几点:

1.对编号、扉页内容、目录等填写不全的,应根据有关要求填写齐全。

2.使用活页式或卡片式辅助账的单位,对于活页式或卡片式账,在归档时应加以装订,编齐页码,并像订账本一样加上扉页,注明单位名称、共计页数和记账人员签章等,并加盖公章。

三、整理和保管其他出纳资料

账簿凭证以外的其他出纳资料的归档,主要包括:

1.各种报表及文件,如各项经费开支计划表、决算表、出纳报告、银行对账单、资金分析报告、作为收付款依据的各种经济合同文件。

2.其他财务管理的重要凭据,如支票申请单与支票领用登记簿等。

这些资料应分类整理并妥善保管,年终集中归入会计档案。

任务 2　移交与调阅出纳资料

一、移交出纳资料

1.当月出纳员手上反映经济业务收支的原始凭证应分类汇总,合计后填写"出纳交接表",写明上期余额、本期收入、本期支出、本期余额,原始凭证张数,当面交给会计人员,并要求会计人员当着出纳员的面清点后,两人均签名确认原始凭证移交。这项出纳与会计员的原始单据交接工作可以视企业经济业务量来调整交接期间,比如,一个企业经济业务量很大,会计人员可能要求按周或按旬来移交单据,以改变一个月积累太多、会计人员业务量太集中的问题。

2.当年会计档案在会计年度终了后,可暂由本单位财务会计部门保管一年,在这一年内归档资料通常仍由出纳负责保管。

3.一年期满后,应由财务会计部门编造成册移交本单位的档案部门保管。

二、调阅出纳资料

出纳保存的核算资料,应积极向本单位提供使用。按规定出纳资料不能外借,若有特殊情况,需要调阅,必须报经上级主管部门批准,并应登记、签字、限期归还。调阅的出纳资料不能拆散原卷册。

任务 3　出纳的工作交接

一、出纳人员离岗变动的不同处理

出纳人员由于工作调动、岗位轮换、外出学习、休假、出差等原因,离开出纳岗位是常有的事。对于出纳人员离岗变动,要视不同情况,区别对待处理。

1.出纳人员调动工作时,应严格办理交接手续

工作调动,意味着出纳人员将永久离开原单位出纳岗位,按财务制度要求,必须在规定的期限内,严格、认真、全面地办理交接手续,否则不得离职。移交后,如发现原经管的出纳业务有违反财会制度和财经纪律等问题,仍由原移交人负责。

(1)出纳人员办理移交手续前,必须做好以下工作:

①已经受理的出纳业务尚未填制收、付款记账凭证的,应填制完毕。

②尚未登记的账目,应登记完毕,并在最后一笔余额后加盖本人印章。

③整理应该移交的各项资料,对未了事项要写出书面说明。

④编制移交清册,列明应移交的记账凭证、现金出纳登记簿、银行存款日记账、财务专用

章、现金收讫章、现金付讫章、会计主管章、现金支票簿、转账支票簿、现金、有价证券、有关空白凭证、空白账表、文件、资料及其他物品等。有价证券要写明证券名称、数量、金额及号码;有关空白凭证要写明本数、张数等。

(2)出纳人员办理移交手续时,必须由监交人监交。监交人一般为会计主管,或由会计部门负责人指定某一会计人员监交。接交人员要按照移交人员编制的移交清册,当面逐项点收。对需要继续办理的事项和移交中说明的问题,需移交人补充书面材料的,要当面补上。移交清册一式三份,分别由移交人、接交人、监交人签章后留执。监交人所执一份可存档,接交人留执的一份待日后离岗时再移交下去。需要指出的是,在交接之前,财务部门应为接交人员刻好名章,移交人员的名章不再交由接交人使用。现金出纳登记簿和银行存款日记账要继续使用,接交人员不得自行另立新账。移交清册上要注明:单位名称、交接日期、监交人职务。现金日记账与银行存款日记账的扉页内印有"启用表"的,还应由移交人、接交人注明交接日期、接交人员和监交人员姓名,并由交接双方签章。

2.由他人暂时顶替工作,应办理部分交接手续

出纳人员在婚假、产假、病假、事假、休假及外出学习、公差等临时离岗期间,千万不能留下印章、交出钥匙、点点票子就一走了事,一定要抱着"先小人后君子"的态度,办一下有关事项的交接手续。即使是非常要好的同事,也不能以相互信任为理由而马虎从事。出纳顶替,可视单位业务量大小、顶替时间长短等具体情况而办理部分交接手续。如纯属临时顶替,为了不误现金支付,可让顶替人员打一个与所留备用现金数量完全一致的收条,待出纳员回来结清支出凭证与所剩现金,收条不作借款账务处理;如若顶替业务较多,时间也较长,则除了让顶替人员打一交接现金条据外,还可给顶替人员留几张盖好印戳的现金支票,但交接条据上一定要写明所留现金支票的张数与起止日期;如果出纳员离岗时间较长,甚至需顶替人员处理账务的,则要为顶替人员刻一名章,及时到银行更换跑银行人员印鉴。然后,将现金出纳登记簿、银行存款日记账、现金支票本、转账支票本等办理日常业务的账本、单据书面移交顶替人员,出纳员回来后再作书面移交手续。特别需要指出的是,出纳人员不能将自己的名章交由顶替人员随意使用。

3.由他人兼办出纳工作的,要严格按财务规章制度办事

有的单位未设专职出纳员,而是由指定的会计人员兼办出纳业务工作。此种类型要坚持两个原则:一要坚持钱账分管的原则;二要坚持《会计法》所规定的"出纳人员不得兼任稽核、会计档案保管和收入、支出、费用、债权债务账目的登记工作"的原则。兼办出纳员离职时,属于工作调动等永久性离岗的,必须全面办理交接手续;属于临时离岗的,应与顶替人员办理部分交接手续。

二、出纳工作交接的注意事项

1.做好交接准备

交接准备工作,具体应做好以下几个方面(如图7-1):

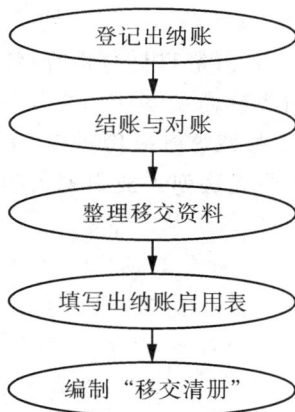

图 7-1 出纳交接准备工作

（1）登记出纳账

将出纳账登记完毕，并签名盖章。

（2）结账与对账

出纳账与现金和银行存款总账核对相符，现金账面余额与实际库存现金一致，银行存款账面余额与银行对账单核对无误，切实做到账账相符、账证相符、账实相符。

（3）整理移交资料

整理应移交的各种资料，对未了事项要写出书面说明。移交人对该收回的款项要尽快催收。该支付的款项要及时支出；清理与核对各种借款，清查与整理各种现金、票据、有价证券、收据及借据等，归档文件资料。对于该收回未收回的，或该支出未支出的款项，或者其他未了事项，应做出书面说明。

（4）填写出纳账启用表

在出纳账启用表上填写移交日期，并签名盖章。如表 7-1 所示。

表 7-1 出纳账启用表

账簿名称		全宗号		目录号	
账簿页数　自第　　页起至第　　页止　共　　页				案宗号	
盒号					
使用日期　自　年　　月　　日至　　年　　月　　日				保管期限	
单位领导签章		会计主管签章			
经管人员	之别		接管日期		签章
	姓名		移交日期		签章

（5）编制"移交清册"

根据清理情况，编制"移交清册"，写清楚移交的账簿、凭证、现金、有价证券、支票簿、文件资料、印鉴和其他物品的具体名称和数量。

移交清册一式三份，存档一份，交接双方各一份。移交清册由交接表和交接说明书两部分组成。交接说明书，主要是对交接表中无法列入或未列入的内容进行具体说明。交接说明书至少应包括以下几方面的内容：

①单位名称；

②交接双方和监交人员的职务、姓名；

③移交清册页数；

④需要说明的问题及意见。

2.移交工作

移交工作分为交接阶段和交接结束两个阶段。

（1）交接阶段

出纳人员离职，必须在规定的期限内，向接交人员移交清楚。交接工作主要包括以下几方面，如图 7-2 所示。

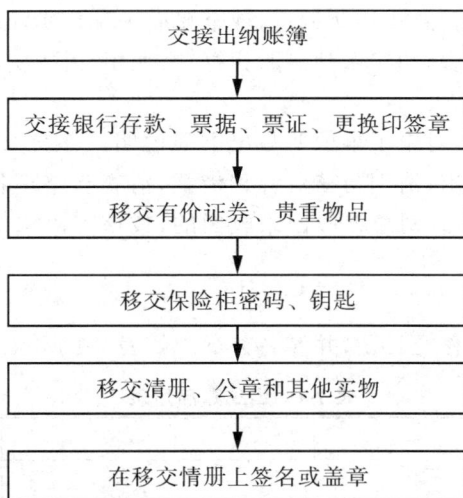

图 7-2　出纳移交工作

①交接出纳账簿。出纳账和其他会计资料必须完整无缺，不得遗漏。账簿交接时，接交人应核对出纳账与总账、出纳账与库存现金和银行对账单的余额是否相符。核对无误后，接交人应在结账数下签名盖章；如有不符，应由移交人查明原因，在移交清册中注明，并负责处理。库存现金的移交表填写如表 7-2 所示。

漳州利民有限公司 2017 年 6 月 30 日,出纳人员黄海与会计人员洪宏办理交接。会计主管陈虹进行监督。盘点库存现金中 3 张 100 元,8 张 50 元,2 张 20 元,5 张 5 元,2 张 2 元,6 枚 1 元,1 枚 5 角,2 枚 2 角,5 枚 1 角。请填写库存现金移交表。

表 7-2　库存现金移交表

币别:人民币　　　　　　　　移交日期:2017 年 6 月 30 日　　　　　　　　单位:元　　第 1 页

币别(面值)	数量(张)	移交金额	接交金额	备　注
100 元	3	300.00	300.00	
50 元	8	400.00	400.00	
20 元	2	40.00	40.00	
5 元	5	25.00	25.00	
2 元	2	4.00	4.00	
1 元	6	6.00	6.00	
5 角	1	0.10	0.10	
2 角	2	0.40	0.40	
1 角	5	0.50	0.50	
合计		776.00	776.00	

单位领导人:　　　　　　移交人:黄海　　　　　　监交人:陈虹　　　　　　接交人:洪宏

②交接银行存款和有关票据、票证,更换印签章。交接银行存款和有关票据、票证及更换印签章时,接交人应核对银行存款日记账和银行存款对账单是否一致,如有问题,交接双方应作如下处理:

交接双方到开户银行当场复核。核对无误后,移交票据、票证,同时更换留在银行的私人印签章。银行存款移交表填写如表 7-3 所示。

表 7-3　银行存款移交表

移交日期:2017 年 6 月 30 日　　　　　　　　单位:元　　第 1 页

开户银行	账号	币种	期限	账面数	实有数	备注
中国银行漳州分行金丰支行	3000298222288	人民币	活期	500 000	500 000	

附件及说明:
1.账面数为银行存款日记账金额,实有数为银行对账单金额
2.银行余额调节表(0)份
3.银行印签卡片(1)张

单位领导人:王琦　　　　　　移交人:黄海　　　　　　监交人:陈虹　　　　　　接交人:洪宏

例:漳州利民有限公司,开户行是中国银行漳州分行金丰支行,账号 3000298222288,是活期存款,银行存款日记账余额为 500 000 元,银行对账单金额是 500 000 元,两者一致。出纳人员黄海与会计人员洪宏办理交接。会计主管陈虹进行监督。

③移交有价证券、金银珠宝和其他贵重物品。有价证券要根据出纳账和备查账簿余额进行点收;金银珠宝和其他贵重物品,按照移交的数字,由移交人向接交人点交,验对无误后,接交人表示接受,并在贵重物品登记簿上签章。

贵重物品移交表填写如表 7-4 所示。

漳州利民有限公司 2017 年 3 月 17 日购买的面值为 1 元的股票共 36 000 张,2015 年 2 月 20 日购买的面值为 100 元的债券共 2 000 张,到期日为 2024 年 2 月 20 日。

表 7-4 有价证券及贵重物品移交表

移交日期:2017 年 6 月 30 日   单位:元   第 1 页

名称	购入日期	单位	数量	面值	到期日期	备注
股票	2017－3－17	张	36 000	1		
债券	2015－2－20	张	2 000	100	2024－2－20	

单位领导人:王琦   移交人:黄海   监交人:陈虹   接交人:洪宏

④移交保险柜密码,重要工作台、室钥匙。保险柜密码、重要工作台、室钥匙要按照规定程序移交。移交完毕后,为安全起见,接交人应该重新更换保险柜密码及重要工作台、室的锁具。

⑤接交人按移交清册接收公章和其他实物。其中,公章主要包括财务专用章、支票专用章和领导人名章等。

⑥交接完毕后,交接双方和监交人要在移交情册上签名或盖章。

(2)交接结束

移交结束后,还应该遵循以下规定:

①接交人员应认真接管移交的工作,继续办理移交未了的事项;

②接交人员应继续使用移交的账簿,不得另行开立新账,以保持会计记录的连续性;

③移交后,移交人不能免除责任,也即移交人员对移交的会计凭证、会计账簿、会计报表和其他会计资料的合法性、真实性承担法律责任。

3.出纳人员办理工作移交手续时发现问题责任的确定

《会计基础工作规范》第三十五条规定:"移交人员对移交的会计凭证、会计账簿、会计报表和其他会计资料的合法性、真实性承担法律责任。"这是对会计工作交接后,交接双方责任的具体确定。移交人员所移交的会计资料是在其经办会计工作期间内所发生的,应当对这些会计资料的合法性、真实性负责,即便接替人员在交接时因疏忽没有发现所接会计资料在合法性、真实性方面的问题,如事后发现,仍应由原移交人员负责,原移交人员不应以会计资料已移交而推脱责任。

4.出纳员工作交接书范例

原出纳员陈××,因工作调动,财务处已决定将出纳工作移交给吴××接管。现办理如下交接:

(1)交接日期:××××年×月×日。

(2)具体业务的移交:

①库存现金:××××年×月×日账面余额××元,实存相符,"现金日记账"余额与"总账"相符;

②库存国库券:478 000 元,经核对无误;

③银行存款余额×××万元,"银行存款日记账"余额与"总账"核对相符,编制"银行存款余额调节表"核对相符。

(3)移交的会计凭证、账簿、文件:

①本年度现金日记账 1 本;

②本年度银行存款日记账 2 本;

③空白现金支票××张,账号××号至××号;

④空白转账支票××张,账号××号至××号;

⑤托收承付登记簿 1 本;

⑥付款委托书 1 本;

⑦信汇登记簿 1 本;

⑧金库暂存物品细表 1 份,与实物核对相符;

⑨银行对账单 1—10 月份 10 本,10 月份未达账项说明 1 份;

⑩空白发票××本,××号至××号。

(4)印鉴:

①××公司财务处转讫印章 1 枚;

②××公司财务处现金收讫印章 1 枚;

③××公司财务处现金付讫印章 1 枚。

(5)交接前后工作责任的划分:××年×月×日前的出纳责任事项由朱××负责,××年×月×日起的出纳工作由金××负责。以上移交事项均经交接双方认定无误。

(6)本交接书一式三份,双方各执一份,存档一份。

移交人:陈××(签名盖章)

接管人:吴××(签名盖章)

监交人:迟××(签名盖章)

××公司财务处(公章)

××××年×月

三、出纳人员交接训练

请完成"出纳岗位仿真工作任务训练"岗位能力训练十九：交接业务。

任务4   自我再提高训练

请完成"出纳岗位仿真工作任务训练"岗位能力训练十九：出纳交接业务训练。

◎ 岗位素质提高阅读建议

请利用课余时间，认真学习：中国人民银行发布的《银行账户管理办法》、《货币资金管理办法》，以指导出纳岗位工作，使职业生涯更加顺畅，岗位工作效率更高！

◎ 励志小故事

一块雨披

五岁的汉克和爸爸、妈妈、哥哥一起到森林干活，突然间下起雨来，可是他们只带了一块雨披。

爸爸将雨披给了妈妈，妈妈给了哥哥，哥哥又给了汉克。

汉克问道："为什么爸爸给了妈妈，妈妈给了哥哥，哥哥又给了我呢？"

爸爸回答道："因为爸爸比妈妈强大，妈妈比哥哥强大，哥哥又比你强大呀。我们都会保护比较弱小的人。"

汉克左右看了看，跑过去将雨披撑开来挡在了一朵风雨中飘摇的娇弱小花上面。

这个故事细节实在太平常，可是却那样令人感动。我们深深地感悟到，真正的强者不一定是多有力，或者多有钱，而是他对别人的帮助有多少。

——责任可以让我们将事做完整，爱可以让我们将事情做好！在职场，十分需要这样的无私与奉献，爱与敬业！

岗位能力学习模块八

移动收付相关业务办理

现在越来越成熟以及普及的是互联网支付。

——工信部电信管理局　张新生

📋 能力目标

① 能够正确了解移动收付的相关业务种类。

② 能够按规定办理移动收付的相关业务。

③ 能够按规定对移动收付的相关业务进行会计核算。

💡 知识目标

① 熟悉移动收付的相关业务种类。

② 熟悉移动收付的相关业务注册和办理流程。

③ 熟悉移动收付的相关业务会计核算方法。

先导案例

张小美是个喜欢旅游的白领,2017 年 2 月,她去欧洲旅游时,发现巴黎老佛爷百货竟然可以使用支付宝或微信支付。她十分激动,也很开心。巴黎老佛爷百货甚至以较低的汇率吸引消费者,当然支付宝也能够在出口退税上使用。

2017 年"十一"黄金周,张小美发现,大部分境外旅游竟然也可以用支付宝和微信支付了。这个假期接受支付宝、微信支付的境外机场、免税店和商铺与 2016 年相比增加了许多。日本的许多机场、药妆店、百货商场在 2016 年年底就已上线支付宝,在日本使用支付宝支付和在中国境内一样顺畅,这大大提升了出境游支付的便捷度。

毫无疑问,中国移动支付是目前发展最快的行业。随着移动支付在全球的兴起,越来越多的跨国大公司瞄准了这一大市场,例如谷歌、脸书(Facebook)、亚马逊、软银等都有涉足,移动支付领域的竞争也愈发激烈。

任务 1　认识移动支付

一、移动支付的概念

移动支付也称为手机支付,就是允许用户使用其移动终端(通常是手机)对所消费的商品或服务进行账务支付的一种服务方式。单位或个人通过移动设备、互联网或者近距离传感直接或间接向银行金融机构发送支付指令产生货币支付与资金转移行为,从而实现移动支付功能。移动支付将终端设备、互联网、应用提供商以及金融机构相融合,为用户提供货币支付、缴费等金融业务。

二、移动支付的现状

移动支付主要分为近场支付和远程支付两种。所谓近场支付,就是在坐车、买东西时用手机支付,很是便利。远程支付是指通过发送支付指令(如网银、电话银行、手机支付等)或借助支付工具(如通过邮寄、汇款)进行的支付方式。移动终端和移动电子商务的发展是移动支付迅速发展的重要前提。移动支付数据揭示了国内年轻一代的消费习惯,数据显示,目前移动支付更偏向年轻化和多元化,话费充值、游戏充值、手机购物、电影娱乐和火车票等是年轻一代最常用的移动支付消费。如今出门买东西已经不用再为找零钱的事而烦恼,线下各行各业交易场景都能使用手机支付,从菜市场到大型超市甚至大型酒店都支持移动支付。相关数据显示,中国目前已经成为全球最大的移动支付市场,2016 年智能手机支付总额比上一年增加一倍。增加了约 37 万亿元,而这一数字是美国的 50 倍。数据研究公司 IDC 的报告显示,2017 年全球移动支付的金额已经突破 1 万亿美元。庞大的数据意味着,今后几年全球移动支付业务将呈现持续走强趋势,所有企业营销的收支都将与移动支付相关。

中国移动手机支付业务网银充值目前可通过以下银联卡完成:中国工商银行、中国建设银行、中国银行、中国农业银行、招商银行、交通银行、中国邮政储蓄银行、浦发银行、中信银行、中国民生银行、中国光大银行、兴业银行、广东发展银行、华夏银行。

三、移动支付的前景

中国持续走强的移动支付将对中国纸币使用、银行服务、理财工具、虚拟货币等产生重大影响。

1.移动支付将替代纸币虚拟化

美国移动支付公司 Square 的出现引领了一场支付方式革命——抛却繁琐的现金交易和各种名目繁多的银行卡,人们只需要一部智能手机或平板电脑即可完成付款。正如 Square 的宣传语一样,整个交易过程"无现金、无卡片、无收据"。移动支付技术正带领我们走向一个无纸质货币时代。

2.移动支付促进银行服务移动化

当前的银行系统最大的利润来自各种各样让客户迷惑不解的手续费,而非银行服务本身。移动支付的便利及手续费的大幅度节省,将使人们更加不会依赖实体银行。银行也正在将移动支付植入其相关服务中。通过移动设备的应用,用户就能完成存取款、转账等各种操作,存取票据用手机拍照保存即可,再也不用亲自跑去银行取号排队办理业务,同时也可以节约支付银行的手续费用。

3.移动支付将提升理财工具贴身化

如今,个人理财也是主流需求。大多数人需要知道自己有多少钱,并且想要有个"顾问"告诉他,哪些钱该花,哪些钱不该花。目前仍在继续发展完善的个人理财工具就将成为这个顾问,便利的移动支付可以促使其通过对历史交易以及线上、线下支付的实时大数据分析等,帮助人们做出更正确的理财决策。

4.移动支付将实现虚拟货币国际化

比特币是一种 P2P 的虚拟货币,类似于 Q 币,它以文件的形式储存在电脑里。人们可以用它购买一些虚拟物品,如果对方接受,也可以用它购买现实物品。比特币与 Q 币和现实货币最大的不同点在于,它不属于国家或任何组织和个人,任何人只需有一台联网的电脑就能参与其中。在它的世界里,货币的自由度达到空前高度。

我国的移动智能终端数增势迅猛,移动付费的需求也日益增长。移动支付生态环境的建立将提升交易速度,达到多方互利共赢的局面。

任务 2　认识支付宝

一、认识支付宝

支付宝公司从 2004 年建立开始,始终以"信任"作为产品和服务的核心,旗下有"支付宝"与"支付宝钱包"两个独立品牌。支付宝(中国)网络技术有限公司是国内领先的第三方支付平台,致力于提供"简单、安全、快速"的支付解决方案。

支付宝公司作为中国主流的第三方网上支付平台,它不仅从产品上确保用户在线支付的安全,同时致力于让用户通过支付宝在网络间建立信任的关系,帮助建设更纯净的互联网环境。支付宝提出的建立信任、化繁为简、以技术创新带动信用体系完善的理念深得人心。从2004 年建立至今,支付宝已经成为中国互联网商家首选的网上支付方案,为电子商务各个领域的用户创造了丰富的价值。

支付宝自 2014 年第二季度开始成为全球最大的移动支付厂商。支付宝主要提供支付及理财服务,包括网购担保交易、网络支付、转账、信用卡还款、手机充值、水电煤缴费、个人理财等多个领域。在进入移动支付领域后,为零售百货、电影院线、连锁商超和出租车等多个行业提供服务,还推出了余额宝等理财服务。

二、支付宝的优势

支付宝的优势在于:有了支付宝,就可以在淘宝网上开店;支付宝可以使用"我要付款"、"AA 收款"等功能;经常使用支付宝,可以提高信用级别,支付宝用户在交易中更受信任;支付宝认证为第三方认证,而不是交易网站本身认证,因而更加可靠和客观;支付宝的收付业务由众多知名银行共同参与,所以更具权威性;使用支付宝除身份信息需要核实外,还增加了银行账户信息核实,极大地提高了其真实性;支付宝认证流程简单并容易操作,认证信息及时反馈,用户实时掌握认证进程,使用起来方便快捷。

三、支付宝的功能

2017 年 2 月 28 日,支付宝首次上线"收钱码"功能,用户可以借此方便地发起面对面收款(即转账)功能。为了真正做到最低门槛,支付宝还通过服务人员,向一些没有安装支付宝的用户派发二维码。拿到这种特殊的二维码之后,没有安装支付宝的用户,也可以通过扫描、填写相关信息后转账到收款人银行账户,实现"不安装支付宝也能使用支付宝"的效果。"收钱码"推出后,以前许多只能使用现金的小角落,也能被移动支付覆盖了。支付宝副班长倪行军表示,支付宝希望用 5 年时间推动中国率先进入无现金社会,收钱码是支付宝今年推动无现金社会的第一步,之后还将推出一系列措施。

使用支付宝时,资金可以事先充值到支付宝账户,也可以在支付时使用银行卡(包括信用卡、借记卡)和充值卡。目前,全球十大快时尚品牌——ZARA、H&M、优衣库、无印良品、GAP、M&S、C&A、UR、FOREVER21、MANGO 都可以用支付宝支付。

四、支付宝注册

使用支付宝支付服务需要先注册一个支付宝账户,分为"个人账户"和"企业账户"两类,在支付宝官方网站或者支付宝钱包注册均可。

用户使用支付服务需要实名认证,这是央行等监管机构提出的要求。实名认证之后可以在淘宝网开店,增加更多的支付服务,更重要的是有助于提升账户的安全性。实名认证需要同时核实会员身份信息和银行账户信息。从 2016 年 7 月 1 日开始,实名认证不完善的用户,其余额支付和转账等功能受到限制。

1.支付宝账户

支付宝账号也就是在支付宝网站上注册的支付宝账户名,支付宝账号的作用相当于在银行开一个账户。

个人支付账户分为三类,各类账户的功能、额度和信息认证标准不同。其中,Ⅰ类账户只需要一个外部渠道认证客户身份信息,例如,联网核查居民身份证信息,对应的付款限额只有自账户开立起累计 1 000 元的限额。该类账户余额可以用于消费和转账,主要适用于客户小额、临时支付。Ⅱ类和Ⅲ类账户的客户实名认证强度相对较高,分别通过至少三个、五个外部渠道验证客户身份信息。其中,Ⅱ类账户的余额付款限额为年累计 10 万元。Ⅲ类账户的余额付款限额为年累计 20 万元。几乎所有的支付服务都可以使用支付宝。

2.支付宝认证

支付宝实名认证是由支付宝(中国)网络技术有限公司提供的一项身份识别服务。通过支付宝实名认证后相当于拥有了一张互联网身份证,可以在淘宝网等众多电子商务网站开店、出售商品,增加支付宝账户拥有者的信用度。

支付宝认证一定要正确选择身份证件所在的地区,正确选择后才能顺利完成支付宝实名认证,姓名、身份证号码是必填项目,并且必须做到信息真实,注册完成后不可修改。另外,该页面的职业、常用住址信息亦为必填项。支付宝注册流程如图 8-1 所示。

图 8-1 支付宝注册流程图

支付宝账户注册成功后,该登录名可在支付宝、天猫、淘宝、聚划算、一淘、阿里巴巴国际站、阿里巴巴中文站、阿里云网上通用,且登录密码与支付宝登录密码一致。

五、支付宝付款

所有移动支付都是以扫二维码为基础来进行支付。在移动客户端中,可以通过"扫一扫"打开摄像头,对各类付款码进行扫描。

1.支付宝线下付款

线下买家通过使用支付宝钱包扫描商家的二维码等方式完成支付,提升商家收银效率,资金实时到账;线下买家使用支付宝钱包中的当面付功能,通过声波支付的方式向商家完成付款,资金实时到账。以下介绍支付宝扫码支付的方式。

图 8-2　手机登录支付宝,点击"付钱"

图 8-3　点击"扫码付",扫描商家的收款码

图 8-4　输入支付密码完成付款

2.快捷支付

快捷支付是支付宝联合各大银行推出的一种全新的支付方式。在完成支付时无需登录网上银行,可直接输入卡面信息及持卡人身份信息,根据安全规则,通过验证银行预留的手机接收校验码完成签约或支付。这是一种便捷、快速、安全的付款方式。开通快捷支付时,支付宝不收任何费用。

以淘宝购物为例,了解快捷支付方式。

(1)买家在淘宝平台选定需要购买的商品,点击"立即购买",如图 8-5 所示。

(2)在确认订单信息后,点击"提交订单",如图 8-6 所示。

图 8-5　点击"立即购买"

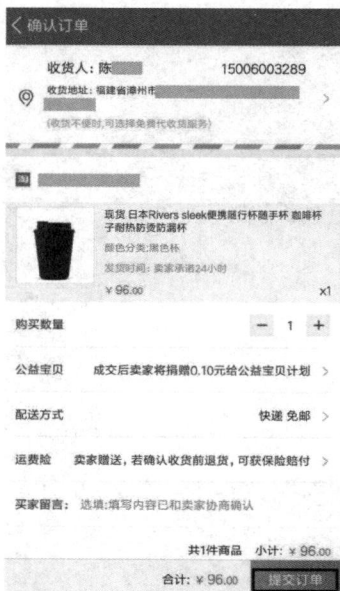

图 8-6　点击"提交订单"

（3）在弹出支付窗时，选择付款方式，付款方式可以选定在第一节中提到的绑定个人账号的银行卡。选定付款方式后，即可用输入密码或者验证指纹的方式进行付款，如图 8-7、图 8-8所示。

图 8-7　输入支付密码

图 8-8　确认付款

3.转账

熟人线下交易时,可以使用转账进行支付,转账支付可以直接使用手机操作,避免使用POS机和现金支付方式的繁琐。转账到支付宝账户,支持余额、储蓄卡快捷、储蓄卡快捷(卡通)、储蓄卡网银、余额宝、亲密付,不支持钱包支付,也不支持组合支付。

转账的操作:收款可以点击"收钱"打开二维码,在付款方打开"扫一扫"扫描二维码,输入转账金额进行付款;也可以在付款方客户端点击"付钱"打开二维码,在收款方打开"扫一扫"扫描二维码,输入转账金额进行收款。

六、支付宝收支的核算

现在许多贸易企业,甚至制造业,为了增加销售收入,都在电子商务平台开设网店进行线上营销活动。当商家通过支付宝平台实现收支时,与线下经济活动一样,仍然需要进行日常核算。

1.支付宝核算的会计科目

网络商家应设置"其他货币资金"账户,对其支付宝账户的相关收支进行会计处理。这里需要说明的是:网络商家存在支付宝平台的资金,虽然类似银行存款,但仍然存在与银行存款不同的特质;它更类似存在证券公司的专用账户的资金,不能领取现金。所以,在本教材中,暂将这部分存款列为"其他货币资金"进行核算。如表 8-1 所示。

表 8-1 "其他货币资金"会计科目设置

一级科目	二级科目	三级科目
其他货币资金	支付宝	余额宝
		花呗
		……

2.支付宝收入的核算

商家通过电子商务平台实现商品销售的资金收支是通过支付宝平台进行的,那么,当买家选好商品,先支付保证金在支付宝平台时,商品虽然已经发出了,但作为卖家是没有收到钱的,这个时候商家应做以下会计处理:

发出商品时:

借:应收账款——淘宝平台——×××客户

　　贷:主营业务收入

然后,当买家确认收货后,支付宝平台在扣除手续费后将款项转到商家支付宝账户上。商家应做以下会计处理:

借:其他货币资金——支付宝账户

　　财务费用——支付宝手续费

　　贷:应收账款——淘宝平台——×××客户

当出纳员将支付宝平台的钱转入商家银行账户时,商家应做以下会计处理:

借:银行存款

　　贷:其他货币资金——支付宝账户

企业支付宝账户是纳入总账进行会计核算的,用支付宝账户支付电子商务平台费用时:

借:营业费用——××费用

　　贷:其他货币资金——支付宝账户

支付宝收支和实体银行有许多不同。银行每一笔收支都有单据作为原始凭证来做账,移动支付的凭证就少了。但是,网络商家每月收到的支付宝回款较多,拿什么作为凭证附件呢?可以点击进入支付宝,找到交易明细,上面可以下载账单,根据需求进行筛选,然后导出,最后再打印出来。如果量不是很大,也可以截图出来打印。

3.余额宝的核算

余额宝大家可能都熟悉。只要用过支付宝,就可以把闲钱放在里面进行理财。这个产品比起银行定期存款要好多了,不仅收益要高1个多点,还可以随用随取,特别方便。

余额宝的本质是一款货币基金。所谓货币基金,就是大家把钱交给基金公司,由其去投资一些流动性特别好又特别稳健的产品。余额宝能买的产品包括:国债、央行票据、银行定期存单、政府短期债券、优质企业短期债券、同业存款。2017年余额宝规模超过1.56万亿元,超过了招商银行个人存款总和。

商家在支付宝平台将资金从企业或个人支付宝账上转到余额宝时,做以下会计处理:

借:其他货币资金——余额宝账户

　　贷:其他货币资金——支付宝账户

相反,如果是从余额宝转出资金到支付宝账户,则这样做会计处理:

借:其他货币资金——支付宝账户

　　贷:其他货币资金——余额宝账户

如果余额宝实现收益,则做以下会计处理:

借:其他货币资金——余额宝账户

　　贷:投资收益——余额宝收益

任务3　认识微信收付

一、认识微信收付

微信是由深圳腾讯控股有限公司于2010年10月筹划启动、由腾讯广州研发中心产品团队打造、于2011年1月21日推出的一个为智能终端提供即时通讯服务的免费应用程序。微信支持跨通信运营商、跨操作系统平台,通过网络快速发送免费语音短信、视频、图片和文字,同时,也可以使用通过共享流媒体内容的资料和基于位置的社交插件"摇一摇"、"漂流瓶"、"朋友圈"、"公众平台"、"语音记事本"等服务插件。截至 2011 年 4 月底,腾讯微信获得了四五百万注册用户。截至 2016 年 12 月,微信的活跃用户数已达 8.89 亿。

2014 年 1 月 15 日晚,微信发布了货币型基金理财产品——理财通,被称为微信版"余额宝"。2014 年 8 月 28 日,微信支付正式公布"微信智慧生活"全行业解决方案。具体体现在以微信公众号+微信支付为基础,帮助传统行业将原有商业模式"移植"到微信平台。2014 年 9 月份,企业号上线。2014 年 12 月 24 日,微信团队正式宣布面向商户开放微信现金红包申请。只要商户(公众号、App 或者线下店皆可)开通了微信支付,就可以申请接入现金红包。2016 年 4 月份,企业微信号上线。2017 年 1 月份,微信小程序上线,增加多项新功能:可以通过二维码给身边的人发红包。2017 年 12 月 1 日起,微信对每位用户每个自然月累计信用卡还款额超出 5 000 元的部分按 0.1% 进行收费(最低 0.1 元),不超过 5 000 元的部分仍然免费。2017 年 5 月 4 日,微信支付进军美国,可直接用人民币结算。

二、微信收付的优势

通过对微信使用现状、支付能力及其优势进行分析发现,微信的用户正在不断增长,而依托于微信用户的微信支付也在刷新式地增加。目前微信支付已实现公众号支付、扫码支付、APP 支付、刷卡支付,使商户达到"收款"的目的,为用户提供了快捷多样的支付模式。微信支付以其独特、高效、快速、方便的支付模式,吸引了越来越多的商家和买家的参与,其支付优势不断突显。

1.方便快捷安全

在门店消费,用微信支付结账只需 3 秒即可完成。其高效率为商家等零售行业节省大量排队等候、找零钱的时间,让客人购物更舒心,让商家有更多时间服务更多的客人。此外,商家通过电子货币收款可以有效避免假币风险和收银员作弊等问题。

2.资金秒到,随时归集

使用微信支付收款,商户资金实时到账,随时归集,让商户资金得到保障,使利用率最大化。

3.线上自营销平台

微信支付平台内含线上自营系统,商家可开通在线微商城,自行在平台内做营销活动,发送活动打折、产品更新等广告信息。

4.粉丝互动,增加商家和商户间的粘性

一是吸粉。消费者进店消费使用微信支付结账,当支付完成时,消费者的微信将自动关注商家微信公众号,商家便可以积累庞大的粉丝群体。二是商家可在平台内发起诸如裂变红包、问卷调查、抽奖券、抵用券等各种活动来赢得回头客,由此起到二次营销引流作用。

5.数据统计

平台自带独立后台,有强大的数据统计功能,商家相关人员可以在后台查看当天、当月等历史销售数据,这样可为商家制定下一阶段发展战略提供精准的数据分析。

6.微信支付官方活动补贴

接入微信支付的商户,当满足官方一定的活动要求时,可以向官方申请最低10万元人民币的微信支付日常活动补贴。活动内容有:满立减、随机减等。

未来的支付市场是移动支付的天下。现在,不论是年轻人还是其他年龄段的人,越来越依赖于手机,只要带个手机就可以完成线下购物,人们都感到十分便利。微信已拥有8亿用户群体,且相对于其他移动支付产品,更为贴近生活。

三、微信收付注册

微信推荐使用手机号注册,并支持100多个国家的手机号。微信不可以通过QQ号直接登录注册或者通过邮箱账号注册。第一次使用QQ号登录时,是登录不了的,只能用手机注册绑定QQ号才能登录,微信会要求设置微信号和昵称。微信号是用户在微信中的唯一识别号,必须大于或等于六位,注册成功后允许修改一次。昵称是微信号的别名,允许多次更改。

四、微信收付的功能

微信支付之所以受欢迎,也是因为功能齐全,使用简便。

1.微信支付

微信支付集成在微信客户端的支付功能,用户可以通过手机完成快速的支付流程。微信支付向用户提供安全、快捷、高效的支付服务,以绑定银行卡的快捷支付为基础。

2.微信支付场景

用户可以通过微信公众平台支付、APP(第三方应用商城)支付、二维码扫描支付、刷卡支付,用户展示条码,商户扫描后,完成支付。

用户只需在微信中关联一张银行卡并完成身份认证,即可将装有微信APP的智能手机变成一个全能钱包,之后即可购买合作商户的商品及服务,用户在支付时只需在自己的智能手机上输入密码,无需任何刷卡步骤即可完成支付,整个过程简便流畅。

微信支付支持以下银行发卡的贷记卡:深圳发展银行、宁波银行。此外,微信支付还支持以下银行的借记卡及信用卡:招商银行、建设银行、光大银行、中信银行、农业银行、广发银行、平安银行、兴业银行、民生银行。

3.微信支付规则

微信支付在绑定银行卡时,需要验证持卡人本人的实名信息,即:姓名、身份证号的信息。

(1)一个微信号只能绑定一个实名信息,绑定后实名信息不能更改,解卡不删除实名绑定关系。

(2)同一身份证件号码只能注册最多10个(包含10个)微信支付码。

(3)一张银行卡(含信用卡)最多可绑定3个微信号。一旦绑定成功,该微信号无法绑定其他姓名的银行卡、信用卡,请谨慎操作。

（4）一个微信号最多可绑定 10 张银行卡（含信用卡）。

（5）一个微信账号中的支付密码只能设置一个。

（6）银行卡无需开通网银（中国银行、工商银行除外），只要在银行中有预留手机号码，即可绑定微信支付。

2014 年 9 月 13 日，为了向更多的用户提供微信支付电商平台，微信服务号申请微信支付功能不再收取 2 万元保证金，开店门槛降低。保证金的取消使微信支付门槛大大降低。微信通过降低支付门槛，使更多的淘宝卖家和新型创业者涌向微信公众平台，迎来更多的企业用户注册。

从 2015 年 10 月 17 日起，微信转账实行新规。用户每月转账＋面对面收款可享受 2 万元免手续费额度，超出部分按银行费率收取手续费，费率为 0.1％。为了优化服务资源配置，微信更倾向于将资源向更广泛的小额转账及红包用户倾斜。小额转账及红包依旧免收手续费，不受影响。

五、微信收付的核算

作为商家，为了抢占市场，微信支付努力在线上线下构筑立体式销售网。2016 年 9 月 27 日，微信支付宣布正式推出"微信买单"功能，微信支付方面表示，接入的商户无需开发即可上线收款。"微信买单"功能的接入并不复杂，已经申请了微信支付的商户，只需进入微信支付官网，即可开通微信买单功能：一键申请、在线签约、设置店员、打印二维码。微信扫码支付方式如图 8-9 所示。

图 8-9　微信扫码支付方式

图 8-10　用微信扫描二维码

图 8-11　输入密码,支付成功提示

六、微信收付的核算

1.微信收付核算的会计科目

商家应设置"其他货币资金"账户对其微信收付账户相关收支进行会计核算。如表 8-2 所示。

表 8-2　"其他货币资金"会计科目设置

一级科目	二级科目	三级科目
其他货币资金	微信收付账户 1	
	微信收付账户 2	
	……	

2.微信收付的核算

商家通过微信平台实现商品的销售,收支通过微信钱包完成。

当商家通过微信扫描收取销售款时应做以下会计处理:

借:其他货币资金——微信收付账户

　　贷:主营业务收入

如果要提现,可进入微信"我—钱包"后,点击零钱,并在"钱包"页面选择提现。当商家将微信平台的钱转入银行账户时,做以下会计处理:

借:银行存款

　贷:其他货币资金——微信收付账户

当商家从微信钱包提现,将钱转到银行后,若支付给微信平台手续费,做以下会计处理:

借:财务费用——微信平台手续费

　贷:其他货币资金——微信收付账户

如果商家直接从微信钱包支付其他费用,如购买商品包装袋、支付水电费等,做以下会计处理:

借:营业费用——包装费(水电费等)

　贷:其他货币资金——微信收付账户

微信收支不像银行,每一笔收支业务都有单据作为原始凭证,商家要了解每月收到的微信回款,只能进入微信钱包,下载账单,根据需求进行筛选,然后导出再打印出来。如果笔数不多,也可以截图打印。

任务4　自我提高训练

1.请列举当前常用的 5 个以上的移动支付模式,说出它们的名称并简要介绍。

2.请完成"出纳岗位仿真工作任务训练"十二:移动收付业务训练。

◎ 岗位素质提高阅读建议

1.请利用课余时间,上网学习了解其他移动收付平台。

2.阅读中国人民银行《关于改进个人银行账户分类管理有关事项的通知》。

◎ 励志小故事

支付宝背后故事

据新浪科技讯,北京时间 1 月 25 日,在参加完 2018 年冬季达沃斯年会"推动电商发展"的分论坛后,阿里巴巴集团董事局主席马云紧接着又参加了一场专场对话。在谈到领导力的话题时,马云讲述了阿里巴巴当初推出支付宝背后的故事。

马云提到,如果没有支付宝,电商很难把规模做大。但当初阿里推出支付宝时面临着种种困难,首先是银行不提供相应的服务。马云说:"我当时就问银行说,你有能帮助电商转账的服务吗?然后银行说,这个我们不接受。"由于银行不支持,马云也在思考如何推出支付宝,"但那个时候不太敢推出,你如果没有执照做金融的话,那个时候是要坐牢的"。

而 2004 年在达沃斯的经历改变了马云的看法。马云说:"我当时听了一个国家领导人关于领导力的讲话。他说领导力是责任,你相信但是其他人不信,但是如果你觉得这个事情非常重要,付出一切代价都要做它。这就改变了我的想法,我立刻给团队打了电话,我说我们推出支付宝吧,一个月后我们推出,如果有人要坐牢的话就让我去吧,如果我坐牢的话你继续做我的工作,你如果坐牢的话我们公司的第三把交椅就继续做这个工作。"正因为这样的牺牲精神,才使得如今的电商规模如此之大,移动收付如此便利。

马云总结道:支付宝的决策是在达沃斯时做出的,现在支付宝不仅推出了,而且拥有 8 亿多用户。"这就是领导力。"马云说。

——领导力,是责任,是创新,是担当!人类的进步需要这样勇于牺牲的领导力!

第三篇

出纳岗位仿真工作任务训练

一、岗位能力训练企业基本情况

1.福建省漳州福民有限公司资料如下：

单位全称	福建省漳州福民有限公司
公司地址	福建省漳州市前丰路 115 号
公司电话	0596756812
开户行	中国银行福建省漳州金丰支行
账号	536000025698
开户行行号	70082
开户行地址	福建省漳州金丰路 106 号
企业类型	有限责任公司（增税税一般纳税人）
法定代表人	赵晓梅（身份证号码：350201196503260894）
注册资金	壹仟万元整
企业代码	8965
纳税人登记号	35060098567324145
经营范围	设计、生产、销售服装
企业主要人员	会计主管:何云东　会计:黄丽珠　出纳:陈思敏
组织机构代码	785486－1
地区代码为	8560101
企业法人营业执照编号	698542321

2.主要客户资料如下：

福建省泉州青松自选商场		福建省漳州信得百货商场	
税务登记号	5689321560078	税务登记号	9568400587256
开户银行	建设银行东桥支行	开户行	中国工行福建省漳州分行
账号	80065732	账号	5900365987
地址	福建省泉州东桥路 243 号	地址	福建省漳州龙文区工业路 60 号
电话	0595-9865383	电话	0596-8989562
行号	9817	行号	8126

3.主要供应商资料如下：

广州伟民布料厂		福建省泉州吉大拉链厂	
税务登记号	7893210007015	税务登记号	568936587492
开户银行	中国银行城东支行	开户银行	中国工商银行丰泽支行
账号	62245550058	账号	895623654
地址	广州菜市路 78 号	地址	福建省泉州丰泽路
电话	020-52897562	电话	0595-62986876
行号	45643	行号	5636

二、岗位能力训练要求

1.相关训练书写格式及要求请参考教材相关章节,在训练操作前学生可以先预习相关章节专业理论知识,并以学习小组成员充分讨论,增加印象。

2.所有岗位能力训练用材料可以根据配套岗位能力训练空白单据进行训练,也可以另外购买真实单据供学生训练。

3.所有填写完成的单据书写清晰,由同学互相审核后,学生本人妥善保存,后继训练中将会用到。

4.本教材配套岗位能力训练空白单据都有多配,若填写错误可以重新填写,按规定填写,尽量不要涂改,以免影响后继训练效果。

岗位能力训练一　金额数字书写训练

岗位能力训练任务

　　1.根据所提供的人民币大写金额书写成小写金额；

　　2.根据所提供的人民币小写金额对应书写汉字大写金额；

　　3.对所训练金额逐一、正确、顺畅读出来,请尽量多读几次,直到熟练快速视读。

岗位能力训练资料

　　1.人民币大写金额写成相应的小写金额

人民币大写金额	相对应的小写金额
人民币陆拾伍万柒仟肆佰贰拾叁元整	¥
人民币捌佰零壹万元整	¥
人民币玖仟万元整	¥
人民币柒角壹分	¥
人民币壹亿贰仟万元零捌分	¥
人民币柒拾捌万玖仟零陆拾伍元肆角整	¥

　　2.人民币小写金额写成相应的大写金额

小写金额	相对应的人民币大写书写训练
¥1 274.08	人民币
¥37 748.92	人民币
¥275 800.00	人民币
¥915 617.08	人民币
¥256 000 630.00	人民币
¥9 497 678 020.70	人民币
¥3 415 008.06	人民币
¥7 689 000.50	人民币
¥1 234 000 006.00	人民币
¥345 678 032.01	人民币

3.请熟读以下数据并将人民币小写金额写成相应的大写金额

小写金额	相对应的人民币大写书写训练
￥376 000 630	人民币
￥40 005 006	人民币
￥1 274.08	人民币
￥900 000 000	人民币
￥1 234 000.56	人民币
￥9 497 678 020.70	人民币
￥686 008.74	人民币
￥17 639 001.58	人民币
￥20 006	人民币
￥744 231 759.01	人民币

岗位能力训练二 借款单、收款收据、报销单填写训练

岗位能力训练任务

1.根据所提供资料,正确填写借款单;

2.根据所提供资料,正确填写收款收据;

3.根据所提供资料,正确填写费用报销单;

4.根据所提供资料,正确填写差旅费报销单。

岗位能力训练资料

1.2017 年 10 月 5 日,经批准,业务部林敏东借备用金 2 000 元,以现金支付。请替业务部林敏东填写借款单。

2.2017 年 10 月 6 日,会计黄丽珠参加业务培训归来报销差旅费:

10 月 1 日从福建省漳州到福建省泉州的车票 50 元,伙食补助费 100 元,住宿费 360 元,市内交通费 60 元,业务培训费 1 000 元。

10 月 5 日从福建省泉州到福建省漳州车票 40 元。此次出差报销总额为 1 600.00 元,以现金支付。

请替会计黄丽珠填写差旅费报销单。

3.2017 年 10 月 7 日,收到职工刘明交来因违反操作规程造成损失的现金赔偿款 300 元。请替出纳员陈思敏填写收款收据。

4.2017 年 10 月 10 日公司销售部杨军因公赴广州出差,向出纳员预借差旅费 3 000 元,以现金支付。请替销售部杨军填写借款单。

5.2017 年 10 月 11 日,销售部门王明报销用备用金支付的邮寄费 80 元和业务招待费 2 500 元。以现金支付。请替销售部门王明填写费用报销单。

6.2017 年 10 月 17 日,向职工刘明收取企业代垫的职工宿舍水电费现金 123.60 元。

7.2017 年 10 月 28 日,收取青松自选商场交来出借包装物押金现金 609.00 元。请替出纳员陈思敏填写收款收据。

8.2017 年 10 月 28 日杨军报销差旅费,出纳收回报销的余款。资料如下:

公司实行差旅费定额包干办法。公司销售科杨军因公赴广州出差:

2017 年 10 月 11 日乘火车硬卧出发,票价 450 元,10 月 12 日起在某饭店住宿,住宿费每天 130 元,10 月 21 日从广州乘硬座返回,票价 270 元,10 月 22 日回到公司所在地。另外,在广州时往公司打电话、电传,支付邮电费 60 元。该公司规定采购员外出可以乘坐硬卧铺,未乘座卧铺,硬座按票价 50％予以补助。每天住宿费标准为 120 元,市内交通费 15 元,伙食补贴费每天 20 元。

请替销售部杨军填写差旅费报销单。请替出纳员陈思敏填写收款收据。

9.2017 年 10 月 29 日,业务部交回部门备用金 2 000 元,现金收讫。请替出纳员陈思敏填写收款收据。

岗位能力训练材料

收款收据 6 张

借款单 4 张

费用报销单 3 张

差旅费报销单 3 张

岗位能力训练三 点钞训练

岗位能力训练任务

1.进行单指单张点钞训练;

2.进行多指多张点钞训练;

3.进行钞票扎把的训练。

岗位能力训练材料

每人 1 把点钞纸

每人 10 条扎把带

岗位能力训练四 发票填写训练

岗位能力训练任务

　　1.根据所提供资料正确填写商业企业专用发票;

　　2.根据所提供资料正确填写增值税专用发票。

岗位能力训练资料

　　1.福建省漳州福民有限公司销售给福建省泉州青松自选商场的货物已出库,收到现金,要求本公司开具商业企业专用发票。请替业务部林敏东开具商业企业专用发票。

出库清单

购货单位:日兴百货商场　　　　　　日期:2017 年 10 月 5 日　　　　　　　　　　单位:元

规格	产品名称	数量	单价	金额
JX—03	男裤	65 条	146.30	9 509.50
FC-01	连衣裙	85 条	468.00	39 780.00
合计				49 289.50

　　2.福建省漳州福民有限公司销售给福建省泉州青松自选商场的第二批货物已出库,收到现金,要求本公司开具商业企业专用发票。请替业务部林敏东开具商业企业专用发票。

出库清单

购货单位:福建省漳州便民旅社　　　　日期:2017 年 10 月 7 日　　　　　　　　　单位:元

规格	产品名称	数量	单价	金额
JX—01	男套装	35 套	351.00	12 285.00
FC-05	女裙装	18 套	290.20	5 223.60
JX-02	男衬衫	35 件	158.00	5 530.00
合计				23 038.60

　　3.福建省漳州福民有限公司销售给福建省泉州青松自选商场的第三批货物已出库,收到现金,要求本公司开具商业企业专用发票。请替业务部林敏东开具增值税专用发票。

　　以下销售货物已出库,增值税税率为 17%,款项尚未收到。

出库清单

购货单位:青松自选商场　　　　日期:2017 年 10 月 19 日　　　　　　　　　单位:元

规格	产品名称	数量	单价
JX-01	男套装	150 套	300.00
FC-03	女裤	80 条	160.00
JX-03	男裤	100 条	125.00

4.福建省漳州福民有限公司销售给福建省泉州青松自选商场的第四批货物已出库,收到现金,要求本公司开具商业企业专用发票。请替业务部林敏东开具增值税专用发票。

以下销售货物已出库,增值税税率为 17%,款项均已收到。

出库清单

购货单位:福建省漳州信得百货商场　　日期:2017 年 10 月 21 日　　　　　　单位:元

规格	产品名称	数量	单价
FC—01	连衣裙	240 条	400.00
FC—02	女衬衫	150 件	165.00
JX—03	男裤	100 条	125.00

岗位能力训练材料

　　货物销售普通发票 3 张

　　增值税专用发票 3 张

岗位能力训练五　现金存款业务训练

岗位能力训练任务

　　根据所提供的资料,正确填写现金存(缴)款单。

岗位能力训练资料

　　1.2017 年 10 月 5 日,陈思敏将当天的销售款 49 289.50 元送存开户银行;

　　2.2017 年 10 月 7 日,陈思敏将当天的销售款 23 038.67 元送存开户银行。

　　请替出纳员陈思敏填写现金存(缴)款单。

岗位能力训练材料

　　现金存款单凭条 3 张

岗位能力训练六　工资表的编制业务训练

岗位能力训练任务

1.根据所提供的信息编制 2017 年 9 月职工的工资并代扣个人所得税；

2.根据所提供的信息,按规定计算并代扣养老保险金、医疗保险金。

岗位能力训练资料

2017 年 10 月 5 日,漳州福民有限公司上月工资资料如下表,要求编制工资表。

编号	姓名	基本工资	职务工资	津贴 / 补贴	奖金	加班工资	应付工资
1	赵晓梅	2 200.00	1 500.00	1 800.00	800.00	200.00	6 500.00
2	何晓东	2 000.00	900.00	1 100.00	700.00	150.00	4 850.00
3	黄丽珠	1 500.00	700.00	400.00	300.00	25.00	2 925.00
4	陈思敏	700.00	450.00	165.00	230.00	25.00	1 570.00
5	杨　军	654.00	400.00	165.00	250.00	50.00	1 519.00
6	林敏东	600.00	420.00	152.90	230.00	50.00	1 452.90

备注:1.个人所得税起征点 3500 元;

2.职工个人应交纳的养老保险为 112.00 元,医疗保险为 28.00 元。

岗位能力训练资料

工资表 2 张

岗位能力训练七　现金盘点业务训练

岗位能力训练任务

根据所提供的资料正确填写现金盘点表。

岗位能力训练资料

2017 年 10 月 30 日 16:00 时。福建省漳州福民有限公司财务部会计进行现金盘点,出纳和会计主管均在场,盘点库存现金中 47 张 100 元,10 张 50 元,9 张 20 元,2 张 10 元,25 张 5元,24 枚 1 元,2 枚 5 角和 4 枚 1 角。当日库存现金的账面金额为 5 584.40 元。要求编制现金盘点表。

岗位能力训练材料

现金盘点表 2 张

岗位能力训练八　银行账户业务训练

岗位能力训练任务

　　1.根据所提供的资料正确填写单位开立银行结算账户申请书；

　　2.根据所提供的资料正确填写银行结算账户变更申请书；

　　3.根据所提供的资料正确填写银行撤销账户申请书。

岗位能力训练资料

　　1.福建省漳州福民有限公司于2008年8月5日向中国银行申请开立基本存款账户,法定代表人为陈文,身份证号为:35070219651120886,其他其信息见公司资料。

　　2.2017年9月15日公司因法定代表人变动而更换基本存款账户的相关信息,开户银行代码为:9868,开户许可证核准号:J6810458856604,法定代表人变更为赵晓梅,其他信息不变。

　　3.2017年10月25日公司因经营不善导致企业破产而撤销基本存款账户。同时缴回剩余空白转账支票号码为:14562003—14562025,现金支票号码为:23265010—23265025,开户账号为:9868。

岗位能力训练材料

　　开立单位银行结算账户申请书2张

　　变更银行结算账户申请书2张

　　银行撤销账户申请书2张

岗位能力训练九　银行付款业务训练(一)

岗位能力训练任务

　　根据所提供的资料正确填写现金支票、空白凭证领用单。

岗位能力训练资料

　　1.2017年10月5日,福建省漳州福民有限公司签发现金支票,提取备用金3 000.00元。

　　2.2017年10月6日,福建省漳州福民有限公司签发现金支票,提取备用金17 759.60元,准备发放工资。10月10日发放工资。

　　3.2017年10月15日,总经理(赵晓梅)预借差旅费2 684.80元,签发现金支票支付。

　　4.2017年10月15日,福建省漳州福民有限公司签发现金支票,提取备用金3 000.00元。

　　5.2017年10月16日,向个体经营户陈东南收购拉链计8 008.00元,签发现金支票支付。

　　6.2017年10月20日,福建省漳州福民有限公司签发向银行购买现金支票1本,单位5元,转账凭证2本,单位10元。

岗位能力训练材料

现金支票 7 张

银行空白凭证领用单 2 张

岗位能力训练十　银行付款业务训练(二)

岗位能力训练任务

根据所提供的资料正确填写转账支票。

岗位能力训练资料

1.2017 年 10 月 13 日,签发转账支票,支付给福建省漳州电信局 4 月份电话费 1 865.80 元。

2.2017 年 10 月 25 日,福建省漳州福民有限公司根据与福建省漳州拉链厂签订的合同约定,签发转账支票,预付货款 6 000.00 元。

3.2017 年 10 月 27 日,签发转账支票,支付给福建省漳州嘉利会计师事务所审计费 5 000.00 元。

4.2017 年 10 月 28 日,福建省漳州福民有限公司收到福建省漳州信得百货商场转账支票,支付货款 155 902.50 元。(银行进账单)

5.2017 年 10 月 29 日,福建省漳州福民有限公司收到福建省漳州信得百货商场转账支票,交来包装物押金 1 500.00 元。(银行进账单)

岗位能力训练材料

转账支票 4 张

银行进账单 3 张

岗位能力训练十一　银行付款业务训练(三)

岗位能力训练任务

1.根据所提供的资料正确填写电汇凭证;

2.根据所提供的资料正确填写信汇凭证。

岗位能力训练资料

1.2017 年 10 月 1 日,福建省漳州福民有限公司从开户银行汇给伟民布料厂 95 472.00 元,偿还前欠货款。(信汇)

2.2017 年 10 月 3 日,福建省漳州福民有限公司需要支付福建省泉州吉大拉链厂货款尾款 3 000.00 元,填写电汇凭证,提交银行办理汇款。

3.2017 年 10 月 8 日,福建省漳州福民有限公司预付给伟民布料厂货款 40 000.00 元,款项从开户银行汇出。(电汇)

4.2017 年 10 月 19 日,福建省漳州福民有限公司从开户银行汇出 25 000.00 元到伟民布料厂采购。(信汇)

5.2017 年 10 月 19 号,福建省漳州福民有限公司汇出 8 500.00 元给福建省泉州吉大拉链厂,以备采购。(信汇)

岗位能力训练材料

电汇凭证 3 张

信汇凭证 4 张

岗位能力训练十二　银行付款业务训练(四)

岗位能力训练任务

1.根据所提供的资料正确填写银行汇票的申请书;

2.根据所提供的资料正确填写银行汇票。

岗位能力训练资料

1.2017 年 10 月 13 日,为购买设备,福建省漳州福民有限公司向开户银行申请签发金额为 150 000.00 元的银行汇票(对方单位名称:上海利达制造厂,开户银行:中国工商银行上海浦东支行,账号:200568974227,行号:78609),实际结算金额 150 000.00 元。

2.2017 年 10 月 27 日,为向伟民布料厂采购布料,福建省漳州福民有限公司向开户银行申请签发金额为 20 000.00 元的银行汇票一份。实际结算金额为 18 000.00 元。

岗位能力训练材料

银行汇票的申请书 3 张

银行汇票 3 张

岗位能力训练十三　银行商业汇票业务训练

岗位能力训练任务

1.根据所提供的资料正确填写银行承兑汇票;

2.根据所提供的资料正确填写商业承兑汇票。

岗位能力训练资料

1.2017 年 10 月 3 日,福建省漳州福民有限公司向上海龙门机械厂购买设备一台,已验收入库,价税合计 146,250.00 元。根据购销合同约定,签发票面金额 146,250.00 元、付款期限为 5 个月的银行承兑汇票一张,并与开户银行签订银行承兑协议一份。(对方单位开户银行:工商银行上海支行,账号:5986324853,银行承兑协议号 6872)。

2.2017 年 10 月 6 日,福建省漳州福民有限公司向伟民布料厂购进布料一批,已验收入库,价款 50 000.00 元,增值税进项税额 8 500.00 元。根据购销合同(合同号 2356)约定,签发票面金额 58 500.00 元、付款期限为 4 个月的商业承兑汇票一张。

3.2017 年 10 月 10 日,福建省漳州福民有限公司向福建省泉州吉大拉链厂购买拉链已验收入库,价款 35 000.00 元,增值税进项税额 5 950.00 元,价税合计 40 950.00 元。根据购销合同(合同号:销字 5412)约定,签发票面金额 40 950.00 元、付款期限为 3 个月、票面利率为3.6%的商业承兑汇票一张。

4.2017 年 10 月 22 日,福建省漳州福民有限公司向福建省泉州吉大拉链厂采购已验收入库,价款 50 000.00 元 增值税进项税额 8 500.00 元,共计人民币 58 500.00 元,除预付8 500.00元外,其余 50 000.00 元以银行承兑汇票结算。当即签发一张票面金额 50 000.00 元、期限 6 个月的银行承兑汇票,并与开户银行签订银行承兑协议一份。

5.2017 年 10 月 26 日,福建省漳州福民有限公司签发商业承兑汇票用以收取产品款项,金额 468 000.00 元,期限三个月,青松自选商场于 2017 年 10 月 30 日承兑付款。交易合同号码:6531。(填写由收款人出票的商业承兑汇票)

岗位能力训练材料

银行承兑汇票 3 张

商业承兑汇票 4 张

岗位能力训练十四 银行委托收款业务训练

岗位能力训练任务

1.根据所提供的资料正确填写委托收款凭证;

2.根据所提供的资料正确填写银行承兑汇票委托收款凭证;

3.根据所提供的资料正确填写商业承兑汇票委托收款凭证;

4.根据所提供的资料正确填写托收承付凭证拒绝承付理由书。

岗位能力训练资料

1.2017 年 10 月 8 日,福建省漳州福民有限公司将本单位持有的福建省泉州青松自选商场 2017 年 6 月 8 日签发的票面价值 117 769.86 元、期限 4 个月并由其开户银行承兑的银行承兑汇票,向开户银行办理委托收款(邮划)。当日收到开户银行转来托收凭证(汇款依据或收账通知)。(委托收款的凭证)

2.2017 年 10 月 9 日,福建省漳州福民有限公司填写委托收款凭证,将本单位持有的福建省漳州信得百货商场 2017 年 6 月 25 日签发并承兑的票面价值 58 500.00 元、期限 4 个月、票面利率为 4%的商业承兑汇票,向开户银行办理委托收款(邮划)。(委托收款的凭证)

3.2017 年 10 月 18 日,福建省漳州福民有限公司向福建省漳州信得百货商场销售产品一批,货已发出,售价 150 000.00 元,增值税 25 500.00 元,发生运费 800.00 元(已用现金支付)。

连同运费办理托收承付结算手续(邮划)。合同编号为 555431。(委托收款的凭证)

清单

购货单位:福建省漳州信得存货商场　　　日期:2017 年 10 月 18 日　　　　　　　　单位:元

规格	产品名称	数量	单价
JX-01	男套装	150	300 套
JX-02	男衬衫	80	135 件
JX-03	男裤	120	125 条
FC-01	连衣裙	100	400 条
FC-02	女衬衫	160	165 件
FC-03	女裤	80	160 条
合计			

4.2017 年 10 月 20 日,收到福建省漳州信得百货商场部分承付款,对方提出部分金额拒绝支付,其中运费拒付。(拒付理由书)

5.2017 年 10 月 25 日,福建省漳州福民有限公司将本单位持有的福建省泉州青松自选商场 2017 年 4 月 25 日签发的票面价值 58 500.00 元、期限 6 个月并由其开户银行承兑的银行承兑汇票,向开户银行办理委托收款(邮划)。收到开户银行转来托收凭证(汇款依据或收账通知)。(委托收款凭证)

岗位能力训练材料

委托收款凭证单 5 张

托收承付凭证拒付理由书 2 张

岗位能力训练十五　银行本票业务训练

岗位能力训练任务

1.根据所提供的资料正确填写银行本票申请书;

2.根据所提供的资料正确填写银行本票。

岗位能力训练资料

1.2017 年 10 月 5 日,福建省漳州福民有限公司向福建省漳州中闽百货购买保险柜一台,货款 18 500.00 元,付款申请本票支付(票号:0572)。中国银行签发期限为 1 个月的银行本票。

2.2017 年 10 月 15 日,福建省漳州福民有限公司向国美电器购买传彩色打印机 5 台,货款

58 500.00 元,申请本票支付(票号:0347)。中国银行签发期限为 1 个月的银行本票。

3.2017 年 10 月 18 日,福建省漳州福民有限公司向福建省漳州永乐电器城购买复印机 4 台,价款 10 000.00 元,增值税销项税额 1 700.00 元,共计 11 700.00 元。购销合同约定货款以银行本票结算(票号:0231)。中国银行签发期限为 1 个月的银行本票。

岗位能力训练材料

银行本票申请书 4 张

银行本票 4 张

岗位能力训练十六　记账凭证填写训练

岗位能力训练任务

根据以上各岗位工作项目训练单据,按规定选择正确记账凭证填写。

岗位能力训练资料

根据本月岗位能力训练 2~14 所发生的经济业务——学生自己填写完整并审核无误的单据分析后填写收款凭证、付款凭证、转账凭证。

岗位能力训练材料

收款凭证 15 张

付款凭证 28 张

转账凭证 12 张

岗位能力训练十七　现金日记账登记训练

岗位能力训练任务

根据岗位能力训练十六的资料序时登记 2017 年 10 月现金日记账,并逐日结出余额。

岗位能力训练资料

福建省漳州福民有限公司:

1.2017 年 9 月 30 日有关账户余额:"库存现金"账户 5 896.80 元;

2.根据本月记账凭证登记现金日记账。

岗位能力训练材料

现金日记账账页 2 张

岗位能力训练十八　银行存款记日账登记训练

岗位能力训练任务

　　根据岗位能力训练十六的资料序时登记 2017 年 10 月银行存款日记账,并逐日结出余额。

岗位能力训练资料

　　福建省漳州福民有限公司:

　　1.2017 年 9 月 30 日"银行存款"账户借方余额为 428 058 元;

　　2.请根据本月记账凭证登记银行存款日记账。

岗位能力训练材料

　　银行存款日记账账页 3 张

岗位能力训练十九　出纳交接业务训练

岗位能力训练任务

　　1.根据提供的资料正确填写库存现金移交表;

　　2.根据提供的资料正确填写银行存款移交表;

　　3.根据提供的资料正确填写贵重物品移交表;

　　4.根据提供的资料正确填写核算资料移交表;

　　5.根据提供的资料正确填写物资移交表。

岗位能力训练资料

　　1.福建省漳州福民有限公司 2017 年 6 月 30 日,出纳人员与会计人员办理交接。会计主管进行监督。盘点库存现金中 6 张 100 元,5 张 50 元,3 张 20 元,5 张 5 元,2 张 2 元,6 枚 1 元,2 枚 5 角,4 枚 2 角,8 枚 1 角。请填写库存现金移交表。

　　2.交接中公司在中国工商银行福建省漳州市金丰支行开立基本账户(账号:15022225987),是活期存款,银行存款日记账余额为 500 000.00 元,银行对账单金额是 500 000.00 元,两者一致。出纳人员填写银行存款移交表,交会计人员审核,会计主管进行监督。

　　3.交接中福建省漳州福民有限公司有 2015 年 3 月 17 日购买的面值为 1 元的 A 股票 30 000 张和 2015 年 8 月 18 日购买的面值为 100 元的 B 债券 500 张,到期日为 2017 年 8 月 18 日。

　　4.交接中,移交的 2017 年 1 月 1 日至 2017 年 6 月 30 日的现金日记账本、银行存款日记账本、收据领用登记簿、支票领用登记簿、现金支票、转账支票各一本,收据两本。

　　5.公司交接中有 2015 年 2 月 6 日购买的威鲁信文件柜两个;2015 年 1 月 15 日购买的凯丰 JBYD-KF2000-C2 点钞机一台;2014 年 6 月 18 日购买的惠普 1020 打印机两台;2017 年 10 月 5 日购买的上海赤星 CH－2042J 保险柜一个;2015 年 10 月 5 日购买的银行预留印鉴、公司财务专用章、法人代表私章各 2 个。
岗位能力训练材料
  库存现金移交表 3 张
  银行存款移交表 3 张
  贵重物品移交表 2 张
  核算资料移交表 2 张
  物资移交表 2 张

岗位能力训练二十　移动收付业务训练

岗位能力训练任务
  根据以下提供的业务，正确编制会计分录。
岗位能力训练资料
  1.2017 年 12 月 5 日买家购买商品 1 000 元，买家款项在支付宝平台。商品已经发货，但商家尚未收到钱。
  2.2017 年 12 月 10 日上述买家确认收货后，支付宝平台在扣除 5 元手续费后，将款项转到商家支付宝账户上。
  3.2017 年 12 月 11 日出纳员将支付宝平台的款项 50 000 元转入余额宝账户。
  4.2017 年 12 月 12 日商家通过微信扫描收取销售款 25 元。
  5.2017 年 12 月 18 日商家将微信钱包 18 500 元转入其银行账户。
  6.2017 年 12 月 22 日商家直接从微信钱包支付电话费 230 元。
岗位能力训练材料
  空白作业纸 1 张

【厦门网中网公司】"出纳实务"实训软件训练指导

一、进入系统

首页显示的是需要学生实训的课程。点击首页课程列表中的课程图标或"出纳实务【网中网公司】"或者"进入课程集中实训",进入实训课程学习。

📓 我的课程 1		
出纳实务【网中网公司】 出纳	[进入课程集中实训] [做作业或考试]	📊 查看成绩 ✎ 前导内容设置 📊 查看成绩 📋 我的教学通知

二、选择其中的一章展开,点击某一节,右侧出现具体实训操作题目

三、实训操作步骤

点击实训单元图标进入实训操作。

现金支票实训1--提取现金

第一步:选择实训票据

在下图所示的列表中选择一道实训题目,点击进入实训操作。如:点击"填制现金支票——提备用金"。

⚠️注意:一些单据需要有多个角色进行操作,尤其体现在盖章方面。此时,选择单据并点击了操作后,将会显示"选择角色"界面。因此,只有正确选择了角色才可继续操作!

第二步:选择角色

下图列示了本单元实训所需要的角色,学生选择好角色就可以开始实训操作。如本题提取备用金应先选择"出纳"。

⚠️注意:所选角色应有权限操作本单据,且做完后要记得点

您已经实训题目数: 0/7 题 成绩明细		
序	**操作**	
1	填制现金支票--提备用金	👆
2	填制现金支票--零星支出	👆
3	填制现金支票--提取工资款	👆
4	填制现金支票--提取福利费	👆
5	填制现金支票--提备用金	👆
6	填制现金支票--提取工资款	👆
7	填制现金支票--提备用金	👆

2017年01月05日，华盛实业股份有限公司签发现金支票，提取备用金3,000.00元。

原始单据：🗝 预留签章卡

中国银行
现金支票存根 (京)
GE
02 23097142

附加信息 _____

出票日期 ___年___月___日
收款人：_____
金 额：_____
用 途：_____
单位主管 _____ 会计 _____

本支票付款期限十天

上海华光印务有限公司印制 · 2000 年印刷

中国银行 现金支票 (京)北京
GE 02 23097142

出票日期(大写) ___年___月___日
收款人：_____
付款行名称：中国银行北京海淀支行
出票人账号：4563510100888122489

人民币
(大写)

亿 千 百 十 万 千 百 十 元 角 分

用途 _____

上列款项请从
我账户内支付
出票人签章

华盛实业

出纳   财务经理   总经理

正面
背面

击"保存数据"，否则提示错误信息，如下图所示：

Microsoft Internet Explorer ☒

⚠ 前面环节还有操作未完成，不能使用本角色进行操作。

确定

不同角色对票据的权限可能不同，学生可通过更换角色来模拟企业不同角色人员对当前票据的不同权限，体现票据实训的操作流程。

⚠注意：有些实训单元并不需要多个角色，此时，该步骤可省略，即不用进行选择角色的操作。

第三步：查看企业信息

完成实训任务时，需要参考企业的基本信息，如存款账户、银行账号等。

点击"企业信息"，在单据下方出现相关企业列表，点击所需查询的企业名称查看企业信息。

第四步：进行票据操作

根据实训任务，进行实训的相关数据录入。

💡温馨提醒：不要忽略票据的联次，可以点击票据右上方的正面、背面查看。

第五步：保存实训操作数据

完成票据中的数据录入后，需要保存数据时，点击"保存数据"完成。

💡温馨提醒：各个角色都完成操作，保存数据后，该票据此次操作就不可修改。但可以重新做题。

📡 **实训任务** 填制现金支票--提备用金(★)：　　　　　　　　　　　　　　　　　　　　　　>>隐藏详情

2017年01月05日，华盛实业股份有限公司签发现金支票，提取备用金3,000.00元。

原始单据：🖐 预留签章卡

中国银行 现金支票存根 (京)	中国银行 现金支票 (京) 北京 GE02 23097142	正面 背面
GE02 23097142	出票日期(大写) 年 月 日 付款行名称：中国银行北京海淀支行	
附加信息	收款人： 出票人账号：4563510100888122489	
	人民币(大写) 亿千百十万千百十元角分	
出票日期 年 月 日	用途	
收款人：	上列款项请从	
金 额：	我账户内支付	
用 途：	出票人签章 复核 记账	
单位主管 会计		

华盛实业　　　　出纳　　　　　　　　　　　签章 画线 更换局邑 保存数据 计算成绩 企业信息 公共背景 单元背景 凭证查询 计算器

📡 **实训任务** 填制现金支票--提备用金(★)：　　　　　　　　　　　　　　　　　　　　　　>>隐藏详情

2017年01月05日，华盛实业股份有限公司签发现金支票，提取备用金3,000.00元。

原始单据：🖐 预留签章卡

中国银行 现金支票存根 (京)	中国银行 现金支票 (京) 北京 GE02 23097142	正面
GE02 23097142	出票日期(大写) 年 月 日 付款行名称：中国银行北京海淀支行	背面

华盛实业　　　　出纳　　　　　　　　　　　签章 画线 更换局邑 保存数据 计算成绩 企业信息 公共背景 单元背景 凭证查询 计算器

| (大写) | | | | |

企业信息 ✎

华盛实业	中行北京海淀支行	北京自来水公司	工行北京西城支行	牡丹	明发商贸	中行北京东城支行	阿里山有限公司
理想商贸	智成软件	华美股份	泛美广告	新太阳集团	上海天地集团	上海东方集团	江苏华兴集团
交行北京东城支行	海达股份	中行北京西城支行	中兴贸易	中行北京三环支行	国家税务局	中行北京朝阳支行	农行北京海淀支行
吉力设备安装	批发站	福州海关	外汇管理局	华夏贸易	安装工程公司	沪鑫制造	兴达股份
宏叶制造	永乐电器	思文电器	同益电脑	恒利公司	武夷铝材	邦冹工贸	红星材料公司
红梅材料公司	榕运商行	北京运通	上海牡丹	交行浦东分理处	富山展览	工行上海嘉定支行	交行南京江宁支行
建行陕西南路分处	上海百货	上海捷运	盈华出租汽车	国家税务局	中行上海浦东支行	沪发电控厂	第一百货
长富贸易	建行福州静安支行	北京美达	港后体育器材	北京晚风书店	林盛山	工行苏州港后支行	

华盛实业股份有限公司

单位名称：华盛实业股份有限公司
单位简称：华盛实业
性质：股份有限公司、批发兼零售企业，增值税一般纳税人（税率17%）
单位地址：北京海淀区聚微路15号
单位电话：01084061822
税务登记号：110106802215046
开户银行：中国银行北京海淀支行
账号：4563510100888122489
法人代表：庄振恐
银行预留印鉴为：财务专用章和法定代表人私章，财务专用章由财务经理保管，法人章由总经理保管。

实训任务 填制现金支票--提备用金(★):

2017年01月05日, 华盛实业股份有限公司签发现金支票, 提取备用金3,000.00元。

原始单据: 预留签章卡

实训任务 填制现金支票--提备用金(★):   >>隐藏详情

2017年01月05日, 华盛实业股份有限公司签发现金支票, 提取备用金3,000.00元。

原始单据: 预留签章卡

第六步:盖章操作

在出纳填写完现金支票后,由财务经理盖章,需要先进行角色的更换,点击底部菜单栏的"更换角色"。

如上例,更换为"财务经理"角色后,点击"签章",显示所需要印章,拖动印章到相应的位置,即完成盖章。

第七步:计算成绩

每一单据实训完成后,点击"提交计算成绩",显示本单据的实训成绩。

📶 **实训任务** 填制现金支票--提备用金(★)：　　　　　　　　　　　　　　　　>>隐藏详情

2017年01月05日，华盛实业股份有限公司签发现金支票，提取备用金3,000.00元。

原始单据：🔖 预留签章卡

华盛实业　　　　出纳　　　　　　　　签章 画线 更换角色 保存数据 计算磁境 企业信息 公共背景 单元背景 凭证查询 计算器

温馨提示:拖动需要盖的签章到相应的位置,则盖完签章

华盛实业　　　　财务经理　　　　　　签章 画线 更换角色 保存数据 计算磁境 企业信息 公共背景 单元背景 凭证查询 计算器

📶 **实训任务** 填制现金支票--提备用金(★)：　　　　　　　　　　　　　　　　>>隐藏详情

2017年01月05日，华盛实业股份有限公司签发现金支票，提取备用金3,000.00元。

原始单据：🔖 预留签章卡

华盛实业　　　　总经理　　　　　　　签章 画线 更换角色 保存数据 计算磁境 企业信息 公共背景 单元背景 凭证查询 计算器

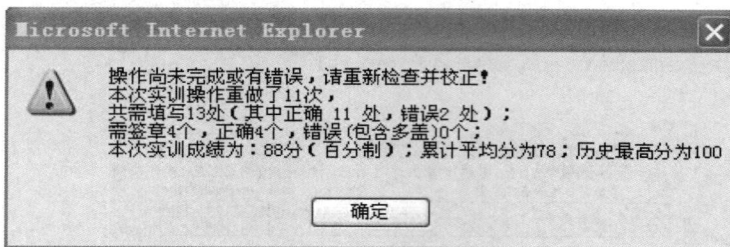

四、其他操作

（一）查看背景资料

完成实训任务有时需要参考背景材料，如下图所示，填写进账单的背景材料有转账支票、付款申请书。若点击"付款申请书"，下方显示付款申请书。

⚠️注意:有些单据可能需要多个背景材料(单据),有些可能并不需要,因此,该步骤可能需要反复操作也可能省略,即不用进行背景材料查看!

(二)进行多联操作

如上图中提到的"进账单"有回单、贷方凭证和收账通知联。

当我们完成回单联的数据输入后,"贷方凭证"和"收账通知"里相应的内容将会自动录入,我们需要检查是否需要补充录入内容以及签章。

五、相关操作

操作名称	功能说明
企业信息	显示本实训课程相关企业的资料,如银行账号等信息
公共背景	显示本实训课程中由教师提供的数据资料等
单元背景	显示本实训单元中由教师提供的背景材料
凭证查询	显示本实训课程中所有涉及的凭证结果,即输入摘要或科目就可以查询到所有包含所列科目的凭证
计算器	方便实训操作时的运算

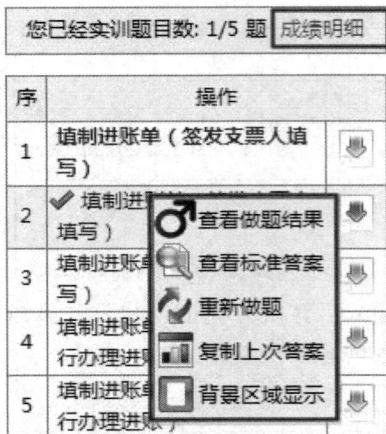

您已经实训题目数: 1/5 题 成绩明细

序	操作	
1	填制进账单（签发支票人填写）	⬇
2	✔ 填制进账单（持票人填写）	⬇
3	填制进账单（持票人填写）	⬇
4	填制进账单（持票人到银行办理进账）	⬇
5	填制进账单（持票人到银行办理进账）	⬇

♂ 查看做题结果
🔍 查看标准答案
↻ 重新做题
▦ 复制上次答案
☐ 背景区域显示

操作名称	功能说明
成绩明细	显示本实训单元中学生做题的成绩
查看做题结果	查看自己实训的结果,并能显示出错误的地方。
查看标准答案	查看教师提供的标准答案 ⚠ 注意:当教师设置本实训课程允许学员查看标准时,此操作才可行。
重新做题	重新填制票据。系统将自动清除学生所录入的数据。
复制上次答案	复制重新做题前的做题结果。
背景区域显示	将实训单据转换为背景单据形式,在底部的背景单据栏显示。此功能可满足填制一张单据时,需要同时查看另一个单据的情况。

网中网软件出纳实务实训教学平台 6.0 操作指导

软件操作要求按角色操作,下面以填制现金支票——提取备用金为例。

1.进入软件,点相应的题目,会自动弹出单位相关操作人员的名单,如图:出纳、财务经理、总经理,供操作时进行角色的选择。

2.选择角色为出纳员,进行现金支票的填写(注:没有选择角色将无法进行操作)。

2017年01月05日,华盛实业股份有限公司签发现金支票,提取备用金3,000.00元。
原始单据:✎ 预留签章卡

3.题目的下方出现 原始单据：✎ 预留签章卡 ，鼠标点击预留签章卡，可以打开原始单据进行查看。

4.出纳将现金支票填写完整后，鼠标点击支票下方的"保存数据"，进行填写的数据保存。

5.鼠标点击更换角色，选择财务经理。

6.以财务经理的身份进入后，点签章，弹出"华盛实业股份有限公司的财务专用章"。

　　7.鼠标点中"华盛实业股份有限公司财务专用章",拖至现金支票相应的位置进行盖章操作,支票正面盖章完成后点击支票右上角的"背面",现金支票以背面显示,以同样的方法进行背面盖"华盛实业股份有限公司的财务专用章"操作。完成后点击鼠标保存数据。软件会提示"保存成功"。

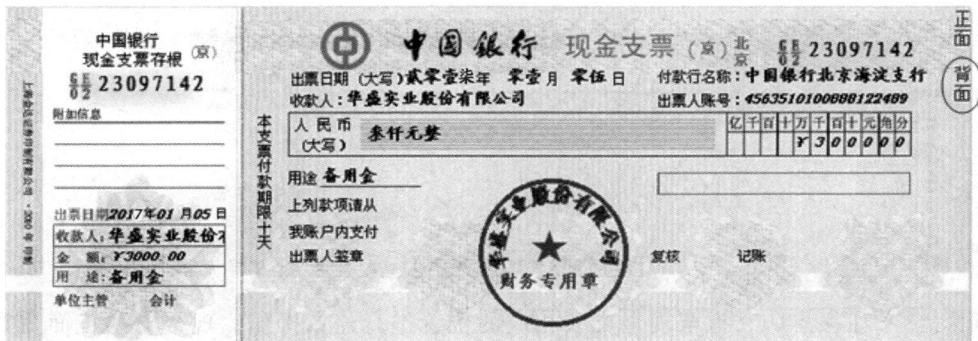

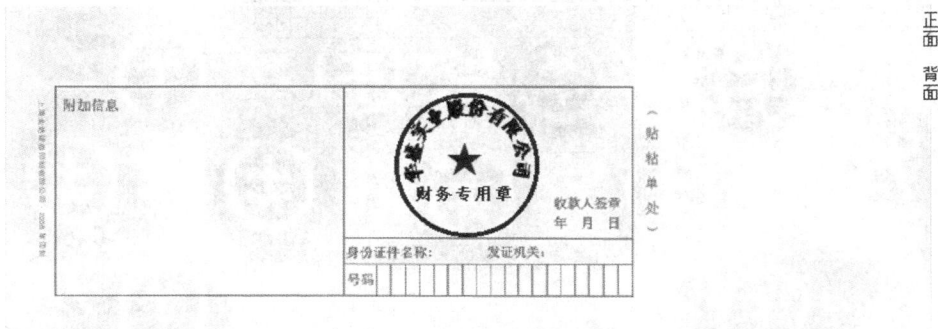

8.鼠标点击支票下方的"更换角色",选择总经理,鼠标点击"签章"进行盖章操作。

9.鼠标点中"庄振忠印",拖至现金支票相应的位置进行盖章操作。现金支票正面盖章完成后,点击支票右上角的"背面",现金支票将以背面显示,以同样的方法进行背面盖"庄振忠印"操作。完成后点击鼠标保存数据。软件会提示"保存成功"。

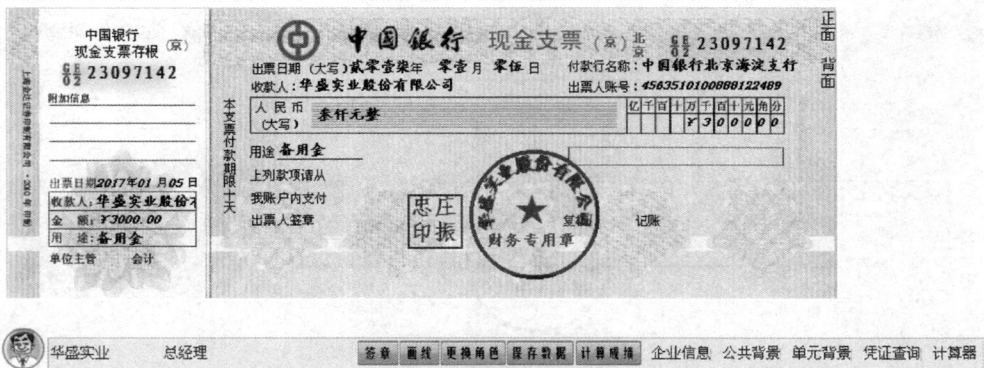

10.完成题目的操作后,可计算成绩。在实训题目窗口中,鼠标点中相应的题目箭头位置,可以进行查看做题结果、查看标准答案、重新做题、复制上次答案等操作。

您已经实训题目数: 0/7 题 成绩明细

序	操作	
1	填制现金 ♂ 查看做题结果	⬇
2	填制现金支 🔍 查看标准答案	⬇
3	填制现金支 ↻ 重新做题	⬇
4	填制现金支 📊 复制上次答案	⬇
5	填制现金支 ☐ 背景区域显示	⬇
6	填制现金支票--提取工资款	⬇
7	填制现金支票--提备用金	⬇

11.在支票的下方位置,软件还提供了企业信息、公共背景、单元背景、凭证查询、计算器等相应的辅助操作功能。

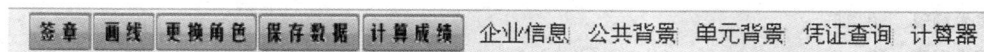

| 签章 | 画线 | 更换角色 | 保存数据 | 计算成绩 | 企业信息 | 公共背景 | 单元背景 | 凭证查询 | 计算器 |

图书在版编目(CIP)数据

出纳岗位操作实务训练:含实训材料/周丽华,李立鹏主编.—4 版.—厦门:厦门大学出版社,2018.4(2022.2 重印)
高职高专财会专业工学结合实训教材
ISBN 978-7-5615-5426-5

Ⅰ.①出… Ⅱ.①周…②李… Ⅲ.①出纳-会计实务-高等职业教育-教材 Ⅳ.①F233

中国版本图书馆 CIP 数据核字(2015)第 032593 号

出 版 人	郑文礼
责任编辑	陈丽贞
封面设计	陈泽罕
美术编辑	蒋卓群
技术编辑	朱 楷

出版发行 厦门大学出版社

社 址	厦门市软件园二期望海路 39 号
邮政编码	361008
总 编 办	0592-2182177 0592-2181406(传真)
营销中心	0592-2184458 0592-2181365
网 址	http://www.xmupress.com
邮 箱	xmup@xmupress.com
印 刷	厦门市金凯龙印刷有限公司

开本	787mm×1092mm 1/16
印张	32.5
字数	560 千字
印数	3 001~4 000 册
版次	2018 年 4 月第 4 版
印次	2022 年 2 月第 2 次印刷
定价	65.00 元(含配套实训材料)

本书如有印装质量问题请直接寄承印厂调换

厦门大学出版社
微信二维码

厦门大学出版社
微博二维码

高职高专财会专业工学结合实训教训

出纳岗位操作实务训练材料

（第四版）

主　编　周丽华　　李立鹏
副主编　陈泽罕　　黄　璐

厦门大学出版社
XIAMEN UNIVERSITY PRESS
国家一级出版社
全国百佳图书出版单位

目　　录

实训说明：

1.发票和收款收据要求学生用复写纸填写(填写三联式)。

2.准备记账凭证装订使用的材料装订机 1 台,锥子 10 把、大号缝纫针 10 支、装订线 5 扎。

3.本实训要求学生进行分组实训,每四个学生为一组,每组需另外准备的材料如下:

(1)点钞纸 4 把,扎把带 4 束;

(2)复写纸 8 张(用于填写收款收据和发票);

(3)计算器 1 个;

(4)双色印台 1 盒;

(5)笔筒 1 个;

(6)蓝黑色记账专用笔 4 支;

(7)红色记账专用笔 1 支;

(8)直尺 1 把;

(9)胶水 1 瓶;

(10)大头针 1 盒;

(11)曲别针 1 盒;

(12)夹子 4 个;

(13)订书机 1 个;

(14)记账凭证的封面 4 张、封底 4 张,封角 2 张。

实训一材料

1.请将人民币汉字大写金额写成相对应的小写金额

人民币大写金额	相对应的小写金额
人民币陆拾伍万柒仟肆佰贰拾叁元整	¥
人民币捌佰零壹万元整	¥
人民币玖仟万元整	¥
人民币柒角壹分	¥
人民币壹亿贰仟万元零捌分	¥
人民币柒拾捌万玖仟零陆拾伍元肆角整	¥

2.请将人民币小写金额写成相对应的汉字大写金额

人民币小写金额	相对应的大写金额
¥1 274.08	人民币
¥37 748.92	人民币
¥275 800.00	人民币
¥915 617.08	人民币
¥256 000 630.00	人民币
¥9 497 678 020.70	人民币
¥3 415 008.06	人民币
¥7 689 000.50	人民币
¥1 234 000 006.00	人民币
¥345 678 032.01	人民币

3.请熟读以下数据并将人民币小写金额写成相对应的汉字大写金额

人民币小写金额	相对应的人民币大写金额
￥376 000 630	人民币
￥10 005 006	人民币
￥1 274.08	人民币
￥900 000 000	人民币
￥1 234 000.56	人民币
￥9 497 678 020.70	人民币
￥686 008.74	人民币
￥17 639 001.58	人民币
￥20 006	人民币
￥744 231 759.01	人民币

实训二材料

收款收据 6 张

收 款 收 据　　N.O0049002
年　月　日

今 收 到＿＿＿＿＿＿＿＿＿＿＿＿＿＿＿＿＿＿＿＿

交 来:＿＿＿＿＿＿＿＿＿＿＿＿＿＿＿＿＿＿＿＿＿

金额（大写）　　拾　万　仟　佰　拾　元　角　分

¥＿＿＿＿＿　□ 现金　□ 支票　□ 信用卡　□ 其他　　收款
单位（盖章）

核准　　　　会计　　　　记账　　　　出纳　　　　经手人

第三联交财务

收 款 收 据　　N.O0049002
年　月　日

今 收 到＿＿＿＿＿＿＿＿＿＿＿＿＿＿＿＿＿＿＿＿

交 来:＿＿＿＿＿＿＿＿＿＿＿＿＿＿＿＿＿＿＿＿＿

金额（大写）　　拾　万　仟　佰　拾　元　角　分

¥＿＿＿＿＿　□ 现金　□ 支票　□ 信用卡　□ 其他　　收款
单位（盖章）

核准　　　　会计　　　　记账　　　　出纳　　　　经手人

第一联存根

北京市非经营性资金往来统一收据

发票代码 123309742568

发票号码 10275442

付款方：   日期：   年 月 日

项 目	金 额
合计人民币 （大 写）：	￥

备注：未经收款单位盖章及收款人签章无效。

第一联：存根

款项结算方式：   开票：   收款：   收款单位（盖章）

收 款 收 据   N.O 0049002

年   月   日

今 收 到 _____

交 来：_____

金额（大写）____ 拾 __ 万 __ 仟 __ 佰 __ 拾 __ 元 __ 角 __ 分 ____

￥ _____   ☐ 现金   ☐ 支票   ☐ 信用卡   ☐ 其他   收款单位（盖章）

第三联交财务

核准   会计   记账   出纳   经手人

收 款 收 据

N.O 0049002

年　月　日

今 收 到＿＿＿＿＿＿＿＿＿＿＿＿＿＿＿＿＿＿＿＿＿＿＿

交 来:＿＿＿＿＿＿＿＿＿＿＿＿＿＿＿＿＿＿＿＿＿＿＿＿

金额（大写）＿＿＿拾＿＿万＿＿仟＿＿佰＿＿拾＿＿元＿＿角＿＿分

￥＿＿＿＿＿　☐ 现金　☐ 支票　☐ 信用卡　☐ 其他　　收款单位（盖章）

核准　　　　会计　　　　记账　　　　出纳　　　　经手人

第一联 存根

北京市非经营性资金往来统一收据

发票代码 123309742568

发票号码 10275442

付款方:＿＿＿＿＿　　　　　　　　日期:　年　月　日

项　　　　　　　　　　　目	金　额
合计人民币 （大写）:	￥

备注：未经收款单位盖章及收款人签章无效。

第一联：存根

款项结算方式:＿＿＿　　开票:＿＿＿　　收款:＿＿＿　　收款单位（盖章）

借款单 4 张

<h2 style="text-align:center">借 款 单</h2>

年　　月　　日　　　　　　第　　　号

借款 部门		姓名				注 意 事 项	一、凡借用公款必须使用本单 二、第三联为正式借据由借款 　　人和单位负责人签章 三、出差返回后三天内结算
借款金额（大写）		万　仟　佰　拾　元　角　分　¥_____					
部门 负责人 签署		借款人 签章					
单位 领导 批示		审核 意见					

第三联：记账凭证

<h2 style="text-align:center">借 款 单</h2>

年　　月　　日　　　　　　第　　　号

借款 部门		姓名				注 意 事 项	一、凡借用公款必须使用本单 二、第三联为正式借据由借款 　　人和单位负责人签章 三、出差返回后三天内结算
借款金额（大写）		万　仟　佰　拾　元　角　分　¥_____					
部门 负责人 签署		借款人 签章					
单位 领导 批示		审核 意见					

第三联：记账凭证

借 款 单

年　　月　　日　　　　第　　　号

借款部门		姓名									第三联：记账凭证
借款金额（大写）		万　仟　佰　拾　元　角　分　¥_____									
部门负责人签署		借款人签章		注意事项	一、凡借用公款必须使用本单 二、第三联为正式借据由借款人和单位负责人签章 三、出差返回后三天内结算						
单位领导批示		审核意见									

借 款 单

年　　月　　日　　　　第　　　号

借款部门		姓名									第三联：记账凭证
借款金额（大写）		万　仟　佰　拾　元　角　分　¥_____									
部门负责人签署		借款人签章		注意事项	一、凡借用公款必须使用本单 二、第三联为正式借据由借款人和单位负责人签章 三、出差返回后三天内结算						
单位领导批示		审核意见									

费用报销单3张

报 销 单

填报日期： 年 月 日

姓名		所属部门		报销形式	
				支票号码	

报 销 项 目	金 额	报 销 项 目	金 额
以上单据共 张 金额小计			

总金额（大写）	拾	万	仟	佰	拾	元	角	分

预支备用金额		应退余用金额	

总经理： 财务经理： 部门经理： 会计： 出纳： 报销人：

报 销 单

填报日期：　　年　月　日

姓名		所属部门		报销形式	
				支票号码	

报 销 项 目	金 额	报 销 项 目	金 额
		以上单据共　　张　金额小计	
		预支备用金额	应缴备用金额

合计	

总金额（大写）	拾	万	千	百	拾	元	角	分

总经理：　　　财务经理：　　　部门经理：　　　出纳：　　　报销人：

报 销 单

填报日期： 年 月 日

姓名		所属部门		报销形式	
				支票号码	
报销项目	金额			报销项目	金额
	拾 万 千 佰 拾 元 角 分				
	以上单据共　　张　金额小计				
	预支备用金额			应缴备用金额	
总金额（大写）					

报销人：　　出纳：　　合计：　　部门经理：　　财务经理：　　总经理：

差旅费报销单3张

差旅费报销单

服务部门			姓名		出差天数	日	月	日至	月	日共	天
出事差由					借旅支费	日期 结算金额				金额¥	
出发	月	日 时分	起地点	交通费	行李费	旅馆费	征勤费	途中伙食费			
到达	月	日 时分									
合计			合计	万	仟	佰	拾	元	角	分	¥
主管				出纳				报销人			

差旅费报销单

服务部门			姓名			出差天数	日 月	日至 月	日共 天		
出差事由							借旅差费	日期		金额¥	
								结算金额			
出发	到达	起地点	交通费	行李费	旅馆费	住勤费	途中伙食费				
月 日 时 分	月 日 时 分										
合计		万	仟	佰	拾	元	角	分	¥		
主管			出纳				报销人				

差旅费报销单

服务部门		姓名		出差天数			月	日 至	日	月	日 共	天
出差事由				借旅交费	日期						金额¥	
出发	到达	起地点	交通费	行李费	结算金额	旅馆费	住勤费	途中伙食费				
月 日 时分	月 日 时分											

合计	万	仟	佰	拾	元	角	分
合计							

主管	出纳	报销人

实训三材料（由教师申请购买或由学生自己组织上网购买）

点钞纸（每人一把）

每人 10 条扎把带

实训四材料

货物销售普通发票 3 张

福建省漳州市货物销售发票

客户：　　　　　　　　　　　　存根联　　　　国　税 No.
　　　　　　　　　　　　　　　　　　　　　　货销万(3)　　年　　月　　日

品名	规格	单位	数量	单价	金额						
					万	千	百	十	元	角	分

合计人民币(大写)：　　　万　　仟　　佰　　拾　　元　　角　　分

企业发票专用章　　　　　　财务　　　　　　复核　　　　　　填票

福建省漳州市货物销售发票

客户：　　　　　　　　　　　　存根联　　　　国　税 No.
　　　　　　　　　　　　　　　　　　　　　　货销万(3)　　年　　月　　日

品名	规格	单位	数量	单价	金额						
					万	千	百	十	元	角	分

合计人民币(大写)：　　　万　　仟　　佰　　拾　　元　　角　　分

企业发票专用章　　　　　　财务　　　　　　复核　　　　　　填票

福建省漳州市货物销售发票

客户：   存根联   国   税 No.

货销万(3)   年   月   日

品名	规格	单位	数量	单价	金额 万 千 百 十 元 角 分
合计人民币(大写)： 万 仟 佰 拾 元 角 分					

企业发票专用章   财务   复核   填票

增值税专用发票 3 张

5936952   福建 增值税专用发票   NO12547

记 账 联

开票日期：   年 月 日

购货单位	名　称：		密码区	*.*5436*6+76>22126690 加密版本：01 /073-68-<9-/+5172599　3100083620 8796>2017<226<-13-8/　01454880 77>+79*<*76479+9<>>//	第一联：记账联　销货方记账凭证
	纳税人识别号：				
	地址、电话：				
	开户行及账号：				

货物或应税劳务名称	规格型号	单位	数量	单价	金额	税率	税额
合计							

价税合计（大写）		（小写）

销售单位	名　称：	备注
	纳税人识别号：	
	地址、电话：	
	开户行及账号：	

收款人：   复核：   开票人：   销货单位（章）：

5936952　　　　　福建 增值税专用发票　　　　NO12547

记　账　联

开票日期：　　　年　月　日

购货单位	名　　称： 纳税人识别号： 地址、电话： 开户行及账号：			密码区	*-*5436*6+76>22126690 加密版本：01 /073-68-<9-/+5172599　3100083620 8796>2017<226<-13--8/　01454880 77>+79*<*76479+9<>>//			
货物或应税劳务名称	规格型号	单位	数量	单价	金额		税率	税额
合计								
价税合计（大写）					（小写）			
销售单位	名　　称： 纳税人识别号： 地址、电话： 开户行及账号：			备注				

收款人：　　　　复核：　　　　开票人：　　　　销货单位（章）：

第一联：记账联　销货方记账凭证

5936952　　　　　福建 增值税专用发票　　　　NO12547

记　账　联

开票日期：　　　年　月　日

购货单位	名　　称： 纳税人识别号： 地址、电话： 开户行及账号：			密码区	*-*5436*6+76>22126690 加密版本：01 /073-68-<9-/+5172599　3100083620 8796>2017<226<-13--8/　01454880 77>+79*<*76479+9<>>//			
货物或应税劳务名称	规格型号	单位	数量	单价	金额		税率	税额
合计								
价税合计（大写）					（小写）			
销售单位	名　　称： 纳税人识别号： 地址、电话： 开户行及账号：			备注				

收款人：　　　　复核：　　　　开票人：　　　　销货单位（章）：

第一联：记账联　销货方记账凭证

实训五材料

现金存款单凭条 3 张

中国 银行现金存款凭条

年　　月　　日

收款人			款项来源										
	全 称												
	账 号		款项来源										
	开户行		交款人										
金额大写(币种)				百	十	万	千	百	十	元	角	分	第一联

票面	张数	金额	票面	张数	金额	
100元			5角			
50元			2角			
20元			1角			
10元			5分			回单联
5元			2分			
2元			1分			
1元						

中国 银行现金存款凭条

年　　月　　日

收款人			款项来源										
	全 称												
	账 号		款项来源										
	开户行		交款人										
金额大写(币种)				百	十	万	千	百	十	元	角	分	第一联

票面	张数	金额	票面	张数	金额	
100元			5角			
50元			2角			
20元			1角			
10元			5分			回单联
5元			2分			
2元			1分			
1元						

中国 银行现金存款凭条

年　　月　　日

收款人	全称		款项来源										第一联
	账号												
	开户行		交款人										

金额大写(币种)		百	十	万	千	百	十	元	角	分

票面	张数	金额	票面	张数	金额	回单联
100元			5角			
50元			2角			
20元			1角			
10元			5分			
5元			2分			
2元			1分			
1元						

实训六材料

工资表 2 张

第　页共　页

年　月　日

制表日期：

____月份工资表

顺序号	工号及姓名	基本工资	(一)产病工资		事假	工资	应发工资	代扣款项		实发工资	领款人签章
			日数	工资%	日数	工资		个人所得税			
1											
2											
3											
4											
5											
6											
7											
8											
9											
10											
11											
12											
13											
14											
15											
16											
17											
18											
合计											

出纳　　　　　　　　　　　　　　　　　　　　　　制表

____月份工资表

第 页共 页
年 月 日
制表日期：

顺序号	工号及姓名	基本工资	(一)产病工资 日数	工资	%	事假 日数	工资	应发工资	代扣款项 个人所得税	代扣款项	实发工资	领款人签章
1												
2												
3												
4												
5												
6												
7												
8												
9												
10												
11												
12												
13												
14												
15												
16												
17												
18												
合计												

出纳　　　　　　　　制表

实训七材料
现金盘点表 2 张

现金盘点表

年　月　日　　　　　　　　　　　　　　　　　　　　　　　　　　　　单位:元

面值	数量	金额	主管审批	总经理:
100 元				
50 元				
20 元				
10 元				
5 元				
1 元				
5 角				主管经理:
1 角				
合计				
其他项目				
未报销的				财务主管:
费用				
借支				
总计				
账面数				
盘点亏数				
保管人:		主管:		盘点人:

现金盘点表

年　月　日　　　　　　　　　　　　　　　　　　　　　　　　　　　　　　　　单位:元

面值	数量	金额		
100 元			主管审批	总经理:
50 元				
20 元				
10 元				
5 元				
1 元				
5 角				主管经理:
1 角				
合计				
其他项目				
未报销的				财务主管:
费用				
借支				
总计				
账面数				
盘点亏数				
保管人:		主管:		盘点人:

实训八材料

开立单位银行结算账户申请书 2 张

开立单位银行结算账户申请书

存款人名称				电话		
地址				邮编		
存款人类别		组织机构代码				
法定代表人（　） 单位负责人（　）	姓名					
	证件种类			证件号码		
行业分类	A（　）　B（　）　C（　）　D（　）　E（　）　F（　）　G（　）　H（　）　I（　）　J（　） K（　）　L（　）　M（　）　N（　）　O（　）　P（　）　Q（　）　R（　）　S（　）　T（　）					
注册资金		地区代码				
经营范围						
证明文件种类		证明文件编号				
税务登记证 （国税或地税）编号						
关联企业	关联企业信息填列在"关联企业登记表"上。					
账户性质	基本（　）　　　一般（　）　　　专用（　）　　　临时（　）					
资金性质			有效日期至		年　　月　　日	

以下为存款人上级法人或主管单位信息：

上级法人或主管单位名称			
基本存款账户开户许可证核准号		组织机构代码	
法定代表人（　） 单位负责人（　）	姓名		
	证件种类		
	证件号码		

以下栏目由开户银行审核后填写：

开户银行名称		开户银行代码	
账户名称		账号	
基本存款账户开户许可证核准号		开户日期	
本存款申请开立单位银行结算账户，并承诺所提供的开户资料真实、有效。 存款人（公章） 年　月　日	开户银行审核意见： 经办人（签章） 银行（签章） 年　月　日	人民银行审核意见： （非核准类账户除外） 经办人（签章） 人民银行（签章） 年　月　日	

填写说明：

1.申请开立临时存款账户，必须填列有效日期；申请开立专用存款账户，必须填列资金性质。

2.该行业标准由银行在营业场所公告。"行业分类"中各字母代表的行业种类如下：A:农、林、牧、渔业；B:采矿业；C:制造业；D:电力、燃气及水的生产供应业；E:建筑业；F:交通运输、仓储和邮政业；G:信息传输、计算机服务及软件业；H:批发和零售业；I:住宿和餐饮业；J:金融业；K:房地产业；L:租赁和商务服务业；M:科学研究、技术服务和地址勘查业；N:水利、环境和公共设施管理；O:居民服务和其他服务业；P:教育业；Q:卫生、社会保障和社会福利业；R:文化、教育和娱乐业；S:公共管理和社会组织；T:国际组织。

3.带括号的选项填"√"。

开立单位银行结算账户申请书

存款人名称			电话	
地址			邮编	
存款人类别		组织机构代码		
法定代表人（ ） 单位负责人（ ）	姓名			
	证件种类		证件号码	
行业分类	A（ ） B（ ） C（ ） D（ ） E（ ） F（ ） G（ ） H（ ） I（ ） J（ ） K（ ） L（ ） M（ ） N（ ） O（ ） P（ ） Q（ ） R（ ） S（ ） T（ ）			
注册资金		地区代码		
经营范围				
证明文件种类		证明文件编号		
税务登记证 （国税或地税）编号				
关联企业	关联企业信息填列在"关联企业登记表"上。			
账户性质	基本（ ） 一般（ ） 专用（ ） 临时（ ）			
资金性质			有效日期至	年 月 日

以下为存款人上级法人或主管单位信息：

上级法人或主管单位名称				
基本存款账户开户许可证核准号			组织机构代码	
法定代表人（ ） 单位负责人（ ）	姓名			
	证件种类			
	证件号码			

以下栏目由开户银行审核后填写：

开户银行名称			开户银行代码	
账户名称			账号	
基本存款账户开户许可证核准号			开户日期	
本存款申请开立单位银行结算账户，并承诺所提供的开户资料真实、有效。 　　存款人（公章） 　　年 月 日	开户银行审核意见： 经办人（签章） 银行（签章） 年 月 日		人民银行审核意见： （非核准类账户除外） 经办人（签章） 人民银行（签章） 年 月 日	

填写说明：

1. 申请开立临时存款账户，必须填列有效日期；申请开立专用存款账户，必须填列资金性质。

2. 该行业标准由银行在营业场所公告。"行业分类"中各字母代表的行业种类如下：A：农、林、牧、渔业；B：采矿业；C：制造业；D：电力、燃气及水的生产供应业；E：建筑业；F：交通运输、仓储和邮政业；G：信息传输、计算机服务及软件业；H：批发和零售业；I：住宿和餐饮业；J：金融业；K：房地产业；L：租赁和商务服务业；M：科学研究、技术服务和地址勘查业；N：水利、环境和公共设施管理；O：居民服务和其他服务业；P：教育业；Q：卫生、社会保障和社会福利业；R：文化、教育和娱乐业；S：公共管理和社会组织 ；T：国际组织。

3. 带括号的选项填"√"。

变更银行结算账户申请书2张

变更银行结算账户申请书

账户名称				
开户银行代码			账号	
账户性质	基本（ ） 一般（ ） 专用（ ） 临时（ ） 个人（ ）			
开户许可证核准号				
变更事项及变更后的内容如下：				
账户名称				
地址				
邮政编码				
电话				
注册资金规模				
证明文件种类				
证明文件编号				
经营范围				
法定代表人或单位负责人	姓名			
	证件种类			
	证件号码			
关联企业	变更后的关联企业信息填列在"关联企业登记表"中			
上级法人或主管单位的基本存款账户核准号				
上级法人或主管单位的名称				
上级法人或主管单位法定代表人或单位负责人	姓名			
	证件种类			
	证件号码			
本存款人申请变更上述银行账户内容，并承诺所提供的资料真实、有效 存款人（签章） 　　年　　月　　日	开户银行审核意见： 经办人（签章） 开户银行（签章） 　　年　　月　　日		人民银行审核意见： 经办人（签名） 人民银行（签章） 　　年　　月　　日	

填写说明：

存款人申请变更核准类银行结算账户的存款人名称、法定代表人或单位负责人的，中国人民银行当地分支行应对存款人的变更申请进行审核并签署意见。

变更银行结算账户申请书

账户名称				
开户银行代码			账号	
账户性质	基本（　）　一般（　）　专用（　）　临时（　）　个人（　）			
开户许可证核准号				
变更事项及变更后的内容如下：				
账户名称				
地址				
邮政编码				
电话				
注册资金规模				
证明文件种类				
证明文件编号				
经营范围				
法定代表人或单位负责人	姓名			
	证件种类			
	证件号码			
关联企业	变更后的关联企业信息填列在"关联企业登记表"中			
上级法人或主管单位的基本存款账户核准号				
上级法人或主管单位的名称				
上级法人或主管单位法定代表人或单位负责人	姓名			
	证件种类			
	证件号码			
本存款人申请变更上述银行账户内容,并承诺所提供的资料真实、有效 存款人（签章） 　　年　　月　　日	开户银行审核意见： 经办人（签章） 开户银行（签章） 　　年　　月　　日		人民银行审核意见： 经办人（签名） 人民银行（签章） 　　年　　月　　日	

填写说明：

　　存款人申请变更核准类银行结算账户的存款人名称、法定代表人或单位负责人的,中国人民银行当地分支行应对存款人的变更申请进行审核并签署意见。

撤销银行账户申请书 2 张

撤销银行账户申请书

账户名称			
开户银行名称			
开户银行代码		账号	
账户性质	基本（ ） 专用（ ） 一般（ ） 临时（ ） 个人（ ）		
开户许可证核准号			
销户原因			

本存款人申请撤销上述银行账户,承诺所提供的证明文件真实、有效。 法定代表人 或负责人(签章)　　单位或个人(签章) 　　　　　　　　年　月　日	开户银行审核意见: 经办人(签章) 开户银行(签章) 　　　　　　　　年　月　日

交回空白重要凭证		
种类	张(份)数	起讫号码

填表说明:

1.带括号的选项填"√"。

2.本申请书一式三联,一联存款人留存,一联开户银行留存,一联中国人民银行当地分支行留存。

3.交回空白重要凭证种类栏由开户银行据实填写。

撤销银行账户申请书

账户名称	
开户银行名称	

开户银行代码		账号	

账户性质	基本（　） 专用（　） 一般（　） 临时（　） 个人（　）
开户许可证核准号	
销户原因	

本存款人申请撤销上述银行账户,承诺所提供的证明文件真实、有效。 法定代表人 或负责人(签章)　单位或个人(签章) 　　　　　年　　月　　日	开户银行审核意见: 经办人(签章) 开户银行(签章) 　　　　　年　　月　　日

交回空白重要凭证

种类	张(份)数	起讫号码

填表说明:

1.带括号的选项填"√"。

2.本申请书一式三联,一联存款人留存,一联开户银行留存,一联中国人民银行当地分支行留存。

3.交回空白重要凭证种类栏由开户银行据实填写。

实训九材料

现金支票 7 张

中国银行
现金支票存根（ ）
GE02 23097141

附加信息
_____
_____
_____

出票日期　年　月　日
收款人：
金　额：
用　途：

单位主管　会计

本支票付款期限十天

中国银行　现金支票（ ）　GE02 23097141

出票日期（大写）　　年　月　日　付款行名称：
收款人：　　　　　　　　　　　　出票人账号：
人民币
（大写）

亿千百十万千百十元角分

用途　_____
上列款项请从
我账户内支付
出票人签章　　　　　　　　复核　　记账

正面　背面

附加信息

（贴粘单处）

收款人签章
年　月　日

身份证件名称：　　发证机关：
号码

正面　背面

中国银行
现金支票存根（ ）
GB 02 2309714 2
附加信息

出票日期　　年　月　日
收款人：
金额：
用途：
单位主管　　会计

本支票付款期限十天

中国银行　现金支票（ ）　GB 02 2309714 2

出票日期（大写）　　年　月　日　　付款行名称：
收款人：　　　　　　　　　　　　出票人账号：

人民币
（大写）　　　　　　　　　　　　亿 千 百 十 万 千 百 十 元 角 分

用途
上列款项请从
我账户内支付
出票人签章　　　　　　　　　复核　　记账

正面　背面

附加信息

（贴粘单处）

收款人签章
年　月　日

身份证件名称：　　发证机关：
号码

正面　背面

中国银行
现金支票存根（ ）
G02 2309714 3

附加信息

出票日期　年　月　日
收款人：
金　额：
用　途：

单位主管　会计

本支票付款期限十天

中国银行　现金支票（ ）
G02 2309714 3

出票日期（大写）　年　月　日　付款行名称：
收款人：　　　　　　　　　　出票人账号：

人民币（大写）　　　　　　　　亿千百十万千百十元角分

用途
上列款项请从
我账户内支付
出票人签章　　　　　　复核　　记账

正面
背面

附加信息

（贴粘单处）

收款人签章
年　月　日

身份证件名称：　发证机关：
号码

正面
背面

中国银行
现金支票存根（ ）
GB 02 2309714 4

附加信息

出票日期　年　月　日
收款人：
金　额：
用　途：
单位主管　　会计

本支票付款期限十天

中国银行　现金支票（ ）
GB 02 2309714 4
出票日期（大写）　年　月　日　　付款行名称：
收款人：　　　　　　　　　　　出票人账号：

人民币（大写）　　　　　　　　｜亿｜千｜百｜十｜万｜千｜百｜十｜元｜角｜分｜

用途
上列款项请从
我账户内支付
出票人签章　　　　　　　　复核　　记账

正面　背面

正面　背面

附加信息

收款人签章
年　月　日

（贴粘单处）

身份证件名称：　　发证机关：
号码

中国银行
现金支票存根（ ）
CB 02 2309714 5

附加信息

出票日期　年　月　日
收款人：
金额：
用途：
单位主管　会计

本支票付款期限十天

中国银行　现金支票（ ）　CB 02 2309714 5

出票日期（大写）　年　月　日　付款行名称：
收款人：　　　　　　　　　　　出票人账号：
人民币（大写）　　　　　　　　亿千百十万千百十元角分
用途_____
上列款项请从
我账户内支付
出票人签章　　　　　复核　记账

正面　背面

附加信息

收款人签章
年　月　日

（贴粘单处）

身份证件名称：　发证机关：
号码：

正面　背面

中国银行
现金支票存根（ ）

GB
02 2309714 6

附加信息 _____

出票日期　　年　月　日
收款人：
金　额：
用　途：
单位主管　　会计

本支票付款期限十天

（贴粘单处）

附加信息

收款人签章
年　月　日

身份证件名称：　　发证机关：
号码

中国银行
现金支票存根（ ）
GB 2309714 7
02

附加信息

出票日期　年　月　日
收款人：
金　额：
用　途：
单位主管　　会计

本支票付款期限十天

中国银行　现金支票（ ）　GB 2309714 7
02

出票日期（大写）　年　月　日　付款行名称：
收款人：　　　　　　　　　　出票人账号：
人民币
（大写）　　　　　　　　　亿千百十万千百十元角分

用途
上列款项请从
我账户内支付
出票人签章　　　　　　复核　　记账

正面　背面

附加信息

（贴粘单处）

收款人签章
年　月　日

身份证件名称：　　发证机关：
号码

正面　背面

银行空白凭证领用单 2 张

中 国 银 行
空白凭证领用单　①

领用单位	名　　　　　称	账　　　号	领用日期：　　　年　　　月　　　日				

凭　证　名　称	起　讫　号　码	数量(本)	单价	金　　额			
				百	十	元	角 分

合计金额(大写)	

上列空白凭证工本费请由我存款户内划拨。
　　此致
开户银行
领用
单位
盖章　　（盖齐预留印鉴）　　经领人

银行会计分录：
科　目（借）_____
对方科目（贷）　收费凭证工本费入户
记账日期：　　　年　　　月　　　日
复　　　记　　　经售
核　　　账　　　人员

此联作转账付出传票

中 国 银 行
空白凭证领用单　①

领用单位	名　　　　　称	账　　　号	领用日期：　　　年　　　月　　　日				

凭　证　名　称	起　讫　号　码	数量(本)	单价	金　　额			
				百	十	元	角 分

合计金额(大写)	

上列空白凭证工本费请由我存款户内划拨。
　　此致
开户银行
领用
单位
盖章　　（盖齐预留印鉴）　　经领人

银行会计分录：
科　目（借）_____
对方科目（贷）　收费凭证工本费入户
记账日期：　　　年　　　月　　　日
复　　　记　　　经售
核　　　账　　　人员

此联作转账付出传票

实训十材料

转账支票 4 张

中国银行
转账支票存根（ ）
GE
02 23909821

附加信息

出票日期   年 月 日
收款人：
金 额：
用 途：
单位主管   会计

中国银行 转账支票（ ）
GE
02 23909821

出票日期（大写）   年   月   日   付款行名称：
收款人：   出票人账号：
人民币
（大写）   亿千百十万千百十元角分

用途
上列款项请从
我账户内支付
出票人签章   复核   记账

本支票付款期限十天

附加信息：

被背书人

（ 贴 粘 单 处 ）

背书人签章
年 月 日

中国银行
转账支票存根（ ）
GE 23909821
02

附加信息

出票日期　　年　月　日
收款人：
金　额：
用　途：
单位主管　　会计

本支票付款期限十天

中国银行　转账支票（ ）　GE 23909821
02

出票日期（大写）　　年　　月　　日　付款行名称：
收款人：　　　　　　　　　　　　　出票人账号：

人民币
（大写）　　　　　　　　　　　亿 千 百 十 万 千 百 十 元 角 分

用途
上列款项请从
我账户内支付
出票人签章　　　　　　　　　复核　　　记账

正面
背面

附加信息：　　　　　　　　被背书人

背书人签章
年 月 日

（ 贴 粘 单 处 ）

正面
背面

中国银行
转账支票存根（ ）
GE 02 23909821

附加信息

出票日期　年　月　日
收款人：
金　额：
用　途：

单位主管　　会计

本支票付款期限十天

中国银行　转账支票（ ）
GE 02 23909821

出票日期（大写）　　年　　月　　日　　付款行名称：
收款人：　　　　　　　　　　　　出票人账号：

人民币
（大写）

亿	千	百	十	万	千	百	十	元	角	分

用途
上列款项请从
我账户内支付
出票人签章　　　　　　　　　　复核　　　记账

正面　背面

附加信息：

被背书人

（ 贴 粘 单 处 ）

背书人签章
年 月 日

正面　背面

中国银行
转账支票存根（ ）
GE 23909821
02

附加信息

出票日期　年　月　日
收款人：
金　额：
用　途：
单位主管　　会计

本支票付款期限十天

中国银行　转账支票（ ）
GE 23909821
02

出票日期（大写）　　年　月　日　　付款行名称：
收款人：　　　　　　　　　　　　　出票人账号：
人民币
（大写）　　　　　　　　　　　　　亿千百十万千百十元角分

用途
上列款项请从
我账户内支付
出票人签章　　　　　　　　复核　　　记账

正面
背面

附加信息：　　　　　被背书人

背书人签章
年　月　日

（ 贴粘单处 ）

正面
背面

银行进账单 3 张

中国银行 进账单 （回 单） 1

年　月　日

出票人	全　称		收款人	全　称		此联是开户银行交给持票人的回单
	账　号			账　号		
	开户银行			开户银行		

金额	人民币（大写）					亿	千	百	十	万	千	百	十	元	角	分

票据种类		票据张数	
票据号码			

复核　　　记账

开户银行签章

中国银行 进账单 （回 单） 1

年　月　日

出票人	全　称		收款人	全　称		此联是开户银行交给持票人的回单
	账　号			账　号		
	开户银行			开户银行		

金额	人民币（大写）					亿	千	百	十	万	千	百	十	元	角	分

票据种类		票据张数	
票据号码			

复核　　　记账

开户银行签章

中国银行 进账单 （回　单） 1

年　　月　　日

出票人	全　称		收款人	全　称	
	账　号			账　号	
	开户银行			开户银行	

金额	人民币 （大写）			亿	千	百	十	万	千	百	十	元	角	分

票据种类		票据张数	
票据号码			

复核　　　　记账

开户银行签章

实训十一材料

电汇凭证 3 张

银行电汇凭证（回单）　　　1

委托日期　　年　月　日

汇款人	全称		收款人	全称		此联汇出行给汇款人的回单
	账号			账号		
	汇出地点	省　　市/县		汇入地点	省　　市/县	
汇出行名称			汇入行名称			

金额	人民币（大写）					亿	千	百	十	万	千	百	十	元	角	分

支付密码

附加信息及用途：

汇出行签章

银行电汇凭证（回单）　　　1

委托日期　　年　月　日

汇款人	全称		收款人	全称		此联汇出行给汇款人的回单
	账号			账号		
	汇出地点	省　　市/县		汇入地点	省　　市/县	
汇出行名称			汇入行名称			

金额	人民币（大写）					亿	千	百	十	万	千	百	十	元	角	分

支付密码

附加信息及用途：

汇出行签章

银行电汇凭证（回单）

1

委托日期　　年　月　日

汇款人	全　称		收款人	全　称	
	账　号			账　号	
	汇出地点	省　　市/县		汇入地点	省　　市/县
汇出行名称			汇入行名称		

金额	人民币（大写）				亿	千	百	十	万	千	百	十	元	角	分

支付密码

附加信息及用途：

汇出行签章

此联汇出行给汇款人的回单

信汇凭证 4 张

银行信汇凭证（回单）

1

委托日期　　年　月　日

汇款人	全　称		收款人	全　称	
	账　号			账　号	
	汇出地点	省　　市/县		汇入地点	省　　市/县
汇出行名称			汇入行名称		

金额	人民币（大写）				亿	千	百	十	万	千	百	十	元	角	分

支付密码

附加信息及用途：

汇出行签章

此联汇出行给汇款人的回单

银行信汇凭证（回单）

委托日期　　年　月　日　　　　　　　　　　　　　　　　1

汇款人	全　称		收款人	全　称	
	账　号			账　号	
	汇出地点	省　　市/县		汇入地点	省　　市/县

汇出行名称		汇入行名称	

金额	人民币（大写）		亿 千 百 十 万 千 百 十 元 角 分

支付密码

附加信息及用途：

汇出行签章

此联汇出行给汇款人的回单

银行信汇凭证（回单）

委托日期　　年　月　日　　　　　　　　　　　　　　　　1

汇款人	全　称		收款人	全　称	
	账　号			账　号	
	汇出地点	省　　市/县		汇入地点	省　　市/县

汇出行名称		汇入行名称	

金额	人民币（大写）		亿 千 百 十 万 千 百 十 元 角 分

支付密码

附加信息及用途：

汇出行签章

此联汇出行给汇款人的回单

银行信汇凭证（回单）

委托日期　　年　月　日

1

汇款人	全　称			收款人	全　称				
	账　号				账　号				
	汇出地点	省　　市/县			汇入地点	省　　市/县			
汇出行名称				汇入行名称					

金额	人民币 (大写)					亿	千	百	十	万	千	百	十	元	角	分

支付密码

附加信息及用途：

汇出行签章

此联汇出行给汇款人的回单

实训十二材料

银行汇票申请书、银行汇票各 3 张

中国银行　汇票申请书(存根)　　第 01984151 号

申请日期　　　　年　　月　　日

申请人		收款人	
账 号或地址		账 号或地址	
用途		代 理付款行	
汇款金额	人民币（大写）		千百十万千百十元角分

备注：

此联申请人留存

中国银行

银 行 汇 票　　2

19859201

付款期限壹个月

出票日期　　年　　月　　日（大写）

代理付款行：　　　行号：

收款人：　　　账号：

出票金额 人民币（大写）　　（压数机压印出票金额）

实际结算金额 人民币（大写）　　千百十万千百十元角分

申请人：　　　账号：

出票行：　　　行号：　　　密押：

备 注：　　　多余金额

凭票付款　　　千百十万千百十元角分　复核　记帐

出票行签章

此联代理付款行付款后作联行往账借方凭证附件

中国银行　汇票申请书(存根)　　第 01984151　号

申请日期　　　　年　月　日

申请人		收款人		此
账　号 或地址		账　号 或地址		联 申 请 人 留 存
用途		代　理 付款行		

汇款金额	人民币 （大写）		千 百 十 万 千 百 十 元 角 分	

备注：

中国银行

银 行 汇 票　　2

19859201

付款期限 壹个月

出票日期 （大写）　　　年　月　日　　　代理付款行：　　　行号：

收款人：　　　　　　　　账号：

出票金额 人民币 （大写）　　　　　　（压数机压印出票金额）

实际结算金额 人民币 （大写）　　　　　千 百 十 万 千 百 十 元 角 分

申请人：＿＿＿＿＿＿＿　　　　　账号：＿＿＿＿＿＿＿

出票行：＿＿＿＿＿　行号：＿＿＿＿＿

密押：

备　注：＿＿＿＿＿

多余金额

凭票付款　　　　　　千 百 十 万 千 百 十 元 角 分　复核　　记帐

出票行签章

此联代理付款行付款后作联行往账借方凭证附件

中国银行　汇票申请书(存根)　第 01984151 号

申请日期　　　　年　月　日

申请人		收款人		此联申请人留存
账　号或地址		账　号或地址		
用途		代　理付款行		
汇款金额	人民币（大写）		千百十万千百十元角分	

备注：

中国银行

银 行 汇 票　2

19859201

付款期限
壹个月

出票日期　　　年　月　日
（大写）

代理付款行：　　　　行号

此联代理付款行付款后作联行往账借方凭证附件

收款人：		账号：
出票金额	人民币（大写）	（压数机压印出票金额）
实际结算金额	人民币（大写）	千百十万千百十元角分

申请人：_____　　　　　　　账号：_____

出票行：_____　行号：_____

密押：

备　注：_____

多余金额

千百十万千百十元角分　　复核　　记帐

凭票付款

出票行签章

实训十三材料

银行承兑汇票 3 张

银行承兑汇票			2											
出票日期（大写）		年	月	日										
出票人全称		收款人	全称											
出票人账号			账号											
付款行全称			开户银行											
出票金额	人民币（大写）			亿	千	百	十	万	千	百	十	元	角	分
汇票到期日（大写）		付款行	行号											
承兑协议编号			地址											
本汇票请你行承兑，到期无条件付款。　　　　　　出票人签章		本汇票已经承兑，到期日由本行付款　　　　　　　　　承兑行签章 承兑日期　　年　　月　　日 备注：							复核　　　记账					

此联收款人开户行随托收凭证寄付款行作借方凭证附件

银行承兑汇票			2											
出票日期（大写）		年	月	日										
出票人全称		收款人	全称											
出票人账号			账号											
付款行全称			开户银行											
出票金额	人民币（大写）			亿	千	百	十	万	千	百	十	元	角	分
汇票到期日（大写）		付款行	行号											
承兑协议编号			地址											
本汇票请你行承兑，到期无条件付款。　　　　　　出票人签章		本汇票已经承兑，到期日由本行付款　　　　　　　　　承兑行签章 承兑日期　　年　　月　　日 备注：							复核　　　记账					

此联收款人开户行随托收凭证寄付款行作借方凭证附件

银行承兑汇票　　2

出票日期（大写）　　年　　月　　日

出票人全称		收款人	全称	
出票人账号			账号	
付款行全称			开户银行	

出票金额	人民币（大写）		亿千百十万千百十元角分

汇票到期日（大写）		付款行	行号	
承兑协议编号			地址	

本汇票请你行承兑，到期无条件付款。　　　出票人签章	本汇票已经承兑，到期日由本行付款　　承兑行签章
	承兑日期　年　月　日
	备注：　　　　　复核　记账

右侧竖排：此联收款人开户行随托收凭证寄付款行作借方凭证附件

商业承兑汇票 4 张

商业承兑汇票　　2

汇票号码

出票日期（大写）　　年　　月　　日

付款人	全称		收款人	全称	
	账号			账号	
	开户银行			开户银行	

出票金额	人民币（大写）		亿千百十万千百十元角分

汇票到期日（大写）		付款人开户行	行号	
交易合同号码			地址	

本汇票已经承兑，到期无条件支付票款。	本汇票请予以承兑于到期日付款
承兑日期　年　月　日　承兑人签章	出票人签章

右侧竖排：此联持票人开户行随托收凭证寄付款人开户行作借方凭证附件

商业承兑汇票　　2

出票日期 （大写）		年　　　月　　　日		汇票号码	

付款人	全称		收款人	全称	
	账号			账号	
	开户银行			开户银行	

出票金额	人民币 （大写）			亿 千 百 十 万 千 百 十 元 角 分

汇票到期日 （大写）		付款人 开户行	行号	
交易合同号码			地址	

本汇票已经承兑，到期无条件支付票款。	本汇票请予以承兑于到期日付款
承兑日期　　年　　月　　日　　承兑人签章	出票人签章

此联持票人开户行随托收凭证寄付款人开户行作借方凭证附件

商业承兑汇票　　2

出票日期 （大写）		年　　　月　　　日		汇票号码	

付款人	全称		收款人	全称	
	账号			账号	
	开户银行			开户银行	

出票金额	人民币 （大写）			亿 千 百 十 万 千 百 十 元 角 分

汇票到期日 （大写）		付款人 开户行	行号	
交易合同号码			地址	

本汇票已经承兑，到期无条件支付票款。	本汇票请予以承兑于到期日付款
承兑日期　　年　　月　　日　　承兑人签章	出票人签章

此联持票人开户行随托收凭证寄付款人开户行作借方凭证附件

商业承兑汇票　　　2

出票日期
（大写）　　　　　年　　　月　　　日

汇票号码

付款人	全称		收款人	全称	
	账号			账号	
	开户银行			开户银行	

出票金额	人民币 （大写）			亿	千	百	十	万	千	百	十	元	角	分

汇票到期日 （大写）		付款人 开户行	行号	
交易合同号码			地址	

本汇票已经承兑，到期无条件支付票款。	本汇票请予以承兑于到期日付款
承兑日期　　　年　　月　　日　　承兑人签章	出票人签章

此联持票人开户行随托收凭证寄付款人开户行作借方凭证附件

实训十四材料

委托收款凭证单 5 张

托收凭证 (受理回单) 1

委托日期　年　月　日

业务类型		委托收款（□邮划、□电划）　　托收承付（□邮划、□电划）														
付款人	全　称		收款人	全　称												
	账　号			账　号												
	地　址	省　市县　开户行		地　址	省　市县　开户行											
金额	人民币（大写）					亿	千	百	十	万	千	百	十	元	角	分
款项内容		托收凭据名　称		附寄单证张数												
商品发运情况			合同名称号码													
备注：																

复核　　记账　　　　　　　　　　年　月　日　　　　收款人开户银行签章　　年　月　日

（2005）10×17.5公分　交 15 角直印刷　0512-68011886

此联作收款人开户银行给收款人的受理回单

托收凭证 (受理回单) 1

委托日期　年　月　日

业务类型		委托收款（□邮划、□电划）　　托收承付（□邮划、□电划）														
付款人	全　称		收款人	全　称												
	账　号			账　号												
	地　址	省　市县　开户行		地　址	省　市县　开户行											
金额	人民币（大写）					亿	千	百	十	万	千	百	十	元	角	分
款项内容		托收凭据名　称		附寄单证张数												
商品发运情况			合同名称号码													
备注：																

复核　　记账　　　　　　　　　　年　月　日　　　　收款人开户银行签章　　年　月　日

（2005）10×17.5公分　交 15 角直印刷　0512-68011886

此联作收款人开户银行给收款人的受理回单

托收凭证（受理回单） 1

委托日期　　年　　月　　日

业务类型		委托收款（厂邮划、厂电划）　托收承付（厂邮划、厂电划）																
付款人	全称		收款人	全称														
	账号			账号														
	地址	省　市县　开户行		地址	省　市县　开户行													
金额	人民币（大写）					亿	千	百	十	万	千	百	十	元	角	分		
款项内容		托收凭据名　称					附寄单证张数											
商品发运情况				合同名称号码														
备注：																		
复核　　记账			年　月　日	收款人开户银行签章　　年　月　日														

(2005) 10×17.5公分　交 15 角直四制　0512-68011866

此联作收款人开户银行给收款人的受理回单

托收凭证（受理回单） 1

委托日期　　年　　月　　日

业务类型		委托收款（厂邮划、厂电划）　托收承付（厂邮划、厂电划）																
付款人	全称		收款人	全称														
	账号			账号														
	地址	省　市县　开户行		地址	省　市县　开户行													
金额	人民币（大写）					亿	千	百	十	万	千	百	十	元	角	分		
款项内容		托收凭据名　称					附寄单证张数											
商品发运情况				合同名称号码														
备注：																		
复核　　记账			年　月　日	收款人开户银行签章　　年　月　日														

(2005) 10×17.5公分　交 15 角直四制　0512-68011866

此联作收款人开户银行给收款人的受理回单

托收凭证（受理回单）　　　　　　　1

委托日期　　年　　月　　日

业务类型	委托收款（☐邮划、☐电划）　　托收承付（☐邮划、☐电划）

付款人	全称		收款人	全称	
	账号			账号	
	地址	省　市县　开户行		地址	省　市县　开户行

金额	人民币（大写）		亿	千	百	十	万	千	百	十	元	角	分

款项内容		托收凭据名称		附寄单证张数	

商品发运情况		合同名称号码	

备注：	

复核　　　记账		年　　月　　日	收款人开户银行签章　　年　　月　　日

（2005）10×17.5公分　交15角直接印制　0512-65011866

此联作收款人开户银行给收款人的受理回单

托收承付凭证拒付理由书 2 张

托收承付 委托收款　结算 部分全部 拒绝付款理由书（回单或付款通知）　　1

拒付日期　　年　　月　　日　　　　原托收号码

付款人	全称		收款人	全称	
	账号			账号	
	开户银行			开户银行	

托收金额		拒付金额		部分付款金额	亿	千	百	十	万	千	百	十	元	角	分

附寄单证	张	部分付款金额（大写）	

拒付理由：	
	付款人签章

此联银行给付款人的回单或付款通知

托收承付 委托收款 结算 部分 全部 拒绝付款理由书（回单或付款通知） **1**

| 拒付日期 年 月 日 | | 原托收号码 | |

付款人	全称		收款人	全称	
	账号			账号	
	开户银行			开户银行	

托收金额		拒付金额		部分付款金额	亿 千 百 十 万 千 百 十 元 角 分

| 附寄单证 | 张 | 部分付款金额（大写） | |

拒付理由：

付款人签章

此联银行给付款人的回单或付款通知

实训十五材料

银行本票申请书、银行本票各 4 张

中国银行　　本票申请书(存根)　　　　第 20195356　　号

申请日期　　年　　月　　日

申请人		收款人		此联申请人留存
账　号 或地址		账　号 或地址		
用途		代　理 付款行		
申请金额	人民币 （大写）		千 百 十 万 千 百 十 元 角 分	

备注：

中国银行　　本　票　　2 BH/03 04562112

付款期限 个 月		出票日期 （大写）　　年　　月　　日		此联出票行结清本票时作借方凭证
收款人：		申请人：		
凭票即付	人民币 （大写）	（压数机压印出票金额）¥58500.00		
转账 □　现金 □				
备注：				
		出票行签章　出纳　　复核　　经办		

中国银行　　本票申请书(存根) —————— 第 20195356 号

申请日期　　年　月　日

申请人		收款人		此联申请人留存
账 号或地址		账 号或地址		
用途		代 理付款行		
申请金额	人民币（大写）		千百十万千百十元角分	

备注:

中国银行
本　票
2 BH/03 04562112

出票日期（大写）　　年　月　日

收款人:		申请人:

凭票即付　人民币（大写）　　　　　(压数机压印出票金额 ¥58500.00)

转账 □　　现金 □

备注:

出票行签章　出纳　　复核　　经办

此联出票行结清本票时作借方凭证

中国银行　　**本票申请书(存根)**　　第 20195356　号

申请日期　　年　月　日

申请人		收款人		
账 号或地址		账 号或地址		此联申请人留存
用途		代 理付款行		
申请金额	人民币（大写）		千百十万千百十元角分	

备注：

中国银行　　2 BH/03 04562112

本 票

付款期限　个 月

出票日期（大写）　　年　月　日

收款人：		申请人：	
凭票即付　人民币（大写）		(压数机压印出票金额 ￥58500.00)	此联出票行结清本票时作借方凭证
转账 □　现金 □			
备注：			
	出票行签章　出纳　　复核　　经办		

中国银行　　本票申请书(存根)　　　　　第 20195356　号

申请日期　　年　月　日

申请人		收款人	
账　号 或地址		账　号 或地址	
用途		代　理 付款行	
申请金额	人民币 （大写）		千百十万千百十元角分

备注：

此联申请人留存

付款期限 　个月	中国银行 本　票 出票日期 （大写）　　年　月　日	2 BH/03 04562112

收款人：		申请人：
凭票即付	人民币 （大写）	（压数机压印出票金额 ￥58500.00
转账 □　现金 □		
备注：	出票行签章　出纳　　复核　　经办	

此联出票行结清本票时作借方凭证

实训十六材料

收款凭证 15 张

收 款 凭 证

借方科目： 　　　　年　月　日　　　　　　　　　___字第号___号

摘　要	贷方总账科目	明细科目	借或贷	贷 方 金 额										
				千	百	十	万	千	百	十	元	角	分
合　计													

附件　　　　张

会计主管　　　记账　　　审核　　　出纳　　　制单

收 款 凭 证

借方科目： 　　　　年　月　日　　　　　　　　　___字第号___号

摘　要	贷方总账科目	明细科目	借或贷	贷 方 金 额										
				千	百	十	万	千	百	十	元	角	分
合　计													

附件　　　　张

会计主管　　　记账　　　审核　　　出纳　　　制单

收 款 凭 证

借方科目：　　　　　　　　　　　　　　　年　　月　　日　　　　　　　　　___字第号___号

摘　　要	贷方总账科目	明细科目	借或贷	贷　方　金　额									
				千	百	十	万	千	百	十	元	角	分
合　　计													

附件

张

会计主管　　　　　　记账　　　　　　审核　　　　　　　出纳　　　　　　　　制单

收 款 凭 证

借方科目：　　　　　　　　　　　　　　　年　　月　　日　　　　　　　　　___字第号___号

摘　　要	贷方总账科目	明细科目	借或贷	贷　方　金　额									
				千	百	十	万	千	百	十	元	角	分
合　　计													

附件

张

会计主管　　　　　　记账　　　　　　审核　　　　　　　出纳　　　　　　　　制单

收 款 凭 证

借方科目：　　　　　　　　　　年　月　日　　　　　　　　___字第号___号

摘　要	贷方总账科目	明细科目	借或贷	贷　方　金　额									
				千	百	十	万	千	百	十	元	角	分
合　　计													

会计主管　　　记账　　　审核　　　出纳　　　制单

附件　　张

收 款 凭 证

借方科目：　　　　　　　　　　年　月　日　　　　　　　　___字第号___号

摘　要	贷方总账科目	明细科目	借或贷	贷　方　金　额									
				千	百	十	万	千	百	十	元	角	分
合　　计													

会计主管　　　记账　　　审核　　　出纳　　　制单

附件　　张

收 款 凭 证

借方科目：   年　月　日   ___字第号___号

摘　要	贷方总账科目	明细科目	借或贷	贷 方 金 额									
				千	百	十	万	千	百	十	元	角	分
合　　计													

附件　　　　张

会计主管　　　　记账　　　　审核　　　　出纳　　　　制单

收 款 凭 证

借方科目：   年　月　日   ___字第号___号

摘　要	贷方总账科目	明细科目	借或贷	贷 方 金 额									
				千	百	十	万	千	百	十	元	角	分
合　　计													

附件　　　　张

会计主管　　　　记账　　　　审核　　　　出纳　　　　制单

收 款 凭 证

借方科目：　　　　　　　　　　　年　月　日　　　　　　　　　＿＿字第号＿＿号

摘　要	贷方总账科目	明细科目	借或贷	贷 方 金 额										
				千	百	十	万	千	百	十	元	角	分
合　计													

会计主管　　　　记账　　　　审核　　　　出纳　　　　　制单

附件　张

收 款 凭 证

借方科目：　　　　　　　　　　　年　月　日　　　　　　　　　＿＿字第号＿＿号

摘　要	贷方总账科目	明细科目	借或贷	贷 方 金 额										
				千	百	十	万	千	百	十	元	角	分
合　计													

会计主管　　　　记账　　　　审核　　　　出纳　　　　　制单

附件　张

收 款 凭 证

借方科目：　　　　　　　　　　　　年　月　日　　　　　　　　　　　___字第号___号

摘　要	贷方总账科目	明细科目	借或贷	贷　方　金　额									
				千	百	十	万	千	百	十	元	角	分
合　　计													

附件

张

会计主管　　　　　记账　　　　　审核　　　　　出纳　　　　　制单

收 款 凭 证

借方科目：　　　　　　　　　　　　年　月　日　　　　　　　　　　　___字第号___号

摘　要	贷方总账科目	明细科目	借或贷	贷　方　金　额									
				千	百	十	万	千	百	十	元	角	分
合　　计													

附件

张

会计主管　　　　　记账　　　　　审核　　　　　出纳　　　　　制单

收 款 凭 证

借方科目：   年   月   日   ___字第号___号

摘　　要	贷方总账科目	明细科目	借或贷	贷　方　金　额									
				千	百	十	万	千	百	十	元	角	分
合　　计													

附件　　　　张

会计主管　　　　　记账　　　　　审核　　　　　出纳　　　　　制单

收 款 凭 证

借方科目：   年   月   日   ___字第号___号

摘　　要	贷方总账科目	明细科目	借或贷	贷　方　金　额									
				千	百	十	万	千	百	十	元	角	分
合　　计													

附件　　　　张

会计主管　　　　　记账　　　　　审核　　　　　出纳　　　　　制单

收 款 凭 证

借方科目：　　　　　　　　　　　　　　年　月　日　　　　　　　　　　＿＿字第号＿＿号

摘　要	贷方总账科目	明细科目	借或贷	贷 方 金 额									
				千	百	十	万	千	百	十	元	角	分
合　计													

会计主管　　　　　记账　　　　　审核　　　　　出纳　　　　　制单

附件

张

付款凭证 28 张

付 款 凭 证

贷方科目：　　　　　　　　　　　　　　年　月　日　　　　　　　　　　＿＿字第号＿＿号

摘　要	借方总账科目	明细科目	借或贷	贷 方 金 额									
				千	百	十	万	千	百	十	元	角	分
合　计													

会计主管　　　　　记账　　　　　审核　　　　　出纳　　　　　制单

附件

张

付 款 凭 证

贷方科目：　　　　　　　　　　年　月　日　　　　　　　　　　___字第号___号

摘　要	借方总账科目	明细科目	借或贷	贷方金额										
				千	百	十	万	千	百	十	元	角	分
合　计													

附件　　张

会计主管　　　　　　记账　　　　　　审核　　　　　　出纳　　　　　　制单

付 款 凭 证

贷方科目：　　　　　　　　　　年　月　日　　　　　　　　　　___字第号___号

摘　要	借方总账科目	明细科目	借或贷	贷方金额										
				千	百	十	万	千	百	十	元	角	分
合　计													

附件　　张

会计主管　　　　　　记账　　　　　　审核　　　　　　出纳　　　　　　制单

付 款 凭 证

贷方科目：　　　　　　　　　　年　月　日　　　　　　　　　___字第号___号

摘　要	借方总账科目	明细科目	借或贷	贷方金额 千 百 十 万 千 百 十 元 角 分
合　计				

附件　　　张

会计主管　　　记账　　　审核　　　出纳　　　制单

付 款 凭 证

贷方科目：　　　　　　　　　　年　月　日　　　　　　　　　___字第号___号

摘　要	借方总账科目	明细科目	借或贷	贷方金额 千 百 十 万 千 百 十 元 角 分
合　计				

附件　　　张

会计主管　　　记账　　　审核　　　出纳　　　制单

付 款 凭 证

贷方科目：　　　　　　　　　　　　　年　月　日　　　　　　　　　　　　___字第号___号

摘　要	借方总账科目	明细科目	借或贷	贷方金额									
				千	百	十	万	千	百	十	元	角	分
合　计													

附件　　张

会计主管　　　　　记账　　　　　审核　　　　　出纳　　　　　制单

付 款 凭 证

贷方科目：　　　　　　　　　　　　　年　月　日　　　　　　　　　　　　___字第号___号

摘　要	借方总账科目	明细科目	借或贷	贷方金额									
				千	百	十	万	千	百	十	元	角	分
合　计													

附件　　张

会计主管　　　　　记账　　　　　审核　　　　　出纳　　　　　制单

付 款 凭 证

贷方科目：　　　　　　　　年　月　日　　　　　　　＿＿字第号＿＿号

摘　要	借方总账科目	明细科目	借或贷	贷 方 金 额									
				千	百	十	万	千	百	十	元	角	分
合　计													

附件　张

会计主管　　　记账　　　审核　　　出纳　　　制单

付 款 凭 证

贷方科目：　　　　　　　　年　月　日　　　　　　　＿＿字第号＿＿号

摘　要	借方总账科目	明细科目	借或贷	贷 方 金 额									
				千	百	十	万	千	百	十	元	角	分
合　计													

附件　张

会计主管　　　记账　　　审核　　　出纳　　　制单

付 款 凭 证

贷方科目：　　　　　　　　　　年　　月　　日　　　　　　　　　　___字第号___号

摘　　要	借方总账科目	明细科目	借或贷	贷方金额
				千 百 十 万 千 百 十 元 角 分
合　　计				

会计主管　　　　　记账　　　　　审核　　　　　出纳　　　　　　制单

附件　　　张

付 款 凭 证

贷方科目：　　　　　　　　　　年　　月　　日　　　　　　　　　　___字第号___号

摘　　要	借方总账科目	明细科目	借或贷	贷方金额
				千 百 十 万 千 百 十 元 角 分
合　　计				

会计主管　　　　　记账　　　　　审核　　　　　出纳　　　　　　制单

附件　　　张

付 款 凭 证

贷方科目：　　　　　　　　　　年　月　日　　　　　　　　___字第号___号

摘　要	借方总账科目	明细科目	借或贷	贷 方 金 额									
				千	百	十	万	千	百	十	元	角	分
合　计													

附件　　　张

会计主管　　　　记账　　　　审核　　　　出纳　　　　制单

付 款 凭 证

贷方科目：　　　　　　　　　　年　月　日　　　　　　　　___字第号___号

摘　要	借方总账科目	明细科目	借或贷	贷 方 金 额									
				千	百	十	万	千	百	十	元	角	分
合　计													

附件　　　张

会计主管　　　　记账　　　　审核　　　　出纳　　　　制单

付 款 凭 证

贷方科目：　　　　　　　　　　　　年　　月　　日　　　　　　　　　　＿＿字第号＿＿号

摘　要	借方总账科目	明细科目	借或贷	贷方金额										
				千	百	十	万	千	百	十	元	角	分
合　计													

附件　　　张

会计主管　　　　　记账　　　　　审核　　　　　出纳　　　　　制单

付 款 凭 证

贷方科目：　　　　　　　　　　　　年　　月　　日　　　　　　　　　　＿＿字第号＿＿号

摘　要	借方总账科目	明细科目	借或贷	贷方金额										
				千	百	十	万	千	百	十	元	角	分
合　计													

附件　　　张

会计主管　　　　　记账　　　　　审核　　　　　出纳　　　　　制单

付 款 凭 证

贷方科目：　　　　　　　　　　　年　　月　　日　　　　　　　　　　___字第号___号

摘　要	借方总账科目	明细科目	借或贷	贷 方 金 额									
				千	百	十	万	千	百	十	元	角	分
合　计													

附件　　张

会计主管　　　　　记账　　　　　审核　　　　　出纳　　　　　制单

付 款 凭 证

贷方科目：　　　　　　　　　　　年　　月　　日　　　　　　　　　　___字第号___号

摘　要	借方总账科目	明细科目	借或贷	贷 方 金 额									
				千	百	十	万	千	百	十	元	角	分
合　计													

附件　　张

会计主管　　　　　记账　　　　　审核　　　　　出纳　　　　　制单

付　款　凭　证

贷方科目：　　　　　　　　　　　　年　　月　　日　　　　　　　　　___字第号___号

摘　　要	借方总账科目	明细科目	借或贷	贷　方　金　额									
				千	百	十	万	千	百	十	元	角	分
合　　计													

附件

张

会计主管　　　　　记账　　　　　审核　　　　　出纳　　　　　制单

付　款　凭　证

贷方科目：　　　　　　　　　　　　年　　月　　日　　　　　　　　　___字第号___号

摘　　要	借方总账科目	明细科目	借或贷	贷　方　金　额									
				千	百	十	万	千	百	十	元	角	分
合　　计													

附件

张

会计主管　　　　　记账　　　　　审核　　　　　出纳　　　　　制单

付 款 凭 证

贷方科目：　　　　　　　　　　　年　　月　　日　　　　　　　　　　　___字第号___号

摘　要	借方总账科目	明细科目	借或贷	贷 方 金 额									
				千	百	十	万	千	百	十	元	角	分
合　　计													

附件

张

会计主管　　　　　记账　　　　　审核　　　　　出纳　　　　　制单

付 款 凭 证

贷方科目：　　　　　　　　　　　年　　月　　日　　　　　　　　　　　___字第号___号

摘　要	借方总账科目	明细科目	借或贷	贷 方 金 额									
				千	百	十	万	千	百	十	元	角	分
合　　计													

附件

张

会计主管　　　　　记账　　　　　审核　　　　　出纳　　　　　制单

付 款 凭 证

贷方科目：   年   月   日   ___字第号___号

摘　要	借方总账科目	明细科目	借或贷	贷方金额 千 百 十 万 千 百 十 元 角 分
合　计				

会计主管　　　记账　　　审核　　　出纳　　　制单

附件　　　张

付 款 凭 证

贷方科目：   年   月   日   ___字第号___号

摘　要	借方总账科目	明细科目	借或贷	贷方金额 千 百 十 万 千 百 十 元 角 分
合　计				

会计主管　　　记账　　　审核　　　出纳　　　制单

附件　　　张

付 款 凭 证

贷方科目：　　　　　　　　　　　年　　月　　日　　　　　　　　　　　___字第号___号

摘　　要	借方总账科目	明细科目	借或贷	贷 方 金 额										附件
				千	百	十	万	千	百	十	元	角	分	
														张
合　　计														

会计主管　　　　　记账　　　　　审核　　　　　出纳　　　　　制单

付 款 凭 证

贷方科目：　　　　　　　　　　　年　　月　　日　　　　　　　　　　　___字第号___号

摘　　要	借方总账科目	明细科目	借或贷	贷 方 金 额										附件
				千	百	十	万	千	百	十	元	角	分	
														张
合　　计														

会计主管　　　　　记账　　　　　审核　　　　　出纳　　　　　制单

付 款 凭 证

贷方科目：　　　　　　　　　　　　年　月　日　　　　　　　　　　　____字第号___号

摘　要	借方总账科目	明细科目	借或贷	贷 方 金 额									
				千	百	十	万	千	百	十	元	角	分
合　计													

附件　　　张

会计主管　　　　记账　　　　审核　　　　出纳　　　　制单

付 款 凭 证

贷方科目：　　　　　　　　　　　　年　月　日　　　　　　　　　　　____字第号___号

摘　要	借方总账科目	明细科目	借或贷	贷 方 金 额									
				千	百	十	万	千	百	十	元	角	分
合　计													

附件　　　张

会计主管　　　　记账　　　　审核　　　　出纳　　　　制单

付　款　凭　证

贷方科目：　　　　　　　　　　年　月　日　　　　　　　　　　___字第号___号

摘　要	借方总账科目	明细科目	借或贷	贷方金额 千百十万千百十元角分	附件
					张
合　计					

会计主管　　　　记账　　　　审核　　　　出纳　　　　制单

转账凭证 12 张

转　账　凭　证

　　　　　　　　　　　　　年　月　日　　　　　　　　　　___字第号___号

摘　要	总账科目	明细科目	√	借方金额 千百十万千百十元角分	贷方金额 千百十万千百十元角分	附件
						张
合　计						

会计主管　　　　记账　　　　审核　　　　出纳　　　　制单

转 账 凭 证

年　　月　　日　　　　　　　　　　___字第号___号

摘　要	总账科目	明细科目	√	借方金额										贷方金额										
				千	百	十	万	千	百	十	元	角	分	千	百	十	万	千	百	十	元	角	分
	合　　计																						

附件　　张

会计主管　　　　　记账　　　　　审核　　　　　　出纳　　　　　　制单

转 账 凭 证

年　　月　　日　　　　　　　　　　___字第号___号

摘　要	总账科目	明细科目	√	借方金额										贷方金额										
				千	百	十	万	千	百	十	元	角	分	千	百	十	万	千	百	十	元	角	分
	合　　计																						

附件　　张

会计主管　　　　　记账　　　　　审核　　　　　　出纳　　　　　　制单

转 账 凭 证

年　　月　日　　　　　　　　　　　　___字第号___号

摘　要	总账科目	明细科目	√	借 方 金 额										贷 方 金 额									
				千	百	十	万	千	百	十	元	角	分	千	百	十	万	千	百	十	元	角	分
合　计																							

附件　　　　张

会计主管　　　　记账　　　　审核　　　　　　出纳　　　　　　制单

转 账 凭 证

年　　月　日　　　　　　　　　　　　___字第号___号

摘　要	总账科目	明细科目	√	借 方 金 额										贷 方 金 额									
				千	百	十	万	千	百	十	元	角	分	千	百	十	万	千	百	十	元	角	分
合　计																							

附件　　　　张

会计主管　　　　记账　　　　审核　　　　　　出纳　　　　　　制单

转 账 凭 证

年　月　日　　　　　　　　　___字第号___号

摘　要	总账科目	明细科目	√	借方金额										贷方金额								
				千	百	十	万	千	百	十	元	角	分	千	百	十	万	千	百	十	元	角	分
合　计																							

会计主管　　　记账　　　审核　　　　出纳　　　　制单

附件　张

转 账 凭 证

年　月　日　　　　　　　　　___字第号___号

摘　要	总账科目	明细科目	√	借方金额										贷方金额								
				千	百	十	万	千	百	十	元	角	分	千	百	十	万	千	百	十	元	角	分
合　计																							

会计主管　　　记账　　　审核　　　　出纳　　　　制单

附件　张

转 账 凭 证

年　　月　　日　　　　　　　　　　　　　__字第号__号

摘　要	总账科目	明细科目	√	借方金额											贷方金额											附件
				千	百	十	万	千	百	十	元	角	分	千	百	十	万	千	百	十	元	角	分	
																								张
合　　计																								

会计主管　　　　记账　　　　审核　　　　出纳　　　　制单

转 账 凭 证

年　　月　　日　　　　　　　　　　　　　__字第号__号

摘　要	总账科目	明细科目	√	借方金额											贷方金额											附件
				千	百	十	万	千	百	十	元	角	分	千	百	十	万	千	百	十	元	角	分	
																								张
合　　计																								

会计主管　　　　记账　　　　审核　　　　出纳　　　　制单

转 账 凭 证

年　　月　　日　　　　　　　　　　　　　___字第号___号

摘　要	总账科目	明细科目	√	借 方 金 额										贷 方 金 额										
				千	百	十	万	千	百	十	元	角	分	千	百	十	万	千	百	十	元	角	分
合　　计																							

会计主管　　　　　记账　　　　　审核　　　　　出纳　　　　　制单

附件　　张

转 账 凭 证

年　　月　　日　　　　　　　　　　　　　___字第号___号

摘　要	总账科目	明细科目	√	借 方 金 额										贷 方 金 额										
				千	百	十	万	千	百	十	元	角	分	千	百	十	万	千	百	十	元	角	分
合　　计																							

会计主管　　　　　记账　　　　　审核　　　　　出纳　　　　　制单

附件　　张

转 账 凭 证

年　　月　日

___字第号___号

摘　　要	总账科目	明细科目	√	借 方 金 额											贷 方 金 额										
				千	百	十	万	千	百	十	元	角	分	千	百	十	万	千	百	十	元	角	分
合　　计																							

附件

张

会计主管　　　　　记账　　　　　审核　　　　　　出纳　　　　　　制单

实训十七材料

现金日记账账页 2 张

现金日记账页

第 ___ 页

年		凭证		票据号数	摘　　要	√	借方（收入）金额											贷方（支出）金额											余　额										
月	日	种类	号数				千	百	十	万	千	百	十	元	角	分		千	百	十	万	千	百	十	元	角	分		千	百	十	万	千	百	十	元	角	分

现金日记账账页

第 ___ 页

年		凭证		票据	摘 要	√	借方（收入）金额											贷方（支出）金额											余 额										
月	日	种类	号数	号数			千	百	十	万	千	百	十	元	角	分		千	百	十	万	千	百	十	元	角	分		千	百	十	万	千	百	十	元	角	分

实训十八材料

银行存款日记账账页 3 张

第___页

银行存款日记账

年		凭证		摘 要	√	借方（收入）金额									贷方（支出）金额									余 额								
月	日	种类	号数			千	百	十	万	千	百	十	元	角	分	千	百	十	万	千	百	十	元	角	分	千	百	十	万	千	百	十	元	角	分

银行存款日记账

第＿页

年		凭证		摘要	√	借方（收入）金额										贷方（支出）金额										余 额									
月	日	种类	号数			千	百	十	万	千	百	十	元	角	分	千	百	十	万	千	百	十	元	角	分	千	百	十	万	千	百	十	元	角	分

银行存款日记账

第 ___ 页

年		凭证		摘 要	√	借方（收入）金额									贷方（支出）金额									余 额								
月	日	种类	号数			千	百	十	万	千	百	十	元	角	分	千	百	十	万	千	百	十	元	角	分	千	百	十	万	千	百	十	元	角	分

实训十九材料

库存现金移交表 3 张

库存现金移交表

币别：　　　　　　　　　　移交日期：　　　　　　　　单位：　　　　　　　　第　页

币别	数量（张）	移交金额	接交金额	备注
合计				

单位领导人：　　　　　　移交人：　　　　　　监交人：　　　　　　接交人：

库存现金移交表

币别：　　　　　　　　　　移交日期：　　　　　　　　单位：　　　　　　　　第　页

币别	数量（张）	移交金额	接交金额	备注
合计				

单位领导人：　　　　　　移交人：　　　　　　监交人：　　　　　　接交人：

库存现金移交表

币别：　　　　　　　　移交日期：　　　　　　　　单位：　　　　　　　第　页

币别	数量（张）	移交金额	接交金额	备注
合　计				

单位领导人：　　　　　　移交人：　　　　　　监交人：　　　　　　接交人：

银行存款移交表 3 张

银行存款移交表

移交日期：　　　　　　　　　　　单位：　　　　　　　　　　第　页

开户银行	账号	币种	期限	账面数	实有数	备注
附件及说明：						

单位领导人：　　　　　　移交人：　　　　　　监交人：　　　　　　接交人：

银行存款移交表

移交日期：　　　　　　　　　　　　　单位：　　　　　　　　　　　　　　　　　　第　页

开户银行	账号	币种	期限	账面数	实有数	备注

附件及说明：

单位领导人：　　　　　　移交人：　　　　　　监交人：　　　　　　接交人：

银行存款移交表

移交日期：　　　　　　　　　　　　　单位：　　　　　　　　　　　　　　　　　　第　页

开户银行	账号	币种	期限	账面数	实有数	备注

附件及说明：

单位领导人：　　　　　　移交人：　　　　　　监交人：　　　　　　接交人：

贵重物品移交表 2 张

贵重物品移交表

移交日期：　　　　　　　　　　　单位：　　　　　　　　　　　　　　　　第　页

名称	购入日期	单位	数量	面值	到期日期	备注

单位领导人：　　　　　　　移交人：　　　　　　　监交人：　　　　　　　接交人：

贵重物品移交表

移交日期：　　　　　　　　　　　单位：　　　　　　　　　　　　　　　　第　页

名称	购入日期	单位	数量	面值	到期日期	备注

单位领导人：　　　　　　　移交人：　　　　　　　监交人：　　　　　　　接交人：

核算资料移交表 2 张

核算资料移交表

移交日期：　　　　　　　　　　　　　　　　　　　　　　　　　　　　　　　第　页

名称	年度	数量	起止时间	备注

单位领导人：　　　　　　移交人：　　　　　　监交人：　　　　　　接交人：

核算资料移交表

移交日期：　　　　　　　　　　　　　　　　　　　　　　　　　　　　　　　第　页

名称	年度	数量	起止时间	备注

单位领导人：　　　　　　移交人：　　　　　　监交人：　　　　　　接交人：

物品移交表 2 张

物品移交表

移交日期： 　　　　　　　　　　　　　　　　　　　　　　　　　　　　　　　　　　第　页

名　称	型号	购入日期	单位	数量	备注

单位领导人： 　　　　　移交人： 　　　　　监交人： 　　　　　接交人：

物品移交表

移交日期： 　　　　　　　　　　　　　　　　　　　　　　　　　　　　　　　　　　第　页

名　称	型号	购入日期	单位	数量	备注

单位领导人： 　　　　　移交人： 　　　　　监交人： 　　　　　接交人：

附　录

中华人民共和国会计法

1985 年 1 月 21 日第六届全国人民代表大会常务委员会第九次会议通过。

根据 1993 年 12 月 29 日第八届全国人民代表大会常务委员会第五次会议《关于修改〈中华人民共和国会计法〉的决定》修正。

1999 年 10 月 31 日第九届全国人民代表大会常务委员会第十二次会议修订。

第一章　总则

第一条　为了规范会计行为,保证会计资料真实、完整,加强经济管理和财务管理,提高经济效益,维护社会主义市场经济秩序,制定本法。

第二条　国家机关、社会团体、公司、企业、事业单位和其他组织(以下统称单位)必须依照本法办理会计事务。

第三条　各单位必须依法设置会计账簿,并保证其真实、完整。

第四条　单位负责人对本单位的会计工作和会计资料的真实性、完整性负责。

第五条　会计机构、会计人员依照本法规定进行会计核算,实行会计监督。

任何单位或者个人不得以任何方式授意、指使、强令会计机构、会计人员伪造、变造会计凭证、会计账簿和其他会计资料,提供虚假财务会计报告。

任何单位或者个人不得对依法履行职责、抵制违反本法规定行为的会计人员实行打击报复。

第六条　对认真执行本法,忠于职守,坚持原则,做出显著成绩的会计人员,给予精神的或者物质的奖励。

第七条　国务院财政部门主管全国的会计工作。

县级以上地方各级人民政府财政部门管理本行政区域内的会计工作。

第八条　国家实行统一的会计制度。国家统一的会计制度由国务院财政部门根据本法制定并公布。

国务院有关部门可以依照本法和国家统一的会计制度制定对会计核算和会计监督有特殊要求的行业实施国家统一的会计制度的具体办法或者补充规定,报国务院财政部门审核批准。

中国人民解放军总后勤部可以依照本法和国家统一的会计制度制定军队实施国家统一的会计制度的具体办法,报国务院财政部门备案。

第二章 会计核算

第九条 各单位必须根据实际发生的经济业务事项进行会计核算,填制会计凭证,登记会计账簿,编制财务会计报告。

任何单位不得以虚假的经济业务事项或者资料进行会计核算。

第十条 下列经济业务事项,应当办理会计手续,进行会计核算:

(一)款项和有价证券的收付;

(二)财物的收发、增减和使用;

(三)债权债务的发生和结算;

(四)资本、基金的增减;

(五)收入、支出、费用、成本的计算;

(六)财务成果的计算和处理;

(七)需要办理会计手续、进行会计核算的其他事项。

第十一条 会计年度自公历1月1日起至12月31日止。

第十二条 会计核算以人民币为记账本位币。

业务收支以人民币以外的货币为主的单位,可以选定其中一种货币作为记账本位币,但是编报的财务会计报告应当折算为人民币。

第十三条 会计凭证、会计账簿、财务会计报告和其他会计资料,必须符合国家统一的会计制度的规定。

使用电子计算机进行会计核算的,其软件及其生成的会计凭证、会计账簿、财务会计报告和其他会计资料,也必须符合国家统一的会计制度的规定。

任何单位和个人不得伪造、变造会计凭证、会计账簿及其他会计资料,不得提供虚假的财务会计报告。

第十四条 会计凭证包括原始凭证和记账凭证。

办理本法第十条所列的经济业务事项,必须填制或者取得原始凭证并及时送交会计机构。

会计机构、会计人员必须按照国家统一的会计制度的规定对原始凭证进行审核,对不真实、不合法的原始凭证有权不予接受,并向单位负责人报告;对记载不准确、不完整的原始凭证予以退回,并要求按照国家统一的会计制度的规定更正、补充。

原始凭证记载的各项内容均不得涂改;原始凭证有错误的,应当由出具单位重开或者更正,更正处应当加盖出具单位印章。原始凭证金额有错误的,应当由出具单位重开,不得在原始凭证上更正。

记账凭证应当根据经过审核的原始凭证及有关资料编制。

第十五条 会计账簿登记,必须以经过审核的会计凭证为依据,并符合有关法律、行政法规和国家统一的会计制度的规定。会计账簿包括总账、明细账、日记账和其他辅助性账簿。

会计账簿应当按照连续编号的页码顺序登记。会计账簿记录发生错误或者隔页、缺号、跳行的,应当按照国家统一的会计制度规定的方法更正,并由会计人员和会计机构负责人(会计主管人员)在更正处盖章。

使用电子计算机进行会计核算的,其会计账簿的登记、更正,应当符合国家统一的会计制度的规定。

第十六条 各单位发生的各项经济业务事项应当在依法设置的会计账簿上统一登记、核算,不得违反本法和国家统一的会计制度的规定私设会计账簿登记、核算。

第十七条　各单位应当定期将会计账簿记录与实物、款项及有关资料相互核对,保证会计账簿记录与实物及款项的实有数额相符、会计账簿记录与会计凭证的有关内容相符、会计账簿之间相对应的记录相符、会计账簿记录与会计报表的有关内容相符。

第十八条　各单位采用的会计处理方法,前后各期应当一致,不得随意变更;确有必要变更的,应当按照国家统一的会计制度的规定变更,并将变更的原因、情况及影响在财务会计报告中说明。

第十九条　单位提供的担保、未决诉讼等或有事项,应当按照国家统一的会计制度的规定,在财务会计报告中予以说明。

第二十条　财务会计报告应当根据经过审核的会计账簿记录和有关资料编制,并符合本法和国家统一的会计制度关于财务会计报告的编制要求、提供对象和提供期限的规定;其他法律、行政法规另有规定的,从其规定。

财务会计报告由会计报表、会计报表附注和财务情况说明书组成。向不同的会计资料使用者提供的财务会计报告,其编制依据应当一致。有关法律、行政法规规定会计报表、会计报表附注和财务情况说明书须经注册会计师审计的,注册会计师及其所在的会计师事务所出具的审计报告应当随同财务会计报告一并提供。

第二十一条　财务会计报告应当由单位负责人和主管会计工作的负责人、会计机构负责人(会计主管人员)签名并盖章;设置总会计师的单位,还须由总会计师签名并盖章。

单位负责人应当保证财务会计报告真实、完整。

第二十二条　会计记录的文字应当使用中文。在民族自治地方,会计记录可以同时使用当地通用的一种民族文字。在中华人民共和国境内的外商投资企业、外国企业和其他外国组织的会计记录可以同时使用一种外国文字。

第二十三条　各单位对会计凭证、会计账簿、财务会计报告和其他会计资料应当建立档案,妥善保管。会计档案的保管期限和销毁办法,由国务院财政部门会同有关部门制定。

第三章　公司、企业会计核算的特别规定

第二十四条　公司、企业进行会计核算,除应当遵守本法第二章的规定外,还应当遵守本章规定。

第二十五条　公司、企业必须根据实际发生的经济业务事项,按照国家统一的会计制度的规定确认、计量和记录资产、负债、所有者权益、收入、费用、成本和利润。

第二十六条　公司、企业进行会计核算不得有下列行为:

(一)随意改变资产、负债、所有者权益的确认标准或者计量方法,虚列、多列、不列或者少列资产、负债、所有者权益;

(二)虚列或者隐瞒收入,推迟或者提前确认收入;

(三)随意改变费用、成本的确认标准或者计量方法,虚列、多列、不列或者少列费用、成本;

(四)随意调整利润的计算、分配方法,编造虚假利润或者隐瞒利润;

(五)违反国家统一的会计制度规定的其他行为。

第四章　会计监督

第二十七条　各单位应当建立、健全本单位内部会计监督制度。单位内部会计监督制度应当符合下列要求:

（一）记账人员与经济业务事项和会计事项的审批人员、经办人员、财物保管人员的职责权限应当明确，并相互分离、相互制约；

（二）重大对外投资、资产处置、资金调度和其他重要经济业务事项的决策和执行的相互监督、相互制约程序应当明确；

（三）财产清查的范围、期限和组织程序应当明确；

（四）对会计资料定期进行内部审计的办法和程序应当明确。

第二十八条　单位负责人应当保证会计机构、会计人员依法履行职责，不得授意、指使、强令会计机构、会计人员违法办理会计事项。

会计机构、会计人员对违反本法和国家统一的会计制度规定的会计事项，有权拒绝办理或者按照职权予以纠正。

第二十九条　会计机构、会计人员发现会计账簿记录与实物、款项及有关资料不相符的，按照国家统一的会计制度的规定有权自行处理的，应当及时处理；无权处理的，应当立即向单位负责人报告，请求查明原因，作出处理。

第三十条　任何单位和个人对违反本法和国家统一的会计制度规定的行为，有权检举。收到检举的部门有权处理的，应当依法按照职责分工及时处理；无权处理的，应当及时移送有权处理的部门处理。收到检举的部门、负责处理的部门应当为检举人保密，不得将检举人姓名和检举材料转给被检举单位和被检举人个人。

第三十一条　有关法律、行政法规规定，须经注册会计师进行审计的单位，应当向受委托的会计师事务所如实提供会计凭证、会计账簿、财务会计报告和其他会计资料以及有关情况。

任何单位或者个人不得以任何方式要求或者示意注册会计师及其所在的会计师事务所出具不实或者不当的审计报告。

财政部门有权对会计师事务所出具审计报告的程序和内容进行监督。

第三十二条　财政部门对各单位的下列情况实施监督：

（一）是否依法设置会计账簿；

（二）会计凭证、会计账簿、财务会计报告和其他会计资料是否真实、完整；

（三）会计核算是否符合本法和国家统一的会计制度的规定；

（四）从事会计工作的人员是否具备从业资格。

在对前款第（二）项所列事项实施监督，发现重大违法嫌疑时，国务院财政部门及其派出机构可以向与被监督单位有经济业务往来的单位和被监督单位开立账户的金融机构查询有关情况，有关单位和金融机构应当给予支持。

第三十三条　财政、审计、税务、人民银行、证券监管、保险监管等部门应当依照有关法律、行政法规规定的职责，对有关单位的会计资料实施监督检查。

前款所列监督检查部门对有关单位的会计资料依法实施监督检查后，应当出具检查结论。有关监督检查部门已经作出的检查结论能够满足其他监督检查部门履行本部门职责需要的，其他监督检查部门应当加以利用，避免重复查账。

第三十四条　依法对有关单位的会计资料实施监督检查的部门及其工作人员对在监督检查中知悉的国家秘密和商业秘密负有保密义务。

第三十五条　各单位必须依照有关法律、行政法规的规定，接受有关监督检查部门依法实施的监督检查，如实提供会计凭证、会计账簿、财务会计报告和其他会计资料以及有关情况,不得拒绝、隐匿、谎报。

第五章　　会计机构和会计人员

第三十六条　各单位应当根据会计业务的需要,设置会计机构,或者在有关机构中设置会计人员并指定会计主管人员;不具备设置条件的,应当委托经批准设立从事会计代理记账业务的中介机构代理记账。

国有的和国有资产占控股地位或者主导地位的大、中型企业必须设置总会计师。总会计师的任职资格、任免程序、职责权限由国务院规定。

第三十七条　会计机构内部应当建立稽核制度。

出纳人员不得兼任稽核、会计档案保管和收入、支出、费用、债权债务账目的登记工作。

第三十八条　从事会计工作的人员,必须取得会计从业资格证书。

担任单位会计机构负责人(会计主管人员)的,除取得会计从业资格证书外,还应当具备会计师以上专业技术职务资格或者从事会计工作三年以上经历。

会计人员从业资格管理办法由国务院财政部门规定。

第三十九条　会计人员应当遵守职业道德,提高业务素质。对会计人员的教育和培训工作应当加强。

第四十条　因有提供虚假财务会计报告,做假账,隐匿或者故意销毁会计凭证、会计账簿、财务会计报告,贪污、挪用公款,职务侵占等与会计职务有关的违法行为被依法追究刑事责任的人员,不得取得或者重新取得会计从业资格证书。

除前款规定的人员外,因违法违纪行为被吊销会计从业资格证书的人员,自被吊销会计从业资格证书之日起五年内,不得重新取得会计从业资格证书。

第四十一条　会计人员调动工作或者离职,必须与接管人员办清交接手续。

一般会计人员办理交接手续,由会计机构负责人(会计主管人员)监交;会计机构负责人(会计主管人员)办理交接手续,由单位负责人监交,必要时主管单位可以派人会同监交。

第六章　　法律责任

第四十二条　违反本法规定,有下列行为之一的,由县级以上人民政府财政部门责令限期改正,可以对单位并处三千元以上五万元以下的罚款;对其直接负责的主管人员和其他直接责任人员,可以处二千元以上二万元以下的罚款;属于国家工作人员的,还应当由其所在单位或者有关单位依法给予行政处分:

(一)不依法设置会计账簿的;

(二)私设会计账簿的;

(三)未按照规定填制、取得原始凭证或者填制、取得的原始凭证不符合规定的;

(四)以未经审核的会计凭证为依据登记会计账簿或者登记会计账簿不符合规定的;

(五)随意变更会计处理方法的;

(六)向不同的会计资料使用者提供的财务会计报告编制依据不一致的;

(七)未按照规定使用会计记录文字或者记账本位币的;

(八)未按照规定保管会计资料,致使会计资料毁损、灭失的;

(九)未按照规定建立并实施单位内部会计监督制度或者拒绝依法实施的监督或者不如实提供有关会计资料及有关情况的;

(十)任用会计人员不符合本法规定的。

有前款所列行为之一,构成犯罪的,依法追究刑事责任。

会计人员有第一款所列行为之一,情节严重的,由县级以上人民政府财政部门吊销会计从业资格证书。

有关法律对第一款所列行为的处罚另有规定的,依照有关法律的规定办理。

第四十三条 伪造、变造会计凭证、会计账簿,编制虚假财务会计报告,构成犯罪的,依法追究刑事责任。

有前款行为,尚不构成犯罪的,由县级以上人民政府财政部门予以通报,可以对单位并处五千元以上十万元以下的罚款;对其直接负责的主管人员和其他直接责任人员,可以处三千元以上五万元以下的罚款;属于国家工作人员的,还应当由其所在单位或者有关单位依法给予撤职直至开除的行政处分;对其中的会计人员,并由县级以上人民政府财政部门吊销会计从业资格证书。

第四十四条 隐匿或者故意销毁依法应当保存的会计凭证、会计账簿、财务会计报告,构成犯罪的,依法追究刑事责任。

有前款行为,尚不构成犯罪的,由县级以上人民政府财政部门予以通报,可以对单位并处五千元以上十万元以下的罚款;对其直接负责的主管人员和其他直接责任人员,可以处三千元以上五万元以下的罚款;属于国家工作人员的,还应当由其所在单位或者有关单位依法给予撤职直至开除的行政处分;对其中的会计人员,并由县级以上人民政府财政部门吊销会计从业资格证书。

第四十五条 授意、指使、强令会计机构、会计人员及其他人员伪造、变造会计凭证、会计账簿,编制虚假财务会计报告或者隐匿、故意销毁依法应当保存的会计凭证、会计账簿、财务会计报告,构成犯罪的,依法追究刑事责任;尚不构成犯罪的,可以处五千元以上五万元以下的罚款;属于国家工作人员的,还应当由其所在单位或者有关单位依法给予降级、撤职、开除的行政处分。

第四十六条 单位负责人对依法履行职责、抵制违反本法规定行为的会计人员以降级、撤职、调离工作岗位、解聘或者开除等方式实行打击报复,构成犯罪的,依法追究刑事责任;尚不构成犯罪的,由其所在单位或者有关单位依法给予行政处分。对受打击报复的会计人员,应当恢复其名誉和原有职务、级别。

第四十七条 财政部门及有关行政部门的工作人员在实施监督管理中滥用职权、玩忽职守、徇私舞弊或者泄露国家秘密、商业秘密,构成犯罪的,依法追究刑事责任;尚不构成犯罪的,依法给予行政处分。

第四十八条 违反本法第三十条规定,将检举人姓名和检举材料转给被检举单位和被检举人个人的,由所在单位或者有关单位依法给予行政处分。

第四十九条 违反本法规定,同时违反其他法律规定的,由有关部门在各自职权范围内依法进行处罚。

第七章　附则

第五十条 本法下列用语的含义:

单位负责人,是指单位法定代表人或者法律、行政法规规定代表单位行使职权的主要负责人。

国家统一的会计制度,是指国务院财政部门根据本法制定的关于会计核算、会计监督、会计机构和会计人员以及会计工作管理的制度。

第五十一条 个体工商户会计管理的具体办法,由国务院财政部门根据本法的原则另行规定。

第五十二条 本法自 2000 年 7 月 1 日起施行。

中华人民共和国现金管理暂行条例

（1988 年 9 月 8 日国务院发布）

第一章　总则

第一条　为改善现金管理，促进商品生产和流通，加强对社会经济活动的监督，制定本条例。

第二条　凡在银行和其他金融机构（以下简称开户银行）开立账户的机关、团体、部队、企业、事业单位和其他单位（以下简称开户单位），必须依照本条例的规定收支和使用现金，接受开户银行的监督。

国家鼓励开户单位和个人在经济活动中，采取转账方式进行结算，减少使用现金。

第三条　开户单位之间的经济往来，除按本条例规定的范围可以使用现金外，应当通过开户银行进行转账结算。

第四条　各级人民银行应当严格履行金融主管机关的职责，负责对开户银行的现金管理进行监督和稽核。

开户银行依照本条例和中国人民银行的规定，负责现金管理的具体实施，对开户单位收支、使用现金进行监督管理。

第二章　现金管理和监督

第五条　开户单位可以在下列范围内使用现金：

（一）职工工资、津贴；

（二）个人劳务报酬；

（三）根据国家规定颁发给个人的科学技术、文化艺术、体育等各种奖金；

（四）各种劳保、福利费用以及国家规定的对个人的其他支出；

（五）向个人收购农副产品和其他物资的价款；

（六）出差人员必须随身携带的差旅费；

（七）结算起点以下的零星支出；

（八）中国人民银行确定需要支付现金的其他支出。

前款结算起点定为 1 000 元。结算起点的调整,由中国人民银行确定,报国务院备案。

第六条 除本条例第五条第(五)、(六)项外,开户单位支付给个人的款项,超过使用现金限额的部分,应当以支票或者银行本票支付;确需全额支付现金的,经开户银行审核后,予以支付现金。

前款使用现金限额,按本条例第五条第二款的规定执行。

第七条 转账结算凭证在经济往来中,具有同现金相同的支付能力。

开户单位在销售活动中,不得对现金结算给予比转账结算优惠待遇;不得拒收支票、银行汇票和银行本票。

第八条 机关、团体、部队、全民所有制和集体所有制企业事业单位购置国家规定的专项控制商品,必须采取转账结算方式,不得使用现金。

第九条 开户银行应当根据实际需要,核定开户单位 3 天至 5 天的日常零星开支所需的库存现金限额。

边远地区和交通不便地区的开户单位的库存现金限额,可以多于 5 天,但不得超过 15 天的日常零星开支。

第十条 经核定的库存现金限额,开户单位必须严格遵守。需要增加或者减少库存现金限额的,应当向开户银行提出申请,由开户银行核定。

第十一条 开户单位现金收支应当依照下列规定办理:

(一)开户单位现金收入应当于当日送存开户银行。当日送存确有困难的,由开户银行确定送存时间;

(二)开户单位支付现金,可以从本单位库存现金限额中支付或者从开户银行提取,不得从本单位的现金收入中直接支付(即坐支)。因特殊情况需要坐支现金的,应当事先报经开户银行审查批准,由开户银行核定坐支范围和限额。坐支单位应当定期向开户银行报送坐支金额和使用情况;

(三)开户单位根据本条例第五条和第六条的规定,从开户银行提取现金,应当写明用途,由本单位财会部门负责人签字盖章,经开户银行审核后,予以支付现金;

(四)因采购地点不固定,交通不便,生产或者市场急需,抢险救灾以及其他特殊情况必须使用现金的,开户单位应当向开户银行提出申请,由本单位财会部门负责人签字盖章,经开户银行审核后,予以支付现金。

第十二条 开户单位应当建立健全现金账目,逐笔记载现金支付。账目应当日清月结,账款相符。

第十三条 对个体工商户、农村承包经营户发放的贷款,应当以转账方式支付。对确需在集市使用现金购买物资的,经开户银行审核后,可以在贷款金额内支付现金。

第十四条 在开户银行开户的个体工商户、农村承包经营户异地采购所需贷款,应当通过银行汇兑方式支付。因采购地点不固定,交通不便必须携带现金的,由开户银行根据实际需要,予以支付现金。

未在开户银行开户的个体工商户、农村承包经营户异地采购所需货款,可以通过银行汇兑方式支付。凡加盖"现金"字样的结算凭证,汇入银行必须保证支付现金。

第十五条 具备条件的银行应当接受开户单位的委托,开展代发工资、转存储蓄业务。

第十六条 为保证开户单位的现金收入及时送存银行,开户银行必须按照规定做好现金收款工作,不得随意缩短收款时间。大中城市和商业比较集中的地区,应当建立非营业时间收款制度。

第十七条 开户银行应当加强柜台审查,定期和不定期地对开户单位现金收支情况进行检查,并按规定向当地人民银行报告现金管理情况。

第十八条 一个单位在几家银行开户的,由一家开户银行负责现金管理工作,核定开户单位库存现金限额。

各金融机构的现金管理分工,由中国人民银行确定。有关现金管理分工的争议,由当地人民银行协调、裁决。

第十九条　开户银行应当建立健全现金管理制度,配备专职人员,改进工作作风,改善服务设施。现金管理工作所露经费应当在开户银行业务费中解决。

第三章　法律责任

第二十条　开户单位有下列情形之一的,开户银行应当依照中国人民银行的规定,责令其停止违法活动,并可根据情节轻重处以罚款:

(一)超出规定范围、限额使用现金的;

(二)超出核定的库存现金限额留存现金的。

第二十一条　开户单位有下列情形之一的,开户银行应当依照中国人民银行的规定,予以警告或者罚款;情节严重的,可在一定期限内停止对该单位的贷款或者停止对该单位的现金支付:

(一)对现金结算给予比转账结算优惠待遇的;

(二)拒收支票、银行汇票和银行本票的;

(三)违反本条例第八条规定,不采取转账结算方式购置国家规定的专项控制商品的;

(四)用不符合财务会计制度规定的凭证顶替库存现金的;

(五)用转账凭证套换现金的;

(六)编造用途套取现金的;

(七)互相借用现金的;

(八)利用账户替其他单位和个人套取现金的;

(九)将单位的现金收入按个人储蓄方式存入银行的;

(十)保留账外公款的;

(十一)未经批准坐支或者未按开户银行核定的坐支范围和限额坐支现金的。

第二十二条　开户单位对开户银行作出的处罚决定不服的,必须首先按照处罚决定执行,然后可在 10 日内向开户银行的同级人民银行申请复议。同级人民银行应当在收到复议申请之日起 30 日内作出复议决定。开户单位对复议决定不服的,可以在收到复议决定之日起 30 日内向人民法院起诉。

第二十三条　银行工作人员违反本条例规定,徇私舞弊、贪污受贿、玩忽职守、纵容违法行为的,应当根据情节轻重,给予行政处分和经济处罚;构成犯罪的,由司法机关依法追究刑事责任。

第四章　附则

第二十四条　本条例由中国人民银行负责解释;施行细则由中国人民银行制定。

第二十五条　本条例自 1988 年 10 月 1 日起施行。1977 年 11 月 28 日发布的《国务院关于实行现金管理的决定》同时废止。

会计基础工作规范

财会字〔1996〕19 号

第一章　总则

第一条　为了加强会计基础工作,建立规范的会计工作秩序,提高会计工作水平,根据《中华人民共和国会计法》的有关规定,制定本规范。

第二条　国家机关、社会团体、企业、事业单位、个体工商户和其他组织的会计基础工作,应当符合本规范的规定。

第三条　各单位应当依据有关法律、法规和本规范的规定,加强会计基础工作,严格执行会计法规制度,保证会计工作依法有序地进行。

第四条　单位领导人对本单位的会计基础工作负有领导责任。

第五条　各省、自治区、直辖市财政厅(局)要加强对会计基础工作的管理和指导,通过政策引导、经验交流、监督检查等措施,促进基层单位加强会计基础工作,不断提高会计工作水平。

国务院各业务主管部门根据职责权限管理本部门的会计基础工作。

第二章　会计机构和会计人员

第一节　会计机构设置和会计人员配备

第六条　各单位应当根据会计业务的需要设置会计机构;不具备单独设置会计机构条件的,应当在有关机构中配备专职会计人员。

事业行政单位会计机构的设置和会计人员的配备,应当符合国家统一事业行政单位会计制度的规定。

设置会计机构,应当配备会计机构负责人;在有关机构中配备专职会计人员,应当在专职会计人员中指定会计主管人员。

会计机构负责人、会计主管人员的任免,应当符合《中华人民共和国会计法》和有关法律的规定。

第七条　会计机构负责人、会计主管人员应当具备下列基本条件:

(一)坚持原则,廉洁奉公;

（二）具有会计专业技术资格；

（三）主管一个单位或者单位内一个重要方面的财务会计工作时间不少于 2 年；

（四）熟悉国家财经法律、法规、规章和方针、政策，掌握本行业业务管理的有关知识；

（五）有较强的组织能力；

（六）身体状况能够适应本职工作的要求。

第八条　没有设置会计机构和配备会计人员的单位，应当根据《代理记账管理暂行办法》委托会计师事务所或者持有代理记账许可证书的其他代理记账机构进行代理记账。

第九条　大、中型企业、事业单位、业务主管部门应当根据法律和国家有关规定设置总会计师。总会计师由具有会计师以上专业技术资格的人员担任。

总会计师行使《总会计师条例》规定的职责、权限。

总会计师的任命（聘任）、免职（解聘）依照《总会计师条例》和有关法律的规定办理。

第十条　各单位应当根据会计业务需要配备持有会计证的会计人员。未取得会计证的人员，不得从事会计工作。

第十一条　各单位应当根据会计业务需要设置会计工作岗位。

会计工作岗位一般可分为：会计机构负责人或者会计主管人员，出纳，财产物资核算，工资核算，成本费用核算，财务成果核算，资金核算，往来结算，总账报表，稽核，档案管理等。开展会计电算化和管理会计的单位，可以根据需要设置相应工作岗位，也可以与其他工作岗位相结合。

第十二条　会计工作岗位，可以一人一岗、一人多岗或者一岗多人。但出纳人员不得兼管稽核、会计档案保管和收入、费用、债权债务账目的登记工作。

第十三条　会计人员的工作岗位应当有计划地进行轮换。

第十四条　会计人员应当具备必要的专业知识和专业技能，熟悉国家有关法律、法规、规章和国家统一会计制度，遵守职业道德。

会计人员应当按照国家有关规定参加会计业务的培训。各单位应当合理安排会计人员的培训，保证会计人员每年有一定时间用于学习和参加培训。

第十五条　各单位领导人应当支持会计机构、会计人员依法行使职权；对忠于职守，坚持原则，做出显著成绩的会计机构、会计人员，应当给予精神的和物质的奖励。

第十六条　国家机关、国有企业、事业单位任用会计人员应当实行回避制度。

单位领导人的直系亲属不得担任本单位的会计机构负责人、会计主管人员。会计机构负责人、会计主管人员的直系亲属不得在本单位会计机构中担任出纳工作。

需要回避的直系亲属为：夫妻关系、直系血亲关系、三代以内旁系血亲以及配偶亲关系。

第二节　会计人员职业道德

第十七条　会计人员在会计工作中应当遵守职业道德，树立良好的职业品质、严谨的工作作风，严守工作纪律，努力提高工作效率和工作质量。

第十八条　会计人员应当热爱本职工作，努力钻研业务，使自己的知识和技能适应所从事工作的要求。

第十九条　会计人员应当熟悉财经法律、法规、规章和国家统一会计制度，并结合会计工作进行广泛宣传。

第二十条　会计人员应当按照会计法规、法规和国家统一会计制度规定的程序和要求进行会计工作,保证所提供的会计信息合法、真实、准确、及时、完整。

第二十一条　会计人员办理会计事务应当实事求是、客观公正。

第二十二条　会计人员应当熟悉本单位的生产经营和业务管理情况,运用掌握的会计信息和会计方法,为改善单位内部管理、提高经济效益服务。

第二十三条　会计人员应当保守本单位的商业秘密。除法律规定和单位领导人同意外,不能私自向外界提供或者泄露单位的会计信息。

第二十四条　财政部门、业务主管部门和各单位应当定期检查会计人员遵守职业道德的情况,并作为会计人员晋升、晋级、聘任专业职务、表彰奖励的重要考核依据。

会计人员违反职业道德的,由所在单位进行处罚;情节严重的,由会计证发证机关吊销其会计证。

第三节　会计工作交接

第二十五条　会计人员工作调动或者因故离职,必须将本人所经管的会计工作全部移交给接替人员。没有办清交接手续的,不得调动或者离职。

第二十六条　接替人员应当认真接管移交工作,并继续办理移交的未了事项。

第二十七条　会计人员办理移交手续前,必须及时做好以下工作:

(一)已经受理的经济业务尚未填制会计凭证的,应当填制完毕。

(二)尚未登记的账目,应当登记完毕,并在最后一笔余额后加盖经办人员印章。

(三)整理应该移交的各项资料,对未了事项写出书面材料。

(四)编制移交清册,列明应当移交的会计凭证、会计账簿、会计报表、印章、现金、有价证券、支票簿、发票、文件、其他会计资料和物品等内容;实行会计电算化的单位,从事该项工作的移交人员还应当在移交清册中列明会计软件及密码、会计软件数据磁盘(磁带等)及有关资料、实物等内容。

第二十八条　会计人员办理交接手续,必须有监交人负责监交。一般会计人员交接,由单位会计机构负责人、会计主管人员负责监交;会计机构负责人、会计主管人员交接,由单位领导人负责监交,必要时可由上级主管部门派人会同监交。

第二十九条　移交人员在办理移交时,要按移交清册逐项移交;接替人员要逐项核对点收。

(一)现金、有价证券要根据会计账簿有关记录进行点交。库存现金、有价证券必须与会计账簿记录保持一致。不一致时,移交人员必须限期查清。

(二)会计凭证、会计账簿、会计报表和其他会计资料必须完整无缺。如有短缺,必须查清原因,并在移交清册中注明,由移交人员负责。

(三)银行存款账户余额要与银行对账单核对,如不一致,应当编制银行存款余额调节表调节相符,各种财产物资和债权债务的明细账户余额要与总账有关账户余额核对相符;必要时,要抽查个别账户的余额,与实物核对相符,或者与往来单位、个人核对清楚。

(四)移交人员经管的票据、印章和其他实物等,必须交接清楚;移交人员从事会计电算化工作的,要对有关电子数据在实际操作状态下进行交接。

第三十条　会计机构负责人、会计主管人员移交时,还必须将全部财务会计工作、重大财务收支和会计人员的情况等,向接替人员详细介绍。对需要移交的遗留问题,应当写出书面材料。

第三十一条　交接完毕后,交接双方和监交人员要在移交注册上签名或者盖章。并应在移交注册上注明:单位名称,交接日期,交接双方和监交人员的职务、姓名,移交清册页数以及需要说明的问题和意见等。

移交清册一般应当填制一式三份,交接双方各执一份,存档一份。

第三十二条　接替人员应当继续使用移交的会计账簿,不得自行另立新账,以保持会计记录的连续性。

第三十三条　会计人员临时离职或者因病不能工作且需要接替或者代理的,会计机构负责人、会计主管人员或者单位领导人必须指定有关人员接替或者代理,并办理交接手续。

临时离职或者因病不能工作的会计人员恢复工作的,应当与接替或者代理人员办理交接手续。

移交人员因病或者其他特殊原因不能亲自办理移交的,经单位领导人批准,可由移交人员委托他人代办移交,但委托人应当承担本规范第三十五条规定的责任。

第三十四条　单位撤销时,必须留有必要的会计人员,会同有关人员办理清理工作,编制决算。未移交前,不得离职。接收单位和移交日期由主管部门确定。

单位合并、分立的,其会计工作交接手续比照上述有关规定办理。

第三十五条　移交人员对所移交的会计凭证、会计账簿、会计报表和其他有关资料的合法性、真实性承担法律责任。

第三章　　会计核算

第一节　　会计核算一般要求

第三十六条　各单位应当按照《中华人民共和国会计法》和国家统一会计制度的规定建立会计账册,进行会计核算,及时提供合法、真实、准确、完整的会计信息。

第三十七条　各单位发生的下列事项,应当及时办理会计手续、进行会计核算:

(一)款项和有价证券的收付;

(二)财物的收发、增减和使用;

(三)债权债务的发生和结算;

(四)资本、基金的增减;

(五)收入、支出、费用、成本的计算;

(六)财务成果的计算和处理;

(七)其他需要办理会计手续、进行会计核算的事项。

第三十八条　各单位的会计核算应当以实际发生的经济业务为依据,按照规定的会计处理方法进行,保证会计指标的口径一致、相互可比和会计处理方法的前后各期相一致。

第三十九条　会计年度自公历 1 月 1 日起至 12 月 31 日止。

第四十条　会计核算以人民币为记账本位币。

收支业务以外国货币为主的单位,也可以选定某种外国货币作为记账本位币,但是编制的会计报表应当折算为人民币反映。

境外单位向国内有关部门编报的会计报表,应当折算为人民币反映。

第四十一条　各单位根据国家统一会计制度的要求,在不影响会计核算要求、会计报表指标汇总和对外统一会计报表的前提下，可以根据实际情况自行设置和使用会计科目。

事业行政单位会计科目的设置和使用，应当符合国家统一事业行政单位会计制度的规定。

第四十二条　会计凭证、会计账簿、会计报表和其他会计资料的内容和要求必须符合国家统一会计制度的规定，不得伪造、变造会计凭证和会计账簿，不得设置账外账，不得报送虚假会计报表。

第四十三条　各单位对外报送的会计报表格式由财政部统一规定。

第四十四条　实行会计电算化的单位，对使用的会计软件及其生成的会计凭证、会计账簿、会计报表和其他会计资料的要求，应当符合财政部关于会计电算化的有关规定。

第四十五条　各单位的会计凭证、会计账簿、会计报表和其他会计资料，应当建立档案，妥善保管。会计档案建档要求、保管期限、销毁办法等依据《会计档案管理办法》的规定进行。

实行会计电算化的单位，有关电子数据、会计软件资料等应当作为会计档案进行管理。

第四十六条　会计记录的文字应当使用中文，少数民族自治地区可以同时使用少数民族文字。中国境内的外商投资企业、外国企业和其他外国经济组织也可以同时使用某种外国文字。

第二节　填制会计凭证

第四十七条　各单位办理本规范第三十七条规定的事项，必须取得或者填制原始凭证，并及时送交会计机构。

第四十八条　原始凭证的基本要求是：

（一）原始凭证的内容必须具备：凭证的名称；填制凭证的日期；填制凭证单位名称或者填制人姓名；经办人员的签名或者盖章；接受凭证单位名称；经济业务内容；数量、单价和金额。

（二）从外单位取得的原始凭证，必须盖有填制单位的公章；从个人取得的原始凭证，必须有填制人员的签名或者盖章。自制原始凭证必须有经办单位领导人或者其指定的人员签名或者盖章。对外开出的原始凭证，必须加盖本单位公章。

（三）凡填有大写和小写金额的原始凭证，大写与小写金额必须相符。购买实物的原始凭证，必须有验收证明。支付款项的原始凭证，必须有收款单位和收款人的收款证明。

（四）一式几联的原始凭证，应当注明各联的用途，只能以一联作为报销凭证。

一式几联的发票和收据，必须用双面复写纸（发票和收据本身具备复写纸功能的除外）套写，并连续编号。作废时应当加盖"作废"戳记，连同存根一起保存，不得撕毁。

（五）发生销货退回的，除填制退货发票外，还必须有退货验收证明；退款时，必须取得对方的收款收据或者汇款银行的凭证，不得以退货发票代替收据。

（六）职工公出借款凭据，必须附在记账凭证之后。收回借款时，应当另开收据或者退还借据副本，不得退还原借款收据。

（七）经上级有关部门批准的经济业务，应当将批准文件作为原始凭证附件。如果批准文件需要单独归档的，应当在凭证上注明批准机关名称、日期和文件字号。

第四十九条　原始凭证不得涂改、挖补。发现原始凭证有错误的，应当由开出单位重开或者更正，更正处应当加盖开出单位的公章。

第五十条　会计机构、会计人员要根据审核无误的原始凭证填制记账凭证。

记账凭证可以分为收款凭证、付款凭证和转账凭证，也可以使用通用记账凭证。

第五十一条　记账凭证的基本要求是：

（一）记账凭证的内容必须具备：填制凭证的日期；凭证编号；经济业务摘要；会计科目；金额；所附原始凭证张数；填制凭证人员、稽核人员、记账人员、会计机构负责人、会计主管人员签名或者盖章。收款和付款记账凭证还应当由出纳人员签名或者盖章。

以自制的原始凭证或者原始凭证汇总表代替记账凭证的，也必须具备记账凭证应有的项目。

（二）填制记账凭证时，应当对记账凭证进行连续编号。一笔经济业务需要填制两张以上记账凭证的，可以采用分数编号法编号。

（三）记账凭证可以根据每一张原始凭证填制，或者根据若干张同类原始凭证汇总填制，也可以根据原始凭证汇总表填制。但不得将不同内容和类别的原始凭证汇总填制在一张记账凭证上。

（四）除结账和更正错误的记账凭证可以不附原始凭证外，其他记账凭证必须附有原始凭证。如果一张原始凭证涉及几张记账凭证，可以把原始凭证附在一张主要的记账凭证后面，并在其他记账凭证上注明附有该原始凭证的记账凭证的编号或者附原始凭证复印件。

一张复始凭证所列支出需要几个单位共同负担的，应当将其他单位负担的部分，开给对方原始凭证分割单，进行结算。原始凭证分割单必须具备原始凭证的基本内容：凭证名称、填制凭证日期、填制凭证单位名称或者填制人姓名、经办人的签名或者盖章、接受凭证单位名称、经济业务内容、数量、单价、金额和费用分摊情况等。

（五）如果在填制记账凭证时发生错误，应当重新填制。

已经登记入账的记账凭证，在当年内发现填写错误时，可以用红字填写一张与原内容相同的记账凭证，在摘要栏注明"注销某月某日某号凭证"字样，同时再用蓝字重新填制一张正确的记账凭证，注明"订正某月某日某号凭证"字样。如果会计科目没有错误，只是金额错误，也可以将正确数字与错误数字之间的差额，另编一张调整的记账凭证，调增金额用蓝字，调减金额用红字。发现以前年度记账凭证有错误的，应当用蓝字填制一张更正的记账凭证。

（六）记账凭证填制完经济业务事项后，如有空行，应当自金额栏最后一笔金额数字下的空行处至合计数上的空行处划线注销。

第五十二条　填制会计凭证，字迹必须清晰、工整，并符合下列要求：

（一）阿拉伯数字应当一个一个地写，不得连笔写。阿拉伯金额数字前面应当书写货币币种符号或者货币名称简写和币种符号。币种符号与阿拉伯金额数字之间不得留有空白。凡阿拉伯数字前写有币种符号的，数字后面不再写货币单位。

（二）所有以元为单位（其他货币种类为货币基本单位，下同）的阿拉伯数字，除表示单价等情况外，一律填写到角分；无角分的，角位和分位可写"00"，或者符号"——"；有角无分的，分位应当写"0"，不得用符号"——"代替。

（三）汉字大写数字金额如零、壹、贰、叁、肆、伍、陆、柒、捌、玖、拾、佰、仟、万、亿等，一律用正楷或者行书体书写，不得用0、一、二、三、四、五、六、七、八、九、十等简化字代替，不得任意自造简化字。大写金额数字到元或者角为止的，在"元"或者"角"字之后应当写"整"字或者"正"字；大写金额数字有分的，分字后面不写"整"或者"正"字。

（四）大写金额数字前未印有货币名称的，应当加填货币名称，货币名称与金额数字之间不得留有空白。

（五）阿拉伯金额数字中间有"0"时，汉字大写金额要写"零"字；阿拉伯数字金额中间连续有几个"0"时，汉字大写金额中可以只写一个"零"字;阿拉伯金额数字元位是"0",或者数字中间连续有几个"0"、元位也是"0"但角位不是"0"时,汉字大写金额可以只写一个"零"字,也可以不写"零"字。

第五十三条 实行会计电算化的单位,对于机制记账凭证,要认真审核,做到会计科目使用正确,数字准确无误。打印出的机制记账凭证要加盖制单人员、审核人员、记账人员及会计机构负责人、会计主管人员印章或者签字。

第五十四条 各单位会计凭证的传递程序应当科学、合理,具体办法由各单位根据会计业务需要自行规定。

第五十五条 会计机构、会计人员要妥善保管会计凭证。

(一)会计凭证应当及时传递,不得积压。

(二)会计凭证登记完毕后,应当按照分类和编号顺序保管,不得散乱丢失。

(三)记账凭证应当连同所附的原始凭证或者原始凭证汇总表,按照编号顺序,折叠整齐,按期装订成册,并加具封面,注明单位名称、年度、月份和起讫日期、凭证种类、起讫号码,由装订人在装订线封签外签名或者盖章。

对于数量过多的原始凭证,可以单独装订保管,在封面上注明记账凭证日期、编号、种类,同时在记账凭证上注明"附件另订"和原始凭证名称及编号。

各种经济合同、存出保证金收据以及涉外文件等重要原始凭证,应当另编目录,单独登记保管,并在有关的记账凭证和原始凭证上相互注明日期和编号。

(四)原始凭证不得外借,其他单位如因特殊原因需要使用原始凭证时,经本单位会计机构负责人、会计主管人员批准,可以复制。向外单位提供的原始凭证复制件,应当在专设的登记簿上登记,并由提供人员和收取人员共同签名或者盖章。

(五)从外单位取得的原始凭证如有遗失,应当取得原开出单位盖有公章的证明,并注明原来凭证的号码、金额和内容等,由经办单位会计机构负责人、会计主管人员和单位领导人批准后,才能代作原始凭证。如果确实无法取得证明的,如火车、轮船、飞机票等凭证,由当事人写出详细情况,由经办单位会计机构负责人、会计主管人员和单位领导人批准后,代作原始凭证。

第三节 登记会计账簿

第五十六条 各单位应当按照国家统一会计制度的规定和会计业务的需要设置会计账簿。会计账簿包括总账、明细账、日记账及其他辅助性账簿。

第五十七条 现金日记账和银行存款日记账必须采用订本式账簿。不得用银行对账单或者其他方法代替日记账。

第五十八条 实行会计电算化的单位,用计算机打印的会计账簿必须连续编号,经审核无误后装订成册,并由记账人员和会计机构负责人、会计主管人员签字或者盖章。

第五十九条 启用会计账簿时,应当在账簿封面上写明单位名称和账簿名称。在账簿扉页上应当附启用表,内容包括:启用日期、账簿页数、记账人员和会计机构负责人、会计主管人员姓名,并加盖名章和单位公章。记账人员或者会计机构负责人、会计主管人员调动工作时,应当注明交接日期、接办人员或者监交人员姓名,并由交接双方人员签名或者盖章。

启用订本式账簿,应当从第一页到最后一页顺序编定页数,不得跳页、缺号。使用活页式账页,应当按账户顺序编号,并须定期装订成册。装订后再按实际使用的账页顺序编定页码。另加目录,记明每个账户的名称和页次。

第六十条 会计人员应当根据审核无误的会计凭证登记会计账簿。登记账簿的基本要求是:

(一)登记会计账簿时,应当将会计凭证日期、编号、业务内容摘要、金额和其他有关资料逐项记入账内,做到数字准确、摘要清楚、登记及时、字迹工整。

(二)登记完毕后,要在记账凭证上签名或者盖章,并注明已经登账的符号,表示已经记账。

(三)账簿中书写的文字和数字上面要留有适当空格,不要写满格;一般应占格距的二分之一。

(四)登记账簿要用蓝黑墨水或者碳素墨水书写,不得使用圆珠笔(银行的复写账簿除外)或者铅笔书写。

(五)下列情况,可以用红色墨水记账:

1.按照红字冲账的记账凭证,冲销错误记录;

2.在不设借贷等栏的多栏式账页中,登记减少数;

3.在三栏式账户的余额栏前,如未印明余额方向的,在余额栏内登记负数余额;

4.根据国家统一会计制度的规定可以用红字登记的其他会计记录。

(六)各种账簿按页次顺序连续登记,不得跳行、隔页。如果发生跳行、隔页,应当将空行、空页划线注销,或者注明"此行空白"、"此页空白"字样,并由记账人员签名或者盖章。

(七)凡需要结出余额的账户,结出余额后,应当在"借或贷"等栏内写明"借"或者"贷"等字样。没有余额的账户,应当在"借或贷"等栏内写"平"字,并在余额栏内用"Q"表示。

现金日记账和银行存款日记账必须逐日结出余额。

(八)每一账页登记完毕结转下页时,应当结出本页合计数及余额,写在本页最后一行和下页第一行有关栏内,并在摘要栏内注明"过次页"和"承前页"字样;也可以将本页合计数及金额只写在下页第一行有关栏内,并在摘要栏内注明"承前页"字样。

对需要结计本月发生额的账户,结计"过次页"的本页合计数应当为自本月初起至本页末止的发生额合计数;对需要结计本年累计发生额的账户,结计"过次页"的本页合计数应当为自年初起至本页末止的累计数;对既不需要结计本月发生额也不需要结计本年累计发生额的账户,可以只将每页末的余额结转次页。

第六十一条 实行会计电算化的单位,总账和明细账应当定期打印。

发生收款和付款业务的,在输入收款凭证和付款凭证的当天必须打印出现金日记账和银行存款日记账,并与库存现金核对无误。

第六十二条 账簿记录发生错误,不准涂改、挖补、刮擦或者用药水消除字迹,不准重新抄写,必须按照下列方法进行更正:

(一)登记账簿时发生错误,应当将错误的文字或者数字划红线注销,但必须使原有字迹仍可辨认;然后在划线上方填写正确的文字或者数字,并由记账人员在更正处盖章。对于错误的数字,应当全部划红线更正,不得只更正其中的错误数字。对于文字错误,只可划去错误的部分。

(二)由于记账凭证错误而使账簿记录发生错误,应当按更正的记账凭证登记账簿。

第六十三条 各单位应当定期对会计账簿记录的有关数字与库存实物、货币资金、有价证券、往来单位或者个人等进行相互核对,保证证账相符、账账相符、账实相符。对账工作每年至少进行一次。

(一)账证核对。核对会计账簿记录与原始凭证、记账凭证的时间、凭证字号、内容、金额是否一致,记账方向是否相符。

（二）账账核对。核对不同会计账簿之间的账簿记录是否相符，包括：总账有关账户的余额核对，总账与明细账核对，总账与日记账核对，会计部门的财产物资明细账与财产物资保管和使用部门的有关明细账核对等。

（三）账实核对。核对会计账簿记录与财产等实有数额是否相符。包括：现金日记账账面余额与现金实际库存数相核对；银行存款日记账账面余额定期与银行对账单相核对；各种财物明细账账面余额与财物实存数额相核对；各种应收、应付款明细账账面余额与有关债务、债权单位或者个人核对等。

第六十四条 各单位应当按照规定定期结账。

（一）结账前，必须将本期内所发生的各项经济业务全部登记入账。

（二）结账时，应当结出每个账户的期末余额。需要结出当月发生额的，应当在摘要栏内注明"本月合计"字样，并在下面通栏划单红线。需要结出本年累计发生额的，应当在摘要栏内注明"本年累计"字样，并在下面通栏划单红线；12月末的"本年累计"就是全年累计发生额。全年累计发生额下面应当通栏划双红线。年度终了结账时，所有总账账户都应当结出全年发生额和年末余额。

（三）年度终了，要把各账户的余额结转到下一会计年度，并在摘要栏注明"结转下年"字样；在下一会计年度新建有关会计账簿的第一行余额栏内填写上年结转的余额，并在摘要栏注明"上年结转"字样。

第四节　编制财务报告

第六十五条 各单位必须按照国家统一会计制度的规定，定期编制财务报告。

财务报告包括会计报表及其说明。会计报表包括会计报表主表、会计报表附表、会计报表附注。

第六十六条 各单位对外报送的财务报告应当根据国家统一会计制度规定的格式和要求编制。

单位内部使用的财务报告，其格式和要求由各单位自行规定。

第六十七条 会计报表应当根据登记完整、核对无误的会计账簿记录和其他有关资料编制，做到数字真实、计算准确、内容完整、说明清楚。

任何人不得篡改或者授意、指使、强令他人篡改会计报表的有关数字。

第六十八条 会计报表之间、会计报表各项目之间，凡有对应关系的数字，应当相互一致。本期会计报表与上期会计报表之间有关的数字应当相互衔接。如果不同会计年度会计报表中各项目的内容和核算方法有变更的，应当在年度会计报表中加以说明。

第六十九条 各单位应当按照国家统一会计制度的规定认真编写会计报表附注及其说明，做到项目齐全，内容完整。

第七十条 各单位应当按照国家规定的期限对外报送财务报告。

对外报送的财务报告，应当依次编写页码，加具封面，装订成册，加盖公章。封面上应当注明：单位名称，单位地址，财务报告所属年度、季度、月度，送出日期，并由单位领导人、总会计师、会计机构负责人、会计主管人员签名或者盖章。

单位领导人对财务报告的合法性、真实性负法律责任。

第七十一条 根据法律和国家有关规定应当对财务报告进行审计的，财务报告编制单位应当先行委托注册会计师进行审计，并将注册会计师出具的审计报告随同财务报告按照规定的期限报送有关部门。

第七十二条 如果发现对外报送的财务报告有错误，应当及时办理更正手续。除更正本单位留存的财务报告外，并应同时通知接受财务报告的单位更正。错误较多的，应当重新编报。

第四章　会计监督

第七十三条　各单位的会计机构、会计人员对本单位的经济活动进行会计监督。

第七十四条　会计机构、会计人员进行会计监督的依据是：

（一）财经法律、法规、规章；

（二）会计法律、法规和国家统一会计制度；

（三）各省、自治区、直辖市财政厅（局）和国务院业务主管部门根据《中华人民共和国会计法》和国家统一会计制度制定的具体实施办法或者补充规定；

（四）各单位根据《中华人民共和国会计法》和国家统一会计制度制定的单位内部会计管理制度；

（五）各单位内部的预算、财务计划、经济计划、业务计划等。

第七十五条　会计机构、会计人员应当对原始凭证进行审核和监督。

对不真实、不合法的原始凭证，不予受理。对弄虚作假、严重违法的原始凭证，在不予受理的同时，应当予以扣留，并及时向单位领导人报告，请求查明原因，追究当事人的责任。

对记载不准确、不完整的原始凭证，予以退回，要求经办人员更正、补充。

第七十六条　会计机构、会计人员对伪造、变造、故意毁灭会计账簿或者账外设账行为，应当制止和纠正；制止和纠正无效的，应当向上级主管单位报告，请求作出处理。

第七十七条　会计机构、会计人员应当对实物、款项进行监督，督促建立并严格执行财产清查制度。发现账簿记录与实物、款项不符时，应当按照国家有关规定进行处理。超出会计机构、会计人员职权范围的，应当立即向本单位领导报告，请求查明原因，作出处理。

第七十八条　会计机构、会计人员对指使、强令编造、篡改财务报告行为，应当制止和纠正；制止和纠正无效的，应当向上级主管单位报告，请求处理。

第七十九条　会计机构、会计人员应当对财务收支进行监督。

（一）对审批手续不全的财务收支，应当退回，要求补充、更正。

（二）对违反规定不纳入单位统一会计核算的财务收支，应当制止和纠正。

（三）对违反国家统一的财政、财务、会计制度规定的财务收支，不予办理。

（四）对认为是违反国家统一的财政、财务、会计制度规定的财务收支，应当制止和纠正；制止和纠正无效的，应当向单位领导人提出书面意见请求处理。

单位领导人应当在接到书面意见起十日内作出书面决定，并对决定承担责任。

（五）对违反国家统一的财政、财务、会计制度规定的财务收支，不予制止和纠正，又不向单位领导人提出书面意见的，也应当承担责任。

（六）对严重违反国家利益和社会公众利益的财务收支，应当向主管单位或者财政、审计、税务机关报告。

第八十条　会计机构、会计人员对违反单位内部会计管理制度的经济活动，应当制止和纠正；制止和纠正无效的，向单位领导人报告，请求处理。

第八十一条　会计机构、会计人员应当对单位制定的预算、财务计划、经济计划、业务计划的执行情况进行监督。

第八十二条　各单位必须依照法律和国家有关规定接受财政、审计、税务等机关的监督，如实提供会计凭证、会计账簿、会计报表和其他会计资料以及有关情况,不得拒绝、隐匿、谎报。

第八十三条　按照法律规定应当委托注册会计师进行审计的单位,应当委托注册会计师进行审计,并配合注册会计师的工作,如实提供会计凭证、会计账簿、会计报表和其他会计资料以及有关情况,不得拒绝、隐匿、谎报,不得示意注册会计师出具不当的审计报告。

第五章　内部会计管理制度

第八十四条　各单位应当根据《中华人民共和国会计法》和国家统一会计制度的规定,结合单位类型和内容管理的需要,建立健全相应的内部会计管理制度。

第八十五条　各单位制定内部会计管理制度应当遵循下列原则:

(一)应当执行法律、法规和国家统一的财务会计制度。

(二)应当体现本单位的生产经营、业务管理的特点和要求。

(三)应当全面规范本单位的各项会计工作,建立健全会计基础,保证会计工作的有序进行。

(四)应当科学、合理,便于操作和执行。

(五)应当定期检查执行情况。

(六)应当根据管理需要和执行中的问题不断完善。

第八十六条　各单位应当建立内部会计管理体系。主要内容包括:单位领导人、总会计师对会计工作的领导职责;会计部门及其会计机构负责人、会计主管人员的职责、权限;会计部门与其他职能部门的关系;会计核算的组织形式等。

第八十七条　各单位应当建立会计人员岗位责任制度。主要内容包括:会计人员的工作岗位设置;各会计工作岗位的职责和标准;各会计工作岗位的人员和具体分工;会计工作岗位轮换办法;对各会计工作岗位的考核办法。

第八十八条　各单位应当建立账务处理程序制度。主要内容包括:会计科目及其明细科目的设置和使用;会计凭证的格式、审核要求和传递程序;会计核算方法;会计账簿的设置;编制会计报表的种类和要求;单位会计指标体系。

第八十九条　各单位应当建立内部牵制制度。主要内容包括:内部牵制制度的原则;组织分工;出纳岗位的职责和限制条件;有关岗位的职责和权限。

第九十条　各单位应当建立稽核制度。主要内容包括:稽核工作的组织形式和具体分工;稽核工作的职责、权限;审核会计凭证和复核会计账簿、会计报表的方法。

第九十一条　各单位应当建立原始记录管理制度。主要内容包括:原始记录的内容和填制方法;原始记录的格式;原始记录的审核;原始记录填制人的责任;原始记录签署、传递、汇集要求。

第九十二条　各单位应当建立定额管理制度。主要内容包括:定额管理的范围;制定和修订定额的依据、程序和方法;定额的执行;定额考核和奖惩办法等。

第九十三条　各单位应当建立计量验收制度。主要内容包括:计量检测手段和方法;计量验收管理的要求;计量验收人员的责任和奖惩办法。

第九十四条　各单位应当建立财产清查制度。主要内容包括:财产清查的范围;财产清查的组织;财产清查的期限和方法;对财产清查中发现问题的处理办法;对财产管理人员的奖惩办法。

第九十五条　各单位应当建立财务收支审批制度。主要内容包括:财务收支审批人员和审批权限;财务收支审批程序;财务收支审批人员的责任。

第九十六条　实行成本核算的单位应当建立成本核算制度。主要内容包括:成本核算的对象;成本核算的方法和程序;成本分析等。

第九十七条　各单位应当建立财务会计分析制度。主要内容包括:财务会计分析的主要内容;财务会计分析的基本要求和组织程序;财务会计分析的具体方法;财务会计分析报告的编写要求等。

第六章　附则

第九十八条　本规范所称国家统一会计制度,是指由财政部制定、或者财政部与国务院有关部门联合制定、或者经财政部审核批准的在全国范围内统一执行的会计规章、准则、办法等规范性文件。

本规范所称会计主管人员,是指不设置会计机构、只在其他机构中设置专职会计人员的单位行使会计机构负责人职权的人员。

本规范第三章第二节和第三节关于填制会计凭证、登记会计账簿的规定,除特别指出外,一般适用于手工记账。实行会计电算化的单位,填制会计凭证和登记会计账簿的有关要求,应当符合财政部关于会计电算化的有关规定。

第九十九条　各省、自治区、直辖市财政厅(局)、国务院各业务主管部门可以根据本规范的原则,结合本地区、本部门的具体情况,制定具体实施办法,报财政部备案。

第一百条　本规范由财政部负责解释、修改。

第一百零一条　本规范自公布之日起实施。1984年4月24日财政部发布的《会计人员工作规则》同时废止。

一九九六年六月十七日

票据管理实施办法

(1997 年 6 月 23 日国务院批准,1997 年 8 月 21 日中国人民银行发布)

  第一条 为了加强票据管理,维护金融秩序,根据《中华人民共和国票据法》(以下简称票据法)的规定,制定本办法。

  第二条 在中华人民共和国境内的票据管理,适用本办法。

  第三条 中国人民银行是票据的管理部门。

  票据管理应当遵守票据法和本办法以及有关法律、行政法规的规定,不得损害票据当事人的合法权益。

  第四条 票据当事人应当依法从事票据活动,行使票据权利,履行票据义务。

  第五条 票据当事人应当使用中国人民银行规定的统一格式的票据。

  第六条 银行汇票的出票人,为经中国人民银行批准办理银行汇票业务的银行。

  第七条 银行本票的出票人,为经中国人民银行批准办理银行本票业务的银行。

  第八条 商业汇票的出票人,为银行以外的企业和其他组织。

  向银行申请办理汇票承兑的商业汇票的出票人,必须具备下列条件:

  (一)在承兑银行开立存款账户;

  (二)资信状况良好,并具有支付汇票金额的可靠资金来源。

  第九条 承兑商业汇票的银行,必须具备下列条件:

  (一)与出票人具有真实的委托付款关系;

  (二)具有支付汇票金额的可靠资金。

  第十条 向银行申请办理票据贴现的商业汇票的持票人,必须具备下列条件:

  (一)在银行开立存款账户;

  (二)与出票人、前手之间具有真实的交易关系和债权债务关系。

  第十一条 支票的出票人,为在经中国人民银行批准办理支票存款业务的银行、城市信用合作社和农村信用合作社开立支票存款账户的企业、其他组织和个人。

  第十二条 票据法所称"保证人",是指具有代为清偿票据债务能力的法人、其他组织或者个人。

  国家机关、以公益为目的的事业单位、社会团体、企业法人的分支机构和职能部门不得为保证人;但是,法律另有规定的除外。

  第十三条 银行汇票上的出票人的签章、银行承兑商业汇票的签章,为该银行的汇票专用章加其法定代表人或者其授权的代理人的签名或者盖章。

银行本票上的出票人的签章,为该银行的本票专用章加其法定代表人或者其授权的代理人的签名或者盖章。

银行汇票专用章、银行本票专用章须经中国人民银行批准。

第十四条　商业汇票上的出票人的签章,为该单位的财务专用章或者公章加其法定代表人或者其授权的代理人的签名或者盖章。

第十五条　支票上的出票人的签章,出票人为单位的,为与该单位在银行预留签章一致的财务专用章或者公章加其法定代表人或者其授权的代理人的签名或者盖章;出票人为个人的,为与该个人在银行预留签章一致的签名或者盖章。

第十六条　票据法所称"本名",是指符合法律、行政法规以及国家有关规定的身份证件上的姓名。

第十七条　出票人在票据上的签章不符合票据法和本办法规定的,票据无效;背书人、承兑人、保证人在票据上的签章不符合票据法和本办法规定的,其签章无效,但是不影响票据上其他签章的效力。

第十八条　票据法所称"代理付款人",是指根据付款人的委托,代其支付票据金额的银行、城市信用合作社和农村信用合作社。

第十九条　票据法规定可以办理挂失止付的票据丧失的,失票人可以依照票据法的规定及时通知付款人或者代理付款人挂失止付。

失票人通知票据的付款人或者代理付款人挂失止付时,应当填写挂失止付通知书并签章。挂失止付通知书应当记载下列事项:

(一)票据丧失的时间和事由;

(二)票据种类、号码、金额、出票日期、付款日期、付款人名称、收款人名称;

(三)挂失止付人的名称、营业场所或者住所以及联系方法。

第二十条　付款人或者代理付款人收到挂失止付通知书,应当立即暂停支付。付款人或者代理付款人自收到挂失止付通知书之日起12日内没有收到人民法院的止付通知书的,自第13日起,挂失止付通知书失效。

第二十一条　付款人或者代理付款人在收到挂失止付通知书前,已经依法向持票人付款的,不再接受挂失止付。

第二十二条　申请人申请开立支票存款账户的,银行、城市信用合作社和农村信用合作社可以与申请人约定在支票上使用支付密码,作为支付支票金额的条件。

第二十三条　保证人应当依照票据法的规定,在票据或者其粘单上记载保证事项。保证人为出票人、付款人、承兑人保证的,应当在票据的正面记载保证事项;保证人为背书人保证的,应当在票据的背面或者其粘单上记载保证事项。

第二十四条　依法背书转让的票据,任何单位和个人不得冻结票据款项;但是,法律另有规定的除外。

第二十五条　票据法第五十五条所称"签收",是指持票人在票据的正面签章,表明持票人已经获得付款。

第二十六条　通过委托收款银行或者通过票据交换系统向付款人提示付款的,持票人向银行提交票据日为提示付款日。

第二十七条　票据法第六十二条所称"拒绝证明"应当包括下列事项:

(一)被拒绝承兑、付款的票据的种类及其主要记载事项;

(二)拒绝承兑、付款的事实依据和法律依据;

(三)拒绝承兑、付款的时间;

(四)拒绝承兑人、拒绝付款人的签章。

票据法第六十二条所称"退票理由书"应当包括下列事项:

(一)所退票据的种类;

(二)退票的事实依据和法律依据;

(三)退票时间;

(四)退票人签章。

第二十八条 票据法第六十三条规定的"其他有关证明"是指:

(一)医院或者有关单位出具的承兑人、付款人死亡的证明;

(二)司法机关出具的承兑人、付款人逃匿的证明;

(三)公证机关出具的具有拒绝证明效力的文书。

第二十九条 票据法第七十条第一款第(二)项、第七十一条第一款第(二)项规定的"利率",是指中国人民银行规定的流动资金贷款利率。

第三十条 有票据法第一百零三条所列行为之一,情节轻微,不构成犯罪的,由公安机关依法予以处罚。

第三十一条 签发空头支票或者签发与其预留的签章不符的支票,不以骗取财物为目的的,由中国人民银行处以票面金额5%但不低于1 000元的罚款;持票人有权要求出票人赔偿支票金额2%的赔偿金。

第三十二条 金融机构的工作人员在票据业务中玩忽职守,对违反票据法和本办法规定的票据予以承兑、付款、保证或者贴现的,对直接负责的主管人员和其他直接责任人员给予警告、记过、撤职或者开除的处分;造成重大损失,构成犯罪的,依法追究刑事责任。

第三十三条 票据的付款人对见票即付或者到期的票据,故意压票、拖延支付的,由中国人民银行处以压票、拖延支付期间内每日票据金额0.7‰的罚款;对直接负责的主管人员和其他直接责任人员给予警告、记过、撤职或者开除的处分。

第三十四条 违反中国人民银行规定,擅自印制票据的,由中国人民银行责令改正,处以1万元以上20万元以下的罚款;情节严重的,中国人民银行有权提请有关部门吊销其营业执照。

第三十五条 票据的格式、联次、颜色、规格及防伪技术要求和印制,由中国人民银行规定。

中国人民银行在确定票据格式时,可以根据少数民族地区和外国驻华使领馆的实际需要,在票据格式中增加少数民族文字或者外国文字。

第三十六条 本办法自1997年10月1日起施行。

会计人员管理办法

第一章　总则

一、公司根据会计业务的需要设置会计中心,下设资金部、财务部。

二、公司根据会计业务需要配备持有会计从业资格证的会计人员。未取得会计从业资格证的人员,不得从事会计工作。

三、公司根据会计业务需要设置会计工作岗位。会计工作岗位一般可分为:资金部经理、财务部经理、出纳、财产物资核算、工资核算、成本费用核算、财务成果核算、资金核算、往来核算、总账报表、审计(稽核)、预算管理、档案管理等。对于开展会计电算化和管理会计的单位,可以根据需要设置相应工作岗位,也可以与其他工作岗位相结合。

四、会计工作岗位,可以一人一岗、一人多岗或者一岗多人。但出纳不得兼管稽核、会计档案保管和收入、费用、债权债务账目的登记工作。

五、会计人员的工作岗位应当有计划地进行轮换。

六、会计人员应当具备必要的专业知识和专业技能,熟悉国家有关法律、法规、规章和国家统计表会计制度,遵守职业道德。会计人员应当按照国家有关规定参加会计业务的培训。各单位应当合理安排会计人员的培训,保证会计人员每年有一定时间用于学习和参加培训。

七、公司对子公司的财务副总、财务经理、财务主管人员实行委派垂直管理制度,并对各子公司的财务工作进行指导、监督。

八、公司任用会计人员应当实行回避制度。公司领导人的直系亲属不得担任本公司的会计机构负责人。会计机构负责人的直系亲属不得在本单位会计机构中担任出纳工作。需要回避的直系亲属为:夫妻关系、直系血亲关系、三代以内旁系血亲以及配偶亲关系。

第二章　会计人员工作规则

一、内部会计控制规则:公司实行:机构分离、职务分离、钱账分离、账物分离、银行印鉴分离原则;具体规定如下:

(一)出纳不得兼任稽核、会计档案保管和收入、支出、费用、债权债务账目的登记和填制凭证。

(二)公司在银行预留印鉴必须分开保管,出纳保管一枚法人印章,会计保管一枚财务专用章,不得一人办理资金业务的全过程;如有特殊业务需要同时持两枚印鉴办理,必须经总经理授权,财务总监签字,方可两章合一,待业务处理完毕,及时交还印鉴,同时印鉴保管人与临时使用人之间要办理交接手续。因临时使用人超越授权范围使用银行印鉴而引起的责任,由临时使用人承担,公司有权追究其经济、行政直至法律责任。

(三)银行账户的开立:公司开立银行账户(任何性质的),必须经总经理授权,财务部方可办理相关手续。

(四)月末由出纳编制银行余额调节表,会计或审计(稽核)审核、签章确认并保管。

(五)严格执行公司各种管理规章、办法等。

二、会计工作交接规则:

会计人员工作调动或因故离职,必须将本人所经管的会计工作全部移交接替人员。没有办清交接手续的不得调动或离职。

移交人员对移交的会计凭证、会计账簿、会计报表和其他会计资料的合法性、真实性承担法律责任。

第三章　会计人员职业道德

一、凡是公司任职的会计人员,必须严格贯彻执行国家有关的方针、政策、法律、法规,必须有全局观念,遵纪守法,忠于职守,廉洁奉公,实事求是,努力钻研业务,不断丰富会计理论知识,提高业务工作能力,正确处理会计账务,熟练运用计算机技术和分析方法,做好本职工作。根据核算情况定期或不定期加强会计人员培训,提高会计人员的素质,保持会计人员的相对稳定。

二、公司定期检查会计人员遵守职业道德的情况,并作为会计人员晋升、晋级、聘任专业职务、表彰奖励的重要考核依据。会计人员违反职业道德的,由公司进行处罚;情节严重的,由会计从业人员资格证发证机关吊销其会计从业人员资格证。

第四章　附则

一、本办法解释权归公司集团财务部。

二、本办法自正式发布之日起生效。